Cicero: De officiis

Klassiker Auslegen

Herausgegeben von
Otfried Höffe

Band 78

Cicero: De officiis

Herausgegeben von
Philipp Brüllmann und Jörn Müller

DE GRUYTER

ISBN 978-3-11-076014-9
e-ISBN (PDF) 978-3-11-076019-4
e-ISBN (EPUB) 978-3-11-076025-5
ISSN 2192-4554

Library of Congress Control Number: 2023942313

Bibliografische Information der Deutschen Nationalbibliothek
Die Deutsche Nationalbibliothek verzeichnet diese Publikation in der Deutschen Nationalbibliografie; detaillierte bibliografische Daten sind im Internet über http://dnb.dnb.de abrufbar.

© 2023 Walter de Gruyter GmbH, Berlin/Boston
Einbandabbildung: PaoloGaetano / iStock / Getty Images Plus
Druck und Bindung: CPI books GmbH, Leck

www.degruyter.com

Inhalt

Vorwort —— VII

Siglen —— IX

Philipp Brüllmann und Jörn Müller
1   Einleitung —— 1

Marco Bleistein
2   Die Proömien: Ciceros Aufruf zu einem aktiven Philosophieren im Kontext seiner *Philosophica* —— 19

Georgia Tsouni
3   Cicero's Academic Scepticism in *De officiis* —— 33

Jula Wildberger
4   Cicero, Panaitios und die Stoa: Pflichten, Impulse und das Ehrenhafte in *De officiis* 1.7–17 —— 51

Christoph Horn
5   Nicht-ideale Ethik für nicht-weise Menschen: Gerechtigkeit und soziales Handeln bei Cicero (*Off.* 1.20–60) —— 71

Jörn Müller
6   Die Konzeption der Tugend in Ciceros *De officiis:* das Beispiel der Hochgesinntheit —— 89

David Machek
7   Die Vier-personae-Theorie in *De officiis* —— 107

Dorothea Frede
8   Der Nutzen der Tugend für die Politik: Das *utile* in *De officiis* 2 —— 123

Stefan Röttig
9   Über den Vorrang der Gemeinschaft in Ciceros Ethik der Wohltaten (*Off.* 2.52–85) —— 143

Tue Emil Öhler Søvsø
10   Ist das Fressen nicht auch Teil von der Moral? Der vermeintliche Konflikt zwischen *honestum* und *utile* in Ciceros *De officiis* 3 —— 161

Rebecca Langlands
11   **Seeming, Being and *Exempla* in Cicero's *De officiis* 3 —— 179**

Jed W. Atkins
12   **The Political Theory of Cicero's *De officiis* —— 197**

Philipp Brüllmann
13   **Eine unvollkommene Pflichtenethik: Ambrosius von Mailand, Immanuel Kant und Ciceros *De officiis* —— 215**

Auswahlbibliographie —— 233

Hinweise zu den Autorinnen und Autoren —— 239

Sachregister —— 241

Personenregister —— 245

Vorwort

Ciceros *De officiis*, geschrieben 44 v.Chr., gehört zweifellos zu den Klassikern der Philosophiegeschichte. Die Schrift ist nicht nur eine der wichtigsten Quellen zur stoischen Ethik, sie bildet auch eine Gelenkstelle in der Geschichte der Ethik insgesamt und hat nicht zuletzt die Entwicklung der neuzeitlichen Deontologie entscheidend beeinflusst. Noch im 18. Jahrhundert galt Ciceros Buch *Über die Pflichten* als eines der wichtigsten Werke der praktischen Philosophie. Trotz dieser Bedeutung gibt es vor allem im deutschsprachigen Raum erstaunlich wenig Literatur, die *De officiis* in seinem philosophischen Gehalt ernst nehmen würde und diesen genauer erläutert. Der vorliegende Band soll diese Lücke schließen und dem in jüngerer Zeit stark wachsenden Interesse am Philosophen Cicero entgegenkommen.

Sämtliche Beiträge wurden eigens für diesen Band verfasst. Entsprechend dem Ideal eines „kooperativen Kommentars" wurden sie im Juni 2022 auf einem Symposium an der LMU München diskutiert und auf Basis dieser Diskussion dann gründlich überarbeitet. Unser Dank gilt vorab allen Autorinnen und Autoren sowie der Fritz Thyssen Stiftung für die großzügige finanzielle Unterstützung des Symposiums. Ferner möchten wir unseren Mitarbeiterinnen und Mitarbeitern Jakob Altemüller, Sophie Speicher und Johanna Werner für die tatkräftige Unterstützung bei der Erstellung des Bandes danken. Wir danken zudem Otfried Höffe für die Aufnahme des Kommentars in die Reihe Klassiker Auslegen.

Ein Hinweis zum Gebrauch der Bibliographie: Ausgaben und Übersetzungen von Ciceros *De officiis*, von seinen weiteren Werken sowie von häufig zitierten Schriften anderer antiker Autoren finden sich gesammelt in der Auswahlbibliographie. Alle weiteren Primärquellen sind am Ende der jeweiligen Beiträge genannt.

Heidelberg und Würzburg, im Juni 2023
Philipp Brüllmann und Jörn Müller

Siglen

Schriften Ciceros

Acad. post.	Academica posteriora
Acad. Pr.	Academica Priora
Att.	Epistulae ad Atticum
Balb.	Pro Balbo
Brut.	Brutus
De or.	De oratore
Div.	De divinatione
Fin.	De finibus bonorum et malorum
Inv.	De inventione
Leg.	De legibus
Nat. D.	De natura deorum
Off.	De officiis
Part. or.	Partitiones oratoriae
Phil.	Philippicae
Rep.	De republica
Rosc. Am.	Pro Sexto Roscio Amerino
Tusc.	Tusculanae disputationes
Verr.	In Verrem

Andere Werke

Ben.	Seneca: De beneficiis
Comm. not.	Plutarch: De communibus notitiis adversus Stoicos
Diog. Laert.	Diogenes Laertios: De vita et moribus philosophorum
Ecl.	Stobaeus: Eclogae
Ench.	Epiktet: Encheiridion
Ep.	Seneca: Epistulae
Epict. diss.	Epiktet: Dissertationes
Eth. Nic.	Aristoteles: Ethica Nicomachea
Flor.	Stobaeus: Florilegium
GMS	Immanuel Kant: Grundlegung zur Metaphysik der Sitten
Grg.	Platon: Gorgias
Math.	Sextus Empiricus: Adversus mathematicos
Metaph.	Aristoteles: Metaphysica
PH	Sextus Empiricus: Pyrrhoneion hypotyposeis
Resp.	Platon: Respublica / Politeia
Strom.	Clemens von Alexandria: Stromateis
SVF	Hans von Arnim (Hg.): Stoicorum Veterum Fragmenta

Philipp Brüllmann und Jörn Müller
1 Einleitung

Unter allen philosophischen Schriften von Marcus Tullius Cicero (106–43 v. Chr.) hat sich à la longue *De officiis* als die wirkmächtigste erwiesen. Es war zugleich seine letzte. Nach ihrer Vollendung kehrte Cicero im Dezember 44 v. Chr. vehement in die politische Arena in Rom zurück, die seit der Ermordung Julius Caesars an den Iden des März desselben Jahres in die Bahnen eines erbitterten Bürgerkriegs einmündete. Ciceros Ziel war die Wiederherstellung der *res publica Romana* in einem Zustand wie dem, den sie vor der Alleinherrschaft Caesars besessen hatte. Das Hauptaugenmerk seiner politischen Aktivität lag auf der Bekämpfung von Marcus Antonius, den er in seinen 14 *Philippischen Reden* als brutalen machtsüchtigen Desperado geißelte. Das kostete Cicero letztlich das Leben: Auf Geheiß seines Erzwidersachers wurde sein Name auf eine Proskriptionsliste gesetzt, und am 15. Dezember 43 wurde der auf der Flucht befindliche Cicero aufgespürt und enthauptet.

Aufgrund dieser dramatischen – und für Cicero tragischen – Entwicklung ist *De officiis* nicht selten als eine Art Vermächtnis wahrgenommen worden. So hat sie zum Beispiel Stefan Zweig in einer seiner *Sternstunden der Menschheit* als ein Manifest des Humanismus in dunklen Zeiten charakterisiert, in dem Cicero richtungsweisend die ideologischen Grenzen seiner Ära sprengte und seine eigene Philosophie kulminieren ließ. Gegen diese (etwas überhöhende) Deutung stehen aber nicht wenige Stimmen, denen zufolge das Werk letztlich gar keinen integralen Teil des größeren philosophischen Programms von Cicero bilde, sondern stärker aus den familiären und politischen Umständen seiner Entstehung heraus zu interpretieren sei.[1] Um solche divergierenden Einschätzungen einordnen zu können, bedarf es einer näheren Inspektion sowohl der literarischen Form als auch der philosophischen Inhalte, die dieses Werk bietet.[2]

---

[1] So versteht z. B. der umfangreiche Kommentar von Dyck 1996 die Schrift *in toto* im Kern als „father-son communication" (ebd. 13), während etwa MacKendrick 1989, 252, sie als „part of a conscious overall plan" verortet. Für eine Kontinuität mit dem vorherigen Projekt der *Philosophica* argumentiert auch Lévy 1989.
[2] Gute Überblicke zur Form, zum historischen Entstehungskontext, zu den Quellen sowie zu den zentralen Inhalten von *De officiis* bieten Süß 1966, 143–161; MacKendrick 1989, 233–258; Griffin / Atkins 1991; Dyck 1996, 1–39; Woolf 2015, 170–200. Zur mehrschichtigen Adressatenorientierung vgl. auch Kries 2003.

1.1 Form und Intention der Schrift

Die meisten *Philosophica* Ciceros sind in Gestalt von Dialogen abgefasst, womit er an eine von Platon, Aristoteles und vielen anderen griechischen Philosophen etablierte literarische Form anknüpft, dabei aber durchaus eigene Akzente zu setzen weiß (vgl. Schofield 2008). Nicht so *De officiis:* Die Schrift ist gattungstechnisch kein Dialog und liest sich auch über weite Strecken wie ein auf Belehrung abzielender Traktat, in dem Thesen präsentiert und erläutert werden. Das zetetische und sich im Widerspruch von Meinungen entfaltende philosophische Gespräch der früheren Werke wird durch eine tendenziell einheitliche Argumentationslinie ersetzt.

Eine erste und naheliegende Erklärung dieses Umstands liegt in der unmittelbaren Adressatenorientierung der Schrift: Es handelt sich um ein Sendungsschreiben an Ciceros 21-jährigen Sohn Marcus, der zum Zeitpunkt der Abfassung des Werks in Athen bei einem peripatetischen Philosophen studiert, allerdings wohl mit überschaubarem Eifer. Denn Cicero ermahnt seinen Sohn schon im Proömium des ersten Buchs, seine Studien ernsthafter zu betreiben und sich intensiver mit der Philosophie auseinanderzusetzen, und zwar auch mit den Schriften seines eigenen Vaters (vgl. 1.1–3). Das Schreiben ist wohl ein virtueller Ersatzbesuch („ersatz visit": Dyck 1996, 14) Ciceros bei seinem Sohn, nachdem er eine ursprünglich geplante und begonnene Reise nach Athen im Juli / August 44 aus politischen Gründen vorzeitig hatte abbrechen müssen (vgl. 3.121). Obwohl der Sohn also schon Philosophie studiert, trägt *De officiis* als Schrift somit unverkennbar protreptische Züge, insofern Marcus eben zum engagierten philosophischen Lernen animiert werden soll, um den richtigen Weg im Leben zu finden. Die Thematik des Buchs ist, wie Cicero ausdrücklich gegenüber seinem Sohn betont, „Deinem Alter am angemessensten (*aetati tuae ... aptimissmum*)" (1.4), also in didaktischer Hinsicht adressatenorientiert ausgewählt – und das trifft auch den Modus der Darstellung, der keine spezifischen Voraussetzungen oder philosophischen Vorkenntnisse erfordert (weswegen das Werk auch außerhalb philosophisch orientierter Kreise später immer seine Leserschaft gefunden hat). So möchte Cicero etwa in terminologischer Hinsicht nicht den Jargon der verschiedenen Philosophenschulen bedienen, sondern die Gegenstände „mit den gebräuchlichen Worten des Volksmunds (*popularibus verbis*)" (2.35) verhandeln.

Dieser familiäre Hintergrund bzw. das persönliche Anliegen Ciceros, das zwischen Ermunterung und Ermahnung schwankt, sollten allerdings nicht darüber hinwegtäuschen, dass die Schrift wohl von Anfang an auch für eine öffentliche Publikation gedacht war. In diesem Sinne betont Cicero, dass sie nicht nur mit Blick auf den Sohn, sondern auf „die ganze Gattung (*de genere toto*)" (2.45) hin abgefasst ist. Aus dem Kontext des Zitats wird deutlich, dass es sich dabei im Wesentlichen um die Generation seines Sohns handelt. Damit ist ein weiter gezogener Adressatenkreis beschrieben, nämlich jüngere Angehörige der römischen Nobilität, die vor dem Eintritt in das öffentliche Leben stehen (vgl. auch *Div.* 2.4–5).

Diesen bietet Cicero nun mindestens in dreifacher Hinsicht eine grundlegende Orientierung:

(a) Auf philosophischer Ebene entfaltet vor allem die sog. Vier-Personen-Lehre (1.107–125) ein differenziertes normatives Raster, in dem universale und individuelle Momente zum Tragen kommen und aufeinander bezogen werden: Denn es geht dort nicht nur um die Artikulation von allgemein menschlichen Tugendpflichten, sondern um die angemessene Einbeziehung der jeweiligen Persönlichkeit – in ihrem Charakter ebenso wie in ihrer sozialen Herkunft – in die ethische Überlegung. Hierbei spielt die künftige gesellschaftliche und berufliche Rolle, welche junge Menschen zu wählen haben, eine bedeutsame Rolle in Ciceros Darstellung (vgl. 1.115–120). Unverkennbar ist dabei sein Appell an die junge Nobilität, sich aktiv in das Leben der *res publica* einzubringen und eine gesellschaftlich führende Stellung einzunehmen (vgl. 1.72–73).

(b) Für diejenigen, die sich für eine Tätigkeit als Politiker entscheiden, enthält dann das zweite Buch von *De officiis*, das sich mit dem Nützlichen (*utile*) befasst, zahlreiche Anregungen dazu, wie man in der öffentlichen Sphäre Ansehen und Einfluss gewinnen kann. Hier entwickelt sich die Schrift immer stärker zu einem „Lehrbuch für den angehenden Politiker" (Lefèvre 2001, 8). Das ist aber nicht im Sinne eines Machiavellismus der instrumentellen Machttechnologie zu verstehen, insofern Cicero kohärent betont, dass der Gewinn von Ehre und Ruhm kein egoistischer Selbstzweck ist, sondern stets an eine am Gemeinwohl orientierte Gesinnung des Politikers zurückzubinden ist. Insgesamt bietet *De officiis* somit eine Reflexion auf die Qualitäten und Handlungen, die im privaten und öffentlichen Raum gefordert sind[3] – und damit natürlich auch eine Art „Blaupause" für Jungpolitiker, die durchaus Ratschläge zur sozialen Etikette einschließt (vgl. 1.126–151).

(c) Auf politischer Ebene verbindet Cicero diesen „Karriere-Ratgeber" mit einem eindeutigen Richtungsvektor, nämlich mit der Orientierung am Wohl der *res publica*, die prinzipiell den normativen Vorrang gegenüber dem Individuum hat.[4] In der geschichtlich offenen Situation des Bürgerkriegs (s. o.) möchte Cicero junge Politiker für seine republikanische Sache gewinnen und verhindern, dass sie selbstsüchtigen Potentaten folgen – oder sogar selbst zu solchen werden wollen.

---

[3] Vgl. das Urteil von Griffin / Atkins 1991, xxv: „It would not seriously misrepresent *De officiis* to describe it as a handbook for members of the governing class on their duties to their peers in private life and to their fellow-citizens in public life."

[4] Zum Republikanismus in Ciceros politischer Philosophie vgl. jüngst Schofield 2021 und Nicgorski 2022.

Hierzu dient nicht nur die Anpreisung der sozialförderlichen Gerechtigkeit als „Herrin und Königin der Tugenden (*domina et regina virtutum*)" (3.29), die somit eine starke normative Priorität besitzt (vgl. Atkins 1990), sondern auch die massive Kritik an Julius Caesar: Diese zieht sich zwar durch das gesamte philosophische Spätwerk Ciceros (vgl. Strasburger 1990), fällt aber in *De officiis* – also nach dessen Tod – besonders harsch aus[5] und verbindet sich letztlich mit einer Legitimation des Tyrannenmordes (vgl. 3.29–33). Indirekt ist die Zielscheibe dieser Anprangerung rücksichtslos selbstsüchtiger Herrschaftsambitionen natürlich auch Ciceros Nemesis Marcus Antonius (s. o.), gegen den er zeitgleich zur Abfassung von *De officiis* seine *Philippica* vorbereitet. Die Verfolgung dieser pädagogischen, konsiliatorischen und politischen Intentionen ist im Medium eines eindeutig Stellung beziehenden – und damit auch lebenspraktisch klar orientierenden – Traktats sicher geradliniger zu leisten als in einer philosophisch „offeneren" Gattung wie dem Dialog. Die literarische Form ist hier also offensichtlich stark von den der Darstellungen zugrunde liegenden Intentionen geprägt. Dennoch betont Cicero in *De officiis* in programmatischer Weise, dass er damit keine plump dogmatischen Absichten verfolgt: Zum einen soll sich Marcus selbst sein Urteil bilden und nicht einfach Ciceros Positionen übernehmen (1.2; 3.33; 3.121). Zum anderen bekennt sich Cicero explizit weiterhin zur skeptischen Akademie, die auch die – in den *Academica* ausbuchstabierte – methodologische Grundlage seiner früheren philosophischen Dialoge bildet (2.7–8): Er folgt weiterhin dem, was ihm nach Abwägung aller im Streit befindlichen Positionen als das am meisten Wahrscheinliche bzw. Glaubwürdige (*probabile*) erscheint, ohne dieses dadurch in den epistemologischen Status eines unbezweifelbar Wahren (*verum / certum*) zu erheben (vgl. Gawlick / Görler 1994, 1085–1125); er pocht somit wie in früheren Schriften auf seine skeptische Freiheit im Umgang mit dogmatischen Schulpositionen (vgl. 3.20; 3.33).

Dieses Ziel wird in anderen philosophischen Werken regelmäßig durch die methodischen Formen der *dissertatio in utramque partem* sowie der *disputatio contra propositum* realisiert, die im Medium des Dialogs zwanglos zu realisieren sind. Aber auch *De officiis* bietet Passagen, in denen eine solche (skeptische) Form der Erörterung nachweisbar ist.[6] Diese finden sich vor allem im dritten Buch, das Cicero nach eigener Auskunft deutlich nach eigenen Vorstellungen gestaltet hat (vgl. 3.34); in den beiden ersten Büchern orientiert er sich hingegen stärker an einer stoischen Vorlage, nämlich dem Werk *Peri tou kathēkontos* von Panaitios von Rhodos (ca. 185–109 v. Chr.), was sich partiell auch im gewählten lateinischen Titel *De*

---

5 Eine Übersicht der Invektiven bietet MacKendrick 1989, 250.
6 Vgl. hierzu den Beitrag von Georgia Tsouni in diesem Band.

officiis niederschlägt.[7] Das offen ausgesprochene Bekenntnis zu dieser Quellennutzung (*Off.* 2.60; *Att.* 16.11.4) hatte nun für die Wahrnehmung von Ciceros *De officiis* zwei tendenziell nachteilige Konsequenzen: zum einen, dass ihm letztlich doch eine dogmatische Darstellung bzw. ein „Predigtton" (Süß 1966, 146) in dieser Schrift zugeschrieben wurde (ganz entgegen seinem expliziten Bekenntnis zur akademischen Skepsis; s. o.); zum anderen, dass gerade in *De officiis* das lange Zeit in der Cicero-Forschung dominante Bild seines vermeintlichen Mangels an denkerischer Originalität *a fortiori* seine Bestätigung zu finden schien. Dies bedarf jedoch einer deutlich nuancierteren Betrachtung, wie gerade die jüngere Forschung gezeigt hat. Zumindest skizzenartig soll dies in Abschnitt 1.3 nachgezeichnet werden. Vorher sollten wir uns aber einen groben Überblick über den Aufbau und Inhalt der Schrift verschaffen.

1.2 Aufbau und Inhalt

Ciceros *De officiis* bietet in drei Büchern eine Anleitung zur Deliberation, die es uns ermöglichen soll, in allen Situationen das Richtige zu tun bzw. angemessen zu handeln.

In einer bestimmten Situation angemessen zu handeln heißt in erster Linie, die für diese Situation relevanten Pflichten (*officia*) zu erfüllen und damit das zu tun, was „ehrenwert" (*honestum*) ist.[8] Die Pflichten wiederum ergeben sich aus den Tugenden. Wer also in einer Situation, die Großzügigkeit erfordert, das Richtige tut, erfüllt die Pflicht, die in dieser Situation von der Tugend der Großzügigkeit gefordert wird, zum Beispiel durch eine Geldspende. Entsprechendes gilt für die anderen Tugenden. Die Anleitung zur Deliberation ist somit zunächst eine Hilfe bei der Bestimmung oder „Berechnung" (1.59–60) unserer Pflichten.

Diese Berechnung ist Thema des ersten, dem *honestum* gewidmeten Buches von *De officiis*. Es ist klar gegliedert: Nach dem Proömium (1.1–4)[9] bietet Cicero zunächst eine knappe Einleitung in das Projekt der Schrift (1.5–10), die den Bezug zur stoischen Vorlage herausstellt und die wichtige Unterscheidung zwischen vollkomme-

---

7 Zum Werktitel von *De officiis* und zur nicht unkontroversen Entscheidung Ciceros, *to kathēkon* mit *officium* wiederzugeben, vgl. Dyck 1996, 3–8.
8 Zu den Begriffen *officium* und *honestum* sowie ihren stoischen Vorbildern vgl. die Beiträge von Jula Wildberger und Jörn Müller im vorliegenden Band.
9 Zu den Proömien von *De officiis* vgl. den Beitrag von Marco Bleistein im vorliegenden Band.

nen und mittleren Pflichten skizziert.[10] Cicero betont, dass es im Folgenden um die mittleren Pflichten (*officia media*) gehen wird, und macht damit deutlich, dass er an der inhaltlichen Bestimmung angemessener Handlungen interessiert ist, und nicht an der Haltung, aus der heraus wir diese angemessenen Handlungen ausführen sollten. Es folgt eine allgemeine Bestimmung der Tugend, die diese in typisch hellenistischer Weise auf die natürlichen Strebungen des Menschen bezieht (1.11–14). Dann werden die vier Tugendbereiche, die in etwa den klassischen, seit Platon bekannten Kardinaltugenden entsprechen, nacheinander abgearbeitet. Dies sind: (i) Weisheit (*sapientia*) (1.18–19), (ii) die sozialen Tugenden Gerechtigkeit (*iustitia*) (1.20–41)[11] und Wohltätigkeit (*beneficentia*) bzw. Großzügigkeit (*liberalitas*) (1.42–60), (iii) Hochgesinntheit (*magnitudo animi*)[12] und Tapferkeit (*fortitudo*), die beide mit unserer Haltung zu äußeren Dingen zu tun haben (1.61–92); und schließlich (iv) eine Tugend, die in etwa der Besonnenheit (gr. *sōphrosynē*) entspricht und in deren Kontext Cicero in erster Linie über das Konzept des „Schicklichen" (*decorum*) spricht (1.91–151).[13]

Betrachtet man die Diskussion der Pflichten dieser vier Tugendbereiche, dann fällt ein entscheidendes Merkmal von *De officiis* unmittelbar ins Auge. Die Pflichten zu berechnen bedeutet nicht so sehr, eine allgemeine Regel auf einen Einzelfall anzuwenden, sondern vielmehr, die Aspekte einer Situation zu erfassen, die für das angemessene Verhalten in dieser Situation relevant sind.[14] Da sich diese Aspekte je nach Tugend und „Situationstyp" unterscheiden, hat *De officiis* eine andere Gestalt als, zum Beispiel, Immanuel Kants *Grundlegung zur Metaphysik der Sitten*.[15] Während diese sich nämlich auf die Bestimmung des obersten Prinzips der Moral konzentriert und Beispiele nur benutzt, um dessen Anwendung zu verdeutlichen, geht *De officiis* zwangsläufig ins Detail: Die Beschreibung relevanter Fälle und Situationen sowie der Verweis auf entsprechende *exempla* gehören zu den wesentlichen Aufgaben dieser Schrift.[16]

Auch wenn *De officiis* 1 Abschnitte enthält, in denen Pflichten gewissermaßen aufgelistet werden (z. B. 1.141–149), geht es insgesamt nicht um eine Aufzählung aller

---

10 Sie entspricht der stoischen Unterscheidung zwischen *kathorthōmata* und *kathēkonta*. Zu dieser Einleitung sowie zum stoischen Hintergrund von *De officiis* vgl. den Beitrag von Jula Wildberger im vorliegenden Band.
11 Vgl. zur Gerechtigkeit den Beitrag von Christoph Horn im vorliegenden Band.
12 Vgl. zur Hochgesinntheit den Beitrag von Jörn Müller im vorliegenden Band.
13 Zum Begriff des *decorum* vgl. den Beitrag von David Machek im vorliegenden Band.
14 Dies legt auf den ersten Blick eine partikularistische Deutung von *De officiis* nahe; vgl. Woolf 2007.
15 Vgl. dazu auch den Beitrag von Philipp Brüllmann im vorliegenden Band.
16 Zu Ciceros Gebrauch der *exempla* in *De officiis* 3 vgl. den Beitrag von Rebecca Langlands im vorliegenden Band.

Pflichten, die zu einer Tugend gehören. Eine solche Aufzählung wäre vollständig auch gar nicht zu leisten. Vielmehr konzentriert Cicero sich auf die für sein Publikum wichtigsten Aspekte sowie vor allem auf die *Fehler*, die wir beim Berechnen der Pflicht typischerweise begehen. So neigen wir, laut Cicero, im Fall der *Weisheit* zum Beispiel dazu, „übertriebene Mühe und übertriebenen Einsatz auf dunkle und schwierige und noch dazu unnötige Fragen zu verwenden" (1.19). Wenn wir unserem natürlichen Streben nach Wissen folgen, dann dürfen wir darüber das tätige Handeln nicht vernachlässigen. Die *Gerechtigkeit* hat wesentlich mit dem Einhalten von Versprechen zu tun. Ein wichtiger Fehler liegt hier darin, dass wir Versprechen halten, wenn es angemessen wäre, sie zu brechen (wie etwa gegenüber einem Amokläufer: 1.31), und Versprechen brechen, wenn es angemessen wäre, sie zu halten (wie etwa gegenüber Feinden im Krieg: 1.39).[17] Mit Blick auf die *Großzügigkeit* gilt es zu vermeiden, dass wir beim Geben unsere Möglichkeiten überschreiten und uns nicht daran orientieren, wer unsere Gaben wirklich verdient hat. Um hier eine Anleitung zu bieten, liefert Cicero eine relativ ausführliche Diskussion der Frage, was wir wem schuldig sind, abhängig von der jeweiligen sozialen Beziehung (1.50–58). Im Fall der *Besonnenheit* beruht unangemessenes Verhalten primär auf einer falschen Einschätzung dessen, wer wir sind und in welcher Situation wir uns gerade befinden. Als Grundlage einer richtigen Einschätzung führt Cicero die schon in Abschnitt 1.1 erwähnte „*persona*-Theorie" ein, nach der sich die Frage, wer wir sind, anhand von vier „Rollen" (*personae*) beantworten lässt, die wir im Leben einnehmen (1.107–121).[18]

Nach *De officiis* kann sich eine Anleitung zur Deliberation allerdings nicht auf die Behandlung des Ehrenwerten beschränken. Sie muss sich auch mit dem Nützlichen (*utile*) befassen. Denn gerade die oben beschriebenen Adressaten der Schrift werden nicht nur darüber nachdenken, welche Spende in einer konkreten Situation großzügig wäre, sondern auch, welche Spende ihnen mit Blick auf ihre politischen Ziele am meisten nutzen würde. Dementsprechend bietet Buch 2 von *De officiis* eine Abhandlung zum Nützlichen. Die Pointe dieser Abhandlung besteht freilich darin, dass uns die Tugenden nützlich sind, und zwar nicht nur im Sinn des „wahren Nutzens", der für die ethische Argumentation der Antike eine so wichtige Rolle

---

17 In diesem Kontext finden sich auch wichtige Reflexionen zum Konzept des gerechten Krieges (1.34–40); vgl. dazu Keller 2012 sowie den Beitrag von Jed Atkins im vorliegenden Band.
18 Vereinfacht: Wir sind Menschen (erste Rolle) – mit bestimmten Anlagen (zweite Rolle) – die in eine bestimmte Familie (einen sozialen Stand) hineingeboren wurden (dritte Rolle) – und bestimmte Lebensentscheidungen getroffen haben (vierte Rolle). Zudem nennt Cicero noch Faktoren wie das Lebensalter und unseren Status als Beamte, Bürger, Privatpersonen oder Fremde (1.122–125). Vgl. zur *persona*-Theorie den Beitrag von David Machek im vorliegenden Band.

spielt, sondern tatsächlich im Sinn des eigenen Nutzens, den angehende Politiker in ihren Handlungen verfolgen.[19]

Auch Buch 2 ist relativ klar gegliedert. Auf das Proömium (2.1–8) und die wichtige Bemerkung, dass das Nützliche und das Ehrenwerte in Wahrheit zusammenfallen (2.9–10), folgt eine Klassifikation des Nützlichen (2.11–20), die darauf hinausläuft, dass der größte Nutzen, aber auch der größte Schaden, von Menschen ausgeht.[20] Wie aber gewinnen wir die Unterstützung anderer Menschen bei der Verwirklichung unserer Ziele? Am besten gewinnen wir sie nicht dadurch, dass wir gefürchtet werden, sondern dadurch, dass wir beliebt und berühmt sind. Beliebtheit und Ruhm aber beruhen auf dem Vertrauen und der Bewunderung unserer Mitmenschen; und diese erlangen wir am sichersten, indem wir die Pflichten der Gerechtigkeit erfüllen (2.43).[21] Daher macht es Sinn, noch einmal über diese Pflichten zu sprechen, jetzt aber mit Blick auf ihren Nutzen im soeben skizzierten Verständnis (2.39–51). Dabei versucht Cicero wieder keine vollständige Auflistung zu bieten, sondern konzentriert sich, passend zum Adressatenkreis, auf den Ruhm und die gerechten Handlungen, die mit der Tätigkeit als Redner und Anwalt einhergehen. Aber auch die Handlungen der Wohltätigkeit und Freigebigkeit spielen eine wichtige Rolle, wenn es darum geht, sich die Unterstützung anderer zu sichern. Deshalb bietet Buch 2 noch einmal eine ausführliche Diskussion der Frage, was wir beim Schenken und allgemeiner bei unseren Wohltaten beachten müssen (2.57–87).[22]

Die Anleitung zur Deliberation wäre immer noch unvollständig, wenn sie nur dabei helfen würde, die Forderungen der Tugenden und des Nützlichen zu bestimmen. Sie muss sich auch den Konflikten zwischen diesen Forderungen zuwenden. Davon gibt es nach Cicero drei Arten (1.9–10). *Erstens:* Konflikte zwischen den Pflichten unterschiedlicher Tugenden werden am Ende des ersten Buches behandelt (1.152–161), wo Cicero den Dienst an der Gemeinschaft als ein Kriterium einführt, das die Hierarchisierung des Ehrenwerten ermöglichen soll. Dies verbindet sich mit einer Vorrangstellung der Sozialtugend der Gerechtigkeit und ihrer Priorisierung gegenüber einem rein kontemplativen Philosophenleben. *Zweitens:* Konflikte zwischen Nützlichem werden am Ende von Buch 2 in den Blick genommen (2.88–90) und vor allem anhand der Unterscheidung zwischen körperlichen und äußeren Gütern diskutiert. Der entscheidende Konflikt ist allerdings, *drittens*, der

---

19 Zu Buch 2 vgl. den Beitrag von Dorothea Frede im vorliegenden Band.
20 Diese Klassifikation des Nützlichen beinhaltet Lebloses (Gold, Silber usw.), Tiere (v. a. Nutztiere), Götter und Menschen.
21 Insofern ist Gerechtigkeit, wie Cicero betont, sowohl um ihrer selbst als auch um ihres Nutzens willen erstrebenswert (2.42).
22 Vgl. hierzu den Beitrag von Stefan Röttig in diesem Band.

zwischen dem Ehrenwerten und dem Nützlichen. Ihm ist das gesamte dritte Buch gewidmet.

Eine Zusammenfassung dieses Buches ist schwierig, weil es deutlich weniger strukturiert ist als die beiden anderen. Buch 3 enthält nicht nur eine ganze Reihe von Einschüben, etwa zur Freundschaft und zu den Pflichten gegenüber Fremden (3.43–49); die Orientierung an den Tugenden ist auch weniger konsequent als in Buch 1 und 2.[23] Klar ist, dass Cicero auch hier versucht, nach dem Proömium (3.1–6) eine allgemeine Einleitung in das folgende Thema zu geben (3.7–32). Dabei geht er von der Feststellung aus, dass es einen Konflikt zwischen *honestum* und *utile* streng genommen nicht geben kann. Denn nach stoischer Auffassung hat der vollkommen tugendhafte Mensch die stoische Axiologie, insbesondere die These, dass nichts außer der Tugend echten Nutzen hat, so sehr verinnerlicht, dass er alle anderen vermeintlichen Güter für indifferent hält. Für den stoischen Weisen gibt es keinen Konflikt zwischen den Forderungen der Tugend und dem Nutzen des Lasters, weil er als Stoiker das Laster unter keinen Umständen für nützlich halten wird.

Dass Cicero sich nach dieser Feststellung trotzdem ein ganzes Buch lang mit dem Thema befasst, hat zwei Gründe. Zum einen richtet sich *De officiis* nicht an einen stoischen Weisen, der ohnehin keine Hilfe bei der Deliberation benötigen würde,[24] sondern an unvollkommene Menschen (3.13), deren Ziel in der dauerhaften Erfüllung mittlerer Pflichten liegt (3.16). Zum anderen stellt sich heraus, dass es Cicero gar nicht um die grundsätzliche Frage nach dem Vorrang von Tugend oder Nutzen geht – über diesen besteht bei den Adressaten der Schrift ohnehin kein Zweifel (3.40) –, sondern um Fälle, in denen unklar erscheint, ob eine bestimmte vorteilhafte Handlung wirklich schändlich ist, also aus Perspektive der Tugend unterlassen werden sollte.[25] Nehmen wir zum Beispiel an, dass jemand an ein Erbe kommt, aber den Verdacht hegt, dass das entsprechende Testament gefälscht ist (vgl. 3.73): Sollte er dieses Erbe ablehnen, auch wenn er sich keiner Schuld bewusst ist? Fälle wie dieser verlangen nach einem Kriterium oder Verfahren (*formula*), das festlegt, wie weit wir bei der Verfolgung unseres eigenen Nutzens gehen dürfen. Und Ciceros Vorschlag für dieses Kriterium lautet: Wir dürfen den eigenen Nutzen verfolgen, solange wir unseren Mitmenschen nicht schaden (3.26; 3.42).[26]

---

23 Der Hinweis auf die Unterscheidung der Tugendbereiche in 3.96 wirkt *ad hoc* (vgl. Dyck 1996, 618–619), wird aber z. B. von Lefèvre 2001, 153–185 konsequent als Basis für die strukturelle Rekonstruktion von *De officiis* 3 verwendet.
24 Inwiefern sich die Deliberation des stoischen Weisen an Regeln orientiert, ist in der Forschung tatsächlich umstritten; vgl. für eine Einführung Brüllmann 2019.
25 Vgl. den Beitrag von Tue Søvsø im vorliegenden Band.
26 Allerdings kann es der größere Nutzen für die Gemeinschaft legitimieren, einem Einzelnen Schaden zuzufügen, wie im Fall des Tyrannenmords: 3.19.

Die folgenden Abschnitte lassen sich am besten als eine problemorientierte Diskussion von Fallbeispielen beschreiben. Dabei geht es offenbar darum, eine Vielzahl von Situationen zu benennen, in denen die skizzierten Zweifel aufkommen können. Zu diesen Situationen gehören zum Beispiel Handelsgeschäfte, in denen wir Informationen verschweigen, die für den Handelspartner wichtig sein könnten (3.50–72), Erbschaften, die uns streng genommen nicht zustehen (3.73–78), Wahlen, die wir gewinnen könnten, indem wir unsere Gegner anschwärzen (3.79–82) – hier kommt Cicero noch einmal auf den Fall Caesar zu sprechen (3.82–85) –, und Kriege, die wir gewinnen könnten, indem wir die Dienste von Überläufern in Anspruch nehmen (3.86–88). Außerdem erwähnt Cicero unter anderem das Beispiel des Schiffbrüchigen, der nur überleben kann, indem er einen anderen von der rettenden Planke stößt (3.89–90: das berühmte „Brett des Karneades"), des Sohnes, der sich fragt, ob er seinen Vater anklagen soll (3.90), sowie, nicht zuletzt, den Fall des M. Atilius Regulus, der freiwillig in den Tod geht und dabei nicht nur seinen den Feinden gegebenen Eid erfüllt, sondern auch im Interesse Roms handelt (3.99–111).

Ciceros *De officiis* macht auf den ersten Blick oft den Eindruck des Ungeordneten. Die Schrift wirkt über weite Strecken wie eine Sammlung von Einzelfalldiskussionen, die anhand der vier Tugendbereiche nur lose sortiert sind. Dieser kasuistische Eindruck hat sicher mit den besonderen Entstehungsbedingungen der Schrift zu tun, von denen gleich noch die Rede sein wird. Er hat aber auch sachliche Gründe. In der Form von *De officiis* spiegelt sich die Art von Hilfe, die Cicero seinen Lesern geben möchte: eine Hilfe, die weniger abstrakte Prinzipien formuliert, als sich an den konkreten Entscheidungssituationen zu orientieren, mit denen diese Leser zu rechnen haben.

1.3 Die stoische „Inspiration" von *De officiis*: Cicero und Panaitios

Ältere Arbeiten und Kommentare zu *De officiis* nehmen überwiegend eine von der Quellenforschung geprägte Sichtweise ein.[27] Die Schrift wird dabei meist nicht als eigenständiger philosophischer Beitrag von Cicero gesehen, sondern als eine Art Steinbruch, aus dem sich verloren gegangene stoische Vorlagen – allen voran natürlich Panaitios' Werk (s.o., 1.1) – rekonstruieren ließen. Dies entsprach der allgemeinen Wahrnehmung von Cicero als einem bloßen Kompilator bzw. Abschreiber

---

27 Allerdings bekennt sich auch der umfangreichste neuere Kommentar zur Schrift von Dyck 1996 ausdrücklich zur Quellenkritik, ohne jedoch damit die nachfolgend geschilderten Verzerrungen in der Deutung Ciceros mitzutragen, wie sie eher für die ältere Forschung charakteristisch sind.

griechischer Vorlagen, die nicht zuletzt durch Theodor Mommsens desaströses Cicero-Bild in seiner *Römischen Geschichte* nachhaltig geprägt war. Man schenkte Cicero also offensichtlich wenig Glauben, wenn dieser schrieb: „Wir folgen also bei dieser Gelegenheit und in dieser Frage hauptsächlich (*potissimum*) den Stoikern, nicht als Übersetzer (*non ut interpres*), sondern wir werden, wie wir es gewohnt sind, aus ihnen als unseren Quellen nach unserem Urteil und nach Wahl (*iudicio arbitrioque nostro*) soviel und, wie es zweckmäßig scheint, schöpfen." (1.6; Übers. H. Gunermann)

Ähnliche Aussagen zu einem selbständigen und auf eigenem Urteil beruhenden Umgang mit griechischen Quellen finden sich auch andernorts bei Cicero, meist gepaart mit einem Bekenntnis zum Probabilismus in Anlehnung an die skeptische Akademie (z. B. in *Fin.* 1.6). Die Änderungen bzw. Eigenanteile Ciceros in der Behandlung der Thematik in *De officiis* gegenüber Panaitios sind kaum von der Hand zu weisen und werden von Cicero selbst markiert:

- Einerseits verkürzt Cicero seine Vorlage, indem er das, was Panaitios in drei Büchern darlegte, in *De officiis* auf zwei komprimiert, teilweise unter Markierung von Passagen, in denen er das Material der Vorlage reduziert hat (vgl. z. B. 2.16).
- In anderer Hinsicht erweitert er Panaitios' Darstellung aber auch signifikant. In den Darstellungen zum sittlich Ehrenhaften (*honestum*) und zum Nützlichen (*utile*) sieht er eine Lücke in seiner Vorlage: Es sei nicht nur zu untersuchen, was unter beide Konzepte – bzw. ihre Antonyme – fällt (also welche Handlungen sittlich ehrenhaft und nützlich bzw. schändlich und schädlich sind), sondern auch, was innerhalb dieser Klassen jeweils im Vergleich zu anderen in höherem Maße diese Eigenschaft besitzt und deshalb ggf. vorzuziehen ist (1.10). Deshalb beschließen das erste und das zweite Buch solche Vergleiche (*comparationes:* 1.152–161; 2.86–90), bei denen Cicero eigene Akzente setzt.
- Die substantiellste Erweiterung stellt zweifelsfrei das dritte Buch dar, in dem der (Schein-)Konflikt zwischen dem sittlichen Ehrenhaften und dem Nützlichen verhandelt wird: Nach Ciceros Auskunft war diese Untersuchung zwar Teil der Disposition von Panaitios' Schrift, kam aber aus ungeklärten Gründen nicht mehr zur Ausführung (vgl. 3.7–10). Cicero ergänzt dieses fehlende Buch „auf eigene Faust (*Marte nostro*)" (3.34), wobei der Umfang, in dem er dabei auf andere stoische Quellen (etwa auf Poseidonios, Hekaton von Rhodos, Athenodoros, u. a.) zurückgreift, in der Forschung umstritten ist.[28] Auffällig erscheint

---

[28] Brunt 2013, 185 u. 220–222, meint etwa, dass Cicero sich in *De officiis* 3 im Wesentlichen auf ein schriftliches „aide-mémoire" von Athenodoros stützte, um dessen Zusendung er ihn brieflich gebeten hatte.

hier auf jeden Fall der Übergang zu einer stärker kasuistischen Betrachtungsweise, wie sie der römischen *exempla*-Ethik entspricht und die eine größere Eigenständigkeit gegenüber den griechischen Quellen vermuten lässt.
- Dafür spricht auch die Verwendung von genuin römischen *exempla* über alle drei Bücher hinweg, die zumindest nicht alle in der Vorlage von Panaitios aufzufinden waren: Zwar hatte letzterer wohl ebenfalls mit Beispielen aus der römischen Geschichte und Politik gearbeitet, insofern sein Zielpublikum auch die römische Nobilität war. Damit lassen sich aber nur *exempla* erklären, die vor 139 v. Chr. angesiedelt sind (dem ungefähren Entstehungsdatum von *Peri tou kathēkontos*), aber nicht die späteren, mit denen Cicero durchaus operiert.[29]

Trotz dieses nicht von der Hand zu weisenden „Sonderguts" bei Cicero ist in der Auslegung von De *officiis* auch bis in die neuere Literatur hinein viel Quellenanalyse bzw. -forschung betrieben worden, um das Stoische / Panaetianische soweit wie möglich aus dem Ciceronianischen herauszumeißeln (vgl. etwa Pohlenz 1934). Die Ergebnisse sind allerdings recht divergent, wobei zumindest die Extrempole klar zu bestimmen sind: Während P. A. Brunt (2013, 172–242) Cicero über alle drei Bücher hinweg in enger Abhängigkeit von stoischen Vorlagen sieht, meint E. Lefèvre (2001), dass Cicero Panaitios' Vorlage in den beiden ersten Büchern strukturell und inhaltlich massiv umgestaltet habe und im dritten Buch weitgehend eigene Wege beschreite. Die Wahrheit könnte hier – wie so oft – eher in der Mitte liegen, wobei der Trend in der Forschung in den letzten Jahren stark in die Richtung geht, die Selbstständigkeit Ciceros und das genuin römische Gepräge in *De officiis* zu akzentuieren (vgl. Griffin / Atkins 1991), anstatt die – für die Cicero-Forschung unbestreitbar lange eher hemmende – Annahme zu perpetuieren, dass Cicero hier nur am Tropf seiner griechischen Quellen hänge. Cicero gibt selbst Gründe dafür an, warum er sich speziell in dieser Schrift stärker auf die Stoiker als auf andere Schulen bezieht (vgl. 3.20). Er lässt auch an vielen Stellen eine hohe Wertschätzung für Panaitios erkennen,[30] dessen moderater Stoizismus offensichtlich seinem Anliegen entgegenkam, in ethischen Fragen eine weitgehende Konvergenz zwischen Akademie, Peripatos und Stoa zu etablieren (vgl. Müller 2020); zudem verfügte wohl schon *Peri tou kathēkontos* über eine signifikante politische Ausrichtung, die Cicero ebenfalls goutierte.[31] Aber aus all dem folgt lediglich, dass Ciceros Ausführungen

---

29 Ob man deshalb dann gleich alle römischen *exempla*, die vor 139 v. Chr. anzusiedeln sind, Panaitios statt Cicero zuschreiben sollte, wie Brunt 2013, 190–193, meint, sei dabei einmal dahingestellt. Betrachtet man das äußerst breite Spektrum, aus dem Cicero *exempla* für seine Schriften und Reden schöpft (vgl. van der Blom 2010), wirkt das eher unwahrscheinlich.
30 Die Stellen finden sich versammelt bei Brunt 2013, 184. Vgl. auch Woolf 2015, 165.
31 Vgl. auch Griffin / Atkins 1991, xx, zur Attraktivität von Panaitios als Vorlage für Cicero.

und Überlegungen in *De officiis* in höherem Maße stoisch inspiriert sind als in anderen Schriften; die Annahme einer weitreichenden Abhängigkeit von seinen Vorlagen lässt sich dadurch nur unzureichend rechtfertigen.

Ein eher textextrinsisches Argument, das man für eine stärkere Abhängigkeit ins Spiel bringen kann, ist die rapide Abfassungsgeschwindigkeit von *De officiis*, die sich nach den Briefzeugnissen Ciceros auf zwei bis maximal drei Monate (September / Oktober bis Anfang Dezember 44) belaufen haben dürfte. Das ist in Anbetracht des gewichtigen Umfangs der Schrift natürlich ein verhältnismäßig knapp bemessener Zeitraum, zumal Cicero zeitgleich noch an den *Philippica* gegen Marcus Antonius arbeitete; und man sieht dem Werk an vielen Stellen – vor allem im dritten Buch – auch an, dass Cicero nach der Rückkehr auf die politische Bühne nicht noch einmal redigierend Hand angelegt hat: Hier sind in der Tat einige unübersehbare kompositorische Mängel zu verzeichnen.[32] Aber auch das ist kein wirklich schlagendes Argument gegen Ciceros philosophische Eigenständigkeit. Denn zum einen ist zu bedenken, dass Cicero in den Jahren 46 bis 44 insgesamt ein extrem hohes Tempo in der Produktion seiner *Philosophica* an den Tag legte; und zum anderen griff er offensichtlich konkret auf Material aus anderen Schriften, die unmittelbar davor entstanden waren, zurück, insbesondere aus *Cato maior de senectute*, *Laelius de amicitia* und aus der verloren gegangenen Schrift *De gloria*.[33]

Mit diesen Schriften weist *De officiis* auch inhaltlich einen erkennbaren Zusammenhang auf: Cicero widmete sich nach dem Abschluss seiner in *De divinatione* 2.1–4 beschriebenen philosophischen Enzyklopädie (vgl. Schofield 2013) nun stärker konkreten Fragen der persönlichen oder politischen Lebensführung, die er im Lichte der Philosophie beleuchtete. Dieser pragmatische bzw. praktische Charakter ist in *De officiis* unübersehbar (vgl. Woolf 2015, 170–171), aber dadurch wird *De officiis* ebenso wenig zum „odd man out" innerhalb der ciceronianischen *Philosophica* wie durch die traktatähnliche Form: Denn neben der Kontinuität mit anderen späten Schriften in der Ausrichtung auf praktische Unterweisung lässt sich etwa das Verhältnis von *De officiis* zu anderen Werken der Ethik (v. a. zu *De finibus bonorum et malorum*) und der politischen Philosophie (*De republica* und *De legibus*) auch als das einer Komplementarität zwischen philosophischer Theorie und Praxis deuten, wie Cicero es selbst andeutet (vgl. 1.7b).

De officiis war von Cicero sicherlich nicht als krönender Abschluss seiner philosophischen Schriftstellerei – sozusagen als weltanschauliches Vermächtnis – konzipiert, sondern ist bis zu einem gewissen Grad aus den Umständen der Ab-

---

32 Am auffälligsten ist das in 3.96 sichtbar, wenn Cicero die Gliederung (*divisio*) des dritten Buchs in Ausrichtung an den vier Kardinaltugenden reichlich verspätet „nachschiebt".
33 So weist MacKendrick 1989, 249, darauf hin, dass *De officiis* 43 *exempla* mit *Cato maior de senectute* teilt. Zu Parallelen mit dem *Laelius* vgl. ebd., 251–252.

fassungszeit und aus Ciceros persönlichem Anliegen heraus zu verstehen.[34] Dennoch ist die Schrift keine Gelegenheitsarbeit oder ein bloß von der politischen Situation der Zeit geprägtes familiäres Sendschreiben, das sich als allgemeine Abhandlung ausgibt. Denn es ist unverkennbar, dass der philosophische Gehalt der Schrift tief im ciceronianischen Denken verwurzelt ist – und über die Zeit hinweg sogar weit über sich selbst hinausgewiesen hat.[35] Zu diesem letzten Aspekt sollen im Folgenden noch einige abschließende Bemerkungen gemacht werden.

1.4 *De officiis* als Gelenkstelle in der Geschichte der Ethik

Unter den erhaltenen Werken der antiken Ethik nimmt Ciceros *De officiis* eine Sonderstellung ein. Die Schrift weist einige Merkmale auf, die sie von anderen antiken Ethiken unterscheidet und die nach unserer Auffassung dabei helfen können, ihre Rolle in der Geschichte der Ethik zu erklären.[36]

Zunächst ist festzuhalten, dass es sich bei *De officiis* um das erste überlieferte Beispiel einer angewandten Ethik im engeren Sinn handelt. Wie oben dargestellt, bieten die drei Bücher den Versuch, eine konkrete Hilfestellung für die Entscheidungen zu geben, mit denen die Leserschaft konfrontiert ist. Dieser Versuch wendet sich nicht nur explizit an unvollkommene Menschen – und damit an *uns* –, er interessiert sich auch kaum für das Ideal vollkommener Tugend, das für die meisten von uns unerreichbar ist. Anstatt auf die eher gehaltlose Figur des stoischen Weisen[37] verweist *De officiis* auf *exempla*: auf die heroischen, aber konkreten Gestalten der Vergangenheit und ihre vorbildlichen Taten sowie auf die zentralen Figuren der Republik und ihre politischen Entscheidungen.[38] Zudem scheut Cicero sich nicht davor, Regeln zu formulieren und Kriterien für schwierige Fälle zu benennen.[39]

---

34 Was man nicht zuletzt daran ablesen kann, dass er sich im Proömium des dritten Buchs (3.1–4) über die politische Zwangspause beklagt, in der er sich zur Zeit der Abfassung von *De officiis* befindet und die ihm – ähnlich wie die verordnete öffentliche Untätigkeit in der vorherigen Ära der Alleinherrschaft Caesars – überhaupt erst die Muße zum Abfassen dieser Schrift gewährt.
35 Für stärker „universalistische" Deutungen von *De officiis* vgl. etwa Grimal 1989 und Luciani 2013.
36 Vgl. zu dieser Rolle als eines der einflussreichsten Werke der antiken Ethik Dyck 1996, 39–49; Walsh 2000, xxxiv–xlvii; Nussbaum 2000 sowie den Beitrag von Philipp Brüllmann im vorliegenden Band.
37 Zum stoischen Weisen vgl. Brouwer 2014.
38 Zur Verwendung von *exempla* in Ciceros Philosophie vgl. Langlands 2011, Sauer 2018 und Müller 2022.

Diese Art der Rat gebenden Hilfe bildet einen deutlichen Kontrast zu dem, was wir von anderen Schriften der antiken Ethik kennen, insbesondere von Aristoteles, dessen *Nikomachische Ethik* oft als Paradigma des antiken, glücks- und tugendzentrierten Ansatzes betrachtet wird (vgl. exemplarisch Annas 1993). Zwar verfolgt auch die *Nikomachische Ethik* ein dezidiert praktisches Ziel (explizit z. B. 1.1, 1095a4–6; 2.2, 1103b26–30), dieses Ziel verwirklicht sich aber nicht in konkreten Anweisungen für richtige Entscheidungen. Tatsächlich ist Aristoteles für eine ausgesprochene Regelskepsis bekannt (z. B. 2.2, 1103b34–1104a10), die sich in den aristotelisch inspirierten Ansätzen der modernen Tugendethik oft wiederfindet.[40] Für Aristoteles verwirklicht sich das praktische Ziel der Ethik vor allem in Reflexionen über die richtige Erziehung, also die Frage, auf welche Weise wir Tugenden als positive Charaktereigenschaften erwerben und ausbilden können; und hier interessiert er sich primär für die Mechanismen von Einübung und Gewöhnung und weniger für die inhaltliche Bestimmung des richtigen Handelns. Zwar gehört zur Ausbildung der Tugenden auch die Vollendung unserer praktischen Vernunft in einer Form der Weisheit (*phronēsis*), die es uns ermöglicht, in allen Situationen die richtige Entscheidung mit Blick auf das gute Leben zu treffen. Wie das genau funktioniert, wird von Aristoteles aber nicht näher ausgeführt. Die Anwendung von Regeln scheint dabei jedenfalls eine untergeordnete Rolle zu spielen.

Dieser Kontrast hat sicher auch mit der spezifischen Funktion zu tun, die eine Schrift über das Angemessene (*Peri tou kathēkontos*) im Rahmen der stoischen Ethik, die als solche natürlich ebenfalls glücks- und tugendzentriert ist, zu erfüllen hat.[41] Unser Bild wäre wahrscheinlich ein anderes, wenn mehrere Beispiele solcher Schriften und insgesamt mehr Werke der stoischen Ethik überliefert wären. Dies ist jedoch nicht der Fall. Und da Cicero sein *De officiis* zudem ein Stück weit aus dem stoischen System herauslöst (1.6–7), entsteht der Eindruck eines Leitfadens für richtiges Verhalten, der im Wesentlichen für sich stehen kann. So wurde die Schrift auch rezipiert.

Neben dem Charakter als kasuistischer Leitfaden sind noch zwei weitere Merkmale zu nennen, die zu der erwähnten Sonderstellung von *De officiis* beitragen. Erstens finden wir vor allem in Buch 1 das Konzept einer Deliberation, die sich nicht an Zielen, sondern, vereinfacht gesagt, an Verpflichtungen und Vorschriften (*praecepta*: 1.7) orientiert. Während Aristoteles, wie andere Tugendethiker der

---

39 Das spricht gegen eine radikal partikularistische Deutung von *De officiis*. Vgl. dazu auch die entsprechenden Argumente von Christoph Horn im vorliegenden Band.
40 Vgl. z. B. McDowell 1996; Annas 2011, Kap. 2–3.
41 Hinter dieser Funktion steht der Gedanke, dass die möglichst konsequente und „vollständige" Ausführung angemessener Handlungen eine Annäherung an die Tugend bedeutet; vgl. Inwood / Donini 1999, 724–736.

Antike, davon ausgeht, dass unsere praktischen Überlegungen teleologisch strukturiert sind und sich letztlich alle auf das Glück als höchstes Gut beziehen lassen, spielt der Verweis auf das Glück und die damit verbundene Teleologie in *De officiis* 1 eine untergeordnete Rolle.[42] Tatsächlich grenzt Cicero das Projekt von *De officiis* explizit von einer Untersuchung ab, die die Pflichten zum höchsten Gut in Beziehung setzt (1.7).[43] Das Modell für die in *De officiis* behandelte Deliberation wäre also nicht der Arzt, der überlegt, wie er die Gesundheit eines Patienten hervorbringt,[44] sondern eher ein Mensch, der zwischen den verschiedenen Verpflichtungen abwägen muss, die ihm sein Beruf, sein Stand und seine sozialen Beziehungen auferlegen.

Eine zentrale Bedeutung kommt in dieser Abwägung der Frage zu, welche Handlung am ehesten im Interesse der Gemeinschaft, und zwar vor allem der Gemeinschaft der *res publica*, wäre. Dies ist das zweite Merkmal, das *De officiis* von anderen ethischen Projekten der Antike unterscheidet. Zwar kennen wir aus der politischen Philosophie von Platon und Aristoteles den Gedanken, dass ein guter Herrscher nicht im eigenen, sondern im Interesse der Gemeinschaft handelt (so auch 1.85). In Ciceros *De officiis* wird dieser Gedanke (bzw. die Vorstellung, dass die Gemeinschaft wichtiger ist als der Einzelne) aber zu einem wesentlichen Moment von Deliberation überhaupt. Der Vorrang der Gemeinschaft taucht in ganz unterschiedlichen Kontexten auf und spielt eine tragende Rolle in den praktischen Erwägungen, wie Cicero sie konzipiert.[45]

Auch wenn Ciceros *De officiis* in den Kontext der antiken Ethik eingebettet ist, ist die Schrift aufgrund ihrer besonderen Merkmale für die deontologischen Pro-

---

42 Vgl. die Beiträge von Stefan Röttig und Philipp Brüllmann im vorliegenden Band. Für eine stärker eudaimonistische Lesart von *De officiis* plädiert David Machek, ebenfalls im vorliegenden Band.
43 Insofern berührt Thaddäus Zielinski durchaus einen wichtigen Punkt, wenn er – freilich etwas anachronistisch – über *De officiis* schreibt: „Seine Pflichtenlehre hat der römische Philosoph mit vollem Bewußtsein von der Güterlehre losgelöst und auf den Boden der praktischen Vernunft versetzt" (^{2}1908, 79).
44 Dies ist ein von Aristoteles häufig verwendetes Beispiel (z. B. *Metaph.* 7.7; *Eth. Nic.* 3.5, 1112b12–1113a12).
45 Um einige Beispiele zu nennen: (1) Der Vorrang der Gemeinschaft dient als Kriterium zur Entscheidung kontroverser Fälle (z. B. 1.31; 1.43; 2.72–74; 3.40 u. ö.). (2) Es besteht eine Hierarchie der Pflichten gegenüber unterschiedlichen Gemeinschaften, wobei den Pflichten gegenüber der *res publica* besondere Bedeutung zukommt (1.44; 1.50–59; 1.160; 3.69). (3) Die Grundlage der Gerechtigkeit ist die Gemeinschaft aller Menschen. Wer andere ungerecht behandelt und ihnen schadet, zerstört diese Gemeinschaft (1.21; 1.148–149).

jekte späterer Jahrhunderte unmittelbar anschlussfähig. Sie kann daher zurecht als Gelenkstelle in der Geschichte der abendländischen Ethik bezeichnet werden.[46]

Literaturverzeichnis

Annas, J., 1993: The Morality of Happiness, New York / Oxford
Annas, J., 2011: Intelligent Virtue, Oxford
Atkins, E.M., 1990: 'Domina et Regina Virtutum': Justice and Societas in *De officiis*, in: Phronesis 35, 258–289
Brouwer, R., 2014: The Stoic Sage, Cambridge
Brüllmann, P., 2019: The Stoics, in: T. Angier (Hg.), The Cambridge Companion to Natural Law Ethics, Cambridge, 11–30
Brunt, P.A., 2013: Studies in Stoicism, herausgegeben von M. Griffin / A. Samuels, Oxford
Dyck, A.R., 1996: A Commentary on Cicero, *De Officiis*, Ann Arbor
Gawlick, G. / Görler, W., 1994: Cicero, in: H. Flashar (Hg.), Die Philosophie der Antike. Bd. 4: Die hellenistische Philosophie (Ueberwegs Grundriss der Geschichte der Philosophie. Völlig neubearbeitete Ausgabe), Basel, 991–1168
Griffin, M. / Atkins M., 1991: Introduction, in: dies. (Hg.), Cicero, On Duties, Cambridge, ix–xxviii
Grimal, P., 1989: Le *De officiis* de Cicéron, in: Vita Latina 115, 2–9
Inwood, B. / Donini, P., 1999: Stoic Ethics, in: K. Algra, / J. Barnes / J. Mansfeld / M. Schofield (Hg.), The Cambridge History of Hellenistic Philosophy, Cambridge, 675–738
Keller, A., 2012: Cicero und der gerechte Krieg. Eine ethisch-staatsphilosophische Untersuchung, Stuttgart
Kries, D., 2003: On the Intention of Cicero's *De officiis*, in: The Review of Politics 65, 375–393
Langlands, R., 2011: Roman *Exempla* and Situations Ethics: Valerius Maximus and Cicero *de Officiis*, in: The Journal of Roman Studies 101, 100–122
Lefèvre, E., 2001: Panaitios' und Ciceros Pflichtenlehre. Vom philosophischen Traktat zum politischen Lehrbuch, Stuttgart
Lévy, C., 1989: Le *De officiis* dans l'œuvre philosophique de Cicéron, in: Vita Latina 116, 11–16
Luciani, S., 2013: *Tempora* et philosophie dans le *De officiis* de Cicéron, in: Vita Latina 187/188, 39–59
MacKendrick, P.L., 1989: The Philosophical Books of Cicero, London
McDowell, J., 1996: Deliberation and Moral Development in Aristotle's Ethics, in: S.P. Engstrom / J. Whiting (Hg.), Aristotle, Kant, and the Stoics. Rethinking Happiness and Duty, Cambridge, 19–35
Müller, J., 2020: Mere verbal dispute or serious doctrinal debate? Cicero on the relationship between the Stoics, the Peripatetics, and the Old Academy, in: G.M. Müller / J. Müller (Hg.), Cicero ethicus. Die *Tusculanae Disputationes* im Vergleich mit *De finibus bonorum et malorum*, Heidelberg, 173–195
Müller, J., 2022: Vorbilder – und wie man ihnen folgen soll. Exemplarität in Ciceros praktischer Philosophie, in: K. Mertens / M. Summa (Hg.), Das Exemplarische. Orientierung für menschliches Wissen und Handeln, Paderborn, 217–239

---

[46] Die Arbeit an diesem Beitrag wurde gefördert durch die Deutsche Forschungsgemeinschaft (DFG) – Projektnummer 457116490.

Nicgorski, W., 2022: Cicero's Republicanism, in: J. Atkins / T. Bénatouïl (Hg.), The Cambridge Companion to Ciceros's Philosophy, Cambridge, 215–230

Nussbaum, M., 2000: Duties of Justice, Duties of Material Aid: Cicero's Problematic Legacy, in: The Journal of Political Philosophy 8, 176–206

Pohlenz, M., 1934: Antikes Führertum. Ciceros *De officiis* und das Lebensideal des Panaitios, Leipzig

Sauer, J., 2018: Römische Exempla-Ethik und Konsenskultur? Philosophie und *mos maiorum* bei Cicero und Seneca, in: G.M. Müller / F. Mariani Zini (Hg.), Philosophie in Rom – Römische Philosophie? Kultur-, literatur- und philosophiegeschichtliche Perspektiven, Berlin / Boston, 67–95

Schofield, M., 2008: Ciceronian Dialogue, in: S. Goldhill (Hg.), The End of Dialogue in Antiquity, Cambridge, 63–84

Schofield, M., 2013: Writing philosophy, in: C. Steel (Hg.), The Cambridge Companion to Cicero, Cambridge, 73–87

Schofield, M., 2021: Cicero: Political Philosophy (Founders of Modern Political and Social Thought), Oxford

Strasburger, H., 1990: Ciceros philosophisches Spätwerk als Aufruf gegen die Herrschaft Caesars, Hildesheim

Süß, W., 1966: Cicero. Eine Einführung in seine philosophischen Schriften, Wiesbaden

van der Blom, H., 2010: Cicero's Role Models. The Political Strategy of a Newcomer, Oxford

Woolf, R., 2007: Particularism, Promises and Persons in Cicero's *De Officiis*, in: Oxford Studies in Ancient Philosophy 33, 317–346

Woolf, R., 2015: Cicero. The Philosophy of a Roman Sceptic, London

Zielinski, T., ^{2}1908: Cicero im Wandel der Jahrhunderte, Leipzig / Berlin

Marco Bleistein

2 Die Proömien: Ciceros Aufruf zu einem aktiven Philosophieren im Kontext seiner *Philosophica*

2.1 Einführung und methodische Vorbemerkungen

De officiis ist am Ende von Ciceros Leben als letztes seiner philosophischen Werke entstanden. Häufig wurde die These vertreten, dass es sich dabei formal wie inhaltlich um eine Ausnahmeerscheinung in Ciceros philosophischem Œuvre handelt (vgl. exemplarisch Dyck) – wofür durchaus berechtigte Argumente existieren, wenn man beispielsweise die literarische Form, den expliziten Adressatenbezug oder die Nennung einer primären Quelle (Panaitios) betrachtet (vgl. zu diesen Aspekten die Einleitung dieses Bandes sowie Lefèvre 2001). Im Folgenden soll jedoch nach dem Gemeinsamen der philosophischen Schriften Ciceros gesucht werden, weshalb die Proömien von *De officiis* unter dem Gesichtspunkt betrachtet werden, inwiefern sie sich vielmehr in den Reigen der anderen Vorreden der philosophischen Schriften einreihen. Denn bei näherem Hinsehen offenbart sich, dass sich hier – wie auch in den anderen Proömien – ein Netz von vergleichsweise wenigen thematischen Einheiten durch den Text der Vorreden zieht (z. B. das Verhältnis von Philosophie und Rhetorik oder der Abgleich von Vergangenheit und Gegenwart).[1] Dass oftmals der spezifische Kontext verschieden ist und sich Nuancen bei der Verwendung der Begrifflichkeiten unterscheiden lassen, ändert nichts an der auffallend hohen Konsistenz dieser Grundelemente, die auch inhaltlich bedeutende Kategorien des ciceronischen Denkens darstellen.[2] In diesem einleitenden Beitrag soll gezeigt werden, dass auch in den Vorreden von Ciceros *De officiis* viele dieser Grundelemente verhandelt werden, was in der These gipfelt, dass Cicero mit seinem letzten Werk ein Kondensat seines Philosophierens und seines Verständnisses der Rolle der Philosophie in seinem Leben und in Rom vorlegt. Wie in vielen anderen seiner philosophischen Werke bedeutet dies nicht zuletzt einen zumindest impliziten Aufruf zum aktiven Philosophieren, das die aktuellen gesellschaftlichen Verhältnisse im Blick hat.

---

1 Dieser Beitrag beruht inhaltlich wie sprachlich in Teilen auf Bleistein 2022.
2 Vgl. für die Proömien der *Tusculanae disputationes* Bleistein 2014.

In diesem Sinne richtet sich dieser Beitrag auch in exemplarischer Weise gegen die Kritik, deren Gegenstand die Proömien Ciceros bisweilen waren und sind: Sie ließen keine Verbindung zur eigentlichen Abhandlung erkennen, sie seien von Widersprüchen geprägt oder unüberlegt und schnell verfasst worden.[3] Dieses Vorurteil wird von Cicero unterstützt, wenn er in einem Brief an Atticus (vgl. *Att.* 16.6.4) ein *volumen prohoemiorum* erwähnt, was oft dahingehend interpretiert wurde, dass Cicero an den Anfang seiner Werke und Bücher wahllos ein Proömium aus einem seit jeher vorbereiteten Pool an Vorreden gesetzt hätte. Dem muss man allerdings entgegnen, dass die Entstehungsweise für das Ergebnis letztendlich unerheblich ist, denn selbst wenn zutrifft, dass Cicero teilweise vorgefertigte Passagen verwendet hat, bedeutet das noch keine planlose Anordnung (Koch 2006, 61 und Gildenhard 2007, 89 sowie Stadler 2004, 282). Die meist als Kritik zu verstehende Aussage über den fehlenden Zusammenhang zwischen Proömium und Hauptteil ist im Übrigen nicht zutreffend. Im ersten Proömium von *De natura deorum* beispielsweise mischen sich ganz prominent allgemeine mit dezidert auf das Werk bezogenen Überlegungen. Dass diese Bezogenheit von Einleitung und Hauptteil auch auf die Proömien von *De officiis* zutrifft, soll im Folgenden gezeigt werden.

Dafür wird der Textverlauf von zentralen Stellen des ersten Prooms[4] nachgezeichnet, wobei zunächst besonders auf zu beobachtende Grundelemente von Form und Inhalt des ciceronischen Philosophierens eingegangen wird. Ausgehend von einzelnen Textstellen wird sodann jeweils der größere Bogen zu Vergleichsstellen und zu übergeordneten thematischen Linien des philosophischen Gesamtwerks gezogen. Flankiert werden die Beobachtungen von Teilen des dem ersten Proömium nachfolgenden Gelenkabschnitts über die *oikeiōsis*-Lehre (1.11–17) sowie von signifikanten Befunden der Vorreden des zweiten und dritten Buchs. Bei der Frage, welche Textabschnitte konkret Teil der Vorrede sind und wie diese sich vom Hauptteil und etwaigen Übergangspassagen abgrenzen lassen, richtet sich dieser Beitrag der Einfachheit halber nach gängigen Einteilungen (vgl. etwa Gunermann 2007, 417–425).

Vor dem Beginn der Textanalyse soll kurz auf einige methodisch-heuristische Besonderheiten meiner Betrachtungsweise ciceronischen Philosophierens eingegangen werden, deren Ziel es ist, zu einem globalen Verständnis von Ciceros *Philosophica* und ihrer Weltdeutung beizutragen:

- Dieser Beitrag untersucht vor allem die Textstruktur und den Zusammenhang ihrer thematischen Einzelelemente sowie deren werkübergreifende Beziehung.

---

[3] Vgl. stellvertretend für viele Ruch 1958, 281 und Lefèvre 2008, 139.
[4] Im Fokus stehen die Kapitel 1 bis 5. Für die konkreten Vorbemerkungen zum Werk ab Kapitel 7 und die Erörterung der *oikeiōsis*-Lehre sei auf den Beitrag von Jula Wildberger in diesem Band verwiesen.

Nicht im Fokus stehen demgegenüber die philosophischen Details der Pflichtenlehre und die philosophiehistorischen Einlassungen in deren Umfeld, wie sie in den anderen Beiträgen untersucht werden.
- In werkgeschichtlicher Sicht wird eine weitgehend synchrone Perspektive eingenommen und gewissermaßen ein zeitlicher Querschnitt des ciceronischen Philosophierens betrachtet. In diesem Verständnis wird ein Kern des ciceronischen Philosophierens angenommen, der zwar in verschiedenen Werken Ciceros jeweils anders nuanciert sein kann, im Grunde aber konstant ist.
- Ich gehe auf Basis der Befunde meiner Dissertation (Bleistein 2022) davon aus, dass eine grundlegende ciceronische Denkoperation die Strukturierung oder Komposition verschiedener Textelemente in Gegensätzen darstellt. Im Fokus der Textanalyse stehen damit dichotom angeordnete Begriffspaare (etwa Philosophie und Rhetorik, Vergangenheit und Gegenwart oder Römer und Griechen) und die Frage, ob diese Gegensätze statisch zu verstehen sind oder sich auflösen lassen.

Unter diesen Prämissen sollen nun einige zentrale thematische Kompositionselemente in den Proömien von *De officiis* aufgezeigt werden, wobei zuerst Ciceros Methode, das Wie ciceronischen Philosophierens (Teil 2), danach der Inhalt, das Was ciceronischen Philosophierens, im Fokus stehen sollen (Teil 3). „Wie" meint dabei die Art und Weise, in der Cicero philosophiert, seine methodischen Grundüberzeugungen wie auch seine erkenntnistheoretische Praxis. „Was" bezeichnet dagegen das inhaltliche Ziel, das philosophische Programm, welches durch sein Philosophieren umrissen wird.

2.2 Das „Wie": Rhetorik, Philosophie und die Suche nach dem Wahrscheinlichen

Gleich der Beginn des Werks leistet eine Zusammenschau vieler Textelemente, die bereits in den zuvor veröffentlichten philosophischen Werken verhandelt wurden: „Wenngleich du, mein Sohn Marcus, schon ein Jahr lang Hörer des Kratippos – und das in Athen –, übergenug Vorschriften haben musst und Unterweisungen der Philosophie (*philosophia*) dank dem sehr hohen Ansehen des Lehrers wie der Stadt, von denen der eine dich durch sein Wissen (*scientia*), die andere durch ihre Vorbilder (*exempla*) fördern kann, so meine ich doch, du solltest – wie ich stets zu meinem Nutzen mit dem Griechischen das Lateinische verbunden habe (*Graecis Latina coniunxi*) und das nicht nur in der Philosophie tat, sondern auch in der rhetorischen Übung (*dicendi exercitatio*) – dasselbe tun, damit du in beiden Gestalten der Rede (*oratio*) die gleiche Gewandtheit besäßest." (1.1)[5]

Zuvorderst deutet sich hier eine enge Verbindung von Philosophie und Rhetorik an, deren Verhältnis in vielen ciceronischen Schriften in zwei Dimensionen betrachtet wird: sowohl in der historischen Perspektive eines beklagenswerten Auseinanderdriftens der beiden Begriffe als auch in methodischer Hinsicht, wo eine Vereinigung von Philosophie und Rhetorik angestrebt wird. Die historische Perspektive verrät bei Cicero immer einen zu bedauernden Spaltungsprozess (vgl. etwa *De or.* 3.59–61), welcher auch einen der Gründe für das gegenwärtige Brachliegen gelungener philosophischer Schriftstellerei darstellt; es wird daher eine methodische Vereinigung nötig, für die häufig große Vorbilder wie Aristoteles und Karneades mit ihrer gelungenen Verbindung rhetorischer und philosophischer Elemente angeführt werden (vgl. etwa *Tusc.* 1.7). Durch diese Zusammenblendung von historischer Entwicklung der Spaltung und, synchron betrachtet, notwendiger methodischer Einheit in der Gegenwart liegt nahe, dass sich durch eine sinnvolle Verbindung beider Elemente auch die Geschichte wieder zum Positiven wenden kann (vgl. etwa *Brut.* 6–7), insofern eine Vereinigung von Philosophie und Rhetorik protreptische Wirkung entfalten und dazu dienen kann, möglichst viele Bürger zur philosophischen Tätigkeit zu ermuntern, was im Idealfall auf die Gestaltung des Gemeinwesens positiv zurückwirkt.

Die geschichtliche Interpretation des Verhältnisses von Philosophie und Rhetorik erstreckt sich auch auf große Teile der Vorreden von *De officiis*, wobei sowohl die ferne Vergangenheit als auch die jüngsten Geschehnisse unter dieser Folie betrachtet werden. In der ersten Vorrede treten große historische Figuren Griechenlands etwa als *exempla* für eine unvollständige Einheit der beiden Disziplinen auf, wenn beispielsweise Platons mangelnde Umsetzung des ihm inhärenten rhetorischen Potentials verhandelt wird: „Allerdings meine ich, es hätte [...] Platon, wenn er die Art der Rede vor der Öffentlichkeit (*genus forense dicendi*) hätte betreiben wollen, überaus eindrucksvoll und ausdrucksreich reden können." (1.4)

Regelrecht programmatisch wird die Trennung von Philosophie und Rhetorik mit den politischen Verhältnissen der jüngeren Vergangenheit[6] im zweiten Proömium parallelisiert. In dem Maße, in dem politische Freiheit aus dem Gemeinwesen verschwand, musste sich Cicero von öffentlicher Redetätigkeit entfernen und auf philosophisches Wirken im Privaten zurückziehen: „Da aber das Gemeinwesen (*res publica*), auf das all mein Sinnen, Sorgen und Mühen sich zu richten pflegte,

---

5 Die Übersetzung richtet sich nach der Reclam-Ausgabe von Heinz Gunermann.
6 Die traditionelle römische Republik konnte auch nach der Ermordung Caesars nicht wiederhergestellt werden. Vielmehr setzt sich die Tendenz einer Fokussierung auf mächtige Einzelpersonen, die nach der Macht streben, fort. (Vgl. *Off.* 3.2.)

durchaus nicht mehr existierte, ist natürlich mein Wort auf dem Forum und im Senat verstummt. Weil aber mein Geist (*animus*) nicht untätig bleiben konnte, so glaubte ich, von Anbeginn der Jugend an vertraut mit diesen Studien, am ehrenhaftesten diese Verbitterung loszuwerden, wenn ich mich wieder der Philosophie zuwandte." (2.3–4) Im Rahmen dieser aussagekräftigen Verhandlung des Gegensatzpaares *otium* und *negotium* lässt sich feststellen: Einen durchaus politisch gedachten Ausweg, der mit der Hoffnung auf gesellschaftliche Besserung verbunden ist, bietet nur eine Vereinigung beider Elemente, nämlich von Philosophie als „Streben nach Weisheit (*studium sapientiae*)" (2.5) und Rhetorik als Aufgabe für den Staat – mangels anderer Möglichkeiten nun eben in Form eines für die eigenen Landsleute geschriebenen Traktats aus philosophischer Einstellung heraus.[7]

Neben diesen politisch wie historisch aufgeladenen Implikationen besitzt die Verschränkung von Philosophie und Rhetorik bei Cicero immer auch erkenntnistheoretisches Potential – in den anderen *Philosophica* zumeist in Form einer philosophisch-dialektisch fundierten und rhetorisch ausgestalteten Disputation (*disputatio in utramque partem*), die auf das Auffinden eines Wahrscheinlichen gerichtet ist: Es werden zwei, bisweilen auch mehr philosophische Positionen, die meistens verschiedenen philosophischen Schulen zugeordnet werden können, oder das Für und Wider einer einzigen These scharf gegenübergestellt und mit rhetorischen Mitteln diskutiert, wobei am Ende dieses von These und Antithese geprägten dialektischen Verfahrens ein Ergebnis steht, das als wahrscheinlichste Position der Orientierung des Individuums dienen kann. Dies lässt sich mit einer probabilistischen Ausprägung des ciceronischen Philosophierens zusammenbringen: Im Verlauf einer Disputation ergibt sich etwas Wahrscheinliches (*veri simile / probabile*), das beurteilt und gebilligt (*probare*) werden muss und dann – immer unter skeptischem Vorbehalt – lebenspraktisch orientierend und konstruktiv wirken kann (vgl. dazu auch Gawlick / Görler 1994, 1085–1125). Im Kern lassen sich so die von Cicero immer wieder hervorgehobenen skeptischen Züge seines Philosophierens mit dogmatisch wirkenden Setzungen für die Praxis in Einklang bringen und der auf den ersten Blick verwunderliche Zusammenhang von Rhetorik und Wahrheit erklären.

Nun könnte man genau dieses ciceronische Vorgehen – Entscheidung für die wahrscheinlichste aller Thesen und deren praktische Umsetzung als Folge – für das Ausnahmewerk *De officiis* mit gewissem Recht in Frage stellen; denn das Werk erweckt streckenweise den Eindruck, dass hinsichtlich der Lehre vom pflichtgemäßen Handeln augenfällig ein Ergebnis von Beginn an dogmatisch vorgegeben und als Mission über alle Bücher verfolgt wird. Doch lassen sich implizit durchaus

---

[7] S. auch unten, Teil 3, für die inhaltlichen Aspekte dieser Konfiguration.

Ausprägungen der oben skizzierten probabilistischen Disputationsmethode finden,[8] welche kondensiert auf zurückliegende Erörterungen Ciceros verweisen.

Ein erster abstrakter Zusammenhang findet sich etwa zu Beginn von *De officiis*, wo Sprechen und Urteilen in enge Nachbarschaft gestellt werden, womit auf die grundlegende Bedeutung menschlicher Disputation für das Zustandekommen eines Urteils hingewiesen, mithin also komprimiert das Zusammenspiel von Disputation und Erkenntnis (eines Wahrscheinlichen) herausgestellt wird: „Dazu haben wir, wie wir meinen, eine wirkungsvolle Hilfe unseren Landsleuten gebracht, so dass nicht nur Leute ohne alle Kenntnis der griechischen Literatur (*Graecarum litterarum rudes*), sondern auch Kenner (*docti*) meinen, ansehnlichen Gewinn für ihr Lernen und Urteil (*ad discendum et ad iudicandum*) gezogen zu haben." (1.1) Die Nähe von Disputation und Wahrheitssuche wird zudem explizit am Ende des zweiten Proömiums von *De officiis* formuliert: „Dagegen werden von unseren Leuten alle Fragen erörtert (*omnia disputantur*), weil ebendiese Wahrscheinlichkeit (*probabile*) nicht ans Licht treten könnte, wenn nicht von beiden Seiten ein Wettbewerb der Argumente (*contentio causarum*) durchgefochten würde." (2.8) Auf Grundlage einer Disputation von mehreren Seiten, einer *ex utraque parte contentio*, wird das *probabile* ermittelt, wodurch der Zusammenhang von rhetorischer Theorie, dialektischer Philosophie und probabilistischer Erkenntnistheorie gerade in Ciceros letzter philosophischer Schrift herausgestellt wird,[9] auch wenn er sich die akademische Freiheit herausnimmt, die Methodik an die Ziele von *De officiis* anzupassen.

Rezeptionsästhetisch betrachtet könnte man sogar anmerken, dass die Verwunderung über die beobachtete Tendenz zur etwas dogmatischeren Darstellung durch Cicero selbst antizipiert und im zweiten Proömium adressiert wird: „Man tritt uns aber entgegen, und zwar von Seiten gebildeter und kultivierter Leute, mit der Frage, ob wir uns einbilden, genügend konsequent (*constanter*) zu handeln. Denn obwohl wir behaupteten, es könne nichts wahrgenommen werden (*percipi nihil posse*), pflegten wir doch andere Themen zu erörtern, und gerade in diesem Augenblick gingen wir den Vorschriften des pflichtgemäßen Handelns (*praefecta officii*) nach. Ich wollte, ihnen wäre unsere Meinung genügend bekannt. Wir sind ja keine Leute, deren Geist irrend umherschweift und nie eine Richtschnur kennt, der er folgen könnte." (2.7) Ciceros Antwort auf solche Vorwürfe fällt deutlich im Sinn eines Bekenntnisses zu seiner seit jeher (vgl. *Inv.* 1.1–5) praktizierten probabilistischen Methode der Wahrheitssuche aus: „Wie die übrigen sagen, es sei das eine bestimmt (*certa*), das andere unbestimmt (*incerta*), so sagen wir, anderer Meinung als diese, es sei das eine wahrscheinlich (*probabilia*), das andere dagegen nicht. Was

---

8 S. auch den Beitrag von Georgia Tsouni in diesem Band.
9 Vgl. auch Peetz 2005, 119 und Leonhardt 1999, 19–20 sowie Long 1995, 58.

gäbe es also, was mich hinderte, dem zu folgen, was mir wahrscheinlich scheint, was dagegen nicht, als unwahrscheinlich abzulehnen?" (2.7–8) Man darf also zusammenfassen, dass die Einheit von Philosophie und Rhetorik im Sinne einer Suche nach dem Wahrscheinlichen auch in *De officiis* ein im Hintergrund wirksames methodisches Ideal bleibt.

In diesem Sinne wird im Rahmen der Darstellung der *oikeiōsis*-Lehre das Streben nach Wahrheit als menschliches Proprium dargestellt, die Methode der Wahrheitssuche somit anthropologisch beleuchtet: „Und besonders ist dem Menschen das Aufspüren und Aufsuchen der Wahrheit (*veri inquisitio atque investigatio*) eigen." (1.13) Ausgerichtet ist die Verschränkung von Philosophie und Rhetorik, die sich durch den Beginn von *De officiis* zieht, also stets auf das frei urteilende Individuum, das in der Gesellschaft positiv wirken kann, wenn es die Grundsätze seines Handelns rhetorisch-dialektisch bestimmt und sich sodann unter probabilistischem Vorbehalt nach ihnen richtet (vgl. auch Reckermann 1990, 528 und Mančal 1982, 186). So erwächst – das Wie ciceronischen Philosophierens betreffend – ein aus eigener Überlegung heraus und frei getroffenes Urteil: „Wenn du aber unsere Schriften liest, die nicht weit von denen der Peripatetiker abweichen, da wir ja beide Sokratiker und Platoniker sein wollen, so bilde dir in Bezug auf die Lerninhalte selbst dein eigenes Urteil (*utere tuo iudicio*)." (1.2) In erster Linie ist dieser Appell für ein freies Urteil auf den primären Adressaten, Ciceros Sohn Marcus, gemünzt, jedoch lässt sich an dieser Stelle besonders gut eine breitere Öffentlichkeit als Zielgruppe diskutieren – was ganz auf der Linie der zuvor veröffentlichten philosophischen Schriften, insbesondere der *Tusculanae disputationes* (vgl. Gildenhard 2007), und auch der oben erwähnten Ausführungen zum Verhältnis von *otium* und *negotium* liegen würde. Die Proömien von *De officiis* führen die methodischen Linien früherer philosophischer Schriften Ciceros konsequent fort.

Ähnlich wie etwa in *De natura deorum* folgt Cicero dabei im Rahmen seines Probabilismus als Ergebnis freien Urteilens der Stoa (und dabei in *De officiis* in erster Linie Panaitios), ohne ihre Lehre über pflichtgemäßes Handeln in Form einer Übersetzung als absolute Wahrheit darzustellen: „Wir folgen also bei dieser Gelegenheit und in dieser Frage hauptsächlich den Stoikern, nicht als Übersetzer (*interpretes*), sondern wir werden, wie wir es gewohnt sind, aus ihnen als unseren Quellen nach unserem Urteil und nach Wahl (*iudicio arbitrioque nostro*) so viel und, wie es zweckmäßig scheint, schöpfen." (1.6) Als Maßgabe dient damit ein aktives Philosophieren, das sich verschiedener Quellen bedienen kann, aber am Ende ein eigenes Urteil bildet und erlaubt. Aktiv bedeutet in diesem Zusammenhang, dass der Leser der Schrift die Inhalte nicht bloß passiv konsumiert, sondern kritisch prüft und insbesondere eigene Schlussfolgerungen für das eigene Weltverständnis zieht und sein privates wie vor allem öffentliches und gesellschaftliches Handeln an diesen Überlegungen orientiert. Dieses aktive Philosophieren erscheint in *De officiis* als Mittel der Wahl, wie es auch Kern und Inhalt eines philosophischen Programms Ciceros ist, das nun erörtert werden soll.

2.3 Das „Was": Philosophie, Tugend und Gemeinschaft

Nicht nur das Wie ciceronischen Philosophierens wird in den Proömien von *De officiis* erhellt, sondern auch zentrale Inhalte werden – analog zum Beginn der ersten Vorrede (vgl. 1.1) – angerissen: Cicero verbindet zu seinem Nutzen das Griechische mit dem Lateinischen und empfiehlt seinem Sohn sowohl die Vorbilder der Vergangenheit als auch das Wissen der Gegenwart. Wenn er anschließend auf die Wirkung seiner Bemühungen zu sprechen kommt, betont er seinen Einsatz im gleichen Maß für Menschen, die des Griechischen unkundig sind, wie auch für Gebildete und bringt damit – neben seinem Sohn Marcus – eine weitere Öffentlichkeit als Ziel seiner Schriften ins Spiel. Diese Textelemente sollen nun unter der Perspektive eines philosophischen Programms Ciceros erörtert werden.

Auffällig greift Cicero hier nämlich drei auch in anderen Vorreden zentrale, dichotom zu denkende Begriffspaare auf, die besonders prominent in den *Tusculanae disputationes* hervortreten: Römer-Griechen, Vergangenheit-Gegenwart und Elite-Masse. In allen fünf Proömien dieses 45 v.Chr. entstandenen Werks werden diese Gegensatzpaare thematisiert und so konfiguriert, dass sich die ursprünglich als Dichotomien angelegten Elemente unter dem Zeichen der Philosophie aufeinander zubewegen und zur Einheit verschmelzen, wodurch ein dezidert philosophisches Programm aufgespannt wird. Die Philosophie als zentraler Katalysator wird dabei sowohl als Hilfsmittel für die Person als auch für den Staat betrachtet. Cicero versucht, die glorifizierte Vergangenheit spiegelbildlich auf eine besser gedachte Zukunft zu projizieren, in der – mehr Gedankenkonzept als tatsächliche historische Möglichkeit – auch römische Tugend und griechische Weisheit verschmolzen sind. Der Weg dorthin führt über ein theoretisch fundiertes philosophisches Konzept der Aufklärung über Güter und Übel, das nach einer Gewinnung der Besten seine Wirkung auch in der gesamten Bevölkerung entfalten soll (vgl. Bleistein 2014).

Auch die Vorrede von *De officiis* bestätigt, dass *philosophia* an sich, aktives Philosophieren im ciceronischen Sinne, ein bedeutender Motor für die erwähnten Zusammenhänge sein kann. Sie rückt ins Zentrum, wenn das Thema der Schrift – das pflichtgemäße Handeln – erstmals angerissen wird: „Denn wenngleich es in der Philosophie viele drängende und nützliche Probleme gibt, die gründlich und ausführlich von den Philosophen erörtert worden sind, so haben doch, wie mir scheint, die Lehren und Ermahnungen, die über das pflichtgemäße Handeln (*officia*) von jenen gegeben worden sind, die weiteste Geltung." (1.4) Der Fokus der Philosophie auf die Pflichten ist universal und bezieht, obwohl manche besser geeignet erscheinen als andere, prinzipiell alle Philosophenschulen mit Ausnahme des Epikureismus (vgl. 1.5)[10] mit ein.

Zudem rückt in diesem Kontext der Anspruch der Philosophie Gegensätze zu überbrücken ins Zentrum – etwa im zweiten Proömium, wo Philosophie nicht nur im Kontext des Gegensatzpaares *eloquentia* und *philosophia* auftritt, sondern auch eine Protagonistenrolle in der Gegenüberstellung von *otium* und *negotium* einnimmt. Cicero verteidigt nicht nur seine Beschäftigung mit Philosophie als Streben nach Weisheit (*studium sapientiae*) – „Die Weisheit aber ist, wie von alten Philosophen bestimmt worden ist, das Wissen um Göttliches und Menschliches und deren Ursachen, von denen diese abhängen (*rerum divinarum et humanarum causarumque, quibus eae res continentur, scientia*). Wer das Streben nach ihr tadelt, von dem verstehe ich nicht recht, was er eigentlich noch für lobenswert hält." (2.5) –, er sieht aktives Philosophieren auch für sich als in der aktuellen gesellschaftlichen Situation einzige Möglichkeit, die Dichotomie von *otium* und *negotium* zu überwinden. Sprachlich pointiert bringt er dies im dritten Proömium zum Ausdruck, wo er die auch persönlich erlebte Dichotomie, die „Untätigkeit aus mangelnder Möglichkeit zur Betätigung (*otium negotii inopia*)" (3.2), mit einem Zitat Scipios unterläuft: „P. Scipio, mein Sohn Marcus, der Mann, der als erster Africanus genannt wurde, pflegte zu sagen, wie Cato – in etwa sein Zeitgenosse – schrieb, er sei niemals weniger untätig gewesen, als wenn er frei von Tätigkeit (*numquam se minus otiosum esse, quam cum otiosus*), und weniger einsam, als wenn er einsam sei." (3.1)

Die Beschäftigung mit Philosophie lässt das Individuum auch in Zeiten erzwungener Muße öffentlich, letztlich politisch wirken. Das Gebiet der Philosophie, das in diesem Kontext den größten Ertrag verspricht, ist das Thema der Abhandlung: „Nun ist wohl, mein Cicero, die gesamte Philosophie nutz- und gewinnbringend und keiner ihrer Teile liegt brach und unfruchtbar, aber es gibt in ihr doch kein einträglicheres und reicheres Gebiet als das über die pflichtentsprechenden Handlungen, von denen die Unterweisungen zu einem Leben in Charakterfestigkeit

---

10 Die Epikureer leisten keinen Beitrag zum Fragenkomplex des Werks, da bei ihnen das höchste Gut nicht mit der Tugend verknüpft ist; vgl. hierzu auch den Beitrag von Jörn Müller in diesem Band. Die Exkludierung Epikurs steht in auffälligem Kontrast zur Tendenz einiger Werke der zweiten Schreibphase unter Caesar, in der es Bemühungen gibt, auch den Epikureismus in ein Konzept aktiven Philosophierens einzuschließen. In der Frage nach dem glücklichen Leben wird vor allem in den *Tusculanae disputationes* eine Einheit konstruiert, die, wenn es sich auch am Ende nur um einen Minimalkonsens handelt, geeignet ist, die Philosophie als strukturelles Universalkonzept an sich zu stärken.

und Ehrenhaftigkeit (*constanter honesteque vivendi praecepta*) hergeleitet werden." (3.5) Hier werden in Gestalt von *constantia* und *honestas* dezidiert notwendige Charaktereigenschaften zukünftiger Staatsmänner,[11] die sich an den Tugenden der Vergangenheit orientieren sollen, benannt, womit die sozialphilosophischen Implikationen des ciceronischen Programms ins Zentrum rücken. So ist das für eine Erörterung pflichtgemäßen Handelns zentrale Element *honestum* die Scharnierstelle, wenn *ex negativo* (und gegen Epikur gerichtet) bestimmt wird, dass Freundschaft und Gerechtigkeit – zentrale Katalysatoren in Ciceros sozialphilosophischen Werken *De republica* und *De amicitia* – nur unter Maßgabe des sittlich Guten und Tugendhaften kultiviert werden können: „Denn wer das höchste Gut (*summum bonum*) so bestimmt, dass es keinerlei Verbindung zur sittlichen Vollkommenheit (*virtus*) hat, und dieses nach seinen persönlichen Vorteilen, nicht nach der Ehrenhaftigkeit (*honestas*) bemisst, der kann wohl, wenn er mit sich selbst in Übereinstimmung bleiben (*sibi consentire*) und sich nicht manchmal von dem angeborenen Adel seiner Natur bestimmen lassen sollte, weder Freundschaft (*amicitia*) noch Gerechtigkeit (*iustitia*) noch Großzügigkeit (*liberalitas*) pflegen." (1.5) Die Konzepte *honestum* und *virtus* überlagern sich: Die durch aktives Urteilen gewonnene Orientierung des Einzelnen an einem höchsten sittlichen Gut ist Voraussetzung für tugendhaftes und gerechtes Handeln, das inhaltliches Ziel des ciceronischen Philosophieprogramms ist.

Ganz prinzipiell ist *iustitia* ein zentraler Begriff in *De officiis*[12]*:* Immer wieder werden verschiedene Aspekte des Gerechtigkeitskonzepts verhandelt (vgl. etwa 1.20–29; 1.155; 2.38–43; 3.29–32); Gerechtigkeit ist dabei als gesellschaftlich stabilisierendes Moment etabliert (vgl. auch Schofield 1995, 204 und Wood 1991, 74) und von Ungerechtigkeit als destabilisierendem Element abgegrenzt, für welches neben Tiberius Gracchus (vgl. 2.43) vor allem Caesar als Negativbeispiel herausgestellt wird (vgl. etwa 1.26). Die Überlegungen zu Recht und Unrecht gipfeln im dritten Buch in der Verknüpfung der *iustitia* mit einer umfassenden *societas humani generis* (vgl. 3.21 und 3.28) und dem Bekenntnis, dass es sich bei der Gerechtigkeit um die höchste aller Tugenden (vgl. dazu u. a. Atkins 1990, 258 und 262 sowie Wood 1991, 78) handelt: „Gerechtigkeit [...] allein ist aller Tugenden Herrin und Königin (*omnium domina et regina virtutum*)." (3.28) Gerechtigkeit als Element aktiver philosophischer Betätigung wirkt demnach sozial stabilisierend und kann dem angehenden Staatsmann als Leittugend empfohlen werden: Aufgrund seiner Vernunft soll er ausgleichend und gerecht handeln und somit die Einheit aus gesellschaftlich Un-

---

[11] Exemplifiziert wird *constantia* sodann in *De officiis* am jüngeren Cato, der als Staatsmann Vorbild sein kann; vgl. etwa 1.112.
[12] Vgl. hierzu auch den Beitrag von Christoph Horn in diesem Band.

terschiedlichem herstellen. Auf diese Weise kann Gerechtigkeit, gespiegelt durch gerechte Handlungen eines Individuums, staatliche Einheit wahren und gesellschaftliche Verwerfungen auflösen.[13]

Im weiteren Textverlauf von *De officiis* werden jene Tendenzen einer methodischen und inhaltlichen Verknüpfung von Philosophie, Tugend und Gemeinschaft aufgegriffen und in das Konzept eines Universalismus eingebettet. Cicero verleiht dem zuvorderst Ausdruck in der Überzeugung von einem allen Lebewesen gemeinsamen „Streben nach Vereinigung (*coniunctionis appetitus*)" (1.11),[14] wobei die Natur und die auf ihr basierende menschliche Vernunft als Triebfeder des Gesamtzusammenhangs etabliert werden: „Die Natur (*natura*) bringt auch kraft der Vernunft (*vi rationis*) den Menschen dem Mitmenschen nahe zur Gemeinschaft der Rede und der Lebensgestaltung (*et ad orationis et ad vitae societas*), sie pflanzt ihm vor allem eine ganz außerordentliche Liebe (*amor*) zu denjenigen ein, die er gezeugt hat, und veranlasst, dass er Zusammensein und Zusammenkünfte der Menschen (*hominum coetus et celebrationes*) stattfinden lassen und daran teilnehmen will." (1.12)[15]

Natur und Vernunft sind der ursächliche Antrieb für das soziale Miteinander, das sich, wie etwa *De republica* zeigt, vornehmlich auf Übereinkunft im Recht gründet. Hinzu kommt eine ebenfalls von der Natur eingegebene Veranlagung des Menschen zur Gerechtigkeit, die das Bestehen der natürlichen Bindungen und somit den Staat aufrechterhält oder wiederherstellen kann. Nicht ohne Grund wird *iustitia* direkt als bedeutendes Element der Bewahrung menschlicher Gemeinschaften, als „Lebenshaltung, durch die die Zusammengehörigkeit der Menschen untereinander und gleichsam ihre Lebensgemeinschaft bewahrt wird (*ratio, qua societas hominum inter ipsos et vitae quasi communitas continetur*)" (1.20), präsentiert.

Theologisch überbaut wird dieses Konstrukt sodann im dritten Buch, wo die sozialen Tugenden mit Gerechtigkeit an ihrer Spitze als notwendige Pflicht den Göttern gegenüber dargestellt werden: „Wer aber sagt, man müsse Rücksicht nehmen auf seine Mitbürger (*cives*), nicht aber auf Ausländer (*externi*), der hebt die allumfassende Gemeinschaft der Menschheit (*communis humani generis societas*)

---

13 Zur Gerechtigkeit als Basis für eine Ethik der Wohltaten und ihren politischen Implikationen vgl. den Beitrag von Stefan Röttig.
14 Auf konkreter Ebene ist damit freilich die körperliche Vereinigung (*procreandi causa*) gemeint, hier soll jedoch eine zusätzliche abstrakt-theoretische Ebene postuliert werden.
15 Cicero referiert hier und bezieht sich in weiten Teilen auf die stoische *oikeiōsis*-Lehre, die den Zusammenhang von Individuum und Natur beleuchtet, wobei aufgrund der besonders auch für die Ältere Stoa nicht optimalen Quellenlage unterschiedliche Auslegungen existieren. S. hierzu auch den Beitrag von Jula Wildberger in diesem Band.

auf. Ist diese beseitigt, dann werden Wohltätigkeit (*beneficentia*), Freigebigkeit (*liberalitas*), Redlichkeit (*bonitas*) und Gerechtigkeit (*iustitia*) von Grund her aufgehoben. Wer aber diese Werte aufhebt, muss auch als pflichtvergessen gegen die unsterblichen Götter (*adversus deos immortales impius*) angesehen werden." (3.28) *Iustitia*, mithin Tugend an sich, ist damit unter der Perspektive einer allumfassenden Gemeinschaft aller Vernunftbegabten universal zu denken (vgl. auch Bees 2010, 151–152)[16] und entspricht letztlich dem Guten. Der Mensch als Teil dieser größeren Einheit muss sich gemäß seiner Vernunft an diesem Guten orientieren und in Theorie wie Praxis, durch *ars* und *usus*, zum Erhalt der Gemeinschaft beitragen und für ihre dauerhafte Stabilität sorgen:

> Wir müssen der Natur als Führerin (*dux*) folgen, den gemeinsamen Nutzen (*communes utilitates*) in den Mittelpunkt stellen, durch Gegenseitigkeit der Leistungen – durch Geben und Nehmen –, durch Fachkenntnisse, Opferbereitschaft und Mittel das Band zwischenmenschlicher Zusammengehörigkeit (*hominum inter homines societatem*) festigen. Die Grundforderung der Gerechtigkeit aber ist die Verlässlichkeit (*fides*), d.h. Stehen zu Zusagen wie Übereinkünften (*conventorum constantia*) und Wahrhaftigkeit (*veritas*). (1.22–23)

Generell lässt sich bei Cicero eine natürliche Verwandtschaft der Dinge, eine *rerum consentiens conspirans, continuata cognatio* (*Nat. D.* 2.19) feststellen, die die Dinge aktiv in Beziehung treten lässt (vgl. auch Reckermann 1990, 510). Die so mittels Vernunft ermittelten Zusammenhänge leiten sich dabei implizit von der universellen Grundstruktur ab, die in der Beziehung der Einzelelemente besteht. Der Mensch kann, so der im Kern stoische Gedanke, kraft seines Verstandes diese Verbundenheit der Dinge und die ihr zugrundeliegende Ordnung erkennen (vgl. auch Ryan 1982, 206–208). Immer wieder zeigt sich dabei, dass in ciceronischen Texten der Mensch nicht nur passiv Anteil an einer Weltvernunft hat, um bereits Vorgezeichnetes nachzuvollziehen. Während die Stoa vom Kosmos ausgeht, in den sich der Mensch einordnet, setzt Cicero beim Individuum an, das selbstständig und selbsttätig mittels seiner Vernunft nicht nur die Verbundenheit der Dinge und die grundlegenden Strukturen erkennen und nachvollziehen kann, sondern auch in den Verlauf der Dinge eingreifen und Strukturen verändern kann.[17] Politisch gewendet bedeutet das für *De officiis* eine Hoffnung auf eine Wiederherstellbarkeit republikanischer Verhältnisse, wenn Einzelne durch aktives Philosophieren die theoretischen Grundlagen legen und in Einsicht universaler Zusammenhänge durch gerechtes, tugendhaftes Handeln gesellschaftlich restaurativ wirken.

---

16 S. auch den Beitrag von Jed Atkins in diesem Band.
17 Vgl. auch Koch 2006, 47 sowie Reckermann 1990, 508–509 und Fox 2007, 79. Das Individuum kann auf Grundlage aktiven Philosophierens Einsicht in die strukturellen Verhältnisse erlangen und vernünftige Entscheidungen treffen und kann dabei die bestehenden Strukturen auch verändern.

2.4 Fazit

In den Proömien von Ciceros *De officiis* finden also verschiedene Elemente ciceronischen Philosophierens zusammen: etwa philosophisch-rhetorische Disputationsmethode und lebenspraktisch interpretierter Probabilismus, Tugend und praktische Gerechtigkeit, Philosophie als Analyseinstrument zur Erkennung von und zugleich als Mittel zur Überwindung von Gegensätzen, Einbettung in die universalen Zusammenhänge der Natur und freies Urteilen. Diese Elemente verschränken sich schließlich zu einer Einheit, welche die Grundlage für ein methodisch fundiertes philosophisch-politisches Programm bildet, dessen intendierte Wirkung mehr als nur Ratgeber für einen kleinen Adressatenkreis zu sein scheint, sondern – auf der Basis eines aktiven Philosophierens – vielmehr ein Katalysator für gesellschaftliche Veränderung sein möchte.

So zeigt sich – zumindest in Ansätzen – auch: Der Kern ciceronischen Philosophierens, obwohl in unterschiedlichen Phasen unterschiedlich stark ausgeformt und theoretisch wie praktisch unterschiedlich gewichtet, ist prinzipiell derselbe und lässt auf Grundprinzipien ciceronischen Denkens schließen. Das althergebrachte, simple Narrativ von einer politisch-philosophisch aktiven Phase in den fünfziger Jahren und einer kontemplativen Zeit unter Caesars Diktatur, während der sich Cicero archivarisch an einer philosophischen Enzyklopädie versucht, sollte deshalb zumindest überdacht werden. Über alle *Philosophica* hinweg manifestiert sich vielmehr die Bedeutung aktiven Philosophierens im Sinne einer konkreten Tugendorientierung und einer aktiven Orientierung an übergeordneten gesellschaftlichen Zusammenhängen im Sinne einer philosophischen Weltbetrachtung. Die Vorreden von *De officiis* schließlich greifen all diese Aspekte am Ende von Ciceros Leben noch einmal auf und zeigen kondensiert, dass sie Teil einer lebenslang einheitlichen und globalen Konzeption sind, die Ciceros Verständnis von Philosophie und Welt auszeichnet.

Literaturverzeichnis

Atkins, E. M. 1990: 'Domina et Regina Virtutum': Justice and Societas in *De officiis*, in: Phronesis 35, 258–289

Bees, R., 2010: Das stoische Gesetz der Natur und seine Rezeption bei Cicero, in: H-C. Günther / A.A. Robiglio (Hg.), The European Image of God and Man. A Contribution to the Debate on Human Rights, Leiden, 123–178

Bleistein, M., 2014: Analyse und Synthese. Ein Ciceronisches Denkmuster in den Tusculanenproömien, in: Acta Antiqua Academiae Scientiarum Hungaricae 54, 393–406

Bleistein, M., 2022: Alia ex alia nexa. Untersuchungen zur Struktur von Ciceros Philosophieren, Heidelberg
Dyck, A.R., 1996: A Commentary on Cicero, *De Officiis*, Ann Arbor
Fox, M., 2007: Cicero's philosophy of history, Oxford
Gawlick, G. / Görler, W., 1994: Cicero, in: H. Flashar (Hg.), Die Philosophie der Antike. Bd. 4: Die hellenistische Philosophie (Ueberwegs Grundriss der Geschichte der Philosophie. Völlig neubearbeitete Ausgabe), Basel, 991–1168
Gildenhard, I., 2007: Paideia Romana. Cicero's *Tusculan disputations*, Cambridge
Koch, B., 2006: Philosophie als Medizin für die Seele. Untersuchungen zu Ciceros Tusculanae Disputationes, Stuttgart
Lefèvre, E., 2001: Panaitios' und Ciceros Pflichtenlehre. Vom philosophischen Traktat zum politischen Lehrbuch, Stuttgart
Lefèvre, E., 2008: Philosophie unter der Tyrannis. Ciceros *Tusculanae Disputationes*, Heidelberg
Leonhardt, J., 1999: Ciceros Kritik der Philosophenschulen, München
Long, A.A., 1995: Cicero's Plato and Aristotle, in: J.G.F. Powell (Hg.), Cicero the philosopher, Oxford, 37–61
Mančal, J., 1982: Untersuchungen zum Begriff der Philosophie bei M. Tullius Cicero, München
Peetz, S., 2005: Ciceros Konzept des *probabile*, in: Philosophisches Jahrbuch 112, 97–133
Reckermann, A., 1990: Ciceros Theorie rhetorischer Rationalität, in: Synthesis philosophica 5, 507–530
Ruch, M., 1958: Le préambule dans les oeuvres philosophiques de Cicéron: essai sur la genèse et l'art du dialogue, Paris
Ryan, G.E., 1982: Ratio et oratio. Cicero, Rhetoric and the Sceptical Academy, Ann Arbor
Schofield, M., 1995: Two Stoic approaches to justice, in: A. Laks / M. Schofield (Hg.), Justice and generosity. Studies in Hellenistic social and political philosophy. Proceedings of the Sixth Symposium Hellenisticum, Cambridge, 191–212
Stadler, H., 2004: Politik und Philosophie in Ciceros Tusculanen, in: M. Janka (Hg.): ΕΓΚΥΚΛΙΟΝ ΚΗΠΙΟΝ (Rundgärtchen). Zu Poesie, Historie und Fachliteratur der Antike. Festschrift für Hans Gärtner, München, 271–283
Wood, N., 1991: Cicero's social and political thought, Berkeley

Georgia Tsouni
3 Cicero's Academic Scepticism in *De officiis*

3.1 Introduction

Recent work on Cicero's philosophical dialogues reveals how his commitment to Academic scepticism is a key feature for the understanding of the aims that he pursued in writing them.[1] Cicero's adherence to Academic scepticism has, however, received little attention in the discussion of his last philosophical work, the *De officiis*.[2] One reason for this is linked to the literary form of the treatise; in this work Cicero abandons the dialogue form for the sake of a continuous speech which is to a large part devoted to the exposition of the Stoic views on appropriate actions in a non-dialectical context. The work has the form of a letter-treatise which Cicero addresses to his son Marcus, a young man who is studying philosophy in Athens and is about to take up a political career in Rome. The first-person perspective employed not only reduces the distance between Cicero the writer and Cicero the character of his own works, but also seems to serve explicitly constructive pedagogical aims. In line with this, Cicero states explicitly that his work has a practical orientation, aiming at providing precepts (*praecepta*) about appropriate actions (*officia*) by which the practice of life (*usus vitae*) can be "moulded" in all domains (1.7, cf. 1.60). Under the "urgent" historical circumstances of 44 BCE, such advice has clearly political dimensions as well: Cicero's aim is to encourage Marcus and his readers to assume active political engagement for the sake of the *res publica* and against the tyrannical forces of Caesar's followers. Such a commitment to the republic was shown by the very fact that, shortly before the writing of the treatise, Cicero interrupted his visit to Athens to see his son in order to attend a meeting in the Senate for the sake of the republican cause.[3] This appears to require a commitment to ethical principles which favour prioritizing the common good over other concerns against a radical sceptical approach concerning ethical principles.

---

[1] The importance of Academic scepticism for the understanding of individual Ciceronian philosophical dialogues has been highlighted most recently by Brittain 2016 for *De finibus* and Wynne 2019 for *De natura deorum*, who promote an understanding of Cicero as a radical sceptic. This line is also pursued in Søvsø 2023 with regard to Cicero's late philosophical works.
[2] See e.g. Woolf 2015, 125: "[*De officiis*] takes a less critical and more pragmatic approach, and attempts to set out principles of conduct capable of guiding a person in their day-to-day life."
[3] This has given rise to the writing of *De officiis* as a substitute for Cicero's presence in Athens, see *Off.* 3.121.

Cicero's explicit dependence on Panaetius' treatise *Peri tou kathēkontos* (at least in the first two books of *De officiis*) has been another reason for the lack of attention to Academic scepticism in the discussion of Cicero's last philosophical work. This has placed the focus of scholarship predominantly on "source criticism" and Cicero's relation to his Stoic source[4] and has left Cicero's own aims, and in particular those related to his allegiance to the Academy, underdiscussed. This despite the fact that, while explicitly stating at 1.6 that on the question of duties "we will *follow* the Stoics above all" (*sequimur igitur hoc quidem tempore et hac in quaestione potissimum Stoicos*), Cicero is also keen to stress that he is not a mere translator of Stoic views but that he will use his own (critical) judgement in the discussion of the treatise of Panaetius.[5] This statement seems to be intimately linked to Cicero's Academic identity, both in the peculiar sense in which Cicero is meant to "follow" the Stoics on the question of duties and with regard to his critical distance towards that theory. Accordingly, in this chapter I will discuss how Cicero's Academic identity shapes the discussion of appropriate actions in *De officiis*, focusing primarily on how Cicero applies the Academic principle of persuasiveness (*probabile*) in this work and on the use of Academic dialectical methodology for the discussion of the Stoic theory on appropriate actions, especially in the third book of *De officiis*.

3.2 The *Probabile* and the Topic of Duties

Despite his explicit dependence on a Greek source and the didactic aims he pursues, Cicero is explicit, most prominently in the prologue to the second book of the treatise, that he continues to be a committed follower of Academic scepticism in this work and argues, against anonymous opponents, that such a stance does not contradict the aim of providing *praecepta* with regard to appropriate actions (2.7). The reason for this is that he does not follow a strand of scepticism which rejects *any* criterion for both belief and action, something which would lead, according to Cicero, to inactivity and an "overthrow" of life (*ibid.*). Following this, in *De officiis* 2.7–8 we read the following passage:

> Whereas others say that some things are certain (*certa*) and others uncertain (*incerta*), we disagree with them and say rather that some things are persuasive (*probabilia*) and others not. What, therefore, should prevent me from accepting (*sequi*) what seems persuasive to

---

[4] This approach is exemplified, for instance, in Dyck's 1996 commentary of the work.
[5] Cf. *Fin.* 1.6. At *Off.* 3.20 Cicero also refers to the "freedom" (*licentia*) enjoyed by Academic sceptics, who defend philosophical positions after exercising their free judgement.

me and rejecting the opposite, so avoiding the presumption of assertion and escaping the recklessness that is so far removed from wisdom? We argue against every opinion on the grounds that what is in fact persuasive could not be revealed unless the two competing sides of each case had been heard (*nisi ex utraque parte causarum esset facta contentio*). I explained all this well enough, or so I think, in my *Academic Books*. (Tr. Griffin / Atkins 1991)

In light of 2.7–8 it is clear that Cicero has not abandoned his allegiance to Academic scepticism in *De officiis* and that he furthermore "advertises" his work on appropriate actions as one that exhibits a commitment to it. According to this passage, such a commitment involves primarily an adherence to the epistemological principles of the sceptical Academy. Accordingly, in the passage Cicero differentiates the epistemological criterion that he follows, namely the "persuasive" (*probabilis*),[6] a term corresponding to the Greek *pithanon*,[7] from the criterion of the "dogmatist" philosophers, who judge views according to their "certainty" (*certa*) or "truth". This highlights the peculiar way in which an Academic sceptic "follows" (*sequi*) opinions.[8] Thus, he or she approves of certain opinions to the extent that they seem persuasive (*probabilia*) but does not assent to them as being "true" – assent to truth being linked here, but also in other passages where Cicero presents his epistemological credo, to the "recklessness" (*temeritas*) of non-Academic philosophers (cf. *Nat. D.* 1.1; *Lucullus* 8).

There is no doubt that in this programmatic passage Cicero is opposing himself to the Stoic philosophers (and those endorsing Stoic epistemology) for whom

---

6 On the rhetorical origin of the word *probabilis* and its positive connotations in Latin, see Görler 1992, 69–71. Brennan 1996, 328 adds as an additional reason for Cicero's choice of translation the "forensic" use of the term *eulogos*.
7 The "persuasive impression" was introduced as a criterion by Carneades, see *Lucullus* 99 and Sext. Emp. *Math.* 7.166–175. However, Carneades seems to have used it only in the context of dialectical argumentation and not in a positive sense, see *Lucullus* 78.
8 Whether this involves assent or not is associated with the debate whether Cicero is "mitigated" or "radical" sceptic. The former position is ascribed to Carneades, who is presented as occasionally granting that the sage will "assent", i.e. will hold an opinion (*opinari*) at *Lucullus* 67 and 78. This interpretation of Carneades is attributed to his pupil Metrodorus, whereas his other pupil Clitomachus argued that Carneades only opined for the sake of argument. Mitigated scepticism is assigned to the character Catulus at *Lucullus* 148. This position is explicitly juxtaposed at *ibid.* 59 to the more radical position of Arcesilaus which defended withdrawing assent at all times. This is the view that Cicero *in propria persona* seems to be endorsing as an ideal in *Lucullus* 66, although he states at the same time that, contrary to the (Academic) sage, he often forms opinions (*opinator*). According to Brittain 2016, 19, "(the radical sceptic) does not consider the fact of their finding an impression "persuasive" to give objective grounds for assuming that it is more likely to be true than another impression." Görler 1997 and Thorsrud 2009 understand Cicero as a mitigated sceptic. However, Brittain 2016, Wynne 2018 and Reinhardt 2021 ascribe to him a consistent radical sceptical stance.

action requires assent to (infallibly) true propositions.⁹ In particular, the Stoics argued that acting on the basis of duty means assenting to a true proposition (or propositionally articulated impression) which grasps what is an appropriate action[10] in an analogous way in which an apprehensive impression (*katalēpsis*) grasps a perceptual truth. Assent to such an action is meant to be true for the Stoics because it is consistent with nature, i.e. it "corresponds to good reason" (*eulogos*).[11] While the definition of a "middle" appropriate action in Stoic theory allows that both sages and non-sages are able to grasp instances of appropriate action, such actions are performed consistently and unerringly only by the Stoic sage, in which case they are called "achievements" (*katorthōmata*), i.e. perfect actions, which derive from wisdom (*epistēmē*).[12]

The Academic criteria challenged these Stoic assumptions and aimed at offering an alternative justification of actions. According to this view, one cannot have a true (i.e. apprehensive) impression of an appropriate action, but this does not necessarily condemn one to inactivity.[13] The word *eulogos* in the Stoic definition of appropriate action was accordingly interpreted by Arcesilaus in a way that fitted his strand of scepticism.[14] Carneades' "persuasive impression", on the other hand, aimed at offering a practical criterion according to which action does not imply a true grasp of what is to be done but follows upon a persuasive impression which has been subject to examination and inquiry.[15] Assuming that Cicero is applying the Carneadean principle of *pithanon / probabile* to the Stoic theory of appropriate actions, then he must be judging the justification of these actions (and of relevant advice) by their standard of persuasiveness. It is unclear, however, to what

---

9 See e.g. *Lucullus* 23 (where the Stoic theory is expounded by the Antiochean spokesperson, Lucullus).
10 On the necessity of a true grasp of *kathekonta* for rational action, see *ibid.* 25.
11 The *kathēkon* is defined in the doxography of Stoic ethics which survives in the *Anthology* of Stobaeus as "what is consistent [sc. with nature] in life, which, after having been done, admits of a well-reasoned defence" (*to akolouthon en zoē, ho prachthen eulogon apologian echei*) Stobaeus, *Eclogai* 2, 85.14–15 W. = *SVF* 1, 55.13–14. For the discussion of the early Stoic definition of duty in relation to *De officiis*, see Jula Wildberger's paper in this volume.
12 For the distinction in Cicero, see *Off.* 1.8.
13 Suggestively Sextus Empiricus at *PH* 1.226 takes the holding of beliefs (on the basis of persuasiveness) about ethical matters to be what differentiates the "New Academy" from Pyrrhonian scepticism (which does not accept any such beliefs).
14 See Sext. Emp. *Math.* 7.158. For the shift of the meaning of *eulogon* in the "New Academic" Arcesilaus, see Brennan 1996, 333–334.
15 For Carneades' *pithanon* as a practical criterion, see *Lucullus* 99–105; see also *ibid.* 110 (with particular reference to the *officium*). For Carneades' notion of the persuasive impression and degrees of persuasiveness, following upon the examination of an impression, see Sext. Emp. *Math.* 7.166–175.

extent Cicero, by adhering to Academic principles, alters the very Stoic views that he wishes to expound. A case in point is his rendering of the *eulogon* in the early Stoic definition of duty in 1.8 not with a lexically equivalent term in Latin (if such a term exists) but with the more permissive term *probabilis*, which corresponds to both the Stoic *eulogos* and the Academic term *pithanon*.[16]

The Academic criterion, which defies infallibility with regard to the choice of appropriate actions, seems to fit the pedagogical aims of *De officiis*. Following Panaetius (see 2.35), Cicero is addressing an audience of non-sages, namely mere progressors, who do not possess (Stoic) wisdom. Accordingly, Cicero uses as an exemplary agent the Roman nobleman, the *vir bonus*, who appears in Roman legal texts as an example of rationality, albeit not necessarily of (Stoic) virtue.[17] In the third book of *De officiis* (3.14) it is stressed that non-sages merely perform the so-called "middle duties" and not the reliably unerring "perfect duties". That is, they perform appropriate actions but not on the basis of an unerring understanding of what is appropriate. Being non-virtuous, they also lack epistemic *certainty* about their choices regarding the appropriate course of action. Accordingly, in 1.9 there is reference (in relation to a tripartite division first introduced by Panaetius) to the way deliberation about appropriate actions is characterized by doubts concerning the very principles of such action, for one may be torn between the claims of utility and those of virtue, a topic discussed extensively in the third book of *De officiis*.

Given this, the discovery of an appropriate action follows upon considerations about the respective merits of utility and virtue and the weighing of reasons pro and contra for each option. Cicero's purpose is to instruct his non-virtuous audience about the appropriate course of action through the exercise of judgement, approving thereby that action which best promotes communal aims rather than individual ones. Despite this approval, Cicero nowhere asserts that one will be able to choose infallibly what promotes human community under all circumstances. His reference to "semblances of virtue" as the excellent state of mind "which is accessible to our understanding" (*quod in nostram intellegentiam cadit*) seems to point in this direction, suggesting that, at best, we should choose things that appear to us to be most complying with the requirements of virtue – analogously to the way we should approve of impressions that appear to be true (*veri simile*) (3.16–17). Thus, while clearly granting that our judgement about appropriate actions may be

---

[16] It is to be noted, however, that *eulogos* in Stoic texts may also relate to non-veridical impressions, e.g. those pertaining to future events (Diog. Laert. 7.76), or merely "reasonable" impressions (*ibid*. 7.177).

[17] See *Off*. 3.17. For the *vir bonus* as an example in Roman law, see e.g. *Digesta* 19.2.24. However, in *De officiis* 3.50 Cicero uses the "good man" and the *sapiens* interchangeably.

trained, Cicero never explicitly endorses the possibility in *De officiis* that the state of (Stoic) wisdom, and thereby of absolute certainty regarding one's judgement about appropriate actions, is attainable.[18] One should rather be geared towards attaining the "most persuasive" view about what is to be done on each occasion, which, following the Academic sceptics, Cicero regards as a perfectly adequate criterion of action.

3.3 Conflict of Duties in *De officiis* and Academic Methodology

According to the programmatic passage 2.7–8, the revelation of the "most persuasive" view may only be achieved in a dialectical context, i.e. only after two competing sides on a matter have been presented (cf. *Lucullus* 7; 60 and *Nat. D.* 1.11). The construction of "disagreements", which aim at revealing the persuasiveness of an account, is particularly linked to Cicero's discussion of a possible conflict between the virtuous and the useful,[19] which constitutes the topic of book 3 of the treatise. This is explicitly advertised as a contribution of Cicero himself, which aims at supplementing the discussion of Panaetius on this important point.[20] An intentional omission of this topic on the part of Panaetius was linked to the incompatibility of a conflict between the *honestum* and the *utile* with the Stoic view which postulated that these two notions are coextensive.[21] Cicero specifies that Panaetius referred only to an *apparent* conflict between what *seems* expedient and the *honestum* and did not thereby mean to breach the Stoic identification of the two notions. Bringing up such a possibility could be linked to Panaetius' aim to provide advice for a wide audience: contrary to the Stoic sage, non-virtuous people tend to oscillate between performance of duty and an omission of it, due to false judgements which prioritise the expedient over the virtuous. Hence for "or-

---

[18] Accordingly, at 3.16 Cicero is keen to note that even Cato and Laelius should not be considered sages in the Stoic sense, but only so in "the common sense" (*communiter*). That Stoic wisdom "never existed" is stated explicitly at *Lucullus* 146.
[19] For the "Socratic" origin of the theme, see *Alcibiades* I 113d.
[20] Suggestive in this regard is Cicero's use at *De officiis* 3.34 of a proverbial expression, when saying that he is going to "fight his own battle" (*Marte nostro*), without the use of other writers, regarding the issue apparently first raised by Panaetius. For the importance assigned by Cicero to the third division of the discourse of *kathekonta*, see *Off.* 3.8. For a more extensive discussion of Cicero's "supplementation" of Panaetius on the topic of conflict of duties, see Tsouni 2023.
[21] *Off.* 3.11. On the Stoic views, cf. *LS* 60 G; I.

dinary people" (who constitute the audience of *De officiis*) the identity thesis of the Stoa does not always apply.

This possibility allows Cicero to exploit the dialectical potential of diverse approaches towards duties from other philosophical schools. While it is clear that, at least for the purposes of *De officiis*, Cicero finds the Stoic views on duty the most persuasive, such comparisons signify at the same time that he is aware that the Stoic principles regarding appropriate actions (and especially the identification of *utile* and *honestum*) can be challenged by different philosophical opponents. However, in *De officiis* he does not engage into a full-scale exposition of the contrasting philosophical points of view (as he has done in other dialogues); he rather quickly dismisses the opponents for the sake of the Stoic view, while at the same time pointing to discussions in previous dialogues which treated the topic more elaborately. The two cases in point in *De officiis* 3 are his references to the Peripatetics and the Epicureans.

In 3.20 Cicero explicitly deems the Stoic position on appropriate actions "more persuasive" than that of the Peripatetics and the "Old Academy" (which form a single tradition according to the Antiochean view of history of philosophy, which Cicero seems to reflect here). The relevant text reads as follows:

> I am following their (sc. the Stoic) reasoning in these books for this reason: both the Old Academics and your Peripatetics (who were once the same as the Academics) prefer that which is honourable to that which seems beneficial; these things are discussed, however, more nobly (*splendidius*) by those for whom if anything is honourable, the same thing seems beneficial and nothing seems beneficial that is not honourable, than by those for whom there is something honourable but not beneficial, and something beneficial but not honourable. In any case, our Academy grants us great freedom, so that we may be justified in defending whatever seems most persuasive (*maxime probabile*). (Tr. Griffin / Atkins 1991)

Cicero demonstrates in this passage his awareness that the Stoic position about lack of conflict between utility and virtue may be challenged. While the Peripatetics (and "Old Academics" for that matter) do not question the primary value of the *honestum* as the principle of appropriate actions, they treat such an *honestum* as the "highest good" and not as an exclusive "good", since they recognize that there is a plurality of other, less valuable, goods than virtue, such as health, family, or material resources. Cicero's evaluation of the Stoic position as more *probabilis* is succinctly justified in the abovementioned passage through the use of the adverb *splendidius*, which bears connotations of clarity and self-evident value. This characterization may also be linked to the consistency of the Stoic position. While the Peripatetics argued that the deprivation of goods like one's health may impinge, in some (minimal) way, on one's *eudaimonia*, the "splendour" of the virtuous action in Stoic theory is not diminished at all by non-virtuous considerations and shines forth on its own in an impeccable way. The wording that Cicero employs here to defend the Stoic position is reflected in discussions of the Stoic thesis in other Ciceronian philosophical dialogues as well. Thus, Piso demonstrates at *De finibus* 3.45 the superiority of the Stoic position by means of an illustrative metaphor: just as the rays of the sun obliterate the light of a lamp, in the same way the "splendour and grandeur" of the *honestum* eclipses the value of the bodily goods (*omnis ista rerum corporearum aestimatio splendore virtutis et magnitudine obscuretur*).[22] The superiority of the Stoic position is again confirmed in similar terms in a passage in *Tusculanae disputationes* 5.81, where it is stated that it is a characteristic of the (Stoic) sage to "do nothing of which he can repent, nothing against his will, to do everything *brilliantly*, consistently, in a dignified and noble manner" (*sapientis est enim proprium nihil quod paenitere possit facere, nihil invitum, splendide, constanter, graviter, honeste omnia*). References to the "splendour" of the Stoic position are coupled here with references to *constantia* and *gravitas*, terms which also bear social connotations and seem to liken the Stoic sage to the ideal Roman nobleman.[23] If this is the case, then the defence of the persuasiveness of the Stoic view on the basis of the unique value of the *honestum* should be read alongside the numerous illustrious examples of Romans who discharged appropriate actions, which Cicero cites in *De officiis*.

In 3.33 Cicero returns to the comparison between the Stoic and the Peripatetic positions, showing, this time, a more "open" attitude towards the latter. Therein he urges Marcus to grant the Stoic position, according to which nothing except virtue is "choiceworthy for its own sake" (*propter se expetendum*). However, he acknowledges that Marcus, due to the influence of his Peripatetic teacher Cratippus, might be willing to concede the less stringent position that virtue is choiceworthy for its own sake "to the highest degree" (*maxime propter se expetendum*) but not exclusively. Cicero goes on to admit that, at times, one of them appears more persuasive than the other (*tum hoc tum illud probabilius videtur*).[24] The idea that these two positions are ultimately the only ones that compete with regard to their persuasiveness (*nec praeterea quicquam probabile*) in the ethical discourse is reminiscent of books 3–5 of *De finibus*. Here, after the presentation and dismissal of the Epicurean position, the Stoic and Peripatetic positions on the *telos* are successively presented and put to the test with the use of dialectical means, while no final verdict

---

[22] The analogy is picked up by Piso, in the "Peripatetic" account of *De finibus* 5, who also refers to the "splendour" of virtue in relation to the insignificant contribution that bodily goods make to the *vita beatissima*, see *Fin.* 5.71.
[23] See e.g. *Nat. D.* 3.74: *at se Q. Sosius splendidus eques Romanus.*
[24] Cf. *Off.* 3.35, where Cicero ascribes the two positions to Zeno and Aristotle and presents them in the form of a disjunction without deciding between them.

is issued at the end of the work with regard to which position is "most persuasive".[25] This invites us to read Cicero's attitude on the Stoic view that the *honestum* and the *utile* coincide in line with his radical sceptical stance, expressed in dialogues like the *De finibus* and the *Tusculanae disputationes*, where the debate between Stoics and Peripatetics on this issue remains undecided.[26] The fact that Cicero avoids a more extensive confrontation between the Peripatos and the Stoa in *De officiis* may be linked to the fact that, despite clear differences in moral psychology and their account of the *telos*, the two schools rather converge when it comes to treating virtue as inherently good and as to which actions they would recommend as appropriate.[27]

By contrast, the Epicurean position, which makes benefit (*utilitas*), or more accurately, pleasure (in the form of absence of pain), the ultimate criterion of action, is dismissed as an unacceptable alternative to the Stoic view.[28] The references to Gyges' myth at 3.38–39 aim precisely at showing, against the Epicurean view, that we are not motivated to act virtuously due to fear of punishment but because virtue is valuable for its own sake. Cicero thereby employs dialectical strategies which aim at the refutation of the Epicurean position. While the Epicureans resist the premise of secure impunity in real life, the scenario of the myth appears to reduce the Epicurean position to a dilemma, which shows it to be unacceptable. Thus, Cicero invites the Epicureans to think what they would do, if found in the same position as Gyges: if they admit that they would go on to commit an immoral act, they are criminals (*facinorosos*), whereas, if not, then they admit that immoral behaviour should be avoided for its own sake (something that the Epicureans are not willing to grant) (3.39). The dilemma imposed on the Epicureans shows Cicero's preference for the Stoic position (shared also by the Old Academy and the Peripatetics), according to which a virtuous action is desired for its own sake. By contrast, the Epicurean view that pleasure (or the absence of pain) is the sole highest good

---

25 See *Fin.* 5.95. See also *Lucullus*, where Cicero wants to follow the Stoics (132), but is "torn" between them and Antiochus (134), deeming the Peripatetic position to be the one in comparison to which he has not yet found something more probable (*probabilius*, 139). Müller 2020 reads Cicero's oscillation between the two schools in conjunction with his use of the idea that the disagreement between Stoics and Peripatetics (or Old Academics) is merely verbal and not substantial (something which leads to a kind of convergence between the two positions). The idea of a mere verbal disagreement between the Old Academy and the Stoa was used by Carneades against both schools (*Tusc.* 5.120) and was employed by Cicero's teacher Antiochus of Ascalon (e.g. *Fin.* 5.74; 90) for anti-Stoic purposes.
26 On a reading which highlights Cicero's (the character's) radical scepticism in these works, see Brittain 2016.
27 For the convergence of the two schools on the topic of duties, see *Off.* 1.6.
28 See *Off.* 3.117. The Epicureans are also alluded at *De officiis* 1.5; 3.12.

is, according to Cicero, in fundamental conflict with honourable action (see 3.120). For, despite the fact that the Epicureans make the virtues necessary for a happy life and justify them according to their own principles, acting honourably presupposes that virtue be chosen for its own sake and not instrumentally. If that is the case, the Epicureans abolish the notion of the "appropriate action" altogether.[29] This line of argument is explored more fully in *De finibus* 2 in an attempt to make the Epicurean position seem non-persuasive on the grounds that it does not correspond to generally accepted moral intuitions regarding the value of altruistic actions or unconditional love towards friends and family.[30]

Another disagreement staged in book 3 of *De officiis* aims at challenging the Stoic position in a more radical way by questioning either the very idea that we are moved to choose the appropriate action upon consideration of the *honestum* (as both the Stoic and the Peripatetic positions imply), or the idea that our choices, even if aiming at utility, should comply with virtue (the Epicurean position). A "wicked" behaviour based on ill will (*malitia*), referred to at 2.10 and 3.71, suggests a fundamental conflict between two different principles of action: one that aims at the maximization of one's individual profit and one that aims at the common benefit. Judging from the surviving fragments and testimonia from book 3 of *De republica*, the position presented by Cicero at this point bears many resemblances to views ascribed to the second head of the sceptical Academy, namely Carneades, who, in a famous pair of speeches on justice which he held at Rome as part of an embassy of philosophers in 155 BCE, argued consecutively both *pro* and *contra* justice. In Philus' speech in the third book of *De republica*, which conveys one part of Carneades' speech, expediency was explicitly juxtaposed to justice (*Rep.* 3.8). Thus, Carneades is reported to have shown there that someone is *either* "wise" *or* "just" but cannot be both at the same time. This leads to a distorted notion of "wisdom" (*sapientia*) and its dissociation from justice.[31] Cicero felt no need here to use dialectical arguments in order to refute such a position: the allusion to Philus' speech is directly related to the greedy desire for wealth and power that

---

[29] *Off.* 3.118. Alternatively, in *De finibus* 2.58 Cicero tried to show the inconsistency between teachings and the life of the followers of Epicurus by arguing that, while Epicureans act according to appropriate actions (*officium sequi*), they preach that they choose only what brings about pleasure. Cicero implies here that the *officium* can only be chosen for its own sake.

[30] E.g. *Fin.* 2.78. Cicero's discussion and refutation of the Epicurean position in *De finibus* is alluded to also at *De officiis* 1.5. The Epicureans are the target of Cicero's comments also at *De officiis* 3.77–78.

[31] See e.g. *Rep.* 3.16. It is Carneades that may be alluded to at *De officiis* 2.10: *Quod qui parum perspiciunt, ii saepe versutos homines et callidos admirantes, malitiam sapientiam iudicant.* Cf. Ibid. 2.34. For a similar critique of the way *malitia* is associated with either practical wisdom (*prudentia*) or "intelligence" (*intellegentia*), see *Off.* 3.71–72.

Cicero vehemently criticizes at 3.36, a critique associated clearly with Caesar's seize of power.[32] The example of Caesar and his followers, omnipresent in *De officiis* as a whole, works here as an empirical proof that the views advanced in Carneades' dialectical exercise are not only non-persuasive, when compared to the Stoic idea of a human community established by nature, but also dangerous; the dismantlement of the *res publica* is considered to be obvious to Cicero's audience[33] and the consequences of the fierce behaviour of Caesar's followers are felt by all and in no need of extensive discussion.

A more subtle challenge to the Stoic position is introduced through the staging of a dispute (*disceptatio / controversia*), cast as a discussion *in utramque partem*, between two heads of the post-Chrysippean Stoa, Diogenes of Babylon and Antipater of Tarsus (3.49–55). The dispute does not aim at challenging the Stoic identification of the appropriate with the honourable action; it rather discusses the way the Stoic position (the one that advocates the necessary link between the *honestum* and the *utile*) runs into difficulties when confronted with dilemmas about the *specification* of the appropriate action under particular circumstances. The particularist aspects of duties seemed to Cicero an apt domain for the application of Academic critique, since they eschewed codification and showed the Stoics' reliance on individual judgement about the situation at hand.[34]

The (standard) Stoic view defended the idea that one may pursue individual interests to the extent that no harm to others is incurred: this is conveyed most illustratively through the *stadion* analogy attributed to Chrysippus at 3.42.[35] Cicero, in his discussion of justice, seems to relate the analogy specifically to private property: even though all resources are ultimately communal, a just agent is justified in possessing private property,[36] together with other means of subsistence, to the extent that he does not deprive others from what belongs to them. Again, at *De finibus* 3.67, Cicero presents the Stoic views on private property by means of an analogy with a theatre seat (which does not belong to us but which we have the "right" to occupy for a certain amount of time), whereas a similar view (with explicit ref-

---

[32] This chimes with the limitless desire for power and glory that Cicero ascribes to Caesar at *De officiis* 1.26 and 3.83.
[33] See e.g. *Off.* 3.19 (with reference to the common approbation of Caesar's assassination).
[34] The role of judgment and experience for discharging the appropriate action is underlined at *De officiis* 1.60. Woolf 2015, 187 relates the idea that appropriate actions are "a matter of good judgement, not of following rules" with Cicero's sceptical stance in *De officiis*.
[35] *Off.* 3.42. On the justification of securing for oneself, rather than for another, the "necessities of life", see also *Off.* 3.22.
[36] Using common things as common and private ones as one's own (*sua*) is specified as one of the two most fundamental duties of justice at *De officiis* 1.20–21.

erence to the justification of taking care of one's property) is ascribed to Panaetius' pupil Hecaton.[37]

The disagreement between the Stoics Diogenes of Babylon and Antipater is meant to show the difficulties of this Stoic position in relation to particular case studies. On the basis of the scenario presented at 3.50–53, engaging in commercial transactions sometimes requires a decision about whether to reveal certain information which is relevant to the other parties of the transaction. The ethical value of the decision will depend, according to Stoic principles, on whether the other parties will be harmed by whether the information is revealed or not. It is important to note that the dispute that Cicero sketches turns on whether not revealing information in this case is or is not a dishonourable thing and not on whether one should *do* a dishonourable thing or not (since it is clear that this latter is reprehensible).[38] Antipater is presented, at 3.50, as implying that the sale of necessary commodities (like corn) might result in harm under certain circumstances, such as when the buyers are starving and could acquire more of the necessary resources with less money if the seller would reveal that he is not the only one supplying corn (since the scenario presupposes that more merchants are on the way with the same commodity). Diogenes seems to resist the idea that any harm is incurred if one does not provide the information; he specifies, however, that the sage's action in this case should not count as concealing (which implies intention) but as "keeping silent" (3.52).[39] The sage in this case seems to be relying on established rules of transaction and to be selling the corn at a reasonable price, thus not intending to maximise his individual profit.

The example that follows (3.54–55) seems to present a more crude case of conflict between the *utile* and the *honestum*: The disputed issue at stake is whether someone who sells his house should conceal from the prospective buyer some serious faults of the house in order to achieve a better price for it than he would, if he had revealed its faults (3.54). Arguing *pro* and *contra* the honourableness of the action is again assigned to Diogenes and Antipater. The latter underlines that the action is dishonourable because it involves *intentionally* misleading someone.[40] Cicero gives to the dispute a legalistic twist, when ascribing to Diogenes, for his alleged defence of the honourableness of the action, the invocation of the principle

---

[37] *Off.* 3.63. See also the casuistic examples at *ibid.* 3.89.
[38] *Off.* 3.50. Cf. *ibid.* 3.53.
[39] Annas 1989, 161 understands "concealing" here as not telling someone something which the person has the *right* to know. She thereby concludes (164) that the debate that Cicero has constructed is "a spurious one, since the alleged opponents are not talking about the same thing". Against Annas' interpretation, see Schofield 1999, 145–46.
[40] 3.54: *Plus etiam est quam viam non monstrare; nam est scientem in errorem alterum inducere.*

caveat emptor, which transfers responsibility for the recognition of the faults of the house to the judgement of the buyer.[41] The examples which exemplify a possible conflict between the *utile* and *honestum* culminate with the narration of the story of Canius and Pythius (3.58–9), a clear case of malicious fraud (*dolus malus*), which manifests how one can harm another person by deceiving through lying, as Pythius did when selling a house to Canius.

Sufficient independent evidence for reconstructing the original debate between Diogenes and Antipater is lacking.[42] On the other hand, evidence for a Ciceronian intervention in the examples cited may be traced in the way Roman civil law is invoked to support the claim of a "just" pursuit of individual profit.[43] In addition to this, there is some evidence suggesting that the case studies presented by Cicero may well originate, at least to some extent, from an Academic context. The example of a prospective seller who has an interest in selling a house with serious faults to an ignorant purchaser, are reminiscent, according to testimonies, of Carneades' examples in his famous speech against justice,[44] supporting there the idea that there is a fundamental conflict between the dictates of justice and those of wisdom. Also, in the second book of *De finibus* Cicero raises (this time against the Epicurean position) puzzles which thematize harming others through the concealment of information, of which he claims explicitly a Carneadean origin (*Fin.* 2.59). Some of the examples that Cicero mentions at 3.89–92 from a treatise of Hecaton on duties contain the discussion of difficult case studies surrounding appropriate action, which may have also originated as responses to Academic arguments against the Stoics.[45] Evidence about treatises of Antipater against Carneadean objections also points to an exchange between the Academy and the Stoa,[46]

---

41 3.55. The principle is invoked in Roman law, see *Digest* 18.1.43.
42 On Cicero's role in constructing the debate between Diogenes of Babylon and Antipater of Tarsus, see Annas 1989, 154–55. Annas (165) goes so far as to say that Cicero wholly fabricated the Diogenes-Antipater debate creating a "non-existent conflict" out of the opinions of the two philosophers. For a defence of the historicity of the "controversy" between Diogenes and Antipater, see Schofield 1999, 144. See Søvsø's paper in this volume for the way the alleged "conflict" between Diogenes and Antipater reflects contrasting Stoic views about utility and its relation to the *honestum*.
43 See the references to *ius civile* in relation to Diogenes' position at *De officiis* 3.51.
44 A significant part of Philus' report of Carneades' defence of injustice is lost but we have the evidence of Lactantius *Divinae institutiones* V, 16, 5–13 on it (see Mette 1985 F11b). According to this evidence, Carneades used the example of a seller of a faulty house in order to show the incompatibility of justice and wisdom. Cf. Annas 1989, 156–57.
45 Suggestive is the reference to the example of shipwrecked people, where only one of them can be saved, among Hecaton's examples (3.90), which also features in the anonymous commentary to Plato's *Theaetetus* (col. VI).
46 Cic. *Acad. post.* Lib. 1 apud Nonium 65.11; Plut. *Comm. not.* 1072F8.

which could have functioned as an inspiration for Cicero's use of dialectical challenges regarding a possible conflict between the *utile* and the *honestum* in *De officiis* 3. However, contrary to Carneades' "destructive" use of such examples, Cicero, following Panaetius, does not take them to imply that the conflict between *utile* and *honestum* is a real one.

3.4 Cicero's Academic Approach in *De officiis*: Radical or Moderate Scepticism?

The internal *diaphonia* within the Stoic school that Cicero stages in book 3 of *De officiis* has a destabilizing effect, questioning the ability of Stoic theory to offer a consistent answer as to what is the appropriate thing to be done under all circumstances. Nonetheless, Cicero aims at an adjudication of the conflicts surrounding appropriate actions, using as a principle for this the primacy of the common good, or *societas*, over personal expediency. He defends thereby the view that personal *utilitas* should in all cases be limited by the preservation of *societas*, in particular the preservation of the *res publica*, and stresses that the personal and common expediency should always coincide.[47] This principle is shown to be in line with the Stoic idea of natural law (*lex naturae*) (see 3.27–31; cf. 3.69) and is strongly supported by the references to *societas* in relation to justice in the first two books of *De officiis* as well (which reflect Panaetius' views). Cicero's approval of the principle of common good or human fellowship for the resolution of conflicts surrounding duties raises the final question about the type of scepticism endorsed by Cicero in *De officiis*.

Cicero's attitude in *De officiis* appears to be clearly accommodating towards Stoic ideas: he does not hesitate to deem the Stoic views on duties, and the correlated commitment to human fellowship, "most persuasive" (*maxime probabile*) at 3.20, a claim which should not, however, necessarily be associated with a moderate sceptical stance (which deems an opinion not only persuasive but also probable, or indicative of truth). Rather, the fact that Cicero hints in his programmatic passage 2.7–8 explicitly at the *Academic Books* invites us to read *De officiis* in line with the radical sceptical approach that he appears to be endorsing there (see *Lucullus* 66, ft. 13 *supra*). That Cicero allowed himself to "opine" on the issue of appropriate actions, under the weight of the historical exigencies and his parental role, remains a

---

[47] *Off.* 3.26: *Ergo unum debet esse omnibus propositum, ut eadem sit utilitas uniuscuiusque et universorum.* See also the references to the common benefit at 3.21–28 and 3.101 with particular reference to the *res publica*.

psychological possibility but cannot be conclusively inferred from the way he expresses his views in *De officiis*.

Furthermore, next to philosophical argument, Cicero also uses other approaches towards the adjudication of conflicts between duties in *De officiis*; this suggests that his prioritization of the common good in action may not derive exclusively from the approval of Stoic views. Thus, in a large part of the work the primary importance of the *communis utilitas* is justified not only on the basis of (Stoic) argument but also on the basis of Roman legal practices; for example, what was presented as a moral requirement in the dispute between Diogenes and Antipater, namely the revealing of the faults of a property which is sold to a buyer, appears at 3.65 as an obligatory requirement set by the Roman civil law.[48] The latter supports the priority of *communis utilitas* as a principle, by placing, for example, particular importance on the injunction of "good faith" in contracts regulating dealings and transactions.[49] Another example is the way "duties of war" in 1.36, are shown to be justified not only on the basis of a concept of justice (and human "community") but also on the basis of the Roman legal and religious tradition, namely the Fetial law. In line with this, Cicero presents the resolution of conflicts surrounding appropriate actions at 3.19–20 by means of a legal metaphor, that of the *formula*, likening the principles of deliberation surrounding appropriate actions to the written rules of procedure established by the praetors.[50] Following this model, Cicero "adjudicates", at 3.57, the dispute between Diogenes and Antipater by formulating clear guidelines for judging when concealing information is to be reproached.[51] Cicero's approach in this passage alludes to a more pragmatic foundation of appropriate actions, which relies on established social values and legal reasoning but not necessarily on philosophical argument.[52]

---

[48] At *De officiis* 3.68 it is stated that the law "constrains" with force, whereas philosophy with *ratio*.

[49] See *Off.* 3.65–68 and 3.70 for the example of Scaevola. Cf. *Off.* 3.61 on other formulations from the Roman legal history and practice which suggest the disapproval of fraud and untruthfulness in dealings.

[50] Cf. *Off.* 1.32 for the way the Stoic idea of duties under particular circumstances is exemplified by Roman law, and in particular the "rules of procedure" of the praetors (*iure praetorio*), whereby one is released from obligations related to agreements made under coercion or through deception. Cicero also uses the term *regula* as synonymous with *formula* at 3.74–75; 3.81.

[51] *Neque enim id est celare, quicquid reticeas, sed cum, quod tu scias, id ignorare emolumenti tui causa velis eos, quorum intersit id scire*. A "verdict" on the dispute is also issued at *De officiis* 3.67 on the basis of the injunction of "good faith" in Roman law.

[52] Suggestively, the cautious way in which Roman judges issued their verdicts is presented as compatible with Academic scepticism at *Lucullus* 146.

An additional source of justification for the Stoic views on appropriate actions in *De officiis* 3 are *exempla* of illustrious men, either positive or negative. Regulus, for example, receives an extensive treatment in the third book as someone who showed, using his own life as the paradigm, how an action which prioritises the common good (in this case the good of the fatherland) is to be deemed appropriate. The good and bad *exempla* of people like Regulus or Caesar respectively, who are put at centre stage in *De officiis*, aim at expressing, through the approval and disapproval that they incite, Cicero's commitment to *communis utilitas* as a principle of appropriate action which is in line with traditional Roman beliefs.[53] Such a justification of appropriate actions on the basis of Roman tradition is compatible with a radical sceptical stance. This was most notably shown in the *De natura deorum* with the example of the Academic character Cotta, who, while assuming a radical sceptical position in this dialogue with regard to the nature of the gods, does not question his opinion that Roman religious practice should be followed, something which corresponds to his role as a *pontifex*.[54] As he suggestively says at *De natura deorum* 3, belief in these practices does not require logical proof (or assent), of the sort that both Epicureans and Stoics should provide with regard to their theological views.[55] Similarly, one could argue that Roman law and the examples of personalities like Regulus suggest that one should prioritise the common good and the preservation of human community in one's actions, even if one does not necessarily assent to the Stoic philosophical idea of the *cosmopolis* and the related idea of human community. Even if such ideas are viewed as highly plausible (as they certainly are in *De officiis*), Cicero aims at *supplementing* Panaetius' views on duties towards society with alternative ways of legitimisation of action more familiar to a Roman audience, namely legal practices and *exempla*; Cicero's claim at 3.20 that his proposed "rule of procedure" is to the highest degree in agreement (*maxime consentanea*) with Stoic views points in this direction. This complementary approach would seem to reinforce the persuasiveness of the Stoic ideas with methods

---

[53] Cicero shows at the same time that the authority of such examples is not entirely uncontested in his own times. Thus, he refutes a series of arguments against the rightness of Regulus' self-sacrifice at *De officiis* 3.100–10. For the role of *exempla* as "tools of reflection" in *De officiis*, see also Rebecca Langlands' paper in this volume.

[54] For Cotta's endorsement of traditional Roman religious practice and his holding of an "opinion" regarding its value on the basis of tradition, see e.g. *Nat. D.* 3.5. As Wynne 2014, 256 suggests, Cotta's opinion "does not claim *epistemic* confidence".

[55] *Nat. D.* 3.6: *A te enim philosopho rationem accipere debeo religionis, maioribus autem nostris etiam nulla ratione reddita credere.* Cf. *Nat. D.* 3.7, where Cotta suggests that he is convinced about the existence of gods not on the basis of argument but on the basis of the *auctoritas* of the forefathers. Cf. *Ibid.* 3.10.

and practices established by tradition, offering the additional advantage of integrating them into the Roman reality of Cicero's audience.

Bibliography

Primary Literature

Digest: Corpus Iuris Civilis I, ed. by T. Mommsen and P. Krueger, Berlin 1954
Mette, H.J., 1985: Weitere Akademiker heute: Von Lakydes bis zu Kleitomachos, in: Lustrum 27, 53–148

Secondary Literature

Annas, J., 1989: Cicero on Stoic Moral Philosophy and Private Property, in: M. Griffin / J. Barnes (eds.), Philosophia Togata. Essays on Philosophy and Roman Society, Oxford, 151–173
Brennan, T., 1996: Reasonable Impressions in Stoicism, in: Phronesis 41, 318–334
Brittain, C., 2016: Cicero's Sceptical Methods: The Example of the *De Finibus*, in: J. Annas / G. Betegh (eds.), Cicero's *De Finibus*. Philosophical Approaches, Cambridge, 12–40
Dyck, A.R., 1996: A Commentary on Cicero, *De Officiis*, Ann Arbor
Görler, W., 1992: Ein sprachlicher Zufall und seine Folgen: ‚Wahrscheinliches' bei Karneades und bei Cicero, in: C. Müller / K. Sier / J. Werner (eds.), Zum Umgang mit fremden Sprachen in der griechisch-römischen Antike, Stuttgart, 159–171, reprinted in: C. Catrein (Hg.), Kleine Schriften zur hellenistisch-römischen Philosophie von Woldemar Görler, Leiden (2004), 60–75
Görler, W., 1997: Cicero's Philosophical Stance in the *Lucullus*, in: B. Inwood / J. Mansfeld (eds.), Assent and Argument. *Studies in Cicero's Academic Books*. Proceedings of the Seventh Symposium Hellenisticum, Leiden, 36–57, reprinted in: C. Catrein (Hg.), Kleine Schriften zur hellenistisch-römischen Philosophie von Woldemar Görler, Leiden (2004), 268–288
Müller, J., 2020: Mere Verbal Dispute or Serious Doctrinal Debate? Cicero on the Relationship between the Stoics, Peripatetics, and the Old Academy, in: G.M. Müller / J. Müller (ed.), Cicero ethicus. Die *Tusculanae Disputationes* im Vergleich mit *De finibus bonorum et malorum*, Heidelberg, 173–196
Reinhardt, T., 2022: Cicero's Academic Scepticism, in: J. Atkins / T. Bénatouïl (eds.), The Cambridge Companion to Cicero's Philosophy, Cambridge
Schofield, M., 1999: Saving the City. Philosopher-Kings and Other Classical Paradigms, London / New York
Søvsø, T., 2023: Sceptical reflections on Stoic ethics: Academic doubts and Stoic wisdom in Cicero's late philosophical works, Ph.D. thesis, Freie Universität Berlin
Thorsrud, H., 2009: Ancient Scepticism, London / New York
Tsouni, G., 2023: Conflict of Duties in Cicero's *De Officiis*, in R.Woolf (ed.), Cicero's *De officiis*. A Critical Guide, Cambridge, 42–60
Woolf, R., 2015: Cicero. The Philosophy of a Roman Sceptic, London

Wynne, J.P.F., 2014: Learned and Wise: Cotta the Sceptic in Cicero's *De Natura Deorum*, in: Oxford Studies in Ancient Philosophy 47, 245–273
Wynne, J.P.F., 2018: Cicero, in D. Machuca / B. Reid (eds.), Skepticism: From Antiquity to the Present, London, 93–101
Wynne, J.P.F., 2019: Cicero on the Philosophy of Religion, Cambridge

Jula Wildberger
4 Cicero, Panaitios und die Stoa: Pflichten, Impulse und das Ehrenhafte in *De officiis* 1.7–17

Dieser Beitrag soll die thematische Einleitung der gesamten Abhandlung (1.7–10) und speziell die Ausführungen zum *honestum* (1.11–17) erhellen. Worum genau ging es im Werk *Über das Zukommende* (*Peri tou kathēkontos*) des Stoikers Panaitios, Ciceros Hauptquelle für die ersten beiden Bücher von *De officiis*?[1] Wie originell oder traditionell ist Panaitios' Ansatz im Verhältnis zu dem, was frühere Stoiker erarbeiteten? Und was machte Panaitios für Cicero so interessant, dass letzterer so ungewöhnlich offen und ausgiebig aus dem Werk dieses Griechen schöpfte? Cicero hatte ein tiefes Interesse am Stoizismus mit dessen Konzeption des Guten als vollkommener Entfaltung der rationalen und sozialen Menschennatur zum sittlich Richtigen und Ehrenhaften. Er hatte aber auch Probleme mit der stark von dem Stoiker Chrysipp geprägten vorherrschenden Auffassung des guten Lebens als einer komplexen systemischen Qualität des Zusammenstimmens von Mensch und Welt und der sich daraus ergebenden radikalen Unterscheidung von Weisen, die allein des Guten teilhaftig sind, und „normalen" Menschen, den im Schlechten verfangenen Toren. Was bedeuten „gut" und „schlecht" denn noch, wenn all das, was wir intuitiv für wertvoll erachten, für sich genommen noch nicht gut ist? Wie sich im Folgenden zeigen wird, bot Panaitios Cicero eine Alternative, die ohne solchen Rigorismus und ohne Chrysipps kosmologische Voraussetzungen auskommt: eine Tugendethik der Selbstvervollkommnung durch praktische Bewährung in tatsächlichen Lebenszusammenhängen.

---

[1] Vgl. Cicero, *Att.* 15.13a.2; 16.11.4; *Off.* 3.7. Was hier nicht geleistet werden kann, ist den Grad von Ciceros Abhängigkeit von Panaitios zu bestimmen. Für den Abschnitt, mit dem ich mich hier befasse, ist die Sache ziemlich klar. Ich möchte aber auch nicht verhehlen, dass ich insgesamt eher der Ansicht von Dyck 1996, Brunt 2013 oder Veillard 2014 zuneige, dass Cicero reichlich aus Panaitios schöpft und auch dessen Werkstruktur beibehält, als etwa der von Lefèvre 2001, der die Unabhängigkeit Ciceros betont.

4.1 Was ist ein *kathēkon*?

4.1.1 *Kathēkon* und *officium*

Mit *officium* übersetzt Cicero den stoischen Terminus *kathēkon*. Arbeiten darüber sind schon für den Schulgründer Zenon und seine ersten Nachfolger Kleanthes und Chrysipp bezeugt. Cicero selbst erwähnt als weitere Quellen für *De officiis* Schriften von Panaitios' Schülern Hekaton und Poseidonios.[2] Den terminologischen Gebrauch des Wortes *kathēkon* soll Zenon eingeführt und von dem Ausdruck „bei jemanden angekommen sein" (*kata tinas hēkein*) abgeleitet haben.[3] Das Wort selbst hat er aber nicht erfunden. Als etwas, das nach Brauch, Recht oder Befehl so zu tun ist, findet man es vereinzelt schon bei Herodot und dann etwa bei Xenophon, allerdings nicht bei Platon oder Aristoteles.[4]

Als grundlegender Begriff der stoischen Verhaltenspsychologie bezeichnet *kathēkon* die Wirkung, auf die Impulse und das resultierende Verhalten von Lebewesen jeweils abzielen. Das Handeln von Menschen findet statt in Form von Handlungsimpulsen (*hormē*), „einem Zustreben des Geistes hin auf etwas beim Handeln." Ein solcher Impuls wird „in Bewegung gesetzt" durch eine „Impuls erregende Erscheinung", einen Gedanken, dass „etwas hier und jetzt *kathēkon* ist".[5] Aus dem Gedanken wird eine Handlung, wenn das Subjekt ihn mit seiner Zustimmung (*synkatathesis*) als wahr akzeptiert.[6] Der Zusatz „hier und jetzt" (*autothen*) stellt klar, dass der Gedanke das Subjekt in der gerade gegebenen konkreten Situation betrifft. Das erschienene *kathēkon* ist somit der Effekt, auf den eine Person abzielt, sobald sie sich mit ihrer Zustimmung dafür entschieden hat zu handeln.

Um diese weite Bedeutung zu erfassen, übersetze ich den griechischen Terminus als „das Zukommende". Cicero selbst interessiert sich wenig für den handlungstheoretischen Aspekt des Begriffes und betrachtet, wie Panaitios selbst, *kathēkon* in ethischer Perspektive als naturgemäße, normativ richtige Aktivität von Menschen in ihrer sozialen Gemeinschaft. Das drückt sein Terminus *officium* treffend aus, bezeichnet dieser doch eine Aufgabe, vor allem eine, die aus der sozialen Rolle eines Menschen erwächst, oder auch den Dienst, den man Mitgliedern seiner Gemeinschaft und der Gemeinschaft selbst erweist. Da *officium* also eine engere

---

2 Vgl. *Off.* 1.159, 3.8 und 10, 3.63, 3.89.
3 Vgl. *Diog. Laert.* 7.4. 25. 108; die Übersetzung ist angeregt von Visnjic 2021, 24–26.
4 Gourinat 2014, 17; Visnjic 2021, Appendix 1.
5 *Ecl.* 2.7.9, S. 86; Wachsmuth = SVF 3.169; vgl. Cicero, *Acad. Pr.* 2.26: *quid officii sui sit ... occurrit animo*.
6 Cicero, *Acad. Pr.* 2.24–26; Seneca, *Ep.* 113.18 = SVF 3.169.

Bedeutung hat als der stoische Terminus *kathēkon* (vgl. Brennan 2014, 59), werde ich es mit „Pflicht" übersetzen.

Die griechischen Stoiker definieren das *kathēkon* von rationalen Lebewesen als „das Folgerichtige in der Lebensführung, für das es, nachdem es getan wurde, eine wohlbegründete Erklärung (*apologia*) gibt".[7] Cicero verwendet in *De officiis* nur den zweiten Teil dieser Formel und definiert *officium* als „dasjenige, von dem eine plausible Erklärung, warum es getan wurde, gegeben werden kann" (1.8: *quod cur factum sit ratio probabilis reddi possit*), wobei er mit *probabilis* ein Schlüsselwort seiner eigenen akademisch-skeptischen Philosophie benutzt, mit dem er sowohl *eulogos* („wohlbegründet") als auch *pithanos* („überzeugend") übersetzt.[8]

4.1.2 Drei Arten, das Zukommende zu begründen

Wie schon das griechische Wort *apologia*, das auch „Verteidigung" bedeutet, hat Ciceros *rationem reddi* die Konnotation eines Rechenschaftablegens: Es gab gute Gründe, so zu handeln. Interessanterweise ist aber nicht klar, *wer* die Gründe hatte (vgl. Gourinat 2014, 26–27). Das Tun ist sinnvoll, und man – vielleicht ein Weiser[9] – könnte dies im Nachhinein erklären. Die Definition erfordert aber nicht zwingend, dass das Zukommende vom Subjekt mit einer bewussten, wohlüberlegten Intention angestrebt wird. Die Erklärung mag zwar, erstens, in den Gründen liegen, die eine Person zum Handeln bewogen haben, es kann aber auch zweitens die Natur des Lebewesens eine spontane Handlung motivieren, und außerdem gibt es drittens Gründe, die Gott (d. h. die Natur von allem) haben könnte, das Lebewesen sich so bewegen zu lassen (vgl. zu Letzterem besonders Lorenz 2020).

Während Cicero und Panaitios, soweit wir ihn in *De officiis* noch fassen können, vor allem die persönlichen, bewusst reflektierten Beweggründe des Handelnden und seine intuitiven natürlichen Antriebe diskutieren, spielen alle drei Arten von Gründen in Chrysipps Verständnis des Zukommenden eine Rolle. In seinem Werk *Über die Ziele* (*Peri telōn*) versuchte dieser das höchste Gut und das gute Leben zu bestimmen (*Diog. Laert.* 7.85–89) und erläuterte Zenons Definition des Telos als „in Übereinstimmung mit der Natur leben" (*homologoumenōs tēi phusei zēn*) mit einer eigenen prominenten Formel als „der Natur folgend (*akolouthōs*)" leben. Dass hier

---

[7] *Ecl.* 2.7.8, S. 85; Wachsmuth: *to akolouthon en biōi, ho prachthen eulogon apologian echei*; *Diog. Laert.* 1.107: *ischei apologismon*.
[8] *Off.* 2.8; vgl. auch *Fin.* 2.58; Gourinat 2014, 15–16. Zur Präsenz der akademisch-skeptischen Terminologie und Argumentationsweise in *De officiis* vgl. insgesamt den Beitrag von Georgia Tsouni in diesem Band.
[9] Vogt 2008, 174–175; Brennan 2014, 56–57.

dasselbe Wort verwendet wird wie in der Definition des *kathēkon*, ist kein Zufall: Das Zukommende ist „folgerichtig in der Lebensführung" und damit sowohl im Einklang mit den natürlichen Anlagen und Motivationen eines Menschen als auch konsistent mit den anderen Entscheidungen und Handlungsgründen, die die Lebensführung des betreffenden Menschen bisher bestimmt haben und weiter bestimmen werden (vgl. Gourinat 2014, 21–23). Dieser Gedanke ist zentral für Panaitios' Auffassung nicht nur des Zukommenden generell (1.11), sondern auch für die von ihm durch den Begriff des geziemend Zierenden (*prepon*) so eigentümliche Auffassung der Tugend der Selbstbeherrschung (vgl. unten, S. 58).

Nach Chrysipp erwächst ein solch konsistentes rationales Handeln aus gelebter Erfahrung. Es ist, wie er in seiner Exegese des Telos klarstellt, ein „Leben gemäß der Erfahrung dessen, was durch die Natur/unserer Natur [beides: *physei*] widerfährt" (*Diog. Laert.* 7.87). Und hier kommt der dritte Grund ins Spiel, warum Zukommendes folgerichtig ist. Chrysipp betont, dass die Natur, der ein Mensch folgt, sowohl dessen eigene ist als auch Gott, die Natur von allem, der uns unsere natürlichen Anlagen gegeben hat. In diesem Sinne bedeutet „der Natur folgen", dass man in seinen Entscheidungen immer den Willen Gottes und dessen providentielle Organisation des gesamten Kosmos berücksichtigt. Bei den kaiserzeitlichen Stoikern Seneca, Epiktet und Marcus Aurelius findet man dafür die Formel „Gott folgen".[10] Das eigene Leben, wie es sich der Menschennatur gemäß entfaltet, kann nur in sich stimmig sein, wenn es sich in die lebensspendende Weltordnung als Teilgeschehen harmonisch einfügt. Die natürlichen Dispositionen des Individuums können nur ein erster Hinweis darauf sein, was zu tun ist. Maßgeblich für die Entscheidung ist, dass man den Willen der Allnatur befolgt, und dies gegebenenfalls auch mit Handlungen, die der eigenen Natur eigentlich zuwider sind (vgl. *Diatriben* 2.6.9–10 = *SVF* 3.191).

Dieser theologische Aspekt des Zukommenden, dass das Zukommende im Einklang mit Gottes Willen stehen und nichts sein soll, „was das [den stoischen Weltstaat begründende, mit Gott identische] gemeinsame Gesetz üblicherweise verbietet" (Chrysipp in *Diog. Laert.* 7.88), spielt in *De officiis* keine Rolle, und das offenbar nicht nur, weil Cicero selbst daran kein Interesse hatte. Wie in den folgenden beiden Abschnitten deutlich werden wird, kommt die Anlage des Werkes und die Grundkonzeption des *honestum*, die gewiss beide von Panaitios stammen, ohne Gott aus. Die Allnatur erscheint zwar als der Faktor, von dem Tier und Mensch ihre Grundorientierung erhalten (vgl. Vimercati 2004, 127–129), Maßstab für das Handeln ist aber die rationale Menschennatur selbst. Diese soll der Mensch in der menschlichen Gemeinschaft zum Schönen und Ehrenhaften entfalten. Dass Menschen in eine kosmische Gemeinschaft mit Gott eintreten sollen, ist ein Gedanke,

---

10 *Deum sequi, hepesthai theôi*; vgl. Wildberger 2006, 3.2.2.7.

der in *De officiis* keine nennenswerte Rolle spielt. In 1.22 wird zur Begründung der Gerechtigkeit eine bekannte, von Chrysipp stammende Beschreibung des Kosmos als zum Wohle der Menschen geschaffen (*SVF* 2.527–528) zitiert – aber ohne die Götter und auch ohne den Gedanken, dass diese Welt ein Staatswesen ist. Hier ist keine Spur von jenem gemeinsamen Gesetz aus Ciceros *De legibus* oder dem Weltbild, das Cicero den Stoiker Balbus im zweiten Buch von *De natura deorum* entfalten lässt (vgl. besonders 2.154). In *De officiis* 1.153, wo Cicero nicht aus Panaitios schöpft, erscheinen Götter als Teil der Gemeinschaft, dienen aber eher dazu, den Vorrang der Gerechtigkeit aus der Definition der Weisheit als „Wissen von göttlichen und menschlichen Dingen" abzuleiten; sie sind danach gleich wieder vergessen. Für Chrysipp wäre mit dem Fehlen der harmonischen Gemeinschaft mit Gott als Bürger des Weltstaats, dieses letztlichen Maßstabs jeglichen Handelns, der Ethik der Boden entzogen (vgl. Vogt 2008). Auch wenn Cicero anerkennt, dass es Pflichten und Bindungen zwischen allen Menschen gibt, ist für ihn die maßgebliche Gemeinschaft diejenige, die ihm am meisten bedeutet: die römische *res publica*.

4.2 Praktischer Rat für anständiges und erfolgreiches Verhalten

Auch in anderer Hinsicht holt Cicero mit Panaitios die Ethik gewissermaßen auf den Boden des alltäglichen Lebens „normaler" Menschen zurück. Er ordnet sein Werk ausdrücklich der Paränetik zu (1.7), also einer Gattung von philosophischen Schriften, die ihren Lesern praktische Anweisungen, Ermahnungen und Ratschläge geben.

4.2.1 Stoische Ratgeberliteratur

Alexander von Aphrodisias (in seinem Kommentar zu Aristoteles' *Topik*, 84) führt beispielhafte Inhalte stoischer Schriften *Über das Zukommende* an, die keiner besonders tiefsinnigen Begründung bedürfen, etwa ob man beim gemeinsamen Mahl nach der größeren Portion langen oder in der Philosophievorlesung die Beine überschlagen soll. Nicht ganz so leicht einzusehen dürften allerdings einige Empfehlungen Chrysipps in seinem Werk *Über das Zukommende* gewesen sein. Er beschäftigte sich mit handlungstheoretischen Fragen, etwa wie man bei völlig Gleichwertigem zu einer Entscheidung kommt; er machte aber auch praktische Vorschläge: Man solle seine Eltern so einfach wie möglich bestatten oder sie aber essen, wenn das Fleisch noch gut sei, wie es auch bei abgeschnittenen Gliedern des eigenen Körpers zu tun wäre. Ein vollkommener Mensch, der Maßstab allen richtigen Handelns, würde einen Purzelbaum machen, wenn er dafür einen sehr hohen Geldbetrag bekommt.[11] Solch skurrile Beispiele erhielten sich leichter in der Überlieferung und müssen nicht repräsentativ sein. Dennoch zeigen sie, dass Alexander sich auf Werke ganz anderen Charakters zu beziehen scheint, wie sie Stoiker zu seiner Zeit geradezu am laufenden Meter produzierten. Umfangreiche Bruchstücke einer ziemlich biederen Pflichtenlehre sind uns etwa von Hierokles, einem Stoiker des zweiten Jahrhunderts, erhalten. Im ersten Jahrhundert schrieb Seneca Paränese in verschiedenen Genres, und sie war Teil der Lehrvorträge seines jüngeren Zeitgenossen Musonius Rufus und dessen Schülers Epiktet.

In seinem 94. Brief liefert Seneca auch eine umfangreiche Rechtfertigung der philosophischen Paränese (*praeceptiva pars philosophiae*), wobei er zugibt, dass theoretische Begründung bei dieser nur eine marginale Rolle spielt. Ratschläge und Vorschriften (*praecepta*) haben vielmehr eine ordnende Funktion und stellen eine begrenzte Zahl von Regeln für die wichtigsten Lebenszusammenhänge auf (Sen., *Ep.* 94.33–34). Darüber hinaus dient die Ermahnung (*admonitio*) zugleich als Erinnerung an das, was man im Grunde schon weiß (ebd., 25–26). Seneca erklärt dies damit, dass die Vorschriften letztlich nur aussprechen, was in allen Menschen von Natur aus angelegt sei: „Wir tragen in uns die Samen aller ehrenhaften Dinge, die durch Ermahnung belebt werden, ganz wie ein Funke von einem leichten Hauch unterstützt die ihm innewohnende Flamme entfaltet" (ebd., 29). Der Inhalt paränetischer Schriften dieser Art durfte dann aber – anders als Chrysipps Buch – nicht erheblich von traditionellen Moralvorstellungen abweichen. Das Ehrenhafte (*honestum*), das sich so konkret aus den „uns innewohnenden Samen" entfalten sollte, war also genau das, was man in der betreffenden Gesellschaft und sozialen Schicht gemeinhin darunter verstand. Das standesgemäße Verhalten eines männlichen Mitglieds der Oberschicht wird so zur Entfaltung angeborener Anlagen der Menschennatur selbst.

4.2.2 Die Entscheidungssituation nach Panaitios und Cicero

Auch Ciceros stoische Quelle Panaitios (s. Anm. 1) war in dieser Weise praxisorientiert. Dies zeigt schon die Übersicht, mit der Panaitios das Thema seines Werkes selbst umriss (1.9 = T 93 Alesse). Cicero zitiert sie, um deutlich zu machen, worin er Panaitios folgt und welche Punkte er ergänzen zu müssen glaubt. Es ist nicht klar, ob

---

[11] Plutarch, *De Stoicorum repugnantiis* 1045e = *SVF* 3.174 und 1047–1048 = *SVF* 3.688; Sextus Empiricus, *Adversus mathematicos* 11.194 = *SVF* 3.,752.

in dieser Werkübersicht das Wort *kathēkon* überhaupt vorkam. Cicero wirft ihm ja vor, es nicht definiert zu haben (1.7), und in 1.9, wo er Panaitios paraphrasiert, findet man das lateinische Gegenstück *officium* nicht. Eine Definition hat Panaitios vielleicht später *en passant* gegeben, wenn die betreffende Stelle gegen Ende des Buches (1.101) auf ihn zurückgeht. In seiner Werkübersicht spricht Panaitios hingegen von einer Entscheidungssituation (*consilii capiendi deliberatio*) und führt zwei grundlegende dabei zu beachtende Gesichtspunkte an: einerseits ob das zu Entscheidende ehrenhaft (*kalon*) oder schändlich ist (*aischron*) und andererseits ob es nützt (*sympheron*). Diese Unterscheidung kannte jeder einigermaßen gebildete zeitgenössische Leser aus den ersten Stunden seines Rhetorikunterrichts, als das *genus deliberativum* eingeführt wurde. Panaitios scheint es also um Zugänglichkeit und Relevanz für ein weites Publikum und nicht um die technischen Feinheiten speziell des stoischen Begriffs gegangen zu sein – eine Eigenschaft, die Cicero an ihm schätzte.[12]

Nach Ciceros Bericht beschreibt Panaitios eine Situation, in der man darüber nachdenkt, ob man das, was zur Entscheidung ansteht (1.9: *id quod in deliberationem cadit*; *id ... de quo deliberant*), tun soll oder nicht. In stoischen Termini ist also festzustellen, ob es zukommend ist oder nicht. Dem entspricht eine Unterscheidung, die Diogenes Laertios (*Diog. Laert.* 7.108–109 = SVF 3.495) überliefert, zwischen (i) Zukommendem, „das zu tun die Vernunft gutheißt" (*hosa logos hairei poiein*), (ii) dem, was „wider das Zukommende" (*para to kathēkon*) ist, „das zu tun die Vernunft nicht gutheißt", und (iii) dem, was weder zukommend noch wider das Zukommende ist, das zu tun die Vernunft also weder gutheißt noch nicht gutheißt.[13] Entsprechend prüft Panaitios' Entscheidender zunächst die Ehrenhaftigkeit des zur Entscheidung stehenden Tuns. Ist es ehrenhaft, gibt es einen guten Grund, sich dafür zu entscheiden. Ist es schändlich, ist der Gedanke, dass man das tun solle, falsch und das betreffende Handlungsziel entsprechend als „wider das Zukommende" abzulehnen. Ist das Tun weder ehrenhaft noch schändlich, prüft man weiter, ob es vielleicht vorteilhaft ist. Ist das so, entscheidet man sich dafür. Ist es nicht so, hat man keinen Grund, dem Gedanken zuzustimmen, sodass auch keine Handlung stattfindet.

Durch diese Reihenfolge und die Auslassung des Nachteiligen suggeriert die Passage einen hierarchischen Entscheidungsbaum. Widersprüche kommen nur auf, wenn man beide Kriterien, Ehrenhaftigkeit und Vorteil, gleichwertig behandelt.

---

12 Vgl. *Off.* 2.35; *Fin.* 4.79; Dyck 1996, 18.
13 Das Verb *hairein* wird oft als „anordnen" oder gar „befehlen" übersetzt, z. B. von Gourinat 2014, 19 u. ö. (vgl. auch Cicero, *Fin.* 3.58: *postulet*). Ich denke, es ist von dem „Nehmen" (*hairesis* im Gegensatz zu *phugē* = Meiden) die Rede, mit dem die Zustimmung zu einer impuls-erregenden Erscheinung gegeben wird. Etwas als wertvoll Erkanntes wird „genommen". Dieses Nehmen durch den Geist bezeichne ich als Gutheißen.

Dann ergibt sich der Konflikt, den Panaitios als dritten erwähnt (1.10). Etwas Vorteilhaftes aber Schändliches oder Ehrenhaftes aber Nachteiliges wäre dann zugleich zukommend und wider das Zukommende. Wie Panaitios und Cicero schon hier andeuten, ist dieser Widerspruch aber nur ein scheinbarer, jedenfalls für einen Stoiker, der unter dem Ehrenhaften das absolut Gute versteht. Dieses ist „Nutzen (*ōpheleia*) und was nichts anderes ist als Nutzen"[14] und somit auch immer vorteilhaft (*sympheron*).[15] Wirklicher Schaden (*blabē*) geht nur von echten Übeln, also dem Unehrenhaften aus.

4.2.3 Grade des Ehrenhaften und Vorteilhaften

Ergänzend hierzu meint nun Cicero auch noch darlegen zu müssen, „welche von zwei ehrenhaften Optionen die ehrenhaftere ist" (1.10), und entsprechend, welche von zwei Optionen von größerem Vorteil ist. Auch Panaitios, der für Nicht-Weise schreibt, mag Grade des mehr oder weniger Ehrenhaften akzeptieren, nicht aber Rangfolgen in der angestrebten Ehrenhaftigkeit, dem Schönen, selbst. Denn das Schöne und Ehrenhafte ist das Gute, und ein Kerngedanke des Stoizismus ist, dass alle Güter den gleichen, absolut positiven Wert haben. Ein Grund dafür liegt im Wesen des Schönen selbst: Ein Leben und eine Handlung sind schön, wenn alle einzelnen Handlungen miteinander in Einklang sind, das Handeln und Leben also „in Übereinstimmung" geschieht (vgl. 1.2). Außerdem *kann* es wegen der „gegenseitigen Folgerichtigkeit" (*antakolouthia*) der Tugenden[16] nicht zu Wertkonflikten kommen, wenn man wirklich einer Tugend gemäß richtig handelt. Entsprechend enthalten die Vorschriften, die man in *De officiis* 1 findet, auch Hinweise zur Vermeidung solcher Konflikte, z. B. dass es „pflichtwidrig", also wider das Zukommende (1.19: *contra officium*) sei, aus Wissensdurst Pflichten des praktischen Handelns zu vernachlässigen. Ähnliches wird dann Cicero am Ende des Buches speziell über den Vorrang der sozialen Ehrenhaftigkeit gegenüber der kognitiven ausführen (1.153–158). Die konfliktfreie Harmonie aller ehrenhaften Handlungen ist auch zentral für Panaitios' Verständnis des geziemend Zierenden (*prepon*) und seine entsprechende Umdeutung der Kardinaltugend der Selbstbeherrschung (*sōphrosynē*) zu einer Meta-Tugend oder „*vertu transversale*", wie Christelle Veillard (2014, 99) sie nennt:

---

14 Sextus Empiricus, *Adversus mathematicos* 11.22; Diog. Laert. 7.94 = *SVF* 3.75–76.
15 Zur Konzeptualisierung des Nutzens in *De officiis* vgl. den Beitrag von Dorothea Frede in diesem Band.
16 *Ecl.* 2.7.5b5, S. 63–64 = Panaitios T 54 Alesse; vgl. *Off.* 1.14: *conflatur*; 15: *inter se conligata atque implicata*. Zu Ciceros Charakterisierung der Tugenden vgl. den Beitrag von Jörn Müller in diesem Band.

Maßhalten wird zu einem Streben nach Schönheit, zum Erkennen und Herbeiführen einer mit sich im Einklang stehenden Gesamtpersönlichkeit und eines Lebens, in dem sich einzelne, scheinbar konkurrierende Tugendakte harmonisch zusammenfügen.

Eine zumindest grobe Hierarchisierung von Vorteilhaftem wurde von Panaitios bei der Diskussion des Nutzens ebenfalls vorgenommen, und schon dort behandelte er auch implizit den scheinbaren Widerspruch von persönlichem Vorteil und Ehrenhaftigkeit, jedenfalls wenn die Grundgedanken und Grundstruktur des zweiten Buches von *De officiis* von ihm stammen. Es kann fast zur Gänze als Illustration der *praemissa maior* des in *De officiis* 2.10 gegebenen Syllogismus gelesen werden, dass alles, was gerecht ist, auch vorteilhaft ist. Panaitios behandelt ausdrücklich *nicht* alle naturgemäßen und vorteilhaften Dinge, z.B. nicht Gesundheitsvorsorge oder Gelderwerb (2.86), sondern gewichtet zunächst die nützlichen Dinge in solcher Weise, dass der größte Vorteil, aber auch der größte Nachteil von anderen Menschen herrührt (2.11–18), wobei Cicero nach eigenem Zeugnis Panaitios' Ausführungen erheblich gekürzt hat (2.16). Praktischer Vorteil ist also von der Gemeinschaft mit anderen Menschen und deren Wohlwollen abhängig, und all dies, stellt sich dann zunehmend heraus, wird am besten nicht nur durch den Anschein von Gerechtigkeit, sondern vielmehr durch wahre Gerechtigkeit und die anderen Tugenden erzielt.

Hier wird eine weitere Besonderheit von *De officiis* und seiner Quelle deutlich: Jegliches menschliche Handeln zielt auf etwas Zukommendes ab. Cicero und Panaitios aber präsentieren eine Pflichtenlehre für den sozial hochstehenden und hochgesinnten Mann, der nicht etwa nur auf irgendein Zukommendes hinstrebt, sondern der ein vollkommener Mensch sein will. Es geht nicht nur um praktische Lebenshilfe, sondern um das Erlangen von Tugend. Dies lässt sich im Folgenden noch genauer zeigen, wobei zugleich weitere Besonderheiten von *De officiis* im Vergleich zu anderen stoischen Quellen zu erkennen sind.

4.3 Entfaltung der Menschennatur zur Tugend

4.3.1 Mittlere Pflichten als Pflichten von noch nicht guten Personen oder als Pflichten in Bezug auf Nicht-Güter

Vom Zukommenden unterscheiden Stoiker das Verfehlte (*hamartēma*) und das Gelungene (*katorthōma*), das Cicero *recte factum* nennt. Das Verfehlte ist etwas, auf das ein vernünftiger Mensch entweder überhaupt niemals oder jedenfalls unter den gegebenen Umständen nicht abzielen würde. Das Gelungene wird rekursiv als vollkommenes Zukommendes definiert und auf zwei grundlegende Weisen charakterisiert: zum einen durch seine eigene Vollkommenheit, d. h. dass es sämtliche notwendigen Merkmale aufweist, wofür wir in den Quellen den rätselhaften Ausdruck „Zahlen" oder „Werte" (*arithmoi, numeri*) finden.[17] Zum anderen ist das Gelungene wegen der Vollkommenheit der handelnden Person, weil es aus einer vollkommenen Disposition heraus getan wurde, nicht nur vernünftig (*eulogos*) wie jedes Zukommende, sondern darüber hinaus „der *richtigen* Vernunft (*kata ton orthon logon*) gemäß", also gemäß dem äußeren und inneren Gesetz und, insofern das innere Gesetz „richtig" ist, auch gemäß einer Tugend (*kat' aretēn*).[18] Nur Weise vollbringen Gelungenes. „Der bis zum äußersten Fortgeschrittene leistet sämtliches Zukommende in jeglicher Weise und lässt nichts ungetan", soll Chrysipp behauptet und erklärt haben, dass für Vollkommenheit und Eudaimonie noch etwas fehle, nämlich dass „die mittleren Handlungen (*hai mesai praxeis*)" noch die für einen Weisen typische „Sicherheit, das Dispositionelle und eine spezielle Festigkeit annehmen",[19] dass also nicht nur einzelne Handlungen auf das Zukommende abzielen, sondern sein Leben, er selbst in seinem zeitlichen Verlauf, ein *System* richtiger Handlungen wird.[20]

Auf Verfehltes abzuzielen ist schlichtweg falsch. Es entspricht dem, was bei Diogenes Laertios „wider das Zukommende" ist.[21] Wie aber verhält sich das Zukommende zum Gelungenen? Hier kommt ein Terminus ins Spiel, der für das Verständnis von Ciceros Anliegen in *De officiis* besonders wichtig ist: das „mittlere Zukommende" (*meson kathēkon*). In der soeben zitierten Passage unterschied Chrysipp mittlere Handlungen eines Fortgeschrittenen von denen eines Weisen. Entsprechend könnte auch das Zukommende, auf das beide abzielen, als „vollkommenes Zukommendes" und somit Gelungenes oder aber als „mittleres Zukommendes" bezeichnet werden. Das Zukommende wäre dann ein „mittleres" insofern es weder etwas Verfehltes (was ganz „wider das Zukommende" wäre) noch vollkommen wie etwas Gelungenes ist.[22] In *De finibus* lässt Cicero den Stoiker Cato dieses mittlere Zukommende (*medium officium*) auch „unvollendet" (*inchoatum*) nennen.[23] Dies könnte durchaus einem stoischen Antonym (*kathēkon ateles*) zu dem überlieferten vollkommenen Zukommenden (*kathēkon teleion*) entsprechen, das

---

17 Z.B. *Ecl.* 2.7.11a, 93: *kathēkon pantas epechon tous arithmous* = *SVF* 3.500.
18 *Ecl.* 2.7.11e, 96–97 = *SVF* 3.501; 2.7.8, 85–86 = *SVF* 3.494. Es ist unklar, welche Art von Bestimmung Cicero, *Fin.* 3.24 ist: *omnes numeros virtutis continent.*
19 *Flor.* 4.39.22 = *SVF* 3.510.
20 Clemens Alexandrinus, *Paedagogus* 13.102.4, vgl. *SVF* 3.293; Marcus Aurelius 12.23.
21 *Ecl.* 2.7.8a,86, 10–11 = *SVF* 3.499.
22 *Ecl.* 2.7.8, 85–86 = *SVF* 3.494.
23 3.59 = *SVF* 3.498; vgl. auch *Fin.* 4.15 = *SVF* 3.13.

Cicero *perfectum officium* nennt. Dafür spricht, dass Cato hier ein Argument zitiert, weswegen auch Toren Zukommendes tun bzw. Pflichten erfüllen. In den darin genannten Beispielen – z. B. „etwas Hinterlegtes zurückgeben" beim Toren und „etwas Hinterlegtes gerechterweise (*iuste*, d. h. gemäß der Tugend der Gerechtigkeit) zurückgeben" beim Weisen – ist der Zieleffekt, dass etwas zurückgegeben wird, der gleiche. Wie in dem Chrysipp-Zitat zeigen Tor und Weiser dasselbe Verhalten, nur dass der Weise dies aus einer vollkommen gerechten Disposition heraustut, der Tor aber nicht.

Daneben ordnen aber Cato in *De finibus* (3.58–59) und andere Quellen dem mittleren Zukommenden auch bestimmte zu erlangende Objekte zu, nämlich Unerhebliches. Unerhebliche Objekte werden auch „mittlere Dinge" genannt, und man kann dann sagen, dass es sich um etwas Zukommendes oder eine Pflicht „in mittleren Dingen" handelt oder dass das Zukommende an mittleren Dingen bemessen wird.[24]

Denn von dem Zukommenden, dem Handlungseffekt, auf den eine Person abzielt, muss man die Gegenstände unterscheiden, die dieser Effekt betrifft. Es geht darum, etwas Wertvolles zu erlangen oder etwas Unwertes, Schädliches zu vermeiden. Diese Gegenstände teilten die Stoiker in drei Klassen ein: absolut Gutes, absolut Schlechtes und Unerhebliches (*adiaphora*) von einem gewissen Wert (*axia*) oder Unwert, der sich nach dem jeweiligen Kontext bestimmt. Unerhebliches hat Wert oder Unwert, weil Menschen von Natur aus disponiert sind, bestimmte Dinge als ihnen zugehörig (*oikeia*) zu erfahren und andere als ihnen fremd (*allotria*). Etwas Unerhebliches ist ein solches „erstes Naturgemäßes oder Naturwidriges" oder etwas, das daran Anteil hat. Und es ist eben diese Disposition, Gegenstände, die ausdrücklich keine Güter oder Übel, sondern von nur relativem Wert sind, als zugehörig oder fremd zu erfahren, durch die die Stoiker das Abzielen auf Zukommendes erklärten. So sagt etwa der Stoiker Cato in Ciceros *De finibus*, dass sich das, was er *officium* nenne, „von diesen Anfängen der Natur herleite."[25] Oder, wie es ein Stoiker der Generationen nach Chrysipp formuliert: Das Zukommende ist das Produkt einer Aktivität, das „der naturgemäßen Konstitution (*kataskeuē*)" des Lebewesens „zugehörig" (*oikeion*) ist.[26] Im nächsten Abschnitt (3.2) werden wir etwas genauer sehen, wie Panaitios und Cicero sich diesen Zusammenhang vorgestellt haben.

---

24 Vgl. *Fin.* 3.59: *erit in mediis rebus officium*; vgl. auch *Acad. Pr.* 1.36–37 = SVF 1, Diog. Laert. 7.110 = SVF 3.496: *en tois mesois ti kathēkon*; bemessen: *Ecl.* 2.7.8a, S. 86 = SVF 3.499.
25 *Ecl.* 2.2.7c–d, 82; Wachsmuth = SVF 3.141; *Fin.* 3.22 = SVF 3.497: *cum illa, quae officia esse dixi, proficiscantur ab initiis naturae.*
26 Diog. Laert. 7.108 = SVF 1.230, 3.493.

Unter einem mittleren Zukommenden kann entsprechend auch das Erlangen von unerheblichem Naturgemäßem und das Vermeiden von unerheblichem Naturwidrigem verstanden werden. Versteht man das mittlere Zukommende in diesem Sinne, bestimmt es sich nicht nach der Person des Entscheidenden. Vielmehr werden Motivationsinhalte danach klassifiziert, ob es sich bei den angestrebten Objekten um Unerhebliches oder ein echtes Gut handelt. Hierzu passt eine Unterscheidung, die in den Doxographien zwischen zwei Arten von Gelungenem gemacht wird: Es kann einfach etwas Zukommendes sein oder „etwas, das sein muss" (*hōn chrē*), nämlich speziell ein Zieleffekt, der das Vorhandensein oder die Aktivität einer Tugend erfordert.[27]

Für Cato in *De finibus* ist das *medium officium* im letztgenannten Sinne auf Unerhebliches beschränkt: Was das Erlangen und Meiden von Unerheblichem betrifft, haben nicht nur Weise, sondern auch Toren Pflichten, die sie erfüllen sollen und können. Anders sieht es Cicero selbst in *De officiis*, wo er die mittlere Pflicht nicht unvollendet, sondern „gemeinsam" oder „allgemein" (*commune*) nennt. Es ist nicht Panaitios, sondern er selbst, der die Einteilung vornimmt, aber die Benennung und die Konzentration auf den Entscheidenden – und nicht auf die Art des Objektes – ist wichtig für beide. Im dritten Buch (3.13–14) stellt Cicero klar:

> [...] jenes wirklich Ehrenhafte, das man im eigentlichen Sinne und wahrhaft so nennen kann, das kommt ausschließlich bei Weisen vor und kann niemals von der Tugend abgetrennt werden. Bei denjenigen aber, in denen Weisheit nicht vollkommen ist, kann eben jenes vollkommene Ehrenhafte keineswegs, etwas dem Ehrenhaften Ähnliches (*similitudines honesti*) aber durchaus vorkommen. Denn diejenigen Pflichten (*officia*), von denen wir in den vorliegenden Büchern handeln, nennen die Stoiker ‚mittlere'. Sie sind allen gemeinsam (*communia*) und kommen in weiten Bereichen vor, und viele [Menschen] verwirklichen sie durch ihre guten Anlagen oder durch Lernfortschritte. Jene Pflicht aber, die dieselben [Stoiker] ‚Gelungenes' [*rectum*, vgl. 1.7] nennen, ist vollkommen und vollendet und hat, wie sie auch sagen, alle Merkmale (*numeros*) und ist bei keinem anderen als dem Weisen anzutreffen.

Das *commune officium* ist somit ausdrücklich nicht auf bloß Unerhebliches beschränkt. Cicero unterscheidet gerade nicht die Gegenstände und Handlungsbereiche selbst, sondern nur die Qualität der Verwirklichung. Wie bei Panaitios auch (vgl. Veillard 2014, 86–87, 94), geht es für Cicero in der Pflichtenlehre um das Erreichen des wahrhaft Guten. Erstrebt wird das dem stoischen *kalon* Ähnliche, das er sonst *honestum* und hier *similitudines honesti* nennt. In *De officiis* lernt man nicht nur, wie man sich in Bezug auf das Unerhebliche verhalten soll, sondern den Erwerb von Tugenden oder wenigstens eine Annäherung an die Tugenden (1.46: *simulacra virtutis*). Ciceros Thema ist zwar nicht das vollkommen gute Leben (*finis*

---

27 *Ecl.* 2.7.8a, S. 86; Wachsmuth = SVF 3.503; 2.7.11i, S. 101 = SVF 3.587.

bonorum) eines Weisen, sondern er lehrt „allgemeine Lebensführung für Jedermann" (1.7: *ad institutionem vitae communis*). Doch geschieht dies auf solch eine Weise, dass Erfüllung der in *De officiis* dargelegten Pflichten einen kumulativen Fortschritt hin zum wirklich Richtigen und wirklich Ehrenhaften darstellt und somit direkt zum guten, tugendhaften Leben führt.

4.3.2 Natürliche Impulse

Diese direkte Verbindung von anständigem Alltagsverhalten und Tugendideal wird auch ersichtlich in der Art, wie Panaitios und Cicero Pflichten und Tugend aus Dispositionen ableiten, die Menschen von Natur aus gegeben sind. Cicero unterscheidet „Bestandteile, aus denen das, was wir das Ehrenhafte nennen, geformt und geschaffen wird" (1.14), und erklärt, dass „alles, was ehrenhaft ist, aus irgendeinem der [genannten] vier Teile hervorgeht" (1.15), dass diese Teile zwar „untereinander verknüpft und verwoben sind", aber „aus einzelnen von ihnen bestimmte Arten von Pflichten hervorgehen" (1.16), dass diese Teile „Quellen von Pflichten" (1.20) seien, dass Ehrenhaftigkeit und Pflichten aus ihnen „entspringen" (1.61: *e quibus honestas officiumque manaret*), oder aber, dass das Ehrenhafte von Dingen im Bereich des „Rechtes der Menschengemeinschaft" (*ius societatis humanae*) abgeleitet (*duci*) werde und dass von diesem dann jeweils die Pflicht abhänge (1.60: *ex quo aptum est officium*). Was diese mannigfaltige Bildsprache wohl bedeuten mag, wird klarer, wenn man sich Ciceros Paraphrase von Panaitios' Einleitung zu dem Teil über das Ehrenhafte genauer anschaut (1.11–17).

Panaitios beginnt mit einer Unterscheidung von Impulsen, zu denen die rationale Menschennatur disponiert ist (1.11–14 = T 55 Alesse). Zunächst nennt er die sogenannten „ersten Impulse", die uns aus Chrysipps Schrift *Über die Ziele* bekannt sind (*Diog. Laert.* 7.85). Diese ersten Impulse sind allen Tieren gemeinsam. In *De officiis* sind dies: Selbsterhaltung, Paarung und Schutz der Nachkommen (1.11). Wir haben hier also eine Version der stoischen *oikeiōsis*-Lehre (vgl. Alesse 1994, 129) vor uns. Anstelle von Chrysipps komplexer Erklärung solcher Primärimpulse als Disposition, bestimmte Dinge als zugehörig, andere als fremd zu erkennen, ist der Gedanke hier allerdings einfacher: Die Natur hat dem Tier diese Impulse wie eine Art Urtrieb gegeben (*a natura tributum*). Was den Menschen vom Tier unterscheidet, ist die Vernunft (*ratio*), die hier – wie schon in Chrysipps Darstellung – gleichsam „als Fachmann (*technitēs*) zum Impuls hinzukommt" und von der Natur „zur vollkommeneren Selbstlenkung und -bewahrung [beides: *prostasia*] gegeben wurde" (*Diog. Laert.* 7.86). Durch ihr vernünftiges Denkvermögen können Menschen über die Folgerichtigkeit ihres Verhaltens reflektieren. Sie sehen ihr gesamtes Leben im Zusammenhang und können so das dafür Nötige beschaffen (1.11). Dies ist die Bedingung dafür, dass ihr Handeln auf „das Folgerichtige in der Lebensführung" ausgerichtet ist.

Auch dies ist nach Chrysipp und Cato in *De finibus* (3.16–22) ein komplexer Prozess der Selbstwahrnehmung, Erfahrung und Reflexion, in dessen Verlauf das rationale Subjekt selbst seine persönlichen Werte konstituiert. Was es von Natur aus als zugehörig erfährt, begreift es nun bewusst als etwas Naturgemäßes. Es erkennt Zusammenhänge in seinem eigenen Verhalten und sein Leben als ein strukturiertes Ganzes. Nach Chrysipp versteht das rationale Subjekt so seine Rolle im Kosmos in Relation zu Gott. Dagegen erscheint der Mensch in *De officiis* auch als rationales Wesen als eines, das mit spezifischen natürlichen Grundmotivationen ausgestattet ist, die seine Größe und Überlegenheit über das Tier ausmachen. Die Absonderung des Menschen vom Tier geschieht bei Cicero und Panaitios nicht erst im Verlaufe seiner Entwicklung zum rationalen Lebewesen, wie es auch der Stoiker Cato in *De finibus* beschreibt (3.16–22) und Cicero selbst in dieser Schrift immer wieder kritisiert. Vielmehr sind menschliche Größe und Vernunft primäre Zielobjekte der Grundmotivation von Anfang an. Entsprechend bestimmen Cicero und Panaitios das allgemein geziemend Zierende (*prepon*) später im Buch als „was im Einklang ist mit der Überlegenheit des Menschen in dem, worin seine Natur sich von den übrigen Tieren unterscheidet" (1.96).

Diese in *De officiis* 1.12–14 dargestellten Grundmotivationen des vernunftbegabten Menschen sind die sogenannten Ausgangsimpulse (*aphormai*), bei denen es sich wahrscheinlich um einen von Panaitios eigens geprägten neuen Terminus handelt (vgl. Alesse 1994, 24–39). Sie erscheinen auch in Panaitios' Bestimmung des Telos als „Leben gemäß den uns von Natur aus gegebenen Ausgangsimpulsen".[28] Im gewöhnlichen Sprachgebauch bedeutet *aphormē* „Anfang" oder „Ausgangspunkt" und bezeichnet auch die Ressourcen für das, was in Angriff genommen wird. Das Wort impliziert somit eine kognitive Grundausstattung und Verhaltensdisposition, von der aus das menschliche Leben gestaltet werden kann. Die Wortwahl in *De officiis* 1.11–14 und in der parallelen, ebenfalls auf Panaitios zurückgehenden Passage gleichen Inhalts in *De finibus* (2.47), in der Cicero sich ausdrücklich Panaitios' Theorie zu eigen macht, bezeichnet aber speziell Impulse oder eine Disposition, Impulse dieses Typs zu haben.[29] Klar ist auch, dass diese Impulse noch nicht die Tugenden sind (wie z. B. Lefèvre 2001, 19 meint), da sie ja allen Menschen, ob Toren oder Weisen, gemeinsam sind.

---

28 Clemens von Alexandria, *Strom.* 2.21.129.4 = T 53 Alesse: *to zēn kata tas dedomenas hēmin ek physeōs aphormas.*
29 *Off.* 1.12: *ingenerat ... amorem; impellitque ut ... velit ... studeat; avemus;* 13: *huic veri videndi cupiditati; appetitio principatus;* vgl. *Fin.* 2.45: *appetentem;* 46: *cupiditatem ... veri videndi;* Veillard 2015, 88–90; Schofield 2021, 159; Striker 2022, 154. Zur Quelle von *Fin.* 2.45–47 vgl. Alesse 1997, 188–191.

Francesca Alesse (1997, 183–184) stellt in ihrem Kommentar zu Recht klar, dass es sich bei den Ausgangsimpulsen keineswegs um einfache, mechanisch ausgelöste Verhaltensprogramme handelt. Diese Impulse erwachsen vielmehr aus den kognitiven Kompetenzen der Vernunft. Das Tier wird von Sinneseindrücken in Bewegung gesetzt (*sensu movetur*), der Mensch hat natürliche Impulse „durch die Kraft der Vernunft" oder „mittels seines Denkvermögens" (1.12: *natura vi rationis*; 14: *vis naturae ... rationisque*). Das gilt überraschenderweise selbst für das sonst der primären, noch unreflektierten *oikeiōsis* zugeordnete Gemeinschaftsbedürfnis, einschließlich der Liebe zu den eigenen Nachkommen (1.12). In der Parallelfassung in *De finibus* 2.45 ist für den sozialen Ausgangsimpuls sogar ausschließlich die Vernunft verantwortlich, da Cicero dort abwechselnd nur entweder die Natur oder die Vernunft als Ursache nennt. In *De finibus* wird auch noch deutlicher als schon hier, dass Panaitios eine weitere Form der Kognition einführt: Das den Menschen eigentümliche Streben nach Maß und Ordnung wird dort den anderen drei Ausgangsimpulsen (nach Gemeinschaft, nach Wissen und nach Größe) explizit gegenübergestellt, und wie in *De officiis* 1.14 wird es erklärt mit einem nur dem Menschen eigenen Schönheitssinn und der menschlichen Fähigkeit, die so entwickelten Begriffe vom Sinnlich-Körperlichem auf das Handeln zu übertragen. Entsprechend seiner ordnenden Aufgabe besteht dieser vierte Ausgangsimpuls eher in einem Bewahren (*conservandam putat*) und einem kontrollierenden Zurückhalten (*cavet*), also, wie später noch genauer erklärt wird, in einer Regelung aller Impulse, auch derer, die aus den drei anderen Ausgangsimpulsen erwachsen.

4.3.3 Vier Ausgangsimpulse zum Schönen und ihr Verhältnis zu den Kardinaltugenden

Die vier Ausgangsimpulse führen den Menschen nicht nur zur Eudaimonie, gemeinsam produzieren sie auch das Ehrenhafte (*honestum*) oder Schöne (*kalon*), wie es im Griechischen heißt. Nach Diogenes Laertios (*Diog. Laert.* 7.100 = SVF 3.83) besteht dieses selbst aus vier Arten (*eidē*), die dem mit Panaitios' Ausgangsimpulsen Erstrebten entsprechen:

> Das Schöne, sagen sie, sei das vollkommene Gute deswegen, weil es alle von der Natur verlangten Merkmale (*arithmoi*) aufweise, oder auch das vollkommen Ebenmäßige (*summetron*). Die Arten des Schönen seien vier: das Gerechte, das Mutige, das Wohlgeordnete (*kosmion*) und das des Wissens (*epistēmonikon*). Denn in diesen [Bereichen] würden die schönen Handlungen zur Vollendung gebracht (*sunteleisthai*).

Entsprechend gebe es vier Arten des Hässlichen, also des Schändlichen und Unehrenhaften. Nach deren Aufzählung nennt der Doxograph verschiedene Bedeutungen des Wortes *kalon*. Die erste von ihnen entspricht dem, was wir bei Cicero lesen: Diogenes definiert das Schöne als das, „was diejenigen, die es haben, lobenswert macht <oder> ein Gut, das des Lobes würdig ist." Cicero erklärt, dass das Ehrenhafte „selbst dann, wenn es niemand loben würde" trotzdem „wahrhaft" und „von Natur aus lobenswert" sei (1.14).

Außer den inhaltlichen Parallelen (vgl. Veillard 2014, 90–91) gibt es keinen zwingenden Grund zu der Annahme, dass die Notiz bei Diogenes von Panaitios stammt. In jedem Fall zeigt sie aber, wie aus den vier Ausgangsimpulsen das Schöne erzeugt wird. Jeder Ausgangsimpuls betrifft einen anderen Lebens- und Handlungsbereich, in dem er zu konkreten Handlungen führt. Werden diese in vollkommener Weise getan, sind es schöne Handlungen. Vollkommenheit bestimmt sich dabei, wie schon beim Gelungenen, an der Erfüllung aller Merkmale. Zusätzlich erfahren wir hier, dass diese Merkmale „von der Natur verlangt" werden, so wie auch die Ausgangsimpulse darauf hinstreben, die Aufgabe zu erfüllen, die einem Menschen mit seiner rationalen Menschennatur gestellt ist.

Wie in *De finibus* 2.48 bezeichnet Cicero in *De officiis* 1.15 die Beschreibung der vier Ausgangsimpulse und die Feststellung, dass aus ihnen das Ehrenhafte entsteht, als „die Gestalt des Ehrenhaften" (*forma honesti*). Tatsächlich erklären die beiden Passagen aber eher dessen Entstehung. Was das Ehrenhafte ausmacht, wird vielmehr im Rest des Buches dargelegt. Dazu unterscheidet Panaitios zunächst die den Ausgangsimpulsen entsprechenden vier Handlungsbereiche und die vier Kardinaltugenden, die sich aus den Ausgangsimpulsen entwickeln (1.15–17; Veillard 2014, 86–87). Ein nicht namentlich für Panaitios bezeugtes Fragment erhellt die Beziehung zwischen Ausgangsimpulsen und Kardinaltugenden ein wenig: Jede Tugend, heißt es da (*Ecl.* 2.7.5b3, 62 = *SVF* 3.264 = T 57 Alesse) trage auf ihre eigene Weise dazu bei, dass der Mensch Eudaimonie, also ein Leben in Übereinstimmung mit der Natur, erlange. „Denn er habe von der Natur Ausgangsimpulse für das Auffinden des Zukommenden, für die Abgestimmtheit (*eustatheia*) der Impulse" sowie für das, was die Aufgaben von Tapferkeit und Gerechtigkeit sind. Der Ausgangsimpuls motiviert also zu dem Handeln, das der betreffenden Tugend eigentümlich ist. Vervollkommnet sich dieses Handeln, sodass es „im Einklang" (*kata to symphōnon*) geschieht, hat man eine Tugend, die dann jeweils in ihrem Aufgabenbereich dazu beiträgt, dass der Mensch „der Natur folgend lebt".

Dafür, dass auch *De officiis* 1.15–17 auf Panaitios zurückgeht, spricht nicht nur der Umstand, dass zuvor ja nur von den Ausgangsimpulsen, aus denen sich das Ehrenhafte und speziell die Tugenden bilden, die Rede war und nicht von den Tugenden selbst. Auch die fundamentale Unterscheidung von Tugenden in die eine theoretische und die drei praktischen (16–17) entspricht einem Zeugnis bei Diogenes Laertios (*Diog. Laert.* 7.92 = T 67 Alesse), wonach Panaitios „zwei" Arten von „Tugenden" unterschied, „eine theoretische und eine praktische" (Schmekel 1892, 30).

De officiis kann sogar zur Erhellung dieses Fragmentes beitragen, insofern in Ciceros Werk deutlich wird, dass auch die theoretische Tugend praxisrelevant und insofern mit dem Handeln befasst ist. Ferner werden hier die Begriffe eingeführt, mit denen die folgenden Ausführungen zum Ehrenhaften arbeiten werden, und so etwas konnte in Panaitios' Schrift nicht fehlen. Jede Tugend hat ihre eigene Materie (1.16: *materia* = *hulē?*), eben den Handlungsbereich, mit dem sie befasst ist, und ihre eigene Aufgabe (1.15: *munus* = *ergon?*), nämlich das in ihrem Handlungsbereich jeweils Zukommende zu erkennen und zu tun. Es sind dies die „bestimmten Arten von Pflichten" (*certa officiorum genera*), die aus den Aufgaben der einzelnen Tugenden bezüglich ihrer jeweiligen Handlungsbereiche „hervorgehen" (1.15: *nascuntur*).

Dieser Ausdruck ist der erste, in dem Cicero seit seiner eigenen Einführung des Terminus (1.7–8) das Wort *officium* gebraucht. Es ist somit nicht unwahrscheinlich, dass bei Panaitios das Wort *kathēkon* zum ersten Mal an dieser Stelle vorkam. Auch hieran zeigt sich, dass Panaitios für Nicht-Experten schrieb (vgl. oben S. 57). Die Pflichten, die jeweils von den Tugenden abgeleitet werden, sind eher die Handlungen selbst, wie man schon an der Diskussion des ersten Bereichs (1.18: *locus*) oder der ersten Quelle (1.20: *fons*) von Pflichten erkennen kann, nämlich dem kognitiven Ehrenhaften. Wie auch im Folgenden regelmäßig, wird zunächst der Handlungsbereich, also die Materie benannt. Im Anschluss daran werden wir an den betreffenden Ausgangsimpuls erinnert, den wir bezüglich dieses Bereiches haben, z. B. in 1.18: „Wir alle werden hingezogen und gelenkt zum Verlangen nach Erkenntnis und Wissen." Stattdessen oder in Ergänzung dazu kann auch die entsprechende Tugend benannt werden, wie etwa Gerechtigkeit und Wohltätigkeit im Handlungsbereich des Sozialen (1.20). Anschließend werden einzelne Impulse oder Handlungen unterschieden, die entweder empfohlen werden oder von denen abgeraten wird.

Durch die Konzentration auf das der Menschennatur gemäße Tun, wie es zuerst im Abschnitt über die Ausgangsimpulse begegnet, gelingt es Panaitios (und ihm folgend Cicero) auch dem gewöhnlichen Sterblichen einen direkten Weg zu substanzieller Tugend zu weisen (vgl. Veillard 2014), und zwar zu wirklicher Tugend, nicht nur zum Anschein von Tugend, auch wenn die meisten diese nicht erreichen (vgl. Veillard 2014, 84–85). Das in der Forschung oft aufgeworfene Problem, wie ein Stoiker denn überhaupt weiß, was ihm zukommt oder seine Pflicht ist (vgl. Visnjic 2021), stellt sich so nicht. In *De officiis* muss der Mensch nicht erst auf komplizierte Weise den Wert von Unerheblichem ermitteln und daraus dann praktische Syllogismen ableiten. Er ist ja schon auf dem Weg zum Ehrenhaften und Schönen, zu dem ihn seine eigene rationale Menschennatur durch die mit ihr gegebenen Ausgangsimpulse leitet. In *De finibus* kritisiert Cicero die stoische Güterlehre, wie sie die Dialogfigur Cato darstellt, dafür, dass sie einen radikalen Bruch zwischen den

Gütern des noch unvernünftigen Kindes und des erwachsenen Menschen impliziere und sich daher auch die Pflichten und Werte des Erwachsenen eben *nicht*, wie Cato es doch behauptet, aus den „Anfängen der Natur" herleiten, wenn diese im Laufe der Ontogenese unerheblich werden und nur noch das Ehrenhafte selbst zählt.[30] Dieses Problem ist in *De officiis* mit Panaitios' Hilfe gelöst. Wenn Cicero eine Tugend benennt und deren Aufgaben umreißt, so wird kein fundamental neues Gut begründet, sondern man lernt, seine direkt zur Tugend führenden Ausgangsimpulse optimal und in geziemender Weise zu entfalten. Ein Mensch mag vielleicht an technischen Details zweifeln, ob dieses oder jenes Verhalten tatsächlich den Standards der Gerechtigkeit entspricht, aber dass er gerecht sein will und was das grundsätzlich bedeutet, ist ihm von Anfang an klar. In dieser direkten Ableitung des für einen Menschen Ehrenhaften aus der eigenen Natur und deren Einbettung in das Gemeinwesen wird das gute Leben konkret und erreichbar und somit die Pflicht in der Tat eine gemeinsame aller Menschen (*commune officium*).

Literaturverzeichnis

Primärliteratur

Alesse, F., 1997: Panezio di Rodi: Testimonianze: Edizione, traduzione, e commento a cura di Alesse, F., Neapel

Alexander von Aphrodisias: Alexandri Aphrodisiensis in Aristotelis topicorum libros octo commentaria, M. Wallies (Hg.), Commentaria in Aristotelem Graeca 2.2, Berlin 1891

Clemens Alexandrinus: Clementis Alexandrini Paedagogus, hg. von J.C.M. Marcovich, Leiden 2003

Sekundärliteratur

Alesse, F., 1994: Panezio di Rodi e la tradizione Stoica, Neapel

Brennan, T., 2014: The *kathekon:* A Report on Some Recent Work at Cornell, in: Philosophie antique 14, 41–69

Brunt, P.A., 2013: Panaitios in *De Officiis*, in: P.A. Brunt / M. Griffin / A. Samuels (Hg.), Studies in Stoicism, Oxford, 180–242

Dyck, A.R., 1996: A Commentary on Cicero, *De Officiis*, Ann Arbor

Gourinat, J.-B., 2014: Comment se détermine le *kathekon?*, in: Philosophie antique 14, 13–39

Lefèvre, E., 2001: Panaitios' und Ciceros Pflichtenlehre. Vom philosophischen Traktat zum politischen Lehrbuch, Stuttgart

Lorenz, M., 2020: Von Pflanzen und Pflichten: Zum naturalistischen Ursprung des stoischen *kathēkon*, Basel

---

30 S. oben S. 61 und zu Ciceros Kritik in *De finibus* z. B. 4.25–26.

Schmekel, A., 1892: Die Philosophie der mittleren Stoa in ihrem geschichtlichen Zusammenhange dargestellt, Berlin

Schofield, M., 2021: Cicero: Political Philosophy (Founders of Modern Political and Social Thought), Oxford

Striker, G., 2022: Two Kinds of Deliberation: Aristotle and the Stoics, in: dies., From Aristotle to Cicero: Essays in Ancient Philosophy, Oxford, 142–161

Veillard, C., 2014: Comment définir son devoir? Les enseignements du plan suivi par Panétius dans son *Peri kathekontos*, in: Philosophie antique 14, 73–109

Veillard, C., 2015: Les stoïciens II, Paris

Vimercati, E., 2004: Il Mediostoicismo di Panezio, Mailand

Visnjic, J., 2021: The Invention of Duty: Stoicism as Deontology, Leiden / Boston

Vogt, K.M., 2008: Law, Reason, and the Cosmic City: Political Philosophy in the Early Stoa, New York / Oxford

Wildberger, J., 2006: Seneca und die Stoa: Der Platz des Menschen in der Welt, Berlin / New York

Christoph Horn
5 Nicht-ideale Ethik für nicht-weise Menschen: Gerechtigkeit und soziales Handeln bei Cicero (*Off.* 1.20–60)

Ciceros Diskussion der Gerechtigkeit (*iustitia*) in der späten Abhandlung *De officiis* (1.20–60) lehnt sich bekanntlich an die Schrift *Peri tou kathēkontos* des Stoikers Panaitios an. Allerdings geht es Cicero im Vergleich zu seiner Vorlage (die uns nur in Fragmenten erhalten ist) um ein sehr selbstständiges Anliegen. Ziel der an seinen Sohn gerichteten Mahnschrift ist es, die Grundlagen angemessenen Handelns zu bestimmen; dabei kommt dem richtigen Verhalten im politisch-sozialen Kontext eine herausragende Rolle zu. Die politische Lage Roms ist nach der Ermordung Caesars mehr als angespannt; die Republik bleibt gefährdet und muss unverändert gegen die Machtambitionen Einzelner verteidigt werden. Es ist deswegen nicht erstaunlich, dass Cicero der zentralen sozialen Tugend, eben der Gerechtigkeit, in *De officiis* 1 einen breiten Raum zugesteht: deutlich mehr als der Weisheit (*sapientia*), etwas mehr als der Seelengröße (*magnanimitas*) und der Tapferkeit (*fortitudo*), allerdings etwas weniger als der Mäßigkeit (*temperantia* oder *modestia*). In 1.20–60 soll gezeigt werden, dass man nicht wie der kurz zuvor ermordete Julius Caesar am individuellen Ruhm ausgerichtet sein soll, sondern am Gemeinnutzen.[1]

Aber es geht Cicero um weit mehr, nämlich um Gerechtigkeit als *moralische Tugend*. Er beschränkt sich nicht, so die These dieses Beitrags, auf Appelle und Ratschläge in Krisenzeiten. Sein Anliegen ist es vielmehr zu zeigen, wie man die überlieferten moralphilosophischen Modelle, die vom Handeln unter günstigen Bedingungen ausgehen, für den Krisenfall reformulieren kann. Auf der Grundlage der idealen Ethiken entwickelt er daraus, wie wir sehen werden, eine Ethik unter nicht-idealen Bedingungen.

Grundsätzlich kann man sagen, dass Cicero uns eine vorbildlich klare und konzise Darstellung des Themas Gerechtigkeit bietet. Dennoch handelt es sich bei 1.20–60 um eine hochgradig interpretationsbedürftige Textpassage, und zwar aus drei Gründen.

Erstens die *Quellenfrage:* Man fragt sich bei der Lektüre, wie stark die vorliegende *iustitia*-Abhandlung von Panaitios geprägt sein mag, in welchem Umfang andere Quellen hineinspielen und wie groß der Anteil von Ciceros eigenständigen

---

[1] Im Detail wird Ciceros Perspektivänderung nach Caesars Tod diskutiert bei Baraz 2012, 187–232.

Überlegungen ist.² Panaitios bildet bekanntlich den ständigen Referenzpunkt der ciceronischen Position. Jedoch bezeichnet sich Cicero selbst auch als Peripatetiker, Sokratiker und Platoniker (1.2); von Platon ist in Buch 1 zehnmal namentlich die Rede – und zwar affirmativ.³ Hinzu kommt, dass Cicero sich in der Spätphase unverändert als akademischen Skeptiker sieht. Wie verhält sich der Text zu diesen unterschiedlichen Affiliationen? Und warum sieht sich Cicero als berechtigt an, so unterschiedliche Quellen für sein Anliegen zu nutzen? Es zeigt sich, dass ihm Panaitios hauptsächlich die strukturelle Vorlage liefert (und nicht einmal diese vollständig) und dass er seinen Skeptizismus präzise als Position auffasst, welche fremde dogmatische Theoriebestandteile zu nutzen und zu kombinieren erlaubt.

Zweitens das *Problem des Kontextualismus:* Es stellt sich die Frage, wie grundlegend Cicero die abstrakten Doktrinen der klassischen und hellenistischen Philosophie durch Elemente aus der römischen Geschichte, speziell der republikanischen Tradition, konkretisiert und modifiziert haben könnte. Viele Interpreten neigen zu der Auffassung, er habe dies aus einem Abgrenzungsbedürfnis getan, um so die Selbstständigkeit des Römischen gegen das Griechische zu betonen. In *De officiis* kann man den Eindruck gewinnen, dass er Gerechtigkeit recht weitgehend von der sozialen Einheit der *res publica* her denkt (vgl. Atkins 1990) und dass er überdies das Ideal des stoischen Weisen abschwächt und sozial kontextualisiert (vgl. Reydams-Schils 2005).⁴ Aber beides scheint mir nur bedingt richtig zu sein: Die Einbettung in den römischen Kontext wirkt sich bei näherem Hinsehen nicht theorieverändernd aus; plausibler ist für mich die Annahme, dass Cicero in seiner Spätschrift lediglich die Regeln des konkreten praktischen Überlegens und auch die Rolle der erfahrungsbasierten Urteilskraft betonen will.

Und drittens das Problem von *Partialismus und Universalismus*: Es drängt sich die Frage auf, wie sich seine hier entwickelten Überlegungen zur Gerechtigkeit zur Perspektive einer naturrechtlich-universellen Moral verhalten. Die Schrift *De officiis* scheint einen Primat des Patriotismus und der staatsbürgerlichen Loyalität zu formulieren (so etwa Woolf 2015). Doch auch in diesem Punkt nehme ich an, dass die platonisch-peripatetisch-stoische Theorie nicht so sehr umgedeutet als vielmehr nur mit einer politischen Neuausrichtung versehen wird. Die Gerechtigkeitsabhandlung von *De officiis* ist, so meine These, Teil einer nicht-idealen Ethik, die sich

---

2 Dazu auch ausführlich in diesem Band Philipp Brüllmann und Jörn Müller in ihrer Einleitung sowie der Beitrag von Jula Wildberger.
3 Platon wird in *De officiis* 1.2, 4, 5, 22, 28, 63, 64, 85, 87 und 155 genannt. Eine (leichte) Kritik an Platon betrifft in 1.28 den Punkt, dass die Philosophen sich freiwillig (nicht nur gezwungenermaßen) der Politik widmen sollten.
4 Vgl. Reydams-Schils 2005, 96–97: „In the *De officiis*, Cicero turns to philosophy from a very Roman viewpoint and from a markedly contextualized perspective".

allgemein an nicht-weise Adressaten richtet, speziell natürlich an Ciceros Sohn Marcus. Es ist wichtig, die Implikationen dieses Adressatenbezugs richtig herauszuarbeiten.

Im Folgenden werde ich die ersten beiden Fragen in Abschnitt 2 diskutieren. Mit der dritten Frage nach der universalistischen Moral oder aber einer möglichen patriotischen Parteinahme für Rom in Ciceros Überlegungen setze ich mich in Abschnitt 3 auseinander. Zunächst aber, in Abschnitt 1, gehe ich durch den Text von *De officiis* 1.20–60, um seine komplexe Struktur und seine wichtigsten Thesen zu rekonstruieren. Dies scheint mir für eine angemessene Behandlung der oben genannten Probleme unerlässlich zu sein.[5]

5.1 Theorie der Gerechtigkeit in *De officiis* 1.20–60

Cicero behandelt in Buch 1 von *De officiis* das Thema des Moralischen (*honestum*) zunächst generell (1.11–17) und dann anhand von vier Haupttugenden: der Weisheit (*sapientia*: 1.18–19), der Gerechtigkeit (*iustitia*: 1.20–60), der Seelengröße und Tapferkeit (*magnanimitas* bzw. *fortitudo*: 1.61–92) sowie der Mäßigung (*temperantia* oder *modestia*: 1.93–151). Wie die angegebenen Textumfänge zeigen, widmet er einen erheblichen Teil diesen Überlegungen der Gerechtigkeit, die er als Inbegriff sozialer Tugenden auffasst und dann weiter in zwei Teile ausdifferenziert.

Gerechtigkeit ist für Cicero die Tugend mit der größten, weitest gefassten Bedeutung für das menschliche Zusammenleben. Ihre beiden Teile sind die *iustitia* (verstanden in einem engeren Wortsinn) und die Wohltätigkeit (*beneficentia*); zu letzterer gehören auch die Güte (*benignitas*) und die Freigebigkeit (*liberalitas*). Cicero verleiht der (enger aufgefassten) *iustitia* zwei Funktionen: Zum einen impliziert sie als „Respekt vor Anderen" das Verbot einer Schädigung fremder Personen. Zum anderen sichert sie – verstanden als „Respekt vor dem Besitz von Gütern" – das Kollektiv- und das Privateigentum (1.20–21).

Das Nichtschädigungsgebot wird als „erste Gerechtigkeitsaufgabe" (*iustitiae primum munus*) bezeichnet und formuliert mit den Worten „dass keiner dem anderen schadet, es sei denn, herausgefordert durch Unrecht (*ut ne cui quis noceat, nisi lacessitus iniuria*)". Das Eigentumsgebot erscheint als zweites Gerechtigkeits-

---

[5] Alle Übersetzungen aus *De officiis* entnehme ich der Ausgabe von Heinz Gunermann, Stuttgart 1992 (mit leichten Modifikationen).

prinzip und verlangt, dass man „Gemeingut als Gemeingut, Privates als das Seine behandelt (*deinde ut communibus pro communibus utatur, privatis ut suis)*".[6]

Hinzu kommt noch, dass Cicero der engeren Gerechtigkeit die Aufgabe zuweist, soziale Solidarität und die Aufrechterhaltung des Vertrauens (*fides*) zu garantieren (1.22–23). Im Kontrast dazu präsentiert er die verschiedenen Motive für Ungerechtigkeit, die er in aktive und passive Formen einteilt (1.23–29). Motive für aktive Ungerechtigkeit, womit die Schädigung Anderer durch aktives Handeln gemeint ist, sind Angst und Habsucht (1.24–25) sowie das Streben nach Macht (1.26–27); Motive für passive Ungerechtigkeit, also für Schädigung durch Unterlassung, sind Bequemlichkeit und Egoismus (1.28–29). Danach handelt der Text von solchen angemessenen Handlungen, die nicht generell, sondern aufgrund der Umstände auszuführen sind (1.30–33). Bei Panaitios heißt eine derartige angemessene Handlung *kata peristasin kathēkon*. Beispielsweise, so Cicero, könne es sein, dass sich die Erfüllung eines Versprechens auf andere Personen schädlich auswirke – weswegen das Versprechen in diesem Fall nicht eingehalten werden müsse. Ferner könne man die Forderung nach Rechtserfüllung so extrem zuspitzen, dass Recht in Unrecht umschlage (*summum ius summa iniuria*). Cicero plädiert damit offenbar für eine fallgerechte Urteilskraft und für ein juridisches Nachsichtsprinzip. Zur Illustration werden im Text zahlreiche historische, mythische und zeitgeschichtliche Beispiele geliefert.[7]

Bereits so weit ist klar erkennbar, dass Cicero im Text einen starken Akzent auf das Auftreten von praktischen Ambiguitäten und Konflikten setzt; seine darauf bezogenen Ideen zu fallbezogenen Urteilen werden uns noch beschäftigen (Abschnitt II). Doch zunächst weiter im Referat: Er diskutiert anschließend diejenigen gerechtigkeitsbezogenen *officia*, die man bestimmten Adressaten schuldet (1.34–41). So fordert er, man müsse Gerechtigkeit selbst noch jenen widerfahren lassen, die einem Unrecht getan hätten. In die adressatenbezogenen Gerechtigkeitsforderungen bezieht Cicero auch das Kriegsrecht ein. Er benennt drei Rechtsgrundsätze des Krieges (*iura belli*), nämlich: (i) Krieg soll so lange unterlassen werden, wie es andere Möglichkeiten der Konfliktlösung gibt; nur als letztes Mittel ist er zulässig. (ii) Krieg darf nur mit der Absicht geführt werden, einen Frieden zu erreichen. (iii) Man muss die Feinde nach dem Sieg versöhnlich behandeln, sofern sie keine Verbrechen

---

6 Zur Verteidigung des Rechts auf Privateigentum vgl. *Off.* 2.72–85. In *De officiis* 3.50–57 referiert Cicero eine einschlägige Kontroverse zwischen Diogenes von Babylon und Antipater von Tarsos; dazu Annas 1989.

7 Man muss Versprechen nicht unter allen Umständen halten: In *De officiis* 1.32 erscheinen als Beleg hierfür das mythische Beispiel von Theseus und Hippolytos. Belegt wird das Unrecht, das sich aus übertriebener Wörtlichkeit ergibt, durch das Beispiel einer nächtlichen Verwüstung feindlichen Gebiets und durch das illegitime Vorgehen des Quintus Fabius Labeo (1.33).

begangen haben. Die Schonung der besiegten Feinde ist, wie Cicero ausführt, fester Bestandteil der außenpolitischen Tradition Roms (1.35–37). Als Belege für die Einhaltung der *iura belli* führt er die Rede des Pyrrhus (1.38) und das Beispiel des Regulus an (1.39).[8] Auch den Sklaven müsse man, wie abschließend betont wird, Gerechtigkeit widerfahren lassen (1.41). Soweit zur Gerechtigkeit im engeren Wortsinn.

Sodann geht es im Text um die zweite Teiltugend der (weitgefassten) *iustitia*, also um die Wohltätigkeit oder das Wohltun (*beneficentia*).[9] Cicero erklärt die Neigung, andere zu unterstützen, für zutiefst menschlich. Zugleich müsse sie aber unter die Maßgabe von drei einschränkenden Regeln (*cautiones*) gestellt werden: Erstens darf die als Wohltat intendierte Handlung nicht in Wirklichkeit schaden; zweitens muss man bei der Gewährung von Wohltaten auf die Grenzen der eigenen Mittel achten; und drittens soll man Wohltaten lediglich nach dem Maß der Würdigkeit des jeweiligen Adressaten erweisen (1.42).

Entsprechend diesen drei Vorsichtsregeln geht Cicero im Weiteren vor. Gemäß der ersten *cautio* lehnt er es etwa ab, für Wohltätigkeiten auf geraubte Güter zurückzugreifen. Die Großzügigkeit des egoistisch-ambitionierten Sulla erscheint somit als ein Beispiel verfehlten Wohltuns (1.42–43). Sodann wird im Sinn der zweiten *cautio* betont, man dürfe nicht so viel von seinem Vermögen spenden, dass den eigenen Angehörigen nichts mehr übrigbleibe (1.44). Der dritten Regel sind längere Überlegungen gewidmet (1.45–58). Zum einen hebt Cicero hervor, dass der Empfänger von Wohltaten charakterlich geeignet sein müsse. Zum anderen geht es um die Einstellung, die der Geber gegenüber dem Empfänger einnimmt. Und schließlich wird Wohltätigkeit in Relation zur sozialen Position des Empfängers thematisiert. Hierfür soll gelten, dass die legitimen Empfänger unserer Wohltaten keine Weisen sein müssten; vielmehr genüge es, dass die Betreffenden „Abbilder der Tugend" (*simulacra virtutis*) besäßen (1.46). Wichtig ist auch die Einstellung Anderer dem Handelnden gegenüber; ein besonderer Vorrang gebühre dabei der Pflicht, eine empfangene Wohltat zu vergelten (1.47–49).

Der Abschnitt 1.50–59 ist von besonderer Bedeutung für eine Analyse von Ciceros moralphilosophischer Position, weil hier das Fundament einer Theorie menschlicher Sozialität formuliert wird. Der Text beginnt mit der weitestgefassten sozialen Perspektive, nämlich der einer kosmopolitischen Menschheitsgemeinschaft, von der es heißt, dass sie auf natürlichen Grundlagen (*naturae principia*: 1.50) beruht. Menschen sind nach Cicero durch ihre geteilte Denk- und Sprachfä-

---

[8] Regulus, der das Prinzip des Festhaltens an einem gegebenen Versprechen exemplifiziert, erscheint in *De officiis* 1.32–34 und 3.92–115.
[9] Dazu der Beitrag von Stefan Röttig in diesem Band.

higkeit universell miteinander verbunden und damit markant von den Tieren unterschieden. Alle sollen sämtliche Güter, die durch menschliche Aktivität hervorgebracht wurden, gemeinsam besitzen nach dem griechischen Grundsatz „Freunden sei alles gemeinsam" (*amicorum esse communia omnia:* 51).[10] Man müsse, wie Ennius in einem Gedicht sagt, auch einem (fremden) Umherirrenden den Weg zeigen und alles gewähren, was man ihm ohne eigenen Schaden gewähren könne. Cicero zählt hierfür „allgemeingültige Grundsätze" (*communia*) auf wie etwa: Man solle niemandem fließendes Wasser vorenthalten, jeden Menschen Feuer vom Feuer holen lassen oder selbstlosen Rat erteilen. Das Prinzip hinter dieser universellen Solidarität liege in der Mehrung des Gemeinnutzens (*ad communem utilitatem afferendum*), welches immer befolgt werden müsse (1.52).

Erst danach ist im Text von partikularen Gemeinschaften die Rede, und zwar von „mehreren Stufen" (*gradus ... plures:* 1.53) solcher Sozialverbände. Cicero beginnt mit der individuellen Bindung an eine partikulare Nation (*gens* oder *natio*), die durch eine geteilte Sprache miteinander verknüpft ist. Enger verbunden sei man aber innerhalb einer *civitas*, also einer sozialen Einheit mit den geteilten Merkmalen einer Stadt: also Plätzen, Tempeln, Gebäuden, Straßen, Gesetzen, Rechten, Gerichten, politischen Prozeduren, persönlichen Bekanntschaften und Freundschaften sowie Geschäfts- und Handelsbeziehungen. Cicero fügt noch die Familienverbände und die ehelichen Verbindungen an (1.53–54). In einer kurzen, aber wichtigen Bemerkung hebt er die Gemeinschaft der „gutgesinnten Männer" (*viri boni*) hervor, von denen er sagt, dass sie durch die gegenseitige Wahrnehmung des Ehrenhaften (*honestum*) miteinander verbunden seien (1.55–56). Die bloße Solidargemeinschaft des wechselseitigen Gebens und Nehmens von Wohltaten wird ebenfalls kurz gerühmt, wenn auch weniger deutlich als die eben genannte Gemeinschaft der moralisch guten Menschen (1.56). Erst danach legt Cicero einen besonderen Akzent auf den jeweils eigenen Staat (*res publica*), von dem er nun behauptet, keine Sozialbindung sei uns wichtiger und teurer (*omnium societatum nulla est gravior, nulla carior quam ea, quae cum re publica est uni cuique nostrum:* 1.57). Denn bei einem Konflikt über den Vorrang von angemessenen Handlungen müsse man primär seinen Mitbürgern Wohltaten erweisen (1.58).

Dieser für „uns" geltende Vorrang der *res publica* wird uns noch beschäftigen (s. unten Abschnitt 3). Die Textpassage 1.20–60 endet wie folgt: Cicero betont, es gebe neben diesem Vorrang der politischen Gemeinschaft noch weitere Vorrangregeln für soziale Solidarität: Manchmal seien Nachbarn wichtiger als Verwandte oder Freunde (nämlich etwa bei einigen Akten nachbarschaftlicher Solidarität),

---

[10] Zu den Wurzeln und der Geschichte des Motivs „Freunde haben alles gemeinsam" s. Havlicek 2016.

manchmal seien aber auch Verwandte oder Freunde wichtiger als Nachbarn. Aus diesem Wechsel in der normativen Vorrangigkeit zieht Cicero den Schluss, wir sollten zu „möglichst guten Berechnern angemessener Handlungen werden (*ut boni ratiocinatores officiorum esse possimus*)" (1.59). Konstitutiv dafür, zum guten praktischen Kalkulierer zu werden, seien aber besonders „der Gebrauch und die Übung" (*usum quoque exercitationemque*: 1.60). Zu beachten ist, dass sich die hier gemeinte praktische Kalkulation nicht aus dem Geist eines Hobbes'schen *homo oeconomicus* speist, sondern sich in den Dienst der sozialen Gemeinschaft stellt.

Soweit das Textreferat. Beim Blick auf 1.20–60 könnte man zunächst denken, dass Cicero zwar – wie Platon in der *Politeia* – Gerechtigkeit als Individualtugend behandelt, sie aber nicht zugleich als Merkmal der Gesellschaftsordnung insgesamt auffasst. Denn alles wird hier aus der Perspektive des Individuums dargestellt. Doch darin besteht in Wahrheit keine Differenz Ciceros gegenüber Platon. In den beiden zentralen politischen Schriften *De republica* und *De legibus* erscheint durchaus ein normativer Institutionalismus (d. h. das Prinzip, politische Gerechtigkeit oder Ungerechtigkeit seien an Rechtsordnungen, Institutionen und Prozeduren festzumachen) neben einem normativen Personalismus (Gerechtigkeit oder Ungerechtigkeit beruhen auf personaler Tugend bzw. Untugend).[11] Bei beiden Autoren geht es einerseits um Individualethik, andererseits um Institutionenethik, wobei jeweils die erste der beiden Schriften einen stark individualethischen Akzent setzt.

Was hingegen tatsächlich einen Unterschied zu Platon ausmacht, ist Ciceros Pragmatismus. Es existiert kein platonisches Äquivalent zu *De officiis*, nämlich eine vergleichbare Handreichung für situationsgerechtes moralisches Urteilen. Ein auffälliges Merkmal der referierten Passage 1.20–60 besteht darin, wie ja gerade der Schluss über die *boni ratiocinatores* belegt, dass es Cicero in erheblichem Umfang um praktische Fragen der angemessenen Abwägung von Gütern und Übeln geht. Cicero weist damit der fallgerechten Deliberation einen Platz zu, den eine strenge generalistisch-deontologische Ethik nicht zulassen würde. Umgekehrt hält er aber an der Regelorientierung für praktisches Überlegen und Abwägen fest, sodass man nicht davon sprechen darf, Cicero sei im metaethischen Sinn ein Partikularist, wie dies Raphael Woolf (2007) behauptet. An diesem Punkt entscheidet sich viel für eine angemessene Interpretation. Man fragt sich: Bedeutet die Hervorhebung von Ambiguitäten und Konflikten sowie die Empfehlung von fallgerechter Urteilskraft, dass die platonischen, peripatetischen und stoischen Theoriebestandteile, auf die er sich

---

11 Außerdem wird das Thema „Gerechtigkeit als Staatsfundament" zumindest kurz behandelt, nämlich in *De officiis* 2.41–42. Cicero vertritt, wie ich in Horn 2017 zu zeigen versuchte, sogar ziemlich genau dieselbe Verbindung von Institutionalismus und Personalismus, wie sie von Platon formuliert wurde. Hinzu kommt, dass Cicero m. E. eine Naturrechtskonzeption vertritt, und zwar durchaus im starken Sinn. Mir scheint grundsätzlich die Position von Neschke-Hentschke 1999 zutreffend.

stützt, grundlegend modifiziert hat, wie dies verschiedentlich behauptet worden ist?

Dazu gleich mehr. Halten wir zunächst fest, dass sich *De officiis* bis hierher primär als individualethische Schrift zeigt; institutionenethische Fragen tauchen kaum auf. Das ergibt sich natürlich daraus, dass es sich um eine Art Erziehungsschrift für künftige Politiker handelt (so auch Lefèvre 2001), also um das, was man seit dem Mittelalter einen „Fürstenspiegel" nannte: Wir sollen uns darin üben, gute praktische Kalkulierer zu werden. Die Adressierung der Schrift an Ciceros Sohn Marcus scheint daher mehr als eine Widmung zu sein; sie ist tatsächlich strukturell und inhaltlich für *De officiis* maßgeblich.

5.2 Ist Cicero Kontextualist und Partikularist?

Es liegt zunächst nahe, hinter der pragmatischen Ausrichtung von Ciceros Gerechtigkeitstheorie mehr zu vermuten als eine Adressatenorientierung, insbesondere mehr als eine bloße Handreichung für seinen Sohn. Stattdessen könnte es sich bei Ciceros Theorie um eine reflektierte pragmatische Konzeption handeln; dies ist beispielsweise die These von E. Margarete Atkins (1990). Besonders mit Blick auf *De officiis* 1 hat Atkins die Auffassung vertreten, Cicero habe sich von der platonischen Vorstellung verabschiedet, Gerechtigkeit bilde das Fundament des Staates in einem rechtsmoralischen Sinn. Vielmehr verleihe er der Gerechtigkeit eine pragmatisch-funktionale Bedeutung und gleiche darin eher Thomas Hobbes. Ciceros grundlegende Innovation, so Atkins, bestehe darin, dass er Gerechtigkeit erstmals von der sozialen Einheit der *res publica* her denke. Bezeichnenderweise sei es für Cicero nicht nur eine Gerechtigkeitsforderung, niemanden zu schädigen; vielmehr versetze Gerechtigkeit ihren Träger auch in die Lage, dem gemeinsamen Nutzen zu dienen (1.31; vgl. *De republica* 1.26.41). Auch mit der Betonung der *benevolentia*, der *fides* sowie weiterer *fundamenta iustitiae* (1.23) beschreibe Cicero personale Eigenschaften, die darauf ausgerichtet seien, den Zusammenhalt der *societas* zu vergrößern. Einen wichtigen interpretatorischen Bezugspunkt für Atkins bildet auch die Passage 1.153–157, wo Cicero wiederholt zu sagen scheint, *iustitia* sei die wichtigste aller Tugenden, auch im Vergleich zur *sapientia*, und letztlich zähle der Nutzen der Gemeinschaft (*communitas*) mehr als die theoretische Erkenntnis (*cognitio*). Cicero scheint dabei insofern mit Platon, Aristoteles und den Stoikern zu brechen, als er seinem *iustitia*-Begriff einen pointiert gesellschaftsorientierten, instrumentellen, vielleicht sogar kontraktualistischen Charakter verleiht – vergleichbar Thomas Hobbes im 3. Kapitel von *De cive* oder im 15. Kapitel des *Leviathan* (so bereits Wood 1988, 114–115).

Für die Einschätzung, dass das Zentrum seiner tugendethischen Position in der Betonung der *utilitas communis* liegt, also in einer pragmatisch verstandenen sozialen Instrumentalisierung, sprechen zwar zunächst einige Indizien in 1.20–60 und dann besonders in 1.152–161. Dennoch ist Atkins' kontextualistische (teilweise auch kontraktualistische) Interpretation von *De officiis* 1 näher betrachtet hochgradig unplausibel, wie ich bereits in einem früheren Aufsatz zu zeigen versuchte (Horn 2007). Cicero sollte in unserer Passage weiterhin als platonisch, peripatetisch und stoisch beeinflusster Moralphilosoph verstanden werden, nicht als Hobbesianer.

Ein erstes Argument hierfür ergibt sich aus Überlegungen zur biographischen Kontinuität: Schon der frühe Cicero folgte Platon und den Stoikern in der individualethisch akzentuierten Lehre von den vier Kardinaltugenden; bereits dabei spielt zwar die soziale Komponente im Hintergrund eine wichtige, aber keineswegs die dominante Rolle. Insgesamt verstand Cicero unter Gerechtigkeit in seinen früheren Werken eine feste Charakterhaltung, die unter Wahrung des Gemeinnutzens jedem seine Würde zuteilt (*iustitia est habitus animi communi utilitate conservata suam cuique tribuens dignitatem: De inventione rhetorica* 2.160). Wollte man nun Atkins folgen, so müsste man einen deutlichen Positionswechsel Ciceros annehmen, für den es keine Evidenzbasis gibt. Dagegen entsteht eine kohärente Sichtweise, wenn man annimmt, die Betonung der sozialen Kontexte bilde auch in *De officiis* nicht den Kern von Ciceros Gerechtigkeitstheorie. Zwischen dem frühen und dem späten Cicero haben sich somit nur die Akzente verschoben. Mein zweites Argument beruht darauf, dass Cicero klar betont, Gerechtigkeit, verstanden als personale Tugend, müsse als intrinsisch, nicht nur als instrumentell wertvolles Gut gewählt werden. Das zeigt sich etwa an einer Stelle im zweiten Buch, wo das Thema Gerechtigkeit wieder aufgegriffen wird (2.38–47), jetzt aber primär mit Blick auf das wohlverstandene Eigeninteresse. Gerechtigkeit erscheint hier zwar vornehmlich als Mittel, um soziale Sympathien zu gewinnen. Aber selbst in diesem Zusammenhang betont Cicero in einer kurzen Bemerkung ihren intrinsischen Wert (2.42): „In jeder erdenklichen Weise ist also Gerechtigkeit zu pflegen und zu wahren: zum einen um ihrer selbst willen – denn sonst wäre es keine Gerechtigkeit –, zum anderen besonders wegen der Steigerung von Ehre und Ruhm."

Gerechtigkeit ist zunächst um ihrer selbst willen, als intrinsisches Gut, zu wählen; ein sekundäres Motiv kann dann ihre prudentielle Vorteilhaftigkeit sein. Erst die intrinsische Wahl von Gerechtem konstituiert Gerechtigkeit als solche. Und auch im dritten Buch wird Gerechtigkeit eindeutig nicht instrumentell oder kontextualistisch interpretiert, vielmehr wird sie in einer naturrechtlich gefärbten Diskussion von Konfliktfällen im moralischen Sinn gedeutet. Im Zusammenhang mit der Erzählung, Odysseus habe sich wahnsinnig gestellt, um so seiner Einziehung in den Kriegsdienst zu entgehen, beurteilt Cicero die entsprechende Absicht wie folgt (3.97–98):

> Ein nicht ehrenvoller, aber vorteilhafter Plan, wie einer vielleicht sagen könnte, König zu sein und in Ithaka in Frieden bei den Eltern zu leben, bei seiner Frau, bei seinem Sohn. Glaubst du, irgendeine Würde unter täglichen Mühsalen und Gefahren sei zu vergleichen mit dieser Ungestörtheit? Ich glaube wahrhaftig, diese sei zu verachten und abzuweisen, da ja, was nicht ehrenhaft ist, nach meinem Dafürhalten nicht einmal nützlich ist.

Cicero verurteilt hier Odysseus' Absicht, sich der Verantwortung des Krieges zu entziehen, obwohl er zugleich einräumt, dass Odysseus mit dem friedlichen familiären Leben in Ithaka ein Höchstmaß des für ihn Wünschenswerten hätte erreichen können.

Ich glaube deswegen nicht, dass man *De officiis* so lesen sollte, als ob sich Cicero darin von einer platonisch-stoischen Moralphilosophie zugunsten eines Kontextualismus abwenden würde. Vielmehr muss man ständig mit dem Adressatenbezug der Schrift *De officiis* rechnen. Die häufigen Referenzen auf die römische Geschichte und die aktuelle politische Situation sind, wie mir scheint, Ausdruck einer *literarischen* Kontextualisierung, keine philosophische Positionsverschiebung im Sinn eines normativen Kontextualismus.

Was Cicero somit anbietet, ist eine Ethik für die nicht-ideale Welt. Das Prinzip einer solchen Ethik wird besonders überzeugend in folgender Passage formuliert (1.46):

> Da man aber nicht mit vollkommenen und ganz und gar weisen Menschen lebt (*quoniam autem vivitur non cum perfectis hominibus planeque sapientibus*), sondern mit solchen, bei denen es schon glänzend abgeht, wenn es sich um Abbilder der Tugend handelt, so glaube ich, man müsse dies so verstehen, es dürfe niemand völlig übersehen werden, bei dem irgendein Hinweis auf Vollkommenheit sichtbar wird. Es sei aber einer umso mehr zu achten, je mehr er mit diesen weicheren Tugenden ausgestattet ist (*virtutibus his lenioribus erit ornatus*), der Mäßigung, der Selbstbeherrschung und besonders der Gerechtigkeit, über die schon so viel gesagt worden ist. Denn die tapfere und hohe Gesinnung ist bei einem nicht-vollkommenen und nicht-weisen Menschen meistens zu aufbrausend, jene Tugenden scheinen einen gutgesinnten Menschen aber mehr zu betreffen.

Wie das Zitat belegt, formuliert Cicero den Unterschied zwischen der mittleren Pflicht (*medium officium*) und der vollkommenen Pflicht (*perfectum officium*) in 3.13–16 so, dass er diese auf zwei Personengruppen verteilt. Die meisten Menschen hätten vollauf genug daran, das Ehrenhafte (*honestum*) in den *media officia* zu suchen. Sie bewunderten bereits solche Leute, die es zu relativ guten Handlungen gebracht hätten, ohne das von den Stoikern für den Weisen unterstellte volle Ausmaß korrekten Verhaltens, die *perfecta officia*, überhaupt in den Blick zu bekommen. Dies müsse man aber tun, wenn man die Perspektive auf die Erreichung von Weisheit nicht aus den Augen verlieren wolle. Über den Inhalt von *De officiis* sagt Cicero in diesem Sinn (3.15): „Die angemessenen Handlungen also, über die wir in diesen Büchern sprechen, sind, wie sie sagen, gleichsam als solche zweiten Ranges ehrenhaft, nicht nur den Weisen eigen, sondern gemeinsam der ganzen Menschheit."

Die Abhandlung richtet sich gewissermaßen an die gesamte Menschheit, nicht an moralisch herausragende Individuen – auch wenn diese weiterhin den Maßstab bilden. Von hier aus lässt sich nun eine Erklärung dafür finden, weshalb Cicero am Ende von Buch 1 die gemeinschaftstaugliche *iustitia* scheinbar gegenüber der *sapientia* des Weisen priorisiert. In der Passage wird die Position des Panaitios ausdrücklich als mangelhaft charakterisiert, und zwar mit Blick auf die Tatsache, dass dieser die möglichen Konflikte und Dissonanzen zwischen *honesta* nicht thematisiert habe (1.152):

> Unter den Gegenständen freilich, die moralisch gut sind, kann oft Widersprüchlichkeit und Widerstreit (*contentio et comparatio*) aufkommen darüber, welcher von zwei Gegenständen der moralisch bessere sei – ein Thema, das von Panaitios übergangen worden ist. Denn wenn das moralische Gutsein als Ganzes sich von vier Teilgebieten herleitet, von denen das eine dem Erkenntnisstreben, das andere dem Gemeinschaftssinn, das dritte der Großmut und das vierte der Mäßigung zugehört, so müssen diese bei der Entscheidung über eine angemessene Handlung oft gegeneinandergestellt werden.

Konflikte zwischen moralischen Tugenden sind bei einer perfekten moralischen Persönlichkeit ausgeschlossen; diese wird ja als vollkommen integrierte Identität gedacht. Nicht so bei nicht-vollkommenen Menschen. Dies bestätigt die nicht-ideale Ausrichtung von *De officiis*.

Gleich im Anschluss an diese Textpassage formuliert Cicero in diesem gerade beschriebenen Sinn den Vorrang der Praxis gegenüber der Theorie. Für eine kontextualistische Lesart ist es schwierig, dies damit zu vereinbaren, dass er zugleich explizit die Weisheit (*sophia*) über die Klugheit (*phronēsis*) stellt (1.153). Ich denke, man kann dies nur so verstehen, dass wir Nichtweise – gegeben unsere suboptimale moralische Orientierung – zunächst einmal schwankende, kontextuelle Überlegungen anstellen müssen: Der Vorrang der *phronēsis* spiegelt somit lediglich unsere unvollkommene moralische Identität. Es handelt sich um einen perspektivischen, nicht um einen absoluten Vorrang. In diesen Zusammenhang gehört auch die folgende Passage über die unterschiedlichen Kontexte angemessener Handlungen (1.59):

> Aber beim Ableisten aller dieser angemessenen Handlungen wird darauf zu sehen sein, was für jeden am meisten notwendig ist und was er auch ohne uns zu erreichen bzw. nicht zu erreichen vermag. So werden die Abstufungen der zwischenmenschlichen Beziehungen nicht dieselben sein wie die der Zeitumstände (*ita non idem erunt necessitudinum gradus qui temporum*). Und es gibt angemessene Handlungen, die den einen mehr geschuldet werden als den anderen. So wirst du wohl deinem Nachbarn rascher beim Einernten der Feldfrüchte helfen

als einem Bruder oder Freund; dagegen wirst du, wenn ein Prozess vor der Entscheidung steht, eher deinen Verwandten und Freund als deinen Nachbarn verteidigen.

Der Vorrang der Nachbarschaftshilfe vor der Solidarität mit Geschwistern oder Freunden resultiert hier aus der räumlichen Nähe und der zeitlichen Dringlichkeit einer anstehenden Ernte. Für den Weisen, dem eine theoretische Lebensführung möglich ist, ergäben sich hingegen keine solchen Vorrangüberlegungen. Cicero *ersetzt* also nicht die ideale Ethik der Stoa durch einen pragmatischen Kontextualismus, sondern *priorisiert* hier lediglich – für die Zwecke von „Fortschreitenden" (*prokoptontes, proficientes*) – eine nicht-ideale Ethik der Ambiguitäten, Konflikte und schwankenden Kontextbedingungen für unvollkommene Akteure. Dazu passt, dass er situative Vorrangregeln formuliert (z. B. in 1.57), Konfliktsituationen beschreibt, Güterabwägungen empfiehlt und nach dem richtigen Zeitpunkt fragt (vgl. Woolf 2015, 180).

Eine weitere Facette des vermeintlichen ciceronischen Kontextualismus ist sein Individualismus. In ihrer Behandlung von *De officiis* diskutiert Gretchen Reydams-Schils (2005, 93–99) die Abschwächung des Ideals des stoischen Weisen (*sophos, sapiens*), wie sie auch bei Cicero zu finden ist. Im Unterschied zu den älteren Stoikern wurde die extreme Idealisierung der Figur des Weisen – vielleicht maßgeblich durch Diogenes von Babylon, vielleicht durch Antipater von Tarsos – in eine alltagstauglichere Form überführt. Der stoische Weise, wie wir ihn aus der älteren Stoa kennen, ist eine moralisch und kognitiv perfekte Figur, eine im Handeln fehlerfreie und im Erkennen irrtumsfreie Person, von der Welt distanziert und auf einer göttlichen Ebene angesiedelt; die Stoiker konnten denn auch keine einzige historische Instantiierung dieses Idealtypus benennen, allenfalls näherungsweise Sokrates. Hiervon musste die mittlere Stoa um ihrer Glaubwürdigkeit willen und zur öffentlichen Vermittelbarkeit loskommen, indem sie das Ideal in geeigneter Weise abschwächte. Mehr noch, soweit man am Ideal des Weisen festhielt, musste man den Weg zu ihm in stärker individuenrelativer Form beschreiben. Bei Reydams-Schils wird besonders die Vier-Personen-Theorie (1.107–116) als zentraler Beleg für die (angebliche) Priorisierung sozial-kontextueller Werte angeführt.[12]

Doch die Abschwächungen des Ideals des Weisen und die Betonung individueller Naturmerkmale in der Vier-Personen-Theorie sind meiner Meinung nach ebenfalls als Adressatenbezug zu verstehen. Im Fall der Vier-Personen-Theorie etwa gilt, dass die zweite, die individuelle Person unter die normative Vorgabe der ersten, der universellen gestellt wird. Dies wird in folgender Passage deutlich (1.110):

---

12 Reydams-Schils 2005, 94: „It is clear from Cicero's rendering of the four *personae* that for him the social framework takes precedence over other normative reference points."

> Vor allem aber muss ein jeder an seinen Eigenschaften festhalten, zwar nicht an den fehlerhaften, aber doch an den individuellen, damit umso leichter jenes Schickliche, das wir untersuchen, eingehalten wird. So nämlich ist zu handeln, dass wir gegen die allgemeine Natur nicht ankämpfen, aber doch bei ihrer Berücksichtigung unserer eigenen folgen, so dass wir, wenn auch anderes bedeutender und besser ist, doch unsere Zielsetzungen an unserer Natur als Richtlinie messen.

In diesem Passus sagt Cicero zum einen, dass nicht alle persönlichen Eigenschaften, auch wenn sie individuell (*propria*) sind, deswegen auch schon fehlerhaft (*vitiosa*) wären. Zum anderen ist im Textstück explizit von einer allgemeinen Natur (*universam naturam*) die Rede, die er von unserer individuellen (*propriam nostram*) unterscheidet. Die Normen beider Naturen müssen befolgt werden; dabei gilt ein Vorrangprinzip von der Art, dass die Normen der individuellen Natur nur so weit realisiert werden dürfen, wie sie nicht mit denen der allgemeinen Natur kollidieren. Das Individuelle erhält damit klar den Rang einer normativen Naturvorgabe (*regula*), wird jedoch unter das regulative Prinzip des Allgemeinen gestellt.[13]

Soweit das *Problem des Kontextualismus*. Wenn man den Kontextualismus als bloß perspektivisch auffasst, hat dies auch Konsequenzen für das *Quellenproblem*. Zunächst wirkt es irritierend, wie wenig Cicero der Vorlage des Panaitios tatsächlich im Detail folgt – ein Punkt, den besonders E. Lefèvre (2001) betont hat.[14] In *De officiis* 1.6 sagt Cicero, er folge in der Frage nach dem *officium* „hauptsächlich den Stoikern, aber nicht als Übersetzer, sondern wir [sc. Cicero] werden, wie wir es gewohnt sind, aus ihnen als unseren Quellen nach unserem Urteil und nach Wahl so viel und, wie es zweckmäßig scheint, schöpfen". Das ist zum einen ein Bekenntnis zu den Stoikern, wenn auch in Form eines Eklektizismus, und zum anderen ein Bekenntnis zu eigenen Zwecksetzungen mit der vorliegenden Schrift. Was ist aber das Prinzip der selektiven Umgangsweise mit Panaitios und den anderen Quellen?

Wenn man Ciceros Position in *De officiis* unter das Stichwort einer „Ethik für die nicht-ideale Welt" stellt, ist auch klar, dass damit die grundlegende stoische Unterscheidung zwischen dem *medium officium* und dem *perfectum officium*, nämlich dem *kathēkon* und dem *katorthōma* zwar nicht aufgehoben, aber doch vorübergehend suspendiert ist (1.8). Während ersteres die angemessene Handlung für alle Nichtweisen bezeichnet, die als epistemisch unzulängliche Personen mitunter gütertheoretische Fehleinschätzungen (*hamartēmata*) begehen, entspringen letztere

---

13 Zur Vier-Personen-Theorie vgl. David Machek in diesem Band.
14 Cicero folgt Panaitios in *De officiis* 1 und 2, akzentuiert aber dessen thematische Unvollständigkeit in 3.7–8. Lefèvre sieht den Grund für die Bezugnahme auf Panaitios einfach in der stoischen Befürwortung des politischen Engagements. Bei der Übernahme aus Panaitios' Vorlage verzichte er auf alle Aspekte des *bios theoretikos*. Striker 2022 betont wie schon Gärtner 1974 die Bedeutung der Einführung des *decorum* durch Panaitios.

der adäquaten, infalliblen Einsicht der Weisen und sind daher absolut richtig (*rectum*). Aufgrund dieser Suspension kann nun Cicero auch eine platonisch-peripatetische Gütertheorie akzeptieren, bei der – wie wir dies in 1.20–60 sehen – z. B. finanzielle Wohltaten als „Güter" und Eigentumsdelikte als „Übel" zählen. Hinzu kommt die Beobachtung von J. W. Atkins (2013), dass Ciceros Verständnis von Skeptizismus einen Eklektizismus legitimiert.[15]

5.3 Der normative Vorrang des Universalismus

Kommen wir damit zu der abschließenden Frage, ob das Ehrenhafte (*honestum*), so wie Cicero es in *De officiis* behandelt, im Sinn einer universalistischen Moral zu verstehen ist, wie man sie von den Stoikern her kennt. Scheinbar beschreibt Cicero Gerechtigkeit primär als eine personale Eigenschaft, die dazu dient, den Zusammenhalt der jeweiligen *societas* (speziell der römischen) zu vergrößern. Damit scheint er das Wohlergehen der staatlichen Gemeinschaft zu priorisieren. Woolf (2015, 182) hat die Sozialtheorie Ciceros in *De officiis* als „reverse *oikeiōsis*" bezeichnet und den Patriotismus, die Bindung an die partikuläre Staatlichkeit als primär interpretiert.[16]

Aber diese Lesart ist näher betrachtet fragwürdig. Vielmehr haben wir bereits gesehen, dass die für eine universalistische Moral typische intrinsische Motivation zur Gerechtigkeit für Cicero eine große Rolle spielt (2.42). Zudem erscheint Gerechtigkeit – die Orientierung am allgemeinen Wohl – als konstitutives Prinzip für die Tapferkeit (1.62). Es lässt sich festhalten, dass für Cicero alle Tugenden nur auf der Basis von Gerechtigkeit gut sind. Besonders wichtig scheint mir nun die Beobachtung, dass nach Cicero auch das primäre Band zwischen den Menschen ein universelles, nicht ein partikulares ist. In 1.50 heißt es:

---

15 Ciceros Skeptizismus rechtfertigt eine lockere Übernahme bei Aspekten, soweit sie für ihn plausibel wirken. In *De officiis* 2.2 bekennt sich Cicero in der Form zur akademischen Skepsis, dass diese durchaus eine bestimmte *vivendi ratio* ermöglicht – und nicht in die ethische Konfusion führt. Er empfiehlt aber, statt dem Sicheren (*certa*) dem Plausiblen (*probabilia*) zu folgen. Dies erlaubt ihm, selektiv und additiv vorzugehen, ohne sich absolut auf etwas festzulegen (zum Hintergrund in *Lucullus* 99 vgl. Dyck 1996, 369–370). Cicero scheint sich lebenslang als akademischer Skeptiker verstanden zu haben. Nach Atkins (2013, 176–187) lässt sich z. B. die ciceronische Zustimmung zur Naturrechtsidee in *De legibus* als legitimiert durch den Methodenpluralismus der Neuen Akademie verstehen.
16 Vgl. Woolf 2015, 182: „The effect is to place country at the centre of the network of social relations that unite people, and to pave the way for Cicero's declaration at I.57 that of all our ties there is none weightier or more dear than the one we have to our country." Ähnlich bereits Woolf 2007.

> Aber in der Frage, was die natürlichen Anlagen für die menschliche Gemeinschaft und Gesellschaft sind, ist, wie mir scheint, weiter auszuholen. Die erste ist ja die, die sichtbar ist in der Gesellschaft der gesamten Menschheit. Ihr Band aber ist das Denk- und Redevermögen, das durch Lehren und Lernen, durch das Gespräch miteinander und gegeneinander und durch Urteilen die Menschen untereinander versöhnt und verbindet durch einen ganz natürlichen Gesellschaftsgeist, und durch keine Fähigkeit sind wir von der Natur der Tiere weiter entfernt, die, wie wir oft sagen, Tapferkeit besitzen – wie Pferde und Löwen –, nicht aber Gerechtigkeit, Billigkeit und Güte. Denn sie haben nicht teil am Denk- und Redevermögen.

Alle Menschen stehen zueinander in Gemeinschaft durch das Denk- und Sprachvermögen und sind einander auf diese Weise normativ verbunden. Auch wenn Cicero kurz darauf im Text (1.57) den Vorrang der individuellen Bindung an die jeweils eigene *res publica* betont, muss das nicht mehr bedeuten als die kontextuelle Perspektive, unter die wir als Akteure unter nicht-idealen Bedingungen gestellt sind – vergleichbar der platonischen Verpflichtung der Philosophen, nach dem Aufstieg aus der Höhle in die Niederungen des politischen Alltagslebens zurückzukehren. Denn Cicero sagt ja ausdrücklich in 1.55–56:

> Aber von allen gesellschaftlichen Bindungen ist keine vorzüglicher, keine fester, als wenn gutgesinnte Männer (*viri boni*) ähnlich in ihrer Lebensart, in Vertrautheit verbunden sind. Denn wenn wir jene moralische Einstellung, von der wir oft sprechen, auch bei einem anderen sehen, so beeindruckt sie uns doch und befreundet uns mit jenem, der sie zu besitzen scheint, und wenngleich jede Vollkommenheit uns anzieht und bewirkt, dass wir die lieben, die sie zu besitzen scheinen, so erwirkt dies doch die Gerechtigkeit und die Freigebigkeit am meisten.

Die *viri boni*, von denen hier die Rede ist, haben das *honestum* in vollem Maß realisiert und befreunden sich zu einer Idealgemeinschaft in der Weise, dass sie einander in *iustitia* und *liberalitas* zugewandt sind. Ich verstehe die Passage so, dass die moralisch ideale Gemeinschaft auf einer freundschaftlichen Verbindung von Menschen mit guter Einstellung beruhen würde, nicht auf dem Prinzip staatlicher Zusammengehörigkeit. Während es von der *viri boni*-Gemeinschaft heißt, sie sei die beste und stärkste aller Gemeinschaften (*omnium societatum nulla praestantior est, nulla firmior:* 1.55), sagt Cicero von der Bindung an den jeweiligen Einzelstaat lediglich, von allen Gemeinschaftsbindungen sei „uns keine wichtiger als die, die für uns mit unserem Gemeinwesen besteht (*omnium societatum nulla est gravior, nulla carior quam ea, quae cum re publica est uni cuique nostrum*" (1.57). Meine These ist, dass sich die *viri boni*-Gemeinschaft zur gewöhnlichen *res publica* analog verhält wie die ideale zur nicht-idealen Ethik. Dabei verliert die ideale Ethik ihre Bedeutung keineswegs, wenn eine nicht-ideale Perspektive pragmatisch priorisiert werden muss.

Im Text von *De officiis* finden sich zudem zahlreiche Indizien dafür, dass die moralische Beurteilung der Maßstab für angemessenes Sozialverhalten schlechthin bleibt. In 1.44 heißt es etwa: „Auch kann man sehen, dass die meisten nicht so sehr von Natur freigebig sind, als vielmehr gewissermaßen von Ruhmsucht geleitet, was mehr von Zurschaustellung als vom (guten) Willen herkommend erscheint."

Der gute Wille (*voluntas*), von dem hier die Rede ist, bezeichnet die moralische Einstellung. Dieser Wille, der das Richtige um seinetwillen wählt, ist für Cicero das zentrale Konstituens der Gerechtigkeit. Im Zusammenhang mit seiner leichten Platon-Kritik von 1.28 betont Cicero etwa, dass Philosophen sich der Politik nicht nur unter Zwang, sondern aus freiem Willen dem Richtigen zuwenden sollten; denn das, was richtigerweise geschieht, wird genau dadurch gerecht, dass es freiwillig vollzogen wird (*aequius autem erat id voluntate fieri; nam hoc ipsum ita iustum est, quod recte fit, si est voluntarium*).

Ein abschließendes Indiz liegt darin, dass Cicero auch in *De officiis* an der Vorstellung eines absoluten Naturrechts festhält, welche er zuvor besonders in *De republica* 3 und in *De legibus* 1 entwickelt hat: Das Naturrecht erscheint dort als universell gültiges, striktes, vorrangiges, normatives und göttliches moralisches Recht (dazu Horn 2017). In 3.69 wird nun erneut die Perspektive dieses universellen Naturrechts hervorgehoben:

> Wenngleich dies, wie ich sehe, bei dem Verfall der überkommenen Lebensauffassung weder als moralisch verwerflich gilt noch durch Gesetz oder Bürgerrecht unter Strafe gestellt wird, so ist dies doch durch das Naturrecht so gestellt. Die Gemeinschaft nämlich – wenngleich dies schon oft gesagt wurde, so muss es doch öfter gesagt werden – die am weitesten ausgreift, ist die aller mit allen, beschränkter die derer, die demselben Volk, enger die derer, die derselben Bürgerschaft angehören. Deshalb wollten die Vorfahren, dass ein anderes das Völkerrecht, ein anderes das Bürgerrecht sei: Was das Bürgerrecht darstellt, muss nicht auch gleich Völkerrecht, was aber Völkerrecht, auch Bürgerrecht sein (*quod civile, non idem continuo gentium, quod autem gentium, idem civile esse debet*). Aber wir haben nicht eine feste und ausgeprägte Gestalt des wahren Rechts und der unverfälschten Gerechtigkeit; der Schattenbilder bedienen wir uns. Wenn wir uns doch wenigstens an diese hielten. Sie leiten sich ja her von den besten Vorbildern der Natur und der Wahrheit.

Cicero tadelt hier den zeitgenössischen Sittenverfall vor dem Hintergrund der Antithese von Bürgerrecht (*ius civile*) und Naturrecht (*ius naturae*), das er auch als „Völkerrecht" (*ius gentium*) bezeichnet. Das Völkerrecht ist vorrangig: Alles, was völkerrechtlich (= moralisch) gilt, muss zugleich im Einzelstaat gelten, nicht aber umgekehrt. Cicero verwendet das Begriffspaar von Bürgerrecht und Naturrecht zur Kritik an Rom. Rom besitzt nämlich nach seinem Urteil keineswegs „eine feste und ausgeprägte Gestalt des wahren Rechts und der unverfälschten Gerechtigkeit (*Sed nos veri iuris germanaeque iustitiae solidam et expressam effigiem nullam tenemus*)" (ebd.). Immerhin soll Rom aber über dessen „Schatten und Bilder" (*umbrae et imagines*) verfügen. Es handelt sich hierbei „um eine ungewöhnlich hochstehende ethisch-rigorose Kritik an der römischen Politik, wie sie ein Zeitgenosse in Rom vor

Sallust wohl nicht geübt hätte (Lefèvre 2001, 200).[17] An dieser Stelle wiederholt Cicero auch die Stufung der *societates*, die wir in 1.53 kennengelernt haben (unter Auslassung der *propinqui*).[18] Das Bemerkenswerte ist, dass damit keineswegs die staatliche Gemeinschaft als normativer Hauptbezugspunkt herausgestellt wird, sondern die Normativität des Völkerrechts. Dies bestätigt meine Interpretation von Abschnitt I: Ciceros „Patriotismus" ist lediglich aus der Perspektive dessen, was „uns" wichtig ist, formuliert. Die normativ vorrangige Perspektive bleibt die der universellen Moral.[19]

Literaturverzeichnis

Annas, J., 1989: Cicero on Stoic Moral Philosophy and Private Property, in: M. Griffin / J. Barnes (Hg.), Philosophia Togata. Essays on Philosophy and Roman Society, Oxford, 151–173

Atkins, E.M., 1990: 'Domina et Regina Virtutum': Justice and Societas in *De officiis*, in: Phronesis 35, 258–289

Atkins, J.W., 2013: Cicero on Politics and the Limits of Reason. The *Republic* and *Laws*, Cambridge

Baraz, Y., 2012: A Written Republic: Cicero's Philosophical Politics, Princeton / Oxford

Dyck, A.R., 1996: A Commentary on Cicero, *De Officiis*, Ann Arbor

Gärtner, H.A., 1974: Cicero und Panaitios. Beobachtungen zu Ciceros De officiis, Heidelberg

Havlicek, A., 2016: *Koina ta tôn philôn* in Platons *Politeia*, in: J. Jinek / V. Konradova (Hg.), For Friends, All is Shared, Prag, 60–73

Horn, C., 2007: Gerechtigkeit bei Cicero: kontextualistisch oder naturrechtlich?, in: E. Richter / R. Voigt / H. König (Hg.), Res publica und Demokratie. Die Bedeutung von Cicero für das heutige Staatsverständnis, Baden-Baden, 105–121

Horn, C., 2017: Die metaphysische Grundlegung des Rechts (*De legibus* I), in: O. Höffe (Hg.), Ciceros Staatsphilosophie, Berlin, 149–166

Lefèvre, E., 2001: Panaitios' und Ciceros Pflichtenlehre. Vom philosophischen Traktat zum politischen Lehrbuch, Stuttgart

Neschke-Hentschke, A.B., 1999: Justice et état idéal chez Platon et Cicéron, in: M. Vegetti / M. Abbate (Hg.), La Repubblica di Platone nella tradizione antica, Neapel, 79–105

Reydams-Schils, G., 2005: The Roman Stoics. Self, Responsibility, and Affection, Chicago

Striker, G., 2022: Panaetius *Peri tou kathēkontos* in Cicero's *De Officiis*, in: dies., From Aristotle to Cicero: Essays in Ancient Philosophy, Oxford, 222–244

Wood, N., 1988: Cicero's Social and Political Thought, Berkeley

Woolf, R., 2007: Particularism, Promises and Persons in Cicero's *De Officiis*, in: Oxford Studies in Ancient Philosophy 33, 317–346

Woolf, R., 2015: Cicero. The Philosophy of a Roman Sceptic, London

---

17 Lefèvre 2001, 199–200 diskutiert auch den politischen Kontext der ciceronischen Gleichsetzung von *ius naturae* und *ius gentium*.
18 Darauf verweist Dyck 1996, 581.
19 Für zahlreiche wertvolle Hinweise zu meinem Text danke ich Philipp Brüllmann, Jörn Müller und Jula Wildberger.

Jörn Müller
6 Die Konzeption der Tugend in Ciceros *De officiis:* das Beispiel der Hochgesinntheit

> Maxime [...] populus Romanus animi
> magnitudine excellit (Off. 1.61)

Die zentrale Bedeutung des Konzepts der Tugend (*virtus*) für die Verhandlung normativer Fragen in *De officiis* liegt auf der Hand. Cicero erklärt die Diskussion der titelgebenden Pflichten bzw. pflichtgemäßen Handlungen zum „gemeinsamen Anliegen aller Philosophen", schränkt dies aber sogleich wieder auf diejenigen Schulen ein, bei denen das höchste Gut „mit der Tugend verbunden (*cum virtute coniunctum*)" ist (*Off.* 1.5). Das schließt wohl zumindest die Epikureer aus, bei denen die Tugend – zumindest nach Ciceros Auffassung – nur einen instrumentell-funktionalen Wert in Bezug auf die Lust als *summum bonum* hat, während Schulen, die das höchste Gut entweder komplett mit der Tugend identifizieren (also die Stoa) oder in den Tugenden bzw. deren Tätigkeiten den Kern des gelingenden Lebens sehen (d. h. alte Akademie und Peripatos), in den Fokus der Aufmerksamkeit rücken. Das sittlich Ehrenhafte (*honestum*) ist noch einmal in vier Teile (*partes:* 1.15) bzw. Gattungen (*genera:* 1.16 u. 61)[1] gliederbar, die grosso modo den klassischen Kardinaltugenden von Weisheit, Tapferkeit, Mäßigung und Gerechtigkeit entsprechen. In jedem dieser Bereiche lassen sich konkrete pflichtgemäße Handlungen (*officia*) oder Regeln formulieren. Das normative Rückgrat dieser reichhaltigen „angewandten" Ethik bilden somit die vier Tugenden, und das schlägt sich auch in der Struktur des Werks nieder: In allen drei Büchern werden jeweils die verschiedenen Tugenden bzw. die ihnen korrespondierenden normativen Felder sukzessive verhandelt (Lefèvre 2001).

Angesichts dieser grundlegenden Bedeutung der Tugend(en) für die in *De officiis* entwickelte materiale Pflichtenlehre fällt nun etwas überraschend ins Auge, dass dem *Konzept* der Tugend im Text selbst verhältnismäßig wenig Aufmerksamkeit geschenkt wird. So findet sich etwa keine einschlägige Definition von *virtus*, obwohl die Analysen doch um diesen Begriff und seine konkreten Ausprägungen in den vier Teilfeldern kreisen. Natürlich kann man zur Erklärung dieser Lacuna darauf verweisen, dass Cicero schon früh im Werk seine Intention bekundet, sich in der folgenden Darstellung hauptsächlich den Stoikern anzuschließen (1.6). Damit

---

[1] Mit der kontextuell variierenden Rede von *partes* und *genera virtutis* scheint keine inhaltliche Differenzierung intendiert zu sein; vgl. Eisenhut 1973, 75 mit Nachweisen aus weiteren Schriften.

wäre man primär auf die in Ciceros *Philosophica* frühere Darstellung der stoischen Ethik in *De finibus* 3–4 verwiesen, in der Cicero das Verständnis der Tugend als einziges und höchstes Gut verhandelt[2] und die er hier einfach voraussetzen würde.

Doch demgegenüber ist festzuhalten, dass Cicero die stoische Tugendlehre in *De officiis* definitiv nicht einfach unter der Hand übernimmt, sondern sie mit einem spezifischen Gepräge versieht. So hat jüngst Malcolm Schofield (2021, 147–184) die Auffassung vertreten, dass Cicero im Wesentlichen eine „republikanische" Lesart der Tugenden präsentiere, also Qualitäten konturiere, die ein Bürger benötigt, um erfolgreich an der Gestaltung des öffentlichen Lebens in der römischen *res publica* teilzunehmen; in eine ähnliche Richtung neigen auch andere Interpret:innen, wie etwa Miriam Griffin und Margaret Atkins (1991, xlv): „[H]e enriched what he took from Stoic ethics with Roman associations; *De officiis* interprets the virtues in terms of obligations of role and relationships, obligations to other individuals or to the *res publica* as a whole."

Diese tendenziell kontextualistischen Deutungen des ciceronianischen Tugendverständnisses sind freilich nicht unumstritten.[3] Sie werfen grundsätzlich die Frage auf, ob es ein spezifisch römisches Verständnis der in der griechischen Philosophie entwickelten Konzeption von Tugenden gibt, und worin dieses ggf. genau besteht.

Der folgende Beitrag soll in einem ersten Schritt klären, mit welchem allgemeinen Verständnis von Tugend wir es in *De officiis* zu tun haben, also wie sich dieses Konzept übergreifend konturieren lässt. In einem zweiten Teil soll dann gezielt eine Tugend in den Blick genommen werden, die von Cicero selbst in besonderem Maße als „römisch" charakterisiert wird: die Hochgesinntheit (*magnitudo animi*). Ausgehend von diesem „Testfall" wird im abschließenden dritten Teil die Frage nach der römischen Prägung wieder aufgegriffen, die Cicero dem Tugendkonzept in *De officiis* verleiht. Meine These besteht darin, dass Cicero in seiner Tugendlehre und in seiner Porträtierung der *magnitudo animi* mit einem Verständnis von Exemplarität operiert, in dem sich Spezifisches und Allgemeines nicht ausschließen, sondern genuin miteinander verbunden sind.

---

2 Vgl. hierzu v. a. *Fin.* 3.25–29 sowie die instruktive Darstellung bei Woolf 2015, 152–165.
3 Vgl. z. B. die Kritik von Horn 2007 an Atkins 1990. Horn selbst vertritt eine universalistische Deutung der politischen Philosophie und der Ethik Ciceros.

6.1 Ciceros soziales und performatives Verständnis der Tugenden in *De officiis*

Cicero versteht die Tugenden prinzipiell als Teile des sittlich Ehrenhaften (*honestum*) (1.15). Dieses Ehrenhafte konzeptualisiert er – beginnend mit seiner Frühschrift *De inventione* – grundsätzlich im Sinne einer intrinsischen Werthaftigkeit bzw. Erstrebbarkeit, also als etwas, „was entweder ganz oder zu einem Teil um seiner selbst willen gesucht wird".[4] Während bestimmte Güter wie Ruhm (*gloria*), Ansehen (*amplitudo*) und Freundschaft (*amicitia*) uns nicht nur durch ihre innere Würde (*dignitas*) anziehen, sondern auch durch den von ihnen bewirkten Ertrag (*fructus: Inv.* 2.166), gilt für die Tugenden, dass sie „allein um ihretwegen, ohne dass damit irgendein Nutzen verbunden ist, erstrebenswert sind".[5]

Diese lehrbuchartigen Bestimmungen aus Ciceros erster Schrift *De inventione* stecken den axiologischen Hintergrund für das Tugendverständnis in *De officiis* ab, deuten aber bereits ein Spannungsfeld an. *In nuce* steckt das Problem schon im *honestum*, also dem lateinischen Äquivalent für den griechischen Terminus *kalon*: Denn das „Ehrenhafte" enthält bereits etymologisch einen Bezug auf die „Ehre" (*honos*), also auf die soziale Anerkennung bzw. Distinktion, die einem Akteur aufgrund seiner Handlungen zuteilwird. In Ciceros Schriften vor *De officiis* zeigt sich nun ein gemischtes Bild im Blick auf die Frage, ob die Tugenden wirklich einzig und allein aufgrund ihrer intrinsischen Werthaftigkeit erstrebt werden: Immer wieder klingt nämlich auch der Gedanke an, dass gesellschaftlich zugewiesene Ehre und Ruhm (*gloria*) eine Art „Lohn" für die Tugend bilden und damit ggf. auch einen motivationalen Faktor für den tugendhaften Akteur bilden.[6] Einer solchen (zumindest partiell) instrumentalistischen Sicht auf die Tugenden stehen nun z. B. Passagen aus *De legibus* 1 entgegen: Hier nimmt Cicero die Gerechtigkeit als Grundlage und Sinngebung aller Tugenden (*omnium virtutum causa atque sententia: Leg.* 1.48) gerade von jeder Funktionalisierung aus und konstatiert kategorisch: „Denn dies ist wirklich das größte Unrecht, nach einem Lohn für die Gerechtigkeit zu suchen" (*Leg.* 1.49). Dass Cicero zumindest ein primär funktionalistisches Verständnis von Tugenden problematisch sieht, zeigt die über sein ganzes Œuvre

---

4 *Inv.* 2.159: *Quod aut totum aut aliqua ex parte propter se petitur, honestum nominabimus.* Vgl. auch die vermutlich auf Panaitios zurückgehende Definition von *honestum* in *Fin.* 2.45, die in die gleiche Richtung weist.
5 *Inv.* 2.164: *haec omnia propter se solum, ut nihil adiungatur emolumenti, petenda sunt.*
6 Vgl. *Rep.* 3.40: *Vult paene virtus honorem, nec est virtutis ulla alia merces.* Vgl. auch *Brut.* 281: *honos sit praemium virtutis.*

verteilte Kritik am epikureischen Verständnis von *virtus* als Instrument zur Verschaffung von Lust, die sich auch am Ende von *De officiis* (3.116–120) so findet.

Eine Möglichkeit, diese Spannung etwas abzumildern, deutet sich schon in *Tusculanae disputationes* 1.109 an, wo Cicero konstatiert, dass „der Ruhm [...] der Tugend gleichsam wie ein Schatten folgt". Die soziale Auszeichnung bzw. Distinktion könnte – auch im Sinne des von Cicero in *De officiis* 3 proklamierten notwendigen Zusammenhangs von *honestum* und *utile* – begriffen werden als eine notwendige Folge der Tugendhaftigkeit. Dabei ist sich Cicero der inhärenten Problematik dieser Idee durchaus bewusst: In *De officiis* stellt er unzweideutig klar, dass es in der ethischen Bewertung letztlich nicht darum gehen kann, ob eine bestimmte Handlung gesellschaftlich nun de facto geehrt wird oder nicht. Das Ehrenhafte ist das von Natur aus zu Lobende (*natura laudabile*), dessen intrinsischer Wert gerade nicht davon abhängt, ob es im sozialen Rahmen approbiert wird oder nicht (1.14; *Fin.* 2.49). Diese Differenzierung zwischen dem (faktisch) „Geehrten" und dem (normativ) „Ehrwürdigen" findet ein Pendant in Ciceros Unterscheidung zwischen falschem und wahrem Ruhm, auf die unten (Teil 2) noch näher einzugehen sein wird.

Aussagekräftig für dieses Problemfeld ist auch, dass Cicero in 2.42 explizit zwei Gründe für die Pflege und Wahrung der Gerechtigkeit (*iustitia*) formuliert, nämlich sowohl ihre eigene Werthaftigkeit als auch die durch sie ermöglichte Steigerung von Ruhm und Ehre, also ihren prudentiellen Nutzen.[7] Man gewinnt somit insgesamt den Eindruck, dass *virtus* bei Cicero axiologisch doch nicht ausschließlich unter dem Aspekt ihrer Selbstzweckhaftigkeit begriffen wird, sondern eher im Sinne der dritten Güterkategorie in Platons *Politeia*: Virtus ist etwas, das sowohl um seiner selbst willen als auch wegen des durch sie erzeugten Nutzens erstrebenswert ist.[8] Aber die normative Priorität liegt doch auf ihrer inneren Werthaftigkeit: „Denn wenn sie sagen, es werde das, was sehr nützlich sei, ehrenhaft, so ist richtiger zu erklären, es werde sehr nützlich, was ehrenhaft sei, ja sogar, es sei und werde nicht erst so. Denn es ist nichts nützlich, was nicht zugleich ehrenhaft ist, sondern weil es ehrenhaft ist, ist es nützlich." (3.110)[9]

Die konkrete Identifikation der vier Tugenden bzw. Teilbereiche, in denen das *honestum* konstituiert wird, erfolgt in 1.11–17 im Rückgriff auf die stoische Idee der Aneignung (*oikeiōsis*) der menschlichen Natur: Cicero führt als erstes zentrales Anthropinum die Vernunft (*ratio*) ins Feld, die er als Entwicklungsmotor sowohl der kognitiven als auch der moralischen Fähigkeiten des Menschen sieht. Das entspricht der von ihm in anderen Werken vollzogenen Charakterisierung von *virtus* als

---

7 Zu Ciceros konkreten „norms of utility" vgl. Nicgorski 2016, 112–114.
8 Vgl. Platon, *Resp.* 358a, der die Gerechtigkeit in diese Güterklasse einordnet.
9 Vgl. auch *Fin.* 2.45 und *Tusc.* 4.34.

Vollendung der menschlichen Vernunftnatur (z. B. *Inv.* 2.159; *Fin.* 5.38) ebenso wie der Idee einer keim- bzw. samenhaften Anlage der Tugenden im Menschen (*Rep.* 1.41). Die zweite fundamentale Grundstrebung der menschlichen Natur, aus der sich die Tugenden entwickeln, ist eine angeborene Neigung zur Sozialität (*societas* bzw. *communitas*): Die Menschen sind „von Natur zusammengesellt (*natura congregati*)" (1.157). Hinzu kommt: Auch die Tugendpflichten des sog. *decorum generale*, die sich aus der ersten Rolle (*persona communis*) ergeben (vgl. 1.96–98 u. 107), werden an eine universal verstandene menschliche Natur geknüpft. Sie sind somit allen Menschen gemeinsam. Das spricht alles erst einmal zumindest für eine prinzipielle anthropologische – und gegen eine rein kontextualistische – Fundierung der Tugendlehre in *De officiis*.

Bei der Ableitung der vier Tugendbereiche aus den menschlichen Anlagen und Impulsen fällt auf, dass Cicero – in Anlehnung an ein Schema, das sich schon in *De partitione oratoria* findet,[10] – eine Art Untergruppierung vollzieht: Während die Weisheit sich der theoretischen Wahrheitserkenntnis zuwendet, sind die drei anderen Tugenden, also Gerechtigkeit (*iustitia*), Hochgesinntheit (*magnitudo animi*) und Mäßigung (*moderatio* bzw. *temperantia*), für die konkrete Lebensführung (*actio vitae*: 1.16) zuständig. Dass Cicero der Beschreibung der theoretischen Tugend in 1.18–19 dabei nur sehr knappen Raum gewährt, ist nun bereits ein Fingerzeig für die auf praktische menschliche Lebensgestaltung abzielende Ausrichtung des Tugendbegriffs in diesem Werk. Cicero betont durchgängig den performativen Charakter der Tugend, den er pointiert in einer Formel bündelt: „Denn das ganze Lob der Tugenden besteht in der Tätigkeit (*virtutis enim laus omnis in actione consistit*)" (1.19) – was an ein schönes Diktum Erich Kästners erinnert: „Es gibt nichts Gutes, außer man tut es". Dieses Abheben auf die Praxis bzw. die Tätigkeit der Tugend, das durchaus mit der stoischen Konzeption von *aretē* harmoniert,[11] manifestiert sich in verschiedenen Dimensionen:

(1) Cicero warnt explizit davor, „übertriebene Mühe und übertriebenen Einsatz auf dunkle und schwierige und noch dazu unnötige Fragen zu verwenden" (1.19), die im Bereich der theoretischen Philosophie liegen. Die Schrift richtet sich nicht als philosophischer Traktat an den Weisen, sondern soll praktische Lebensorientierung bieten, und zwar nicht zuletzt für angehende Politiker.[12] Dementsprechend ist ein Leitmotiv des Werks auch der immer wieder anklingende Vergleich zwischen der *vita contemplativa* und *vita activa*, in dem Cicero ein klares Votum zugunsten

---

10 Vgl. *Part. or.* 77: *Est igitur vis virtutis duplex; aut enim scientia cernitur virtus, aut actione.* Vgl. hierzu Gauthier 1951, 158–159.
11 Zur stoischen „virtue in action" vgl. Woolf 2015, 153.
12 Vgl. hierzu auch die Einleitung zu diesem Band.

der letzteren abgibt.[13] Dabei fällt auf, dass er wissenschaftlichen und philosophischen Aktivitäten grundsätzlich nicht ihre pro-soziale und nützliche Komponente abspricht, sondern diese sogar gezielt stark macht, um ihnen einen legitimen Ort innerhalb des Staates zuzuweisen. Philosophie als Lebensform darf somit nicht als Rückzugsoption aus der *res publica* verstanden werden, sondern als wesentliche Ressource für die Gestaltung des gemeinschaftlichen Lebens: „Denn Erkennen und Betrachten [der Natur] sind gewissermaßen bruchstückhaft und unvollständig, wenn keine Verwirklichung durch Taten erfolgt. Diese Verwirklichung aber wird in der Wahrung der Interessen der Mitmenschen am meisten sichtbar" (1.153). Insgesamt besitzt der Tugendbegriff in seiner performativen Ausrichtung so auch eine eminent politische Dimension, wie auch das Proömium des ersten Buchs von *De republica* belegt, wo die Lenkung des Staates (*civitatis gubernatio*) als die Hauptaufgabe der Tugend beschrieben wird, die durch Taten und nicht durch Reden zu realisieren ist.

(2) Diese performative und zugleich soziale Orientierung des Tugendbegriffs zeigt sich auch darin, dass Nutzenbetrachtungen nicht *ab ovo* ausgeschlossen werden, sondern konstitutiv in die Deliberation über die aus den Tugenden ableitbaren Pflichten einfließen. Dies ist dann der zentrale Gegenstand von *De officiis* 2. Insbesondere die Erzeugung gemeinschaftlichen Nutzens (*utilitas publica*) ist eine wesentliche Motivationsquelle für tugendhafte Handlungen, und diese schlagen sich auch in äußerlich sichtbaren Aktivitäten nieder. Tugend ist somit keine rein private individuelle Disposition, sondern eine sich im öffentlichen Raum tätig manifestierende Qualität der Bürger in ihren verschiedenen gesellschaftlichen Rollen (1.107–125).

(3) Der öffentliche Charakter von Tugend sedimentiert sich auch darin, dass die Tugenden und ihre Aktivitäten gelobt werden, also Gegenstand einer publiken gesellschaftlichen Bewertung sind. Ihre soziale Anerkennung spiegelt sich nicht zuletzt in der Gewinnung persönlichen Ansehens und des damit verbundenen gesellschaftlichen Einflusses. Das zeigt z. B. die Diskussion Ciceros über die Mittel, mit denen politische Akteure die Sympathien und Unterstützung ihrer Mitmenschen gewinnen können: Hier spielt Ehre (*honos*) eine zentrale Rolle, die dadurch entsteht, dass die Bürger zur Tugend des Akteurs aufblicken und ihn höherer – auch politischer – Stellung für würdig halten (2.21). Cicero sieht deshalb im Streben nach Ehre und Ruhm sowie generell nach Nutzen nicht nur eine wichtige Triebfeder des individuellen Akteurs (3.101), sondern auch ein prägendes soziales und öffentliches Moment der drei praktischen Tugenden.

---

[13] Vgl. v. a. *Off.* 1.69b–73; 152–161. Pace Newton 2016, der in *De officiis* ein Plädoyer für die Superiorität der philosophischen Lebensform sieht.

Die Tugend wird in *De officiis* also weniger von der Psyche des individuellen Akteurs aus,[14] sondern primär im Lichte ihrer öffentlich sichtbaren Betätigung und gesellschaftlichen Wahrnehmung betrachtet: „The practice of *virtus* [...] is therefore very much a social ideal. There is something public in the definition and interpretation of it" (Balmaceda 2017, 41). Diese prononciert soziale Dimension des Tugendkonzepts spiegelt sich auch in der Formulierung Ciceros wider, „es sei dies die eigentliche Aufgabe der Tugend, die Menschen zu versöhnen und sie zur Wahrnehmung ihres Nutzens zu bringen".[15] Im Kontext dieser Aufgabenzuweisung nennt Cicero drei Felder der Betätigung der Tugend (2.18):

(a) die – erkennbar auf die theoretische Tugend gemünzte – Suche nach Wahrheit;
(b) die Beherrschung der Leidenschaften und Begierden;
(c) die Kooperation mit anderen zur Mehrung des Nutzens und zur Abwendung des Schadens.

Während (a) in *De officiis* in denkbar knapper Weise gestreift wird (s.o.), markiert die in (b) genannte individuelle Affektregulation die primäre Fokussierung des Tugendbegriffs in den therapeutisch konzipierten *Tusculanae disputationes*. Der Tugendbegriff in *De officiis* ist im Unterschied dazu erkennbar auf (c) hin kalibriert, und d. h. auf die öffentlich tätige Tugend in ihrer gesellschaftlichen Betrachtung und Bewertung. Insofern überrascht es nicht, dass Cicero der Gerechtigkeit als der Sozialtugend par excellence in dieser Schrift einen Primat innerhalb des Tugendschemas zuweist, indem er sie zum Sinngehalt von Tugendhaftigkeit überhaupt erhebt und sie als „Herrin und Königin der Tugenden (*domina et regina virtutum*)" (3.28; Atkins 1990) ausweist. Diese exponierte Stellung der Gerechtigkeit erklärt sich nicht zuletzt durch die soziale Betrachtungsperspektive, aus der die Tugend in *De officiis* beleuchtet wird.

Zusammenfassend lässt sich sagen, dass Tugend in *De officiis* somit dreierlei kennzeichnet. Sie ist
(i) *sozial* ausgerichtet auf die Förderung des Gemeinwohls, dabei
(ii) wesenhaft *performativ*, auch und gerade in ihrer politischen Dimension, und
(iii) Gegenstand einer *öffentlichen* Wahrnehmung und Beurteilung.

Im Anschluss an diesen Befund stellt sich nun die Frage, ob bzw. inwieweit der Tugendbegriff und die Darstellung der einzelnen Tugenden in *De officiis* prinzipiell von den spezifischen sozialen Wertkategorien imprägniert ist, die für die römische

---

14 Wie z.B. in *Tusc.* 4.34, wo *virtus* bestimmt wird als „ein beständiger und ausgeglichener Zustand der Seele".
15 *Off.* 2.17: *proprium hoc statuo esse virtutis, conciliare animos hominum et ad usus suos adiungere.*

Gesellschaft bzw. für das Selbstverständnis von Cicero als Römer maßgeblich waren. Schließlich reklamiert Cicero in seinen Reden des Öfteren die *virtus* insgesamt als eine den Römern besonders zu eigene und für sie unverzichtbare Qualität.[16] Dies soll nun exemplarisch an einem der vier Teile des Ehrenhaften untersucht werden, an der Tugend der Hochgesinntheit.

6.2 Die Hochgesinntheit (*magnitudo animi*) als römische Tugend

In 1.61 konstatiert Cicero, dass sich das römische Volk in höchstem Maße durch Hochgesinntheit auszeichnet: „*maxime [...] populus Romanus animi magnitudine excellit.*" Damit greift er ein Motiv auf, das sich in seinen Reden ab den 60er Jahren, aber zunehmend auch in seinen *Philosophica* findet: Bestimmte Eigenschaften werden als spezifisch römische Tugenden deklariert, insofern diese das Ethos Roms kennzeichnen und zugleich ein zentrales explanatorisches Moment für die herausragende Stellung der *res publica Romana* in der Welt darstellen.[17] Im Tuskulanen-Proömium zählt er Würde (*gravitas*), Standfestigkeit (*constantia*), Rechtschaffenheit (*probitas*), Zuverlässigkeit (*fides*) und Hochgesinntheit (*magnitudo animi*) als Qualitäten auf, welche die Römer distinkt von den Griechen abheben (*Tusc.* 1.2) und die zugleich auch „imperiale" Tugenden sind (vgl. *Balb.* 9–13). Speziell der Hochgesinntheit wächst bei Cicero zunehmend eine exponierte Stellung zu: Sie erscheint in den Listen immer häufiger als Kulminationspunkt und als besonderes Spezifikum der *Romanitas*, etwa wenn Cicero in seiner programmatischen Rede *Pro Sestio* (§ 141) Rom letztlich sogar zur Geburtsstätte der *magnitudo animi* erhebt. Dahinter steckt vor allem in den Reden natürlich eine gehörige Portion politisch motivierter Rhetorik, denn insbesondere um das Konzept der *magnitudo animi* tobte seit ca. 70 v.Chr. eine Art Kulturkampf zwischen den sich in Rom bekriegenden politischen Fraktionen über die Deutungshoheit im Blick auf den altrömischen *mos maiorum*.[18] Ist die Rede von „römischen" Tugenden also bei Cicero möglicherweise nur ein Ausdruck politisch motivierter Rhetorik? Im Folgenden möchte ich im Gegenteil zeigen, dass gerade die Hochgesinntheit in ihrem Status als *virtus Romana*

---

16 Vgl. *Phil.* 4.13 (*Virtus [...] propria est Romana generis et seminis*) und *Verr.* 4.81.
17 Vgl. hierzu Schofield 2021, 152–158. Die Erklärung der Überlegenheit der Römer gegenüber anderen Staaten bzw. Völkern durch ihre besondere *virtus* ist spätestens seit Polybios auch ein Topos der römischen Historiographie, wie Balmaceda 2017 zeigt.
18 Vgl. hierzu Knoche 1935, 43–44 und Gauthier 1951, 165–176.

auch ein aussagekräftiger Testfall für die *philosophische* Behandlung des Tugendkonzepts in *De officiis* ist.

Cicero beschreibt in 1.61–92 den dritten Bereich des Ehrenhaften und die sich aus ihm ergebenden Pflichten. Das Leitbild ist hierbei der *fortis et magnus animus*, der sich durch die Verbindung (i) einer bestimmten geistigen Werthaltung mit (ii) einer besonderen Handlungsfähigkeit und -bereitschaft charakterisieren lässt (1.66):

(i) Hochgesinntheit zeichnet sich zum einen durch eine klare werttheoretische Orientierung am Ehrenhaften aus, der gegenüber alle anderen möglichen Güter und Strebensziele weitgehend verblassen. Hier wird die stoische Idee einer Indifferenz gegenüber allem, was nicht moralisch qualifiziert ist, gewissermaßen auf die Spitze getrieben, hin zu einer regelrechten „Verachtung" (*despicientia*) der menschlichen Dinge.[19] Diese gleichgültige Haltung bezieht sich dann nicht bloß auf externe Ressourcen wie Macht und Reichtum, sondern auch auf den körperlichen Schmerz und sogar auf den Tod, was letztlich zu einer Haltung der Unerschütterlichkeit gegenüber allen Wechselfällen des Schicksals führt.

Damit knüpft Cicero erkennbar an den Tugendbegriff aus den therapeutisch orientierten *Tusculanae disputationes* an, wo *virtus* insgesamt als Bollwerk gegen unglücklich machende Ängste und Emotionen verstanden wird: „Der Begriff ‚Tugend' (*virtus*) nämlich ist abgeleitet vom ‚Mann' (*vir*); dem Mann aber besonders zu eigen ist die Tapferkeit (*fortitudo*), die zwei sehr bedeutende Leistungen mit sich bringt: die Verachtung von Tod und Schmerz (*mortis dolorisque contemptio*)".[20] Cicero selbst verwendet das Konzept der Tugend kontextabhängig sowohl in der hier geschilderten engeren Bedeutung, die sachlich eng mit *fortitudo* bzw. *magnitudo animi* zusammenhängt, aber eben auch in einer weiteren: Hier bezeichnet *virtus* dann alle richtigen Gemütsbewegungen (*rectae animi adfectiones: Tusc.* 2.43), so dass der Hochgesinnte letztlich zu jemandem wird, der von allen affektiven Verwirrungen des Geistes (*perturbationes animi*) frei ist. Im Laufe des ciceronianischen Œuvres kann man insgesamt von einer semantischen Erweiterung des Tugendkonzepts sprechen, die immer stärker zu Buche schlägt.[21] Und dies betrifft gleichermaßen das Bedeutungsspektrum von *magnitudo animi*, das sich bei ihm ebenfalls signifikant weitet (Knoche 1935), wie weiter unten noch deutlicher wird.

---

19 Vgl. *Tusc.* 1.95: *omnium rerum humanarum contemptio ac despicientia.* Vgl. auch *Tusc.* 2.32 sowie *Off.* 1.66 u. 72; 2.38. Zum stoischen Hintergrund dieser Formulierungen vgl. Diog. Laert. 7.92–93.
20 *Tusc.* 2.43. Vgl. auch *Tusc.* 4.51 und *Rep.* 5.79.
21 Vgl. hierzu Balmaceda 2017, 15–25, der zwischen „virtue as courage" and „virtue as aretē" unterscheidet. Zu Ciceros Tugendverständnis vgl. auch Eisenhut 1973, 57–76 (mit vielen Nachweisen für alle Schriftgruppen), der dessen Beitrag zur Begriffsentwicklung im römischen Kontext hervorhebt.

Dabei ist der ursprüngliche, sozusagen altrömische Begriffskern, der Tugend mit der Fähigkeit zum Ertragen von Widerfahrnissen (insbesondere im Krieg) assoziiert, in Ciceros Bestimmung der Hochgesinntheit in *De officiis* zumindest „aufgehoben": Insofern die Römer in ihren früheren militärischen Auseinandersetzungen – sei es mit den Samniten oder mit den Karthagern – des Öfteren erst gravierende Rückschläge einstecken mussten, bevor sie siegreich das Feld verließen, ist diese Fähigkeit zum „Durchhalten" auch unter widrigen Umständen durchaus ein Erklärungsfaktor für die Größe Roms. Cicero wendet dieses nationale Ethos nun sozusagen ins Individualpsychologische und dehnt es vom Ertragen äußerer Härten und körperlicher Schmerzen generell auf den Umgang mit den eigenen seelischen Regungen aus. Entscheidend ist hier die philosophische Unterfütterung dieser Haltung mit angemessenen kognitiven Überzeugungen hinsichtlich des wahren Werts von äußerlichen und körperlichen Lebensumständen: Der Hochgesinnte steht in gewisser Weise schlicht über diesen Dingen, woran sich auch die Bewunderung und das Lob anderer für ihn festmachten (1.61).

(ii) Neben diesem eher passiven Moment, das Hochgesinntheit in die Nähe von Termini wie *patientia* rückt und das stärker auf die innere individuelle Disposition abhebt, hat das Konzept aber auch aktivische bzw. performative und soziale Konnotationen: Zur *magnitudo animi* gehört es nämlich ebenso, große und bewunderungswürdige Taten zu vollbringen, und zwar nicht für sich, sondern primär für die *res publica*. Gerade darin liegt der besondere Glanz (*splendor*) bzw. die sichtbare sittliche Schönheit, die Cicero unter allen Tugenden v. a. der Hochgesinntheit zuschreibt (1.16; 1.66; 2.38). Diese prosoziale Orientierung ist nun ein wesentliches Merkmal der *magnitudo animi*, das Cicero auch deshalb betont, weil er einer Fehldeutung des Konzepts im Sinne einer rein militärischen Tapferkeit vorbeugen möchte. Das „Ersetzen" der Kardinaltugend der *fortitudo* durch die Hochgesinntheit in der Titulatur des dritten Teils des *honestum* hat somit durchaus auch philosophische Gründe.[22] Cicero zeigt hier eine gewisse Skepsis gegenüber einem rein militärischen Schneid, der nicht unter Anleitung der Vernunft steht und möglicherweise auch nur auf den eigenen Nutzen hin orientiert ist. Deshalb bindet er diesen Bereich des *honestum* explizit an die Tugend der Gerechtigkeit zurück (1.62). Damit ist die normative Stoßrichtung angezeigt: Die Hochgesinntheit äußert sich

---

[22] Ob diese Umstellung schon auf Panaitios zurückgeht, wie meist angenommen wird, scheint mir nicht konklusiv zu klären möglich. In altstoischen Testimonien (z. B. *SVF* III, 264–265 u. 269–271) ist deutlich, dass die *megalopsychia* eher als der Tapferkeit subordinierte Tugend verstanden wird. Auffällig ist, dass Cicero in seinen früheren Schriften, beginnend mit *De inventione* 2.163–164, im Kardinaltugendschema mit *fortitudo* operiert und die *magnitudo animi* eher als ihr subordiniert bzw. als einen Teil von ihr darstellt (*Rep.* 5.9). Insofern kann man zumindest von einer Entwicklung in Ciceros eigenem Œuvre sprechen.

sowohl im Beschaffen der notwendigen Mittel für sich und die Nahestehenden (1.17) als auch in heroischen Leistungen zum Nutzen des Staatswesens (1.75), zu denen Cicero nicht zuletzt die Niederwerfung der catilinarischen Verschwörung in seinem eigenen Konsulat rechnet (1.77–78). Er propagiert somit in *De officiis* im Wesentlichen die Auffassung, „dass der *magnus animus* sich auf ein praktisches, vorzüglich politisches Ziel richtet, das er durch die Tat erreichen will" (Knoche 1935, 19). Seine Aktivitäten sind dabei eminent öffentlich und deshalb Gegenstand der Bewertung durch die Mitbürger – im besten Fall also eine Quelle von Ehre und Ruhm für ihn.

Signifikant ist dabei die explizite Neubewertung, die Cicero im Blick auf das Verhältnis der *res bellicae* und der *res civiles* im römischen Kontext vollzieht: „Es sind also tapfere Taten des Friedens nicht geringer als solche des Krieges. Für jene ist sogar mehr Einsatz und Eifer zu verwenden als für diese" (1.78). Damit verlagert sich der Fokus einmal mehr von der Tapferkeit im engeren (militärischen) Sinne des Wortes hin zu einer politisch verstandenen Hochgesinntheit, die auf das Wohl der *res publica* hinarbeitet. Auf diese Weise wird die *magnitudo animi* letztlich zu einer Tugend der herrschenden römischen Nobilität, der Cicero die „zwei Vorschriften Platons (*duo Platonis praecepta*)" (1.85) mit auf den Weg gibt, nämlich (i) das Allgemeinwohl statt der eigenen Interessen zu befördern und (ii) dabei alle Stände gleichermaßen im Blick zu haben, anstatt nur Parteiinteressen zu bedienen (vgl. auch 2.84–85). Schlussendlich fasst Cicero die politische Stoßrichtung seiner Darstellung des dritten Tugendbereichs so zusammen, „dass die größten und von höchster Gesinnung zeugenden Leistungen von denen vollbracht werden, die das Gemeinwesen lenken" (1.92).

Diese prononcierte Hervorhebung, dass der wahre Hochgesinnte stets den allgemeinen Nutzen im Blick hat, verweist dabei auf die Kehrseite eines falsch verstandenen individuellen Ehrgeizes, der letztlich die Quelle von innerem Zwist und Bürgerkriegen ist. Hier taucht nicht unerwartet in *De officiis* immer wieder das negative Exemplum des kurz zuvor ermordeten Julius Caesar auf, der trotz seiner imposanten Statur als Feldherr und Politiker in den Augen von Cicero doch kein *magnanimus*, sondern ein Beleg für die fatale Entartung von potenziell zur Hochgesinntheit prädisponierten Persönlichkeiten ist.[23] Dabei geht es hier nicht allein um ein tagespolitisch bedingtes Problemfeld: Denn schließlich verankert Cicero die Hochgesinntheit anthropologisch in einem natürlichen Streben nach der Führungsstellung (*appetitio quaedam principatus:* 1.13). Auf der kollektiven Ebene ist das gewissermaßen die Triebfeder, die Rom zu seiner Vormachtstellung in der Welt verholfen hat, und zwar durch die Verbindung mit einem höchst kompetitiven in-

---

23 Vgl. *Off.* 1.62–69, ein Abschnitt, der nach Strasburger (²1990, 89) „Caesar auf den Leib geschrieben" ist.

nerstaatlichen Wettbewerb um Magistrate und militärische Kommandos in der römischen Nobilität. In *De officiis* macht Cicero v. a. in seiner Diskussion über die *magnitudo animi* nun wiederholt auf die Janusköpfigkeit aufmerksam, welche dem Streben nach der Führungsstellung in der römischen Sozialordnung eingeschrieben ist, die ein solches Verhalten ja traditionell durch Ehre und Ruhm prämiert. Wo großen Charakteren angesichts dieser öffentlichen Ehrungen letztendlich die Einsicht in die Zerbrechlichkeit des menschlichen Daseins und in die Launenhaftigkeit der *Fortuna* verloren geht, die den Kern wahrer Hochgesinntheit ausmacht, drohen fatale Folgen für die *res publica:* „So will ein jeder, je mehr er sich durch Hochgesinntheit auszeichnet, desto mehr Führender vor allen oder gar alleiniger Herr sein" (1.64). Der natürliche *appetitus principatus* degeneriert dann zu einem die Forderungen der Gerechtigkeit missachtenden Streben nach allein auf Gewalt beruhender tyrannischer Alleinherrschaft.

Mit dieser Kritik an einer offensichtlich in Rom zunehmend falsch verstandenen *magnitudo animi* vollzieht Cicero erneut eine nachhaltige Neuwertung und -orientierung des römischen Sozialkodex, den er nicht nur stärker an das kollektive Interesse zurückzubinden versucht, sondern den er zunehmend in moralischen bzw. philosophischen Kategorien verankert. Das zeigt v. a. die Diskussion des Ruhms (*gloria*) im zweiten Buch (2.31b–52). Ciceros philosophisches Plädoyer gegen die aus seiner Sicht fatale Trennung des Nützlichen (*utile*) vom Ehrenhaften (*honestum*), die letztlich sogar zur Bewunderung „für verschlagene und durchtriebene Menschen" führt (2.10), umfasst nicht zuletzt eine signifikante Unterscheidung – und kategorische Trennung – von wahrem und falschem Ruhm. Letzterer hängt ggf. nur davon ab, ob man von anderen der Ehre für würdig gehalten wird, was im Allgemeinen in der öffentlichen Wahrnehmung von Tugendhaftigkeit bei herausragenden Individuen begründet liegt (2.36). Entscheidend ist nach Cicero aber hier nicht die öffentliche Wahrnehmung und Approbation, ebenso wenig wie bei der Frage, was wirklich bzw. von Natur aus ehrenhaft bzw. lobenswert ist (s. o., Teil 1): Wahrer Ruhm ist „auf rechte Weise zu erwerben und zu verwenden" (2.42), und d. h., dass er im Kern normativ an die Erfüllung der Pflichten der Gerechtigkeit geknüpft ist (2.43). Dies verdeutlicht einmal mehr die normative Rückbindung der *magnitudo animi* an die *iustitia*, die Cicero schon im ersten Buch formuliert hat: „Als tapfer und hochgesinnt (*fortes et magnanimi*) haben also nicht diejenigen zu gelten, die Unrecht tun, sondern die, die es abwehren" (1.65; vgl. auch 1.62).

Entscheidend ist dabei nicht bloß das, was erstrebt und getan wird, sondern vor allem die zugrunde liegende Intention des Akteurs. Der wahrhaft Hochgesinnte zeigt sich als derjenige, dessen Handlungen von richtigen Werturteilen und Motiven angeleitet sind. Er hat erkannt, dass Ehrenhaftigkeit in den Taten, nicht im Ruhm liegt („*in factis [...] non in gloria*": 1.65), und macht sein politisches und moralisches Selbstverständnis sowie sein Handeln nicht vom Urteil der unverständigen Masse abhängig. Cicero unterscheidet zwischen der Ausrichtung des Strebens auf das *honestum* als solches und der Durchführung von Taten, die Nutzen bringen: Nur ersteres ist die Ursache bzw. der Grund (*causa et ratio*) dafür, dass jemand ein hochgesinnter Mensch ist (1.66).

Cicero ist allerdings hinsichtlich der psychologischen Motivationslage, welche die meisten Politiker antreibt, durchaus realistisch: „Das ist allerdings ein heikler Punkt, weil sich kaum einer findet, der nicht durch Ertragen von Strapazen und Bestehen von Gefahren gleichsam als Lohn für seine Leistung Ruhm erstrebte" (1.65). Hier droht gerade bei Menschen mit herausragenden Fähigkeiten allzeit die von Cicero in *De officiis* immer wieder gebrandmarkte *cupiditas gloriae*, das selbstsüchtige Streben nach Ruhm um jeden Preis, in seiner perniziösen Auswirkung auf das öffentliche Wohl und das staatliche Gemeinwesen (vgl. 1.43,65,68,74).

Dass es nun vor allem in Rom auch leuchtende Vorbilder für *magnitudo animi* gegeben hat, zeigt dann die der Hochgesinntheit gewidmete Passage im dritten Buch (3.97–115). Hier möchte Cicero anhand von ausgewählten *exempla* – gemäß dem *basso continuo* der Ausführungen in *De officiis* 3 – dartun, „wie feindlich der Tugend das ist, was vorteilhaft zu sein scheint, es aber nicht ist", was nicht zuletzt „in der Größe und Überlegenheit eines erhabenen Geistes (*in animi excellentis magnitudine et praestantia*)" (3.96) sichtbar werde. Wie sehr dabei der römische Charakter der Hochgesinntheit betont werden soll, zeigt die Auswahl der Beispiele: Es wird kein positives griechisches Exemplum gegeben, sondern in Gestalt von Odysseus lediglich ein negatives (3.97–99); dies entspricht dem Trend von Cicero, bei den herausragenden Griechen tendenziell eher eine *magnitudo ingenii* als eine *magnitudo animi* zu diagnostizieren.[24] Cicero empfiehlt grundsätzlich, Griechen eher als vorbildhafte Beispiele für Gelehrsamkeit in Rhetorik und Philosophie zu betrachten, seine Landsleute hingegen im Blick auf ihre Tugend (*De or.* 3.137).

Das alles überragende Beispiel, in dem die Diskussion der Hochgesinntheit – und letztlich die Diskussion der Tugenden in *De officiis in toto* – kulminiert, ist dann M. Atilius Regulus als ehemals „erster Mann des römischen Volkes (*princeps populi Romani*)" (3.105): ein patriotischer Märtyrer, der neben Cato d. J. für Cicero das Exemplum par excellence für römische Tugenden darstellt.[25] Er verkörpert in seinem vertragstreuen Verhalten gegenüber den Karthagern nicht nur die in Rom kulthaft verehrte *Fides*, die als Sozialtugend nach Cicero letztlich das Fundament der Gerechtigkeit darstellt (1.23; Schofield 2021, 157–158); seine Bereitschaft, Schmerz

---

24 Vgl. Knoche 1935, 19 (mit Nachweisen). Eine Ausnahme ist hier z. B. Sokrates in *Tusc.* 1.97. Aber bei ihm fehlt unverkennbar die politische Dimension der *magnitudo animi*, auf die Cicero in *De officiis* so großes Gewicht legt.
25 Weitere Ausführungen zu ihm finden sich auch in *Off.* 1.39 und *Paradoxa Stoicorum* 16. Weitere römische Beispiele für Hochgesinntheit werden in *Off.* 1.61 genannt.

und Folter bei seiner Rückkehr nach Karthago auf sich zu nehmen, worin die Verachtung gegenüber Schmerz und Tod aufscheint, zeigt ihn auch als den wahrhaft Hochgesinnten. In Ciceros Darstellung liegt dabei der Akzent sogar weniger auf der Bereitschaft zum Ertragen von Leiden, sondern das hauptsächliche Lob (*laus*) wird ihm für sein selbstloses Handeln im Senat zuteil: Er empfiehlt aus Gründen der Staatsraison die Zurückhaltung der karthagischen Gefangenen, durch deren Austausch sein eigenes Leben bewahrt werden könnte, und vollzieht damit performativ einen Akt der Hochgesinntheit, der ein Selbstopfer zum Wohle der *res publica* darstellt. Cicero stilisiert ihn damit zum Sinnbild der Art von *magnitudo animi*, wie sie in einem analogen Beispiel auch kollektiv den Römern zugeschrieben wird (3.114–115); zugleich ist Regulus das wahrhaft rühmlichste Beispiel für die unlösbare Verknüpfung von Ehrenhaftem und Nützlichem im tugendhaften Handeln (3.110), auf die Cicero in *De officiis* 3 konsequent hinarbeitet.

Dieses Exemplum ist bei näherem Hinsehen deutlich vielschichtiger als es scheint und kann gerade dadurch wesentlich zur Schulung einer differenzierten moralischen Urteilskraft beitragen (Langlands 2011). Im vorliegenden Kontext sei lediglich auf Folgendes hingewiesen: Cicero vollzieht auch hier eine gewisse Umdeutung bzw. Neufassung der Hochgesinntheit als Inbegriff römischer *virtus*. Denn letztlich ist Regulus ja sogar ein auf dem Schlachtfeld Unterlegener, dessen heroische Tat für die *res publica* nicht in einem glänzenden militärischen Triumph, sondern eher in einer Art moralischem Sieg liegt. Diesen Sieg erringt er durch eine öffentliche politische Handlung – seinen Auftritt im Senat –, und er ist bereit, dafür die Folter durch den Feind auf sich zu nehmen: Dies hat aber gar nichts Schmähliches an sich, sondern verkörpert vielmehr geradezu die ehrenhafte Haltung der Hochgesinntheit in ihrer Indifferenz gegenüber Schmerz und Tod. Das alles beruht auf seiner Einsicht in den bloß scheinbaren Nutzen (*species utilitatis*) und in die sittliche Schändlichkeit der entgegengesetzten Handlungsweise sowie auf seiner auf das Ehrenhafte und das öffentliche Wohl gerichteten Motivation.

Die Regulus-Geschichte exemplifiziert somit das gesamte Bedeutungsspektrum von *magnitudo animi* und spiegelt zugleich den schon diagnostizierten Wandel im *virtus*-Begriff bei Cicero wider (s. o.). Grundlegend ist, dass hier die Variabilität deutlich wird, die tugendhaftes Handeln unter den jeweiligen situativen und persönlichen Umständen besitzt: Es gibt hier keine einfach imitierbare Blaupause von Vorbildern, sondern die performative Umsetzung von Tugenden kann sehr unterschiedliche Formen annehmen, die durchaus akteurrelativ sind.

Das beste Beispiel dafür ist der Suizid von Cato d. J. nach der Niederlage gegen Caesar bei Utica: In Ansehung von Catos herausragender Standfestigkeit (*constantia*) – auch eine der von Cicero gerne bemühten römischen Tugenden – ist das für ihn (und d. h.: keinesfalls für jeden anderen) der einzig richtige Weg zur angemessenen Realisierung des Ehrenhaften im Handeln (vgl. 1.112). Mit anderen Worten: Tugend ist bei Cicero generell kein starres, sondern ein verhältnismäßig dynamisches Konzept, und das zeigt sich in *De officiis* sowohl in der Betonung der individuell verbindlichen *officia* als auch in der Beschreibung und Analyse der einzelnen Tugenden bzw. Tugendbereiche.

6.3 Fazit: Wie römisch ist Ciceros Tugendkonzeption?

Schon in früheren politischen Schriften hat Cicero den performativen und öffentlichen Charakter der Tugend betont: Im Gegensatz zum theoretischen Wissen reicht hier der Besitz nicht aus, sondern es bedarf der aktiven Betätigung, und deren höchste Form besteht in der Leitung des Staates (*Rep.* 1.2). Für dieses Verständnis von *virtus*, das auch in *De officiis* im Zentrum steht (s.o., Teil 1), bildet dann die Hochgesinntheit gewissermaßen einen Kulminationspunkt: Der in *De republica* 5–6 gesuchte ideale Bürger (*optimus civis*) findet seine Artikulation im *magnanimus* von *De officiis* (s.o., Teil 2), sodass die Hochgesinntheit im Kern eine aristokratische Tugend ist. Es bleibt allerdings noch die Frage, ob Cicero hiermit ein rein kontextualistisches Ideal zeichnet, das letztlich den römischen Rahmen, in den es in *De officiis* erkennbar eingeschrieben wird, gar nicht überschreitet,[26] oder ob es doch universalistische Momente besitzt – und auch von Cicero selbst allgemeiner intendiert ist als manche Interpreten annehmen.

Zuerst einmal ist zu klären, was die Rede von einer *virtus Romana* wie der Hochgesinntheit überhaupt meint. Wenig plausibel ist die Annahme, dass Cicero hiermit einen Exklusivitätsanspruch *sui generis* erhebt, in dem Sinne, dass nur Römer diese (oder auch andere) Tugenden überhaupt haben können. Nahe liegender erscheint, dass diese Tugend in Rom im Vergleich zu anderen Völkern besonders floriert, wie ja auch das im Motto des Beitrags oben zitierte Diktum aus *De officiis* 1.61 nahelegt. In diesem Sinne finden sich z.B. Hinweise dafür, dass Cicero von einer Art natürlichen Prägung bei den Römern insgesamt (*Tusc.* 1.2) oder zumindest bei bestimmten Individuen (wie Cato d. J.: 1.112) ausgeht, die dann unter den Sozialisationsbedingungen der römischen Gesellschaft zu besonderer Ausprägung gekommen ist (Schofield 2021, 152–153). Hieraus erwächst dann für die durch ihre zweite Person (*persona propria*) natürlicherweise zur Hochgesinntheit Prädisponierten auch eine besondere Verantwortung zur Beteiligung an den Staatsge-

---

26 In diesem Sinne äußert sich z. B. Schofield 2021, 175: „Cicero is writing as a Roman citizen to other Roman citizens of his own class [...]. So his prescriptions are naturally not universalizable as they stand, and none the worse on that account."

schäften (*gerenda res publica*: 1.72). In solchen Fällen kommen nach Ciceros Darstellung in Rom dann in glücklicher Weise *natura* und *disciplina* zur vollendeten Ausprägung der *magnitudo animi* zusammen, was auch den Fokus auf herausragende römische Individuen als *exempla* in diesem Bereich erklärt.

Exemplarität ist nun auch eine Argumentationsform, der sich Cicero andernorts bedient, um einer prima facie nur auf Rom gemünzten Beschreibung und Analyse den Charakter des rein Individuellen oder Kontextuellen zu nehmen. Die Frage nach der besten Staatsform (*optimus status civitatis*) beantwortet er in *De Republica* 2 durch eine Archäologie des römischen Staates und seiner historischen Entwicklung, erhebt damit aber einen über Rom hinausreichenden Anspruch: Rom ist nicht der einzige Staat mit Mischverfassung (*constitutio mixta*) – also auch hier kein Monopolanspruch –, wohl aber derjenige, in dem sie sich zur paradigmatischen und vorbildhaften Vollendung als beste Staatsform entwickelt hat (Müller 2017). Ganz in diesem Sinne formuliert Cicero auch in *Off.* 2.74, er „erörtere ja gar nicht das unsere, sondern das Gemeinwesen im Allgemeinen (*neque tamen de nostra sed de omni re publica disputo*)". Diese Figur kann man auf die *virtus Romana* übertragen: Bestimmte Tugenden sind nicht nur in der römischen Politik und Kultur besonders verankert, sondern finden hier ihre vorbildhafte Vollendung – und sind damit gewissermaßen das Muster, an dem sich auch republikanische Bürger außerhalb Roms normativ zu orientieren haben. Römische Tugenden sind somit bei Cicero paradigmatische republikanische Tugenden. Der Akzent auf die Förderung der *res publica* durch tugendhaftes Verhalten, den Cicero in seinem zweifelsfrei römisch imprägnierten Bild der *magnitudo animi* setzt, ist somit nicht in einem engen Sinne rein kontextuell oder partikularistisch intendiert.

Dennoch kann man natürlich fragen, ob Ciceros Versuch, die *magnitudo animi* als römische Tugend auch als philosophisches Konzept in Szene zu setzen, nicht doch de facto hoffnungslos im zeitpolitischen Meinungskampf verstrickt ist. Wenn Cicero – wie z. B. in 3.109 – eine Art Werteverlust in seiner Zeit propagiert und die Hochgesinntheit als Rückkehr zu einer Art (alt-)römischen Verfasstheit darstellt, überschreibt er dann nicht doch einfach die philosophische Begrifflichkeit mit einem traditionalistischen (und tendenziell ideologischen) Wertgehalt bzw. einem rein aristokratisch geprägten Gruppenbewusstsein (so Heilmann 1982)? Hier erscheint mir mit Blick auf die obige Analyse in Teil 2 Vorsicht angebracht: Denn diese hat ja gerade ergeben, dass Cicero die römische Sozialordnung keineswegs nur philosophisch fortzuschreiben versucht, sondern sie teilweise massiv umwertet (etwa im Blick auf die Wertigkeit von *res urbanae* und *res bellicae*) und durchaus innovativ anreichert, z. B. durch die Unterscheidung von wahrem und falschem Ruhm. Er hält dementsprechend die *magnitudo animi* auch nicht einfach als traditionellen Wert hoch, sondern befragt sie im Blick auf ihre mögliche moralische Janusköpfigkeit, wie sie sich bei Akteuren wie Julius Caesar offenbart.

Kurzum: Ciceros Bild der Hochgesinntheit ist deutlich revisionistischer als es eine Deutung in Kategorien eines altrömischen Traditionalismus wahrhaben möchte. Letztlich handelt es sich bei *magnus animus* und *magnanimitas* (1.152) sogar um von Cicero geprägte Neologismen (Knoche 1935, 2) und keineswegs um die verbale Reproduktion früherer Schlagwörter des *mos maiorum*. Man gewinnt hierbei insgesamt nicht den Eindruck, dass Cicero bloß alten Wein in neu etikettierten Schläuchen serviert, sondern dass die Durchleuchtung des römischen Gesellschaftscodes mit den begrifflichen und argumentativen Mitteln der Philosophie den Gehalt dieser Wertbegriffe inhaltlich mitprägt. Cicero vollzieht somit keine reine „Romanisierung" der Lehre von den vier Kardinaltugenden; eher wirft er einen normativ stellenweise durchaus kritischen Blick auf bestimmte römische Sozialpraktiken. Der generelle Anspruch, dass die Römer die von der griechischen Philosophie formulierten Tugenden bereits vor der Begegnung mit der hellenischen Kultur praktiziert haben – sodass der performative und soziale Gehalt der Tugend(en) bei ihnen schon früher zum Tragen kam – wird dabei nicht geopfert (Griffin / Atkins 1991, xxvii). Dies gilt insbesondere für die römischen Tugenden, welche allgemeine anthropologische Entwicklungspotenziale und Handlungsmöglichkeiten zwar in höchster Vollendung exemplifizieren, aber trotzdem weder von den Griechen erlernt noch erst von der Philosophie entdeckt worden sind (wie es *Tusc.* 5.5 nahelegt).

Doch diese öffentlichen bzw. politischen Tugenden müssen eben gerade in Zeiten des massiven gesellschaftlichen Wandels, wie Cicero sie erlebte, immer wieder von neuem geprüft und ggf. den Zeitumständen angepasst reformuliert werden, und dadurch unterliegen sie auch einer gewissen Dynamik.[27] Dafür bietet die Philosophie rational fundierte Ressourcen, die Cicero auch auszuschöpfen versucht. So politisch restaurativ das von ihm erstrebte Resultat solcher Prozesse dann für manche Ohren – damals wie heute – klingen mag: Selbst eine als solche besonders stilisierte „Römertugend" wie die Hochgesinntheit prägt sich in Ciceros *De officiis* wesentlich unter dem Einfluss normativer Leitkonzepte der Philosophie in spezifischer Weise aus. Ist eine solche Tugendlehre dann letztlich als universalistisch oder als kontextualistisch zu deuten? Ciceros Behandlung in *De officiis* scheint in der dargestellten Form diese plane Alternative tendenziell zu unterlaufen

---

27 Ähnlich urteilen auch Balmaceda 2017, 9 und Woolf 2015, 200: „For the sake of both our society and ourselves we must strive to be virtuous. But virtue must be remade for each generation and each set of circumstances."

– und zwar insofern das spezifisch Römische zugleich als ein exemplarisches Allgemeines verstanden wird, das über sich selbst als Einzelfall hinausweist.[28]

Literaturverzeichnis

Atkins, E. M. 1990: 'Domina et Regina Virtutum': Justice and Societas in *De officiis*, in: Phronesis 35, 258–289

Balmaceda, C., 2017: Virtus Romana. Politics and Morality in the Roman Historians, Chapel Hill

Eisenhut, W., 1973: Virtus Romana: Ihre Stellung im römischen Wertsystem, München

Gauthier, R.-A., 1951: Magnanimité. L'idéal de la grandeur dans la philosophie païenne et dans la théologie chrétienne, Paris

Griffin, M.T. / Atkins, E.M., 1991: Introduction, in: dies. (Hg.), Cicero, On Duties, Cambridge, ix–xxviii

Heilmann, W., 1982: Ethische Reflexion und römische Lebenswirklichkeit in Ciceros Schrift De Officiis. Ein literatursoziologischer Versuch, Wiesbaden

Horn, C., 2007: Gerechtigkeit bei Cicero: kontextualistisch oder naturrechtlich?, in: E. Richter / R. Voigt / H. König (Hg.), Res Publica und Demokratie. Die Bedeutung von Cicero für das heutige Staatsverständnis, Wiesbaden, 105–121

Knoche, U., 1935: *Magnitudo animi*. Untersuchungen zur Entstehung und Entwicklung eines römischen Wertgedankens, Leipzig

Langlands, R., 2011: Roman *Exempla* and Situations Ethics: Valerius Maximus and Cicero *de Officiis*, in: The Journal of Roman Studies 101, 100–122

Lefèvre, E., 2001: Panaitios' und Ciceros Pflichtenlehre. Vom philosophischen Traktat zum politischen Lehrbuch, Stuttgart

Mertens, K. / Summa, M. (Hg.), 2022: Das Exemplarische. Orientierung für menschliches Wissen und Handeln, Paderborn

Müller, J., 2017: Ciceros Archäologie des römischen Staates in De re publica II: Ein Exempel römischen Philosophierens, in: O. Höffe (Hg.), Ciceros Staatsphilosophie, Berlin / Boston, 47–71

Müller, J., 2022: Vorbilder – und wie man ihnen folgen soll. Exemplarität in Ciceros praktischer Philosophie, in: K. Mertens / M. Summa (Hg.), Das Exemplarische. Orientierung für menschliches Wissen und Handeln, Paderborn, 217–239

Newton, B.P., 2016: Interpretative Essay, in: ders. (Hg.), Marcus Tullius Cicero, On Duties, Ithaca / London, 173–199

Nicgorski, W., 2016: Cicero's Skepticism and His Recovery of Political Philosophy, New York

Schofield, M., 2021: Cicero: Political Philosophy (Founders of Modern Political and Social Thought), Oxford

Strasburger, H., [2]1990: Ciceros philosophisches Spätwerk als Aufruf gegen die Herrschaft Caesars, Hildesheim

Woolf, R., 2015: Cicero. The Philosophy of a Roman Sceptic, London

---

[28] Zur Bedeutung von Exemplarität als Erklärungs- und Argumentationsmuster vgl. neuerdings Mertens / Summa 2022; in meinem Beitrag hierzu (Müller 2022) finden sich einige weiterführende Überlegungen zur Exemplarität in Ciceros praktischer Philosophie.

David Machek
7 Die Vier-personae-Theorie in *De officiis*

> „Man is least himself when he talks in his own person. Give him a mask, and he'll tell you the truth." (Oscar Wilde, The Critic as Artist)
>
> ... *ut possimus nobismet ipsis constare nec in ullo officio claudicare*
> (Cicero, *Off.* 3.119)

7.1 Eudaimonistische Pflichten?

Die Vier-*personae*-Theorie, oder die Vier-Rollen-Theorie, ist ein Kernstück der in *De officiis* entworfenen stoischen Moraltheorie, dem in der Forschung starke Beachtung zuteilwurde.[1] Es gehört zur *conditio humana*, sagt Cicero im ersten Buch von *De officiis*, dass jede Einzelperson vier verschiedene Rollen (*personae*) bekleidet: (1) die Rolle eines Menschen, (2) die Rolle einer individuellen Person, (3) die durch die soziale Herkunft bedingte Rolle, etwa die Rolle eines Adligen, sowie (4) die berufliche Rolle. In einem Sinne gehören alle diese Rollen zu unserer Identität; sie beschreiben, wer wir sind. Zugleich erheben sie einen normativen Anspruch: Sie geben vor, wie wir handeln bzw. leben sollen. Dies wird aus dem Leben-Schauspiel-Gleichnis deutlich, das in der Vier-*personae*-Theorie heuristisch zentral ist: So wie ein guter Schauspieler nur genau das sagt und tut, was sein Charakter von ihm verlangt, so sollte man im Leben nur genau das sagen und tun, was die verschiedenen *personae* von einem verlangen. In diesem Sinne erlegen Rollen Verpflichtungen und Einschränkungen auf, und dadurch werden sie zu einer wichtigen Quelle der „angemessenen Handlungen" oder schlicht, und mit Vorbehalten gegen diese Übersetzung (s. dazu Dorothea Frede in diesem Band), „Pflichten" (*kathēkonta, officia*) – ein zentraler Begriff der stoischen Ethik, der im Titel des Buches auftaucht, von dem Ciceros Abhandlung ausgeht: das *Peri tou kathēkontos* des Stoikers Panaitios von Rhodos.

---

[1] Als solche wurde sie manchmal mit der parallelen Version der *personae*-Theorie von Epiktet verglichen. Den umfangreichsten Vergleich findet man bei Johnson 2013, Kap. 8, nach dem die epiktetische Theorie der ciceronischen überlegen ist, weil die systematische Reichweite der letzteren durch den Leitbegriff des *decorum*, der auf der römischen Statuskultur beruht, allzu verengt bzw. relativiert wird. Diese Einschätzung ist allerdings kontrovers (s. Reydams-Schils 2016 für relevante Kritikpunkte).

Diese einschränkende Funktion der Rollen wird dadurch bekräftigt, dass die Vier-*personae*-Theorie als ein Teil der umfassenden Abhandlung über die Tugenden eingeführt wird, und insbesondere über den Bereich (*pars:* 1.93) der Tugenden, der als das Geziemende" (*decorum, prepon*) bezeichnet wird. Obwohl man das Geziemende von dem moralisch Guten (*honestum*) auf der abstrakten Ebene unterscheiden kann, lässt es sich „in Wirklichkeit" (*re*) genauso wenig vom Guten trennen wie „körperliche Anmut und Schönheit von der Gesundheit zu trennen ist" (1.95).[2] Im Geziemenden kommen alle Tugenden zum Ausdruck, vor allem aber die Tugend der Selbstbeherrschung (*temperantia*). Mit *decorum* ist „die Zurückhaltung (*verecundia*) [...], Mäßigung (*modestia*) und der maßvolle Umgang mit den Dingen (*rerum modus*) gemeint" (1.93).

Obwohl somit die Verbindung zwischen der Vier-*personae*-Theorie und der stoischen Tugendethik, und dadurch auch mit dem Eudaimonismus, zumindest *pro forma* erhalten bleibt, kann die Vier-*personae*-Theorie aus guten Gründen als ein Anzeichen dafür genommen werden, dass Ciceros ethisches Projekt von der frühstoischen Tugendethik und dem Eudaimonismus abweicht bzw. andere Schwerpunkte setzt. Philipp Brüllmann beobachtet in seinem Beitrag zu diesem Band, dass die ethische Theorie von *De officiis*, im Vergleich zur früheren Stoa, mehr auf den Inhalt der guten Handlung fokussiert ist als auf das „Wie", d.h. auf die Tugend als die innere Haltung, aus der die Handlung hervorgeht (S. 216–219). Dadurch sollte die richtige Handlung – im Unterschied zu einer im Vollsinn moralisch guten Handlung (*katorthōma*) – auch für diejenigen erreichbar sein, die dem äußerst anspruchsvollen Ideal der stoischen Tugend, und somit der *eudaimonia*, nicht gewachsen sind. Gleichzeitig impliziert die Konzeption der *officia* eine bestimmte Äußerlichkeit, ja Oberflächlichkeit, was die Kriterien der angemessenen Handlung angeht. Genau diese Tendenz tritt in der *personae*-Theorie und dem damit verbundenen Leben-Schauspiel-Gleichnis sehr deutlich hervor. Ein guter Schauspieler braucht sich ja nicht mit der dargestellten Handlung eines Charakters innerlich zu identifizieren; eine solche Identifizierung kann sogar einer guten schauspielerischen Leistung abträglich sein. Es kommt schlicht darauf an, dass er eine für das Publikum überzeugende Darstellung leisten kann. Insofern sich diese Äußerlichkeit auch auf den Bereich der menschlichen Handlung bezieht, wird Tugendethik zu einer Ethik der mittleren Pflichten umgedeutet.

Diese Verschiebung geht vermutlich mit einer Abschwächung des eudaimonistischen Rahmens von Ciceros Moraltheorie einher. Wie Stefan Röttig ebenfalls in diesem Band bemerkt, spielt der Begriff der *eudaimonia* in *De officiis*, im Vergleich vor allem zu Ciceros *De finibus*, nur eine „bemerkenswert untergeordnete Rolle"

---

2 Die deutsche Übersetzung folgt Merklin 1991.

(S. 154). Man könnte meinen, dass die *personae*-Theorie dies bestätigt. Seit Sokrates wurde die Suche nach der *eudaimonia* mit dem Anspruch auf eine authentische Lebensführung verbunden, die die gesellschaftlich etablierten Werte hinterfragt. Die *personae*-Theorie von *De officiis* wurde hingegen als ein Ansatz kritisiert, der auf das kompetitive Ethos der römischen Elite zugeschnitten ist, der allgemein die Konformität fördert und das Streben nach Status und gesellschaftlicher Anerkennung legitimiert (Gill 1988; Johnson 2013). Das Streben, den Rollen gerecht zu werden, würde entweder zur unreflektierten Anpassung an die konventionellen Erwartungen oder zur Heuchelei führen. Zudem scheint die Schauspielermetaphorik eine Differenz zwischen Sein und Schein zu implizieren, sodass der Fokus auf die *personae* eine problematische Aufwertung des Scheinbaren, im Kontrast zum Wirklichen, mit sich bringen würde. Wie könnte man ein solches Leben als glücklich betrachten?

Entgegen diesen Überlegungen möchte ich in diesem Beitrag herausarbeiten, dass die Moraltheorie von *De officiis* im Allgemeinen, und die Vier-*personae*-Theorie im Besonderen, im tugendethischen und eudaimonistischen Rahmen der stoischen Ethik fest verankert bleibt. Dieser Ansatz soll die oben erwähnten Verschiebungen bzw. Unterschiede zwischen *De officiis* und der frühstoischen Ethik nicht bestreiten, sondern darauf hinweisen, dass diese Verschiebungen keine Abschwächung oder gar Aufhebung des eudaimonistischen Rahmens implizieren oder voraussetzen. Meine Perspektive sollte auch einer angemessenen Würdigung der ethischen und handlungstheoretischen Signifikanz der *personae*-Theorie zuträglich sein. Im Grunde ergibt sich diese Signifikanz aus der stoischen Auffassung der Tugend im Sinne der „Kunst des Lebens" (*technē peri ton bion*) (Sextus, *Math.* 11.170). Wie Cicero auch in *De finibus* bemerkt, eignet sich die Kunst des Schauspiels besonders gut dazu, die Kunst des Lebens zu verdeutlichen, indem der Zweck der künstlerischen Leistung eben in dieser Leistung selbst liegt (*Fin.* 3.24). Es ist im Umgang mit unseren *personae*, in deren kunstvollen Darstellung, dass unsere Rationalität voll zum Ausdruck kommt.

Die Abhandlung erfolgt in drei Schritten. Im ersten Schritt gehe ich auf die Vorgeschichte der *personae*-Theorie in der frühstoischen Philosophie ein, um zu zeigen, dass der Begriff der Rolle dazu diente, die radikal tugendethischen und eudaimonistischen Ansätze der frühen Stoa zu verdeutlichen, und zwar in zweierlei Sinn. Erstens schafft die Distanz zwischen dem Handelnden und seinen *personae* einen wichtigen Spielraum für die menschliche Rationalität, indem die *personae* zum Material der Tugend werden. Dies zeigt sich vor allem darin, dass nicht das „Was", d. h. der Inhalt der Rolle, sondern das „Wie", d. h. die Art und Weise der Darstellung, wichtig ist. Zweitens schaffen die *personae* den Rahmen für eine aktive, sinnvolle Lebensgestaltung, was sich vor allem darin zeigt, dass einige der *personae* vorsätzlich gewählt werden sollen. Dabei liegt der Schwerpunkt nicht so sehr auf der Richtigkeit einzelner pflichtgemäßer Handlungen, sondern auf der übergreifenden Logik des gesamten Lebens. Im zweiten Schritt gehe ich den Hinweisen von *De officiis* nach, die belegen, dass vieles von diesem frühstoischen Verständnis der *personae*-Theorie auch von Panaitios bzw. Cicero beibehalten wurde und dass die Moraltheorie von *De officiis* in den eudaimonistischen Rahmen der stoischen Ethik eingebettet ist. Pflichtgemäß zu handeln ist insofern wichtig, als es zu einem glücklichen oder gelungenen Leben beiträgt. Im dritten Schritt gehe ich abschließend auf einige Stärken und Schwächen der *personae*-Theorie sowie auf ihre normative Reichweite ein. Mit Blick auf die Schwerpunkte meiner Interpretation ist die Herangehensweise dieses Aufsatzes vorwiegend systematisch. Auch aus Platzmangel verzichte ich auf Ausführungen über rein historische oder exegetische Probleme, die übrigens bereits in mehreren vorliegenden Studien zum großen Teil gut abgedeckt wurden (v. a. in Dyck 1996; Gill 1988; De Lacy 1977).

7.2 Systematische Aspekte des Rollenbegriffs in der Stoa

Der ethische Ansatz, nach dem wir Träger verschiedener Rollen sind und die Rollen zu einer wichtigen normativen Grundlage unserer Handlungen werden, gehört zu den kennzeichnenden Merkmalen der stoischen Ethik in allen drei Phasen ihrer historischen Entwicklung (Johnson 2013; Machek 2016). Dies lässt sich dadurch erklären, dass der Rollenbegriff (*prosōpon, persona*), sowie die darin implizierte Metaphorik des Schauspiels, einige bemerkenswerte Merkmale hat, die sich aus der Sicht der stoischen Philosophie als heuristisch und systematisch günstig erweisen. Diese Vorteile des Rollenbegriffs treten wohl am deutlichsten durch den Vergleich mit einem anderen und verwandten philosophischen Begriff hervor, nämlich mit dem Begriff der „Funktion" (*ergon*), der bei Platon und Aristoteles zentral war, aber auch bei den Stoikern latent beibehalten wird.

Ähnlich wie „Rolle" bei den Stoikern, ist „Funktion" bei Platon oder Aristoteles die Grundlage für die Bestimmung der guten Handlungen. Was z. B. in Platons *Politeia* (4.443c–444d) jeder in der Polis tun soll, um gerecht zu leben, ergibt sich aus seinem *ergon*; sein *ergon* schreibt einem Zimmermann vor zu zimmern und verbietet ihm, anderes zu tun. Bei Aristoteles ist sogar vom *ergon* des Menschen die Rede: Das menschliche *ergon* verlangt eine Betätigung der Vernunft, und die gute Ausübung des *ergon* ihre gute Betätigung (*Eth. Nic.* 1.1098a7–15). In beiden Fällen wird der Anspruch, was man tun soll, daraus abgeleitet, wer bzw. was man ist, im Sinne der sozialen Einordnung bzw. der biologischen Verfassung. Dies scheint generell auch beim Rollenbegriff der Fall zu sein. Wir sollen uns ständig dessen bewusst sein, wer wir sind bzw. was unsere Rolle ist – ein Vater, ein Bruder, ein Weltbürger –, um unsere Handlungen dementsprechend zu gestalten (*Epict. diss.* 2.9). Tatsächlich haben die Stoiker, wie es gleich aus der *personae*-Theorie von Cicero ersichtlich sein wird, die oben erwähnten Beispiele der Funktion bei Platon und Aristoteles im Sinne der Rollen aufgefasst: Ein Mensch oder ein Zimmermann zu sein gehört zu unseren Rollen (*personae*). Warum bedienen sich also die Stoiker nicht einfach nur des gut etablierten *ergon*-Begriffs und ersetzen ihn stattdessen durch den Begriff der Rolle? Der Grund dafür ist, dass der Rollenbegriff es erlaubt, mehreren einzigartigen Merkmalen der stoischen Handlungstheorie in einer Art und Weise Rechnung zu tragen, die ihn dem *ergon*-Begriff überlegen macht.

Der wohl auffälligste Vorteil des Rollenbegriffs hat mit der stoischen Physik zu tun. Die Metaphorik des Theaters passt hervorragend zum stoischen Determinismus und zur Vorsehungslehre, nach der jede einzelne Lebensgeschichte einen bestimmten, von der göttlichen Rationalität genau kalkulierten Beitrag zur Ordnung und Harmonie des ganzen Kosmos leistet, gleich verschiedenen Charakteren in einer Tragödie (Plutarch, *Comm. Not.* 1065b). Diese Rollen sind personalisiert, werden einzelnen Menschen von Gott zugeteilt und sollten, mit Blick auf die göttliche Fürsorge, ohne Murren übernommen werden: „Bedenke: Du bist Darsteller eines Stücks, dessen Charakter der Autor bestimmt, und zwar eines kurzen, wenn er es kurz, eines langen, wenn er es lang wünscht. Will er, dass du einen Bettler darstellst, so spiele auch diesen einfühlend." (*Ench.* 17, übers. Steinmann) Die Metapher des Lebens als Schauspiel geht allerdings auf die ältere Schule der Kyniker zurück (De Lacy 1977) und lässt sich bereits früher in der Geschichte der stoischen Schule belegen. Laut einem biographischen Bericht über Ariston von Chios hat dieser das Lebensziel als „völlige Gleichgültigkeit" gegenüber allen Dingen außer Tugend und Laster bezeichnet. In diesem Sinne „lasse sich der Weise nämlich mit einem guten Schauspieler vergleichen, der ebenso die Rolle eines Thersites wie eines Agamemnon spiele und beide angemessen darstelle" (Diog. Laert. 7.160–162, übers. Nickel).

Dieser zweite Abschnitt legt auch die Attraktivität des Rollenbegriffs für die stoische Axiologie nahe, indem das Leben-Schauspiel-Gleichnis verwendet wird, um die stoische Distinktion zwischen Tugend und Laster einerseits und den gleichgültigen Dingen, oder Indifferentien, andererseits zu verdeutlichen. Nur die Tugend ist ein Gut und hinreichend für die *eudaimonia*; nur das Laster ist ein Übel und hinreichend für ein unglückliches Leben (Diog. Laert. 7.128); alles andere ist gleichgültig und spielt gar keine Rolle für die *eudaimonia*.[3] Es ist nicht diese oder jene Rolle, die

---

3 Obwohl Diog. Laert. 7.128 berichtet, dass gerade Panaitios und Poseidonios zugestanden, man brauche auch Gesundheit und Kraft für das glückliche Leben.

einen zu einem guten Schauspieler macht, sondern die Kunst des Schauspiels, mit der eine beliebige Rolle übernommen wird. Die Rolle ist gleichgültig; die Beherrschung der Kunst ist alles. Dies gilt auch für das Leben. Es sind nicht die äußeren Lebensumstände, die uns zu guten oder schlechten (und daher auch: zu glücklichen oder unglücklichen) Menschen machen, sondern die Art und Weise, wie wir diese Umstände handhaben. Dieses gute Handhaben ist das *telos* oder auch die Funktion des Menschen (Cicero, *Fin.* 3.24). Daraus wird auch ersichtlich, warum die Stoiker den Rollenbegriff zusätzlich zum *ergon*-Begriff eingeführt haben. Ähnlich wie für Platon und Aristoteles liegt die *eudaimonia* auch für die Stoiker in der guten Ausübung der Funktion. Diese Funktion wird darin ausgeübt, dass wir verschiedene Rollen gut darstellen. Dieser Ansatz setzt somit eine Distinktion zwischen „Funktion" und „Rolle" voraus.

Die *eudaimonia* wird in der frühen Stoa als „Leben in Übereinstimmung mit der Natur (*homologoumenōs tēi physei zēn*)" definiert (Diog. Laert. 7.88), oder einfach als „Leben in Übereinstimmung", d. h. dass das Leben eines glücklichen Menschen mit sich in Übereinstimmung ist. Alles ist von der göttlichen Vernunft durchdrungen; das bedeutet, dass alles auf eine möglichst rationale d. h. zweckhafte und harmonische Weise geordnet ist. Die göttliche Vorsehung gestaltet verschiedene Lebewesen so, dass sie zu dieser Harmonie beitragen, wenn sie in Übereinstimmung mit ihrer eigenen Natur funktionieren (Cicero, *Nat. D.* 2). Im Gegensatz zu anderen Lebewesen sind Menschen mit Vernunft und Sprache ausgestattet; das bedeutet, dass sie an dieser Rationalität auf eine direkte und privilegierte Weise teilhaben dürfen, können und sollen. Die Vernunft ermöglicht es den Menschen, sich für diese oder jene Handlung zu entscheiden und ihr Leben als eine aus Handlungen bestehende Struktur zu gestalten. Die Homologie als Definition der *eudaimonia* betrifft somit in erster Linie die Art und Weise der Handlung oder das „Wie", aus der sich die rationale Struktur der Handlungen ergibt, die das gute Leben einer weisen Person ausmacht. Ein glückliches Leben ist nicht unbedingt ein glanzvolles Leben der großen Taten; es geht vielmehr um die Bewahrung „des guten Flusses des Lebens" (*eurhoia biou*), wie eine andere, vermutlich von Zenon vertretene frühstoische Definition der *eudaimonia* (Stobaios, *Ecl.* 2.70.22–21) oder des „gut geformten Lebens" (*euschēmenōs zēn*) lautet (ebd., 2.79–80).

Auf dieses Ideal eines Lebens, das in sich selbst ruht und frei von größeren Zäsuren und Widersprüchen seinen Lauf fortsetzt, deutet auch die folgende Forderung von *De officiis* hin: „Bei seinen Handlungen muss man also eine solche Ordnung (*ordo actionum*) walten lassen, dass, wie in einer einheitlich ausgeführten Rede, so auch im Leben alles zueinander passt und miteinander harmoniert" (*omnia sint apta inter se et convenientia*) (1.144). Die Parallele zwischen Ordnung in der Rede und Ordnung in Handlungen erinnert uns daran, dass es keinen Unterschied zwischen der Logik einer guten Lebensführung und der Logik einer Proposition oder einer Rede gibt. Dies kann nicht anders sein, weil die Handlungen eines guten Menschen seiner Kunst des Lebens oder auch „Erkenntnis" entspringen, einem konsistenten System der Theoreme dreier sich gegenseitig durchdringender Bereiche der stoischen Philosophie, d. h. Logik, Ethik und Physik (Sextus, *Math.* 7.19).

Auch in der Verdeutlichung der *homologia* hat sich das Tugend-Schauspiel-Gleichnis als fruchtbar erwiesen. Cicero berichtet:

> Wie nämlich einem Schauspieler eine bestimmte Rolle, einem Tänzer keine beliebige, sondern eine ganz bestimmte Bewegung zugewiesen ist, so muss auch das Leben auf eine ganz bestimmte, nicht auf eine beliebige Weise geführt werden; diese nennen wir „in sich stimmig" und mit sich „übereinstimmend (*conveniens consentaneumque*). (*Fin.* 3.24)

Hier wird noch ein anderer Aspekt des Rollenbegriffs angedeutet, der in *De officiis* in den Vordergrund rückt: Die Rollen schränken uns zwar ein – genauso wie die Gesetze der Logik –, indem sie eine ganz bestimmte Ordnung erzwingen; gleichzeitig fördert dieser Zwang aber die *homologia*. Wie Cicero in *De officiis* bemerkt, ist jeder Rolle oder jedem Charakter eine gewisse *homologia* eigen: „die Dichter lassen jemanden das tun und sagen, was jeweils seiner Rolle entspricht" (1.97), und sie „achten auch darauf, was für die Lasterhaften passend und geziemend ist" (1.98). Literarisch gelungene Charaktere erkennt man daran, dass ihre Taten eine gewisse Logik verfolgen, selbst wenn diese Logik von einer lasterhaften Art ist. In der Möglichkeit des geziemenden Lasters zeichnet sich eine mögliche, beunruhigende Tendenz zur Entmoralisierung der Ethik durch die Logik ab.[4] Wenn die logische Struktur eines Lebens so hoch gewertet wird, könnte eventuell, nicht nur im Theater, sondern auch im Leben, ein durchschnittliches oder sogar moralisch verwerfliches Leben gut sein? Diese Frage tritt in der Vier-*personae*-Theorie besonders deutlich hervor, und Cicero bietet einen möglichen Ansatz an, um diesen Schluss zu vermeiden.

Bevor wir uns dieser Theorie zuwenden, ist noch kurz zu bemerken, dass der Wert der *homologia* auch die Valorisierung der äußerlichen bzw. ästhetischen Dimension der guten oder angemessenen Handlung bedingt. „Nur das Schöne (*kalon*) ist gut (*monon to kalon agathon einai*)", legte laut Diogenes Laertios (Diog. Laert. 7.101) Chrysipp in seiner Abhandlung *Über das Schöne* fest. Diese enge Beziehung zwischen dem Guten und dessen äußerlichem Ausdruck betrifft auch den Begriff *prepon*, „das Geziemende": „Jegliches Gute ist nützlich (*ōphelimon*) [...] geziemend (*prepon*), schön" (Stobaios, *Ecl.* 2.61.11–13). Das Geziemende oder Schöne ist nicht

---

4 Ciceros hohe Schätzung der *constantia* in *De officiis* (und in *De finibus*) steht in einem ambivalenten Verhältnis zu seiner skeptischen Haltung gegenüber der dogmatischen *constantia* in *Tusculanae disputationes* 5.31–34.

zum Guten fakultativ hinzuaddiert, es gehört zu seiner Natur. Dies ergibt sich daraus, dass das Gute *qua homologia* eine logische Struktur aufweist, die es zwangsläufig äußerlich attraktiv macht.[5] So sehr daher Ciceros Beachtung der Eleganz und Angemessenheit des äußerlichen Auftretens auch den Geschmack und die Gepflogenheiten der römischen Elite reflektieren kann, beruht sie doch auf einem philosophischen Fundament, das sich auch in der früheren Stoa gut belegen lässt.

7.3 Die vier Personen und der Übereinklang mit der eigenen Natur

Zunächst stellt Cicero zwei *personae* vor, nämlich diejenigen, die uns die Natur (*natura*) zugewiesen hat (1.107). Die erste Rolle ist die Rolle des Menschen, die ihm dadurch zukommt, dass er an der Vernunft (*ratio*) Anteil hat. Von dieser Rolle „hängt alles sittlich Gute und Geziemende ab" (ebd.). Diese Abhängigkeit wird nicht explizit erklärt und begründet; wird das Geziemende nicht auch von den anderen Rollen bestimmt? Sie ergibt sich vermutlich daraus, dass die erste Rolle den anderen Rollen übergeordnet ist, indem es die Leistung dieser Rolle ist, alle anderen Rollen gut darzustellen bzw. auszuwählen. Eigentlich ist sie in diesem Sinne ebenso wenig eine Rolle wie „Schauspieler" die Rolle eines Schauspielers ist. Vielmehr ist „Schauspieler" die Funktion eines Schauspielers, die dadurch betätigt wird, dass er verschiedene Rollen darstellt. Wir üben die Funktion des Menschen, d. h. die Vernunft, aus, indem wir verschiedene Rollen darstellen. Die Leistung der menschlichen Rationalität ist es, Ansprüche verschiedener spezifischer Rollen wahrzunehmen und sie bei Vorsätzen bzw. Handlungen zu berücksichtigen und geschickt zu handhaben.

Dabei kommt der wichtigste Anspruch der zweiten von der Natur zugeteilten Rolle zu, nämlich der, „die jedem einzelnen persönlich zugewiesen ist" (*proprie singulis est tributa*) (1.107). Diese Rolle entspricht der Gesamtheit der körperlichen, charakterlichen und intellektuellen Eigenschaften und Besonderheiten (z. B. Lässigkeit, Heiterkeit, Humor, Scharfsinn: 1.108–9) sowie den sich daraus ergebenden Neigungen und Talenten, die sich von Mensch zu Mensch unterscheiden. Diese individuellen Anlagen sind ein schwerwiegendes praktisches Kriterium: „So messen wir (*metiamur*), wenn andere Ziele auch wichtiger und besser sind, doch unsere Bestrebungen am Maßstab unserer eigenen Natur (*nostrae naturae regula*)" (1.110).

---

5 S. dazu Celkytė 2020.

Wir sollten diejenigen Handlungen und Projekte vorziehen, die unserer individuellen angeborenen Verfassung am besten entsprechen.

Neben diesen von der Natur zugewiesenen Rollen haben alle Menschen noch eine dritte und eine vierte Rolle. Die dritte Rolle wird uns nicht von der Natur, sondern vom „Zufall oder einer Gelegenheit" (*casus aut tempus*) zugewiesen (1.115). Sie hat mit unserer sozialen Position zu tun, allerdings in einer Art und Weise, die weder von der Natur bestimmt noch in unserer Gewalt ist. Es gehören in diese Kategorie verschiedene äußere Lebensumstände wie Zugehörigkeit zum Adel, Ehre oder Beitz von Reichtum, die unsere soziale *persona* maßgeblich bestimmen. Die vierte Rolle betrifft auch unseren Platz in der Gesellschaft, allerdings wird die Auswahl der Rolle „nach unserem eigenen Urteil (*iudicio nostro*)" vorgenommen (1.115). Hauptsächlich handelt es sich bei der vierten Rolle um den Beruf oder die Lebensbahn, für die wir uns entscheiden: Philosophie, Bürgerliches Recht oder Redekunst sind die von Cicero erwähnten Beispiele, die keinen Zweifel daran lassen, dass das Privileg der Berufswahl nur der römischen Elite zukommt.

Auch die vierte Rolle verpflichtet uns zu Handlungen, die dieser Rolle entsprechen. Im Gegensatz zu den anderen Rollen ist diese Rolle jedoch von uns gewählt. Wie ist dieser Unterschied mit dem stoischen Determinismus vereinbar, nach dem uns alle Rollen von der Natur bzw. Gott zugewiesen sind? Diese Frage stellt sich übrigens bereits in Bezug auf die dritte, vom „Zufall" zugewiesene Rolle. Die stoische Kosmologie lässt ja eigentlich keinen Zufall zu; alles wird durch die Vernunft der Natur bewirkt und erzwungen. Dementsprechend werden auch verschiedene soziale Rollen, wie Ariston sagt, nicht durch Zufall, sondern durch die Natur auferlegt (Diog. Laert. 7.160–162). Wir müssen aber nicht unbedingt darauf schließen, dass Panaitios in diesem Punkt vom Determinismus der älteren Stoa abweicht. *Casus* als „Zufall" zu übersetzen mag in diesem Sinne irreführend sein. Der lateinische Ausdruck impliziert nicht, dass alles, was nicht von der Natur determiniert ist, eine Kontingenz aufweist. Vielmehr mag es der Fall sein, dass Panaitios hier „Natur" in einem engeren Sinne meint, nämlich im Sinne des Angeborenen. Aber auch das, was nicht angeboren ist, ist immerhin durch Natur in einem weiteren Sinne determiniert, nämlich durch die göttliche Vorsehung. Das Gleiche lässt sich auch über die Wahl der vierten Rolle sagen. Die Tatsache, dass wir diese Rolle wählen, ändert nichts daran, dass auch diese Wahl von Gott determiniert ist.

Bei der Wahl der vierten *persona* sollten alle anderen *personae* berücksichtigt werden, sodass die Lebensbahn all deren Forderungen gerecht wird. Dabei fällt es auf, wieviel Gewicht Cicero der Natur, einschließlich der individuellen Natur, zuschreibt: „Da unsere Natur [...] den größten Einfluss hat, und danach ihr das Schicksal (*fortuna*) am nächsten kommt, muss man bei der Entscheidung über seinen Lebensweg grundsätzlich auf beide Rücksicht nehmen, in höherem Maße aber auf die Natur" (1.120). Wie sich die Schauspieler solche Charaktere am ehesten aussuchen, die ihren individuellen Stärken am besten entsprechen, so sollten sich auch junge Menschen auf solche Berufe einlassen, für die sie die Natur am besten ausgestattet hat (1.114). Warum ist aber der Einfluss der individuellen Natur derart groß, und wie lässt er sich begründen? Die individuelle Natur kann ja kein Gut sein, weil nur die Tugend, d. h. Leben in Übereinstimmung, ein Gut ist. Es gibt zwei alternative Begründungen. Eine Möglichkeit ist, dass die individuelle Natur sowie die Handlungen, die ihr entsprechen, trotzdem einen nicht-instrumentellen Wert besitzen.[6] Die zweite Möglichkeit ist, dass die individuelle Natur und die ihr entsprechenden Handlungen einen wichtigen instrumentellen Wert haben, indem sie das glückliche Leben begünstigen. Diese Erklärungen sind durchaus kompatibel und, wie ich glaube, im Rahmen der stoischen Ethik vertretbar.

Generell ist „Natur" in der stoischen Ethik ein stark normativer Begriff. Frühere Stoiker haben allerdings diejenigen Aspekte der menschlichen Natur hoch gewertet, die mit der Rationalität als Kennzeichen der Spezies Mensch zu tun haben. Kann es sein, dass Panaitios den Begriff der menschlichen Natur erweitert, um auch andere Aspekte der menschlichen Natur einzuschließen? Darauf könnte die Definition der *eudaimonia*, die von Clemens Panaitios zugeschrieben wird, hindeuten: „Zusätzlich zu diesen [früheren Stoikern] erklärte Panaitios, das Ziel bestehe darin, in Übereinstimmung mit den uns von der Natur verliehenen Neigungen (*aphormai*) zu leben" (*Strom.* 2.21.129). Nicht nur der allgemeinen menschlichen Natur sollte man folgen, sondern auch der individuellen Natur, weil sie uns, vermutlich, auch zu einem bestimmten Zweck von der göttlichen Natur gegeben wurde. Dies könnte der Grund sein, warum es verwerflich sein soll, „die Wesensart anderer nachzuahmen und die eigene aufzugeben" (*Off.* 1.111). Insofern die Nachahmung in der philosophischen Tradition, z.B. bei Aristoteles, als eine wichtige Strategie des Tugenderwerbs galt, mag die kritische Haltung gegenüber der Nachahmung auf eine spezifisch stoische Theorie der Selbstkultivierung hindeuten.[7]

Einen besonders frappanten Ausdruck findet dieses Verbot der Nachahmung in der Deutung des Selbstmords von Cato, der sich lieber sein Leben genommen hatte, als sich dem Feind ergeben zu müssen (vgl. *Off.* 1.112). Diese Handlung war angemessen oder pflichtgemäß, indem sie der natürlichen Anlage des Cato, insbesondere seiner *gravitas*, entsprach. Dabei wäre es allerdings für andere Menschen in

---

6 Den „nicht-instrumentellen Wert" verstehe ich als Gegensatz zum rein instrumentellen Wert. Eine Sache ist dann nicht-instrumentell wertvoll, wenn sie um ihrer selbst willen (*kath' hauton*) gewählt wird und nicht bloß als Mittel zu etwas anderem. Eine der individuellen Natur entsprechende Handlung wäre an sich wertvoll, eben weil es der individuellen Natur entspricht.
7 Diese kritische Haltung gegenüber einer bloßen Nachahmung steht mit der stoischen Aneignung der römischen *exempla*-Ethik (s. dazu Roller 2018, Kap. 8) nicht unbedingt im Konflikt; vgl. dazu Senecas Abhandlung über die *exempla* in *Epistulae* 94 und 120.

seinem Umkreis, die „gelassener" und „umgänglicher" waren, wohl „tadelnswert", Catos Heroismus nachzuahmen, weil eine solche Handlung ihrer Natur widerspräche. Auch diejenigen also, die sich dem Feind ergaben, haben angemessen gehandelt.

Diese Nivellierung, die den Glanz der mutigen Tat Catos etwas verblassen lässt, wirft Bedenken auf, ob der normative Wert der individuellen Natur womöglich so weit reichen dürfte, dass er auch solche Handlungen rechtfertigen könnte, die moralisch verwerflich sind. Wo ist die Grenze zwischen einer feigen Handlung und einer pflichtgemäßen Handlung, die die individuelle Gelassenheit bewahrt? Wenn die individuelle Natur einmal einen nicht-instrumentellen Wert hat, könnte dieser nicht mit dem nicht-instrumentellen Wert der Tugend in Konflikt geraten? Tatsächlich beschäftigt sich Cicero mit diesem Problem explizit und formuliert den folgenden Grundsatz: „Wir haben nämlich so zu handeln, dass wir nichts gegen die allgemeine Naturanlage zu erreichen suchen (*ut contra universam naturam nihil contendamus*), jedoch, indem wir sie bewahren, unseren eigenen Anlagen folgen (*ea tamen conservata propriam nostram sequamur*) (1.110)."

Die Darstellung der ersten Rolle hat immer den Vorrang, indem sie die Würdigung und Bewahrung der individuellen Natur einschränkt. Sollten uns unsere individuellen Neigungen zu Handlungen treiben, die das menschliche *ergon* verletzen, z. B. durch Ungerechtigkeit, sollte man ihnen nicht nachgeben. Dies war aber vermutlich nicht der Fall bei den gelassenen Gefährten Catos. Ihre Handlung mag zwar weniger beeindruckend sein als die von Cato; trotzdem ist sie deswegen nicht weniger angemessen. Das Laster ist mit dem guten Leben nicht vereinbar; die Mittelmäßigkeit mag hingegen mit diesem vereinbar sein.

Der Grundsatz, nach dem die erste *persona* die Bewahrung der zweiten *persona* einschränkt, findet eine Parallele in der Definition der *eudaimonia*, die im dritten Buch von De officiis vorliegt: „stets mit der Tugend übereinzustimmen (*cum virtute congruere semper*), das übrige jedoch, was der Natur gemäß ist (*quae secundum naturam essent*), unter der Bedingung zu wählen, dass es der Tugend nicht widerspricht (*si ea virtuti non repugnarent*)" (3.13). Diese Definition gibt eine Antwort auf die Frage, die die ganze Schrift durchdringt und die zu den grundlegenden Fragen der stoischen Ethik gehört. Da dieses Problem andernorts in diesem Band ausführlich besprochen wird, beschränke ich mich auf eine schematische Erörterung. Cicero formuliert diese Frage in der Terminologie des *honestum* und *utile*, des Ehrenhaften und des Nützlichen. Können das Ehrenhafte und das Nützliche als unterschiedliche praktische Gründe überhaupt in Konflikt miteinander geraten? In der früheren stoischen Terminologie geht es hier um das Verhältnis zwischen dem nicht-instrumentellen Wert des Guten oder der Tugend und dem nicht-instrumentellen Wert einer Gruppe von Indifferentien, den sogenannten „bevorzugten Indifferentien" oder „naturgemäßen Dingen", wie Gesundheit oder Reichtum, aber auch solchen, die an die zweite bzw. dritte *persona* in *De officiis* denken lassen, wie Kraft oder edle Herkunft (Diog. Laert. 7.106–7).[8] Von der natürlichen Verfassung des Menschen her ist es durchaus sinnvoll, diese Dinge um ihrer selbst willen zu wählen (*di' hauta*, Diog. Laert. 7.107), weil sie für unsere Natur einen bestimmten bedingten Nutzen haben. Trotzdem ist deren nicht-instrumenteller Wert von dem nicht-instrumentellen Wert der Tugend scharf zu unterscheiden.[9]

Es steht außer Zweifel, dass es in der stoischen Ethik *keinen* Wettbewerb geben kann zwischen dem Wert der Tugend und dem Wert der naturgemäßen Dinge. Es ist nämlich in der Natur der Tugend, die naturgemäßen Dinge im Leben zu bewahren bzw. zu maximieren und deren Gegenteile zu meiden bzw. zu minimieren. Die Tugend selbst ist kein praktischer Grund, sie ist vielmehr eine vorzügliche Urteilskraft in Bezug auf die gesamte Lebensführung, in der die naturgemäßen bzw. naturwidrigen Dinge die einzigen praktische Gründe darstellen.[10] Es ist allerdings möglich, dass die Tugend, obwohl sie nicht in direkten Wettbewerb zu den Indifferentien geraten kann, trotzdem die Maximierung der Indifferentien als eine höhere axiologische Instanz einschränkt bzw. unter Umständen verbietet (Inwood 1985, 210: *overriding constraint*). Dies scheint Ciceros bevorzugte Lösung zu sein. Allerdings ist es fraglich, ob dieses Modell der Deliberation, das Tad Brennan als „*salva virtute*" bezeichnet hat (Brennan 2005), mit der stoischen Axiologie vereinbar ist (Barney 2003). Cicero führt aber seine Definition der *eudaimonia* mit *ut opinor* ein, „meiner Meinung nach", was darauf hindeuten mag, dass es um seine Interpretation der stoischen Ethik geht.

Es bleibt allerdings klar, dass sich in der Beziehung zwischen der ersten und zweiten *persona* diese grundlegende axiologische Agenda abzeichnet. Insofern die individuelle Anlage einen nicht-instrumentellen Wert hat, lässt sich dieser Wert im Rahmen der stoischen Axiologie am besten im Sinne der bevorzugten Indifferentien bzw. naturgemäßen Dinge einordnen. Man kann nicht sagen, Catos *gravitas* sei eine bessere Eigenschaft als die Gelassenheit der anderen: Beide Eigenschaften sind indifferent. Worauf es ankommt, bzw. worin sich die Tugend zeigt, ist, wie wir sie handhaben. Es ist eine wichtige Leistung unserer Rationalität, d. h. der ersten *persona*, dass wir auf unsere eigenen Eigenschaften explizit Bezug nehmen und sie

---

[8] Die Mehrheit der Kommentatoren versteht den Wert der bevorzugten Indifferentien im Sinne des „nicht-instrumentellen" oder „intrinsischen" Wertes (z. B. Inwood 1985, 208–210; Long / Sedley 1987, 357–359).

[9] Im Vergleich zu den Indifferentien, die trotz ihres nicht-instrumentellen Wertes nur extrinsisch wertvoll sind, d. h. sie können unter Umständen auch schädlich sein (Diog. Laert. 7.103), ist die Tugend sowohl nicht-instrumentell als auch intrinsisch wertvoll, weil sie immer nur nutzt (ebd. 7.99).

[10] *Pace* Klein 2015, der bevorzugte Indifferentien nicht als praktische, sondern als rein epistemische Gründe versteht.

beurteilen können: „Jeder soll seine Eigenart erkennen und sich als strenger Richter seiner guten und schlechten Seiten erweisen" (1.114). Unsere individuellen Eigenschaften werden somit zum Material unserer Tugend oder Kunst des Lebens. Die axiologische Distinktion wird dadurch auch zu einer psychologischen Distinktion. Die Distinktion zwischen der Tugend und Indifferentien entspricht nicht nur der Dichotomie des Inneren und des Äußeren (das Ich und die Welt), sie kommt auch bereits innerhalb des Inneren zum Ausdruck. Es ist die Forderung der Tugend, gegenüber sich selbst Abstand zu nehmen und sich selbst quasi gut zu verarbeiten und zu verwenden (Machek 2016).

Trotz dieses indifferenten Status kann – und hier kann man im vorgegebenen Rahmen der stoischen Axiologie nur spekulieren – unsere individuelle Natur doch einen gewissen nicht-instrumentellen Wert haben, und zwar in zweierlei Hinsicht. Einerseits sind *alle* unsere angeborenen Eigenschaften wertvoll, weil sie uns von der Natur gegeben sind; statt andere Naturen nachzuahmen, sollten wir unserer eigenen folgen. Andererseits wäre es durchaus sinnvoll zu sagen, dass nicht alle angeborenen Eigenschaften gleich bevorzugt werden sollten. In der Regel hat man viele verschiedene angeborene Eigenschaften, die jeweils einen unterschiedlichen Wert haben. Nehmen wir an, ich habe einen angeborenen starken Wissensdrang, aber auch eine starke angeborene Ängstlichkeit. Der Wissensdrang ist vermutlich der Ängstlichkeit vorzuziehen, genauso wie Gesundheit der Krankheit vorzuziehen ist. Dieser Vorzug wird angemessen dadurch ausgedrückt, dass ich z. B. einen Beruf wähle, in dem mich die Ängstlichkeit relativ wenig einschränkt, wobei mein Wissensdrang konstruktiv zum Ausdruck kommt, z. B. der Beruf eines Wissenschaftlers.

Neben diesem nicht-instrumentellen Wert im Sinne der bevorzugten Indifferentien hat die zweite *persona* noch einen instrumentellen Wert, indem sie dem Geziemenden zuträglich ist. Sie hilft uns nicht nur, die berufliche Rolle gut auszuüben, wenn unsere natürlichen Dispositionen dem Beruf entsprechen, sondern auch bei der Ausübung der ersten Rolle: „Jeder sollte seine eigene [...] Besonderheit bewahren, um desto leichter an dem Geziemenden [...] festzuhalten" (1.110). So sehr das *decorum* ein Artefakt der Kultur sein mag, es fordert Respekt gegenüber den natürlichen Anlagen. Cicero geht sogar von der engen Verbindung zwischen Natur und Geziemendem aus, um den Begriff des Geziemenden zu präzisieren. Die „Beschaffenheit jenes Geziemenden" (*quale sit decorum illud*) geht nämlich noch deutlicher daraus hervor (*magis emergit*), dass „nichts ziemt" (*nihil decet*), das „gegen Minervas Willen" geht, oder „gegen das Widerstreben und Widerstreiten der Natur" (*adversante et repugnante natura*) (ebd.). Er fügt die folgende Begründung hinzu: „Wenn überhaupt etwas geziemend ist, dann ist es in der Tat nichts mehr als die Gleichmäßigkeit der ganzen Lebensführung (*aequabilitas universae vitae*), sodann der einzelnen Handlungen (*singularum actionum*), die nicht zu bewahren ist, wenn man die Wesensart anderer nachahmt und die eigene aufgibt" (1.111). Die *aequabilitas* lässt an die frühstoische Definition der *eudaimonia* als „guter Fluss des Lebens" erinnern.

In der Tat wirbt die hohe Wertung der *homologia* für eine Lebensführung, die wir als defensiv, aber auch authentisch bezeichnen können. Einerseits „sollen wir nicht so sehr bemüht sein, Erfolge zu erzielen, die uns versagt sind, wie Fehler zu vermeiden" (1.114). Das Ziel ist es, eine Lebensbahn zu wählen, die nicht unbedingt glanzvoll sein muss, aber eine bestimmte Kontinuität und Ordnung aufweist und nachhaltig ist. Dieses anti-heroische Sentiment geht mit der Forderung einher, dass wir „während der gesamten Dauer unseres Lebens uns selbst treu bleiben sollen" (*constare in perpetuitate vitae possimus nobismet ipsis*) (1.119). Wir sollten solch ein Leben führen, das wir als *unseres* erkennen können, nicht ein Leben, das unserer individuellen Verfassung fremd ist. Diese auffällig modern klingende Maxime ist wohl ohne Präzedenz in der früheren stoischen Ethik, erweist sich aber als durchaus begründet im Lichte der stoischen Idee des mit sich übereinstimmenden Lebens.

7.4 Zur normativen Reichweite der Lehre

Der wohl attraktivste Zug der Vier-*personae*-Theorie ist das Versprechen, dass Pflichterfüllung eine Selbsterfüllung sein kann. Dieser Anspruch ist darin fundiert, dass der deontologische Ansatz in einer eudaimonistischen Ethik verankert ist, und wird dadurch verstärkt, dass unsere *persona propria* weder ignoriert noch verformt oder korrigiert, sondern einfach ins Spiel genommen werden soll. Wir können unsere Pflichten gegenüber den anderen gerade dann am verlässlichsten erfüllen, wenn wir unsere Eigenart erkennen und an ihr festhalten. Hier wird eine anti-elitaristische Agenda impliziert, die für die Lehre des Panaitios charakteristisch war (Roskam 2005, 45), wovon am besten sein Bogenschützen-Gleichnis zeugt: „Wie nämlich die Bogenschützen ihr höchstes Ziel im Treffen der Zielscheibe sehen und jeder es auf seine Weise erreicht, genauso haben auch alle Tugenden das Glücklichsein zum Ziel [...], sie es aber auf verschiedenen Wegen erreichen" (Stobaios, *Ecl.* 2.63, übers. Nickel). Nicht alle müssen wie Sokrates oder Cato veranlagt sein, um gut leben zu können: Es gibt viele verschiedene Wege zum guten Leben, die die Vielfalt der individuellen Naturen widerspiegeln. Auch ein einfaches, unauffälliges Leben kann gelingen, insofern es in sich stimmig ist. Dieses Zugeständnis ist zudem systematisch gut motiviert, indem es sich aus der Erweiterung des stoischen Naturalismus in den Bereich der individuellen Natur ergibt.

Die Vier-*personae*-Theorie wirft allerdings auch einige Fragen bzw. Schwierigkeiten auf. Zum einen setzt sie voraus, dass sich die Eigenschaften, die universell menschliche Anlagen konstituieren, von den Eigenschaften, die individuell sind, unterscheiden lassen. Wir sollten uns als gute Richter unserer Stärken und Schwächen erweisen; aber ist diese Urteilskraft an sich nicht ein Vermögen oder gar ein Talent, das nur bei wenigen Menschen vorkommt? Sollte so eine Unterscheidung zwischen zwei Arten der psychologischen Anlagen möglich sein, dann müsste die generell menschliche Anlage vermutlich viel rudimentärer sein, etwa das Sprachvermögen. Dann stellt sich wiederum die Frage, ob eine derart rudimentäre Kapazität als normative Basis für die Theorie des höchsten Guts überhaupt ausreicht. Werden wir dadurch zu guten Menschen, dass wir lernen, gut zu sprechen? Kaum. Vielmehr scheint es der Fall zu sein, dass es ein Vorsatz- und Urteilsvermögen ist, das uns eventuell zu guten Menschen machen kann, und dass dieses Vermögen bereits bei der Geburt von Mensch zu Mensch unterschiedlich verteilt ist.

Eine Schwierigkeit anderer Art ist, dass Ciceros eigene ethische Haltung doch durchaus elitär ist. Was er in *De officiis* 1.151–152 sagt, widerspricht der Maxime, oder schränkt sie mindestens drastisch ein: Wir sollten uns demnach einen Beruf auswählen, der zu unserer Eigenart passt, was immer dieser Beruf auch ist. Denn Inhalt und Status eines Berufs zählen. Einige Berufe sind „verwerflich" (*sordidi*), z. B. der des Geldverleihers, aber auch solche, die keineswegs moralisch bedenklich sind, wie die Berufe verschiedener Handwerker. In diesem Fall hat Ciceros Begründung für die Geringschätzung – „denn eine Werkstatt kann nichts Edles haben" (*nec enim quicquam ingenuum habere potest officina*) – nichts mit Moral zu tun. Warum könnte ein Tischler nicht gedeihen, oder zumindest im Sinne des *decorum* leben, wenn diese Arbeit seinen Talenten entspricht, vorbildlich ausgeübt wird, nichts Ungerechtes beinhaltet und zu einem gleichmäßigen Leben führt? Die naheliegende Antwort, dass ein Tischler die menschliche Rationalität, etwa im Vergleich mit einem Philosophen, nicht ausreichend verwirklicht, ist im stoischen Kontext problematisch, weil alle menschlichen Handlungen, soweit sie menschlich sind, die Vernunft im gleichen Maße betätigen.[11] Eine andere Antwort ist, dass es für diese Geringschätzung keine guten Gründe philosophischer Art gibt und dass sie einzig durch Standesvorurteile motiviert wird oder den Adressatenkreis von *De officiis* berücksichtigt. Gut möglich, dass Panaitios oder frühere Stoiker, wie übrigens auch Platon (*Resp.* 4.421c), mit der Idee eines gedeihenden Tischlers wohl einverstanden wären.

Es kann aber sein, dass Cicero selbst in diesem Fall, wenn auch auf seine eigene Weise, Panaitios bzw. früheren Stoikern folgt. Einerseits sehen die Stoiker vor, dass

---

11 Alle menschlichen Handlungen, im Gegensatz zu denen der Tiere, ergeben sich aus einer „Zustimmung" (*synkatathesis*) der Vernunft zu einer zur Handlung bewegenden „Vorstellung" (*phantasia*) (Stobaios, *Ecl.* 2.86,17–87.6).

die *eudaimonia* von der logischen Struktur des Lebens, und nicht von Inhalten einzelner Handlungen, abhängt. Andererseits wird eine derart logische Lebensführung durch eine philosophische Ausbildung und durch die sich aus ihr ergebenden philosophischen Qualifikation bedingt. Das Ziel dieser Ausbildung ist es, die universell menschliche psychologische Anlage, d.h. die Vernunft, zu kultivieren, sodass wir in der Lage sind, qualifizierte Entscheidungen, wie z.B. bezüglich der Wahl der Lebensbahn, zu treffen. Ein gutes Leben muss ein erforschtes, philosophisch qualifiziertes Leben sein, in dem alle Handlungen der Erkenntnis der Welt und der Rolle des Menschen in dieser Welt entspringen. Diese Forderung wird besonders aus der stoischen Gleichsetzung der Tugend mit Philosophie ersichtlich, wobei Philosophie als eine untrennbare Einheit der Logik, Physik und Ethik aufgefasst wird. Wie gesagt, zeichnet sich diese Erkenntnis durch die logische Konsistenz der Theoreme aus, die sich notwendigerweise in der logischen Konsistenz der Lebensführung abzeichnet. Diese Abhängigkeit der Homologie von philosophischer Erkenntnis liefert eine mögliche Strategie gegen den Einwand, dass auch ein lasterhaftes Leben auf seine Weise konsistent sein kann. Wer eine wissenschaftliche (d.h. philosophische) Erkenntnis des Guten hat, und somit auch dessen Nutzen erlangt, der wird kaum dazu geneigt sein, Konsistenz im Laster zu suchen.

Literaturverzeichnis

Barney, R., 2003: A Puzzle in Stoic Ethics, in: Oxford Studies in Ancient Philosophy 24, 303–340
Brennan, T., 2005: The Stoic Life: Emotions, Duties, and Fate, Oxford
Čelkytė, A., 2020: The Stoic Theory of Beauty, Edinburgh
De Lacy, P., 1977: The Four Stoic *Personae*, in: Illinois Classical Studies 2, 163–172
Dyck, A.R., 1996: A Commentary on Cicero, *De Officiis*, Ann Arbor
Gill, C., 1988: Personhood and Personality: The Four-*Personae* Theory in Cicero, *de Officiis* I, in: Oxford Studies in Ancient Philosophy 6, 169–199
Inwood, B., 1985: Ethics and Human Action in Early Stoicism, Oxford
Johnson, B., 2013: The Role Ethics of Epictetus: Stoicism in Ordinary Life, Lanham
Klein, J., 2015: Making Sense of the Stoic Indifferents, in: Oxford Studies in Ancient Philosophy 49, 227–281
Machek, D., 2016: Using Our Selves: An Interpretation of the Stoic Four-*personae* Theory in Cicero's *De Officiis* I, in: Apeiron 49.2, 163–191
Reydams-Schils, G., 2016: Review of Brian E. Johnson, The Role Ethics of Epictetus, in: Archiv für Geschichte der Philosophie 98.3, 364–368
Roller, M., 2018: Models from the Past in Roman Culture. A World of Exempla, Cambridge
Roskam, G., 2005: On the Path to Virtue. The Stoic Doctrine of Moral Progress and Its Reception in (Middle-) Platonism, Leuven

Dorothea Frede
8 Der Nutzen der Tugend für die Politik: Das *utile* in *De officiis* 2

8.1 Vorbemerkungen zur Einordnung des Nützlichen

Über die Ungeeignetheit einer Übersetzung von *kathēkon/officium* durch „Pflicht" besteht weithin Einigkeit unter den Interpreten. Der Ausdruck legt im Deutschen (wie auch in verschiedenen anderen westeuropäischen Sprachen) unvermeidlich Assoziationen mit Kants kategorischem Imperativ nah: „Handle stets so, dass Du wollen kannst, dass die Maxime [...]". Um praktisch Notwendiges, dem Sittengesetz Entsprechendes, geht es den Stoikern, und mit ihnen Cicero, jedoch gar nicht, sondern um „Angezeigtes" oder „Gebotenes", welches im Interesse des Handelnden selbst ist.[1] Das gilt insbesondere für diejenigen „mittleren Pflichten", *media officia*, die das Nützliche – *utile* – betreffen; denn sie entsprechen nicht kategorischen Imperativen, sondern eher den „Ratschlägen der Klugheit" oder auch den „Regeln der Geschicklichkeit".[2] Dazu muss man jedoch nicht genötigt werden, sondern man wird ihnen folgen, wenn man sie als solche erkannt hat. Daher wären flexiblere Ausdrücke wie „angemessen", „angebracht", „geeignet" oder auch „probat" bessere Übersetzungen für *officium* als „Pflicht"; denn es geht nicht um Allgemeingültiges, Feststehendes, sondern um jeweils für bestimmte Zwecke Taugliches und daher Empfehlenswertes.[3] Damit handelt man sich jedoch die Schwierigkeit ein, dass diese Ausdrücke im Deutschen nicht nur sehr vage sind, sondern sich nicht als Buchtitel eignen, weil sie nicht zum Ausdruck bringen, dass es sich bei *kathēkon* um einen von den Stoikern eigens konzipierten *terminus technicus* handelt. So bleibt man zwangsläufig bei dem herkömmlichen Titel *Über die Pflichten*, in dem Bewusstsein, dass er als Kennzeichnung des Nützlichen besonders irreführend ist, weil man für einen selbst Nützliches im Alltag nicht als Pflicht zu bezeichnen pflegt; das tun allenfalls Eltern aus pädagogischen Gründen, wenn sie ihre Kinder dazu bringen

---

[1] Zur Verwendung von *kathēkon* bei den Stoikern vgl. Diog. Laert. 7.107: das Zukommende (*kata tinas hēkein*), das es daher auch bei Pflanzen und Tieren gibt. Über die *officia* vgl. Cic. *Att.* 16.14.3; Cic. *Off.* 3.15: „gewissermaßen zweitrangig Ehrenhaftes – *quasi secunda honesta*".
[2] Vgl. Kants *Grundlegung zur Metaphysik der Sitten* 414–419.
[3] Im Englischen hat sich die Übersetzung mit „appropriate" und Verwandtem durchgesetzt.

wollen, etwas für sie selbst Nützliches zu tun, ohne auf eine entsprechende Einsicht zählen zu können.

8.2 Das Nützliche bei Cicero – der philosophische Hintergrund

Der Begriff des Nützlichen (*utile*) ist nun nichts, was Philosophen zu elektrisieren pflegt. Das gilt auch für die Autoritäten in der Antike. Zwar haben sich viele von ihnen der Dreiteilung des Guten in Schönes, Lustvolles und Nützliches, die sich bereits bei Platon findet[4] und die auch Aristoteles voraussetzt, angeschlossen.[5] Aber nur das Schöne und – in geringerem Umfang – das Lustvolle erfahren etwa bei Aristoteles nähere Bestimmungen, als mögliche letzte Ziele menschlichen Handelns (*fines bonorum*), nicht aber das Nützliche. Als „äußere Güter" (*ektos agatha*) sind nützliche Dinge lediglich Mittel zur Sicherstellung der letzten Ziele, auf welche man die Lebensführung hin ausrichtet.

Die Stoiker schreiben nun zwar den Tugenden und den schönen Handlungen insofern einen Nutzen zu, als alles Gute *eo ipso* zugleich auch förderlich ist, wie bei Diogenes Laertios 7.98–99 nicht nur wortreich, sondern auch etymologisch erfinderisch für die verschiedenen Synonyme von „nutzbringend"/„wohltätig" etc. ausgeführt. Damit sind jedoch nur die tugendhaften Handlungen selbst, nicht aber die Mittel und Wege gemeint, welche eine entsprechende Lebensführung ermöglichen oder erleichtern.[6] Vielmehr werden letztere, etwa Leben, Gesundheit, Schönheit, Kraft, der gute Ruf oder die gute Herkunft, als „indifferent" (*adiaphora*) gekennzeichnet, weil sie nicht *per se* gut sind, sondern auch schlechten Zwecken dienen können. Zwar gelten sie als bevorzugt (*proēgmena*), im Unterschied zu ihren Gegenteilen, die als nicht-bevorzugt (*apoproēgmena*) gelten; als gut bzw. schlecht werden sie aber nicht bezeichnet. Wieviel Aufmerksamkeit die einzelnen Mitglieder der Alten Stoa Überlegungen über den praktischen Umgang mit den indifferenten, aber bevorzugten Dingen geschenkt haben, ist angesichts der mageren Quellenlage schwer zu sagen.

Die frühen Stoiker von Zenon bis Chrysipp dürften dem Nützlichen aber auch deswegen wenig Beachtung geschenkt haben, weil sie nicht nur das Wissen/die

---

4 Platon *Grg.* 474d–475e: schön = lustvoll oder nützlich oder beides; hässlich = schädlich oder schmerzhaft oder beides.
5 Aristoteles *Eth. Nic.* 1.8, 1098b13; 1.9, 1099a7–b8; 2.2, 1104b29–1105a1; *EE* 1.1, 1218b16–24.
6 S. die Unterscheidung zwischen end-artigen (*telika*) und produktiven (*poiētika*) Gütern in *SVF* 3.25, 24–29; 35–41 *et pass.*

Erkenntnis als die wesentliche Voraussetzung für ein Leben in Übereinstimmung mit der Natur, sondern auch den Weisen als „autark" in Hinblick auf sein Handeln angesehen haben (Diog. Laert. 7.128). Panaitios und Poseidonios haben hingegen diese Autarkie bestritten und Gesundheit, Stärke wie auch finanzielle Mittel als notwendig für den Lebenserhalt behandelt. Diese Tatsache legt nah, dass es erst Panaitios war, der auch dem Nützlichen mehr Aufmerksamkeit geschenkt hat. Zu dieser Verschiebung dürfte beigetragen haben, dass Panaitios' Lebenskonzeption insbesondere auf die Oberklasse zugeschnitten war und Poseidonios ihm darin gefolgt ist.[7] Dieser Zuschnitt erklärt auch, warum der Stoizismus im 2. Jh. v.Chr. nicht mehr als eine „klassenlose" Philosophie galt, die auch Fremde, Frauen und Sklaven anzog, sondern vor allem die gebildeten Mitglieder der Oberklasse ansprach. Die griechischen Poleis haben auch unter den Nachfolgern Alexanders des Großen weitgehend ihren autonomen Status behalten, sodass sich am Lebensideal der Oberschicht nichts wesentlich geändert hat.[8] Auch in Rom hat diese Ausrichtung auf die Oberklasse den Stoizismus attraktiv erscheinen lassen, wie immer es auch um Bedeutung und Umfang des sog. Scipionenkreises und seine Auswirkung auf die Ausbreitung der Philosophie bestellt gewesen sein mag.

Bei Panaitios sind zudem Annäherungen an platonisches und peripatetisches Gedankengut zu beobachten. Dazu gehört auch die Einigkeit darüber, dass moralisch schöne Handlungen um ihrer selbst willen ausgeführt werden, wie auch über die Anforderungen an einen Tugendkatalog.[9] Zwar dominiert die platonische Konzeption der vier sog. Kardinaltugenden: Weisheit, Gerechtigkeit, Tapferkeit und Besonnenheit. Die Spezifizierung verschiedener Unterarten dieser vier Tugenden reflektiert aber deutlich den umfassenderen aristotelischen Tugendkatalog.[10] Pe-

---

7 Vgl. den Beitrag von Tue Søvsø in diesem Band.
8 Eine Zusammenfassung zu der Kontroverse (im Anschluss an Wilamowitz 1926 und Pohlenz 1934) über die Frage, ob Panaitios' Adressaten die Mitglieder der griechischen oder aber der römischen Oberschicht waren, bieten etwa Dyck 1996, 24–28 und Wiemer 2018, 231–232.
9 Zu Panaitios und seiner Wirkung vgl. Steinmetz 1994. Zu Panaitios' Begriff der Tugend und zu *decorum* vgl. Pohlenz 1933; vgl. Striker 2022, 240: Es geht um alles Bewundernswürdige, in Hinblick auf ästhetische Kriterien im weitesten Sinn: Ordnung, Harmonie und Beständigkeit. „What Cicero offers ... under the label of *decorum* is not a set of prescriptions, but rules of good manners and advice for socially pleasing conduct." (ebd.)
10 Zur Einteilung der Tugenden und Laster in über- und untergeordnete vgl. Diog. Laert. 7. 92–99. In der alten Stoa scheint es unterschiedliche Auffassungen über die Anzahl und das Verhältnis der Tugenden zueinander gegeben zu haben. Bei Cicero, der darin Panaitios folgt, manifestiert sich dagegen das Bemühen, den weiteren Tugendkatalog bei Aristoteles mit dem der vier platonischen Kardinaltugenden zu vereinbaren. Dass der aristotelische Tugendkatalog im Hintergrund steht, manifestiert sich insbesondere in Ciceros Kritik an der Einbeziehung der Beherrschung des Zorns als einer Tugend (vgl. *Eth. Nic.* 4.11): Der Zorn kann grundsätzlich kein Gegenstand einer Tugend sein

ripatetischer Einfluss manifestiert sich bei Cicero überdies in seinem eigenen, abschließenden Vergleich der verschiedenen Tugenden in Buch 1, den er bei Panaitios vermisst (1.152–161). Der Gerechtigkeit als *der* sozialen Tugend misst er den höchsten Wert unter den Tugenden zu und stellt die *phronēsis* noch über die *sophia:* Das einsame Leben des Theoretikers würde der Mensch gar nicht aushalten, weil jeder, auch der Theoretiker, der Gemeinschaft bedarf; eine Wissenschaft ohne praktische Konsequenzen wäre zudem „in gewisser Weise lahm und unvollständig", wie man es übersetzen könnte (153: *manca quodam modo atque incohata*).[11]

8.3 Die Bestimmung des Nützlichen in *De officiis* 2

Während Buch 1 also nicht nur von peripatetischem Einfluss zeugt, sondern auch in der Konzeption des „schönen Handelns" als Selbstzweck Übereinstimmung besteht, geht Buch 2 mit der Erörterung des Nützlichen eigene Wege. Bei Aristoteles bleibt bekanntlich den Überlegungen des Handelnden seiner jeweiligen Situation entsprechend vieles, wenn nicht alles überlassen, sodass Leser konkrete Anweisungen oder Regeln für das Handeln oft vermissen – von der Vorzeichnung eines „Lebensplans" ganz zu schweigen. Cicero lässt es sich dagegen, im Anschluss an Panaitios, angelegen sein, zu zeigen, dass es keinen Widerspruch zwischen dem moralisch Guten, dem *honestum*, und dem Nützlichen, dem *utile*, gibt, sondern sich vielmehr bestimmte Regeln zum Umgang mit dem Nützlichen aufstellen lassen. Aus diesem Grund erfährt das sog. Nützliche eine ausführliche Behandlung im zweiten Buch von *De officiis*. Nun fragt man sich bei „nützlich" zwangsläufig, worin das Nützliche denn bestehen soll, für wen und wozu es nützlich sein soll. Das „Für wen" ist *prima facie* klar – es betrifft den Handelnden selbst und sein Umfeld, seine Angehörigen und die Gemeinschaft. Das Worin, in dem der Nutzen besteht, und das Wozu, zu dem er dient, ist hier aber näher zu untersuchen.

Zunächst kommt das Nützliche in Ciceros Darstellung ganz alltäglich daher. Wie bereits in *De officiis* 1.7 angedeutet, gelten dem Nützlichen diejenigen Regeln, die sich auf sämtliche Bereiche des Alltagslebens beziehen … *in praeceptis, quibus in omnes partes usus vitae conformari potest*. Wie Cicero dazu weiter ausführt (1.9), ist

---

(2.8–9). Zu Panaitios' synkretistischen Tendenzen vgl. Cicero *Fin.* 4.79: „Stets führte er Platon, Aristoteles, Xenokrates, Theoprast und Dikaiarchos im Munde, wie seine Schriften zeigen".

11 Diese Bewertung, zu der Panaitios keine Vorlage geliefert hat, wirkt oft *ad hoc* und hastig zusammengeschrieben. Es sei darauf hingewiesen, dass Cicero in einem Brief an Atticus (2.16.3) versichert, er selbst sei in der Kontroverse über den Primat des theoretischen vor dem praktischen Leben im Peripatos zwischen Theophrast und Dikaiarchos immer auf Seiten des theoretischen Lebens gestanden. Hier will er es dagegen mit Dikaiarchos halten.

dabei zu beachten, „ob eine Handlungsweise zur Bequemlichkeit und Annehmlichkeit des Lebens beiträgt (*ad vitae commoditatem iucunditatemque*), zur Verfügung über hinreichend Mittel und Wohlstand (*ad facultates rerum atque copias*), über Reichtum und Einfluss derart, dass man sich selbst und die Seinen zu unterstützen vermag (*ad opes, ad potentiam quibus et se possint iuvare et suos*)." So und so ähnlich spezifiziert Cicero wiederholt das Nützliche, manchmal in allgemeineren, manchmal in detaillierteren Formulierungen. So wiederholt er zu Anfang des zweiten Buches die Bestimmung des Bereichs des Nützlichen in etwas verkürzter Form (2.1): Die Untersuchung gilt den Überlegungen (*rationes*), die sich auf die Annehmlichkeiten des Lebens beziehen (*quae pertinent ad vitae cultum*), sowie auf die Verfügung über die Dinge, die Menschen brauchen, d. h. auf die Mittel im weiteren Sinn, die den materiellen Wohlstand sichern (*et ad earum rerum quibus utuntur homines facultatem, ad opes, ad copias*).[12] Das klingt ziemlich nüchtern und zeugt von einer positiven Einstellung gegenüber den Ansprüchen des Alltags. Man darf sich also durchaus um die Annehmlichkeit des Lebens kümmern, die eigenen Interessen wahren und sich insbesondere auch der materiellen Bedürfnisse annehmen und die „äußeren Güter" sicherstellen, die *ektos agatha*.[13]

Diese allgemeinen Charakterisierungen legen nahe, dass mit dem Nutzen in erster Linie der Eigennutzen gemeint ist, für die eigene Person, die Familie und vielleicht auch für die Freunde im weiteren Sinn, in welcher Weise und zu welchem Zweck auch immer. Natürlich ist auch der Nutzen anderer Menschen damit nicht ausgeschlossen, aber im Zentrum steht doch der Eigennutzen, im Unterschied zu den *honesta*, den moralisch schönen Handlungen, bei denen es in der Regel die anderen sind, die davon profitieren. Bei den moralisch indifferenten, aber bevorzugten Handlungen sind Nutznießer dagegen der Handelnde selbst und seine nähere Umgebung, so scheint es jedenfalls zunächst. Die betreffenden *officia* gelten somit in erster Linie der Frage, wie man Nützliches in der richtigen Weise anstrebt und in der richtigen Weise anwendet, als Mittel zur Förderung der eigenen Interessen im Sinn eines guten und glücklichen Lebens – *ad bene beateque vivendum* (2.9).

Wenn das Nützliche zunächst in ganz alltäglichen Mitteln zur Sicherstellung des materiellen Wohls im weitesten Sinn, *in omnes partes usus vitae*, zu bestehen scheint, kommt es einigermaßen überraschend, dass Cicero dem im herkömmlichen Sinn Nützlichen wie Gesundheit, Reichtum, Kraft, Schönheit oder Macht für

---

12 Auch in 1.9 wird das Nützliche ganz konventionell bestimmt: Möglichkeiten und Mittel wie Reichtum und Macht, wodurch man sich und den Seinen helfen kann.
13 Dass das nicht immer deutlich wird, hat Cicero bereits in 1.7 zugegeben: Es scheint um Handlungen zu gehen, die eher dem Gemeinwohl dienen (*magis ad institutionem vitae communis spectare videntur*).

sich genommen im Folgenden keine weitere Aufmerksamkeit schenkt.[14] Stattdessen konzentriert sich seine weitere Behandlung weitgehend auf die Art von Nutzen, die auf der *Kooperation* mit anderen Menschen beruht, derart, dass sie den für das Leben wichtigen Gütern überhaupt erst ihren Nutzen verleiht.[15] Die Behandlung dieses – doch ungewöhnlichen – Aspekts wird sorgfältig eingefädelt. Zunächst hebt Cicero hervor, dass die Nutzbarmachung sämtlicher materieller Güter – unbelebter wie belebter –, die für die Ausgestaltung des menschlichen Lebens erforderlich sind, auf die Bearbeitung durch den *Menschen* angewiesen ist. Das gilt nicht nur für Bodenschätze und für landwirtschaftliche Erzeugnisse, für Pflanzen und Tiere, sondern insbesondere für die Verwertung solcher Güter in Kunst und Handwerk. Es gilt darüber hinaus aber auch für ihre Beschaffung und den Austausch durch Handel. Überhaupt erweist sich, dass das zivilisierte Leben in seiner Gesamtheit auf dem *Gebrauch* beruht, den der Mensch von allen Gütern macht, belebten wie unbelebten. Auch Entwicklung und Anwendung sämtlicher Disziplinen wie der Medizin oder der schönen Künste hängen entweder grundsätzlich von der Arbeit anderer Menschen ab oder sie werden doch durch diese noch verbessert. Das gilt insbesondere für die Verwaltung in den Städten (*urbes*) und die dazugehörigen Institutionen, in denen aufgrund von Recht und Gesetz für zivilen Austausch gesorgt und der Besitz der Bürger geschützt wird (2.15).[16]

Panaitios scheint auf diesen Punkt noch sehr viel ausführlicher eingegangen zu sein als Cicero, der nach eigenem Bekunden nur eine Zusammenfassung bietet, mit zahlreichen Beispielen aus der Geschichte unter Einbeziehung berühmter politischer und militärischer Unternehmungen, deren Erfolg ohne die Kooperation von Mitstreitern gar nicht möglich gewesen wäre. Ist die Kooperation mit anderen Menschen zur Sicherstellung dieser Art von Nützlichem erforderlich, so gilt auch das Gegenteil: Wie der Mensch des Menschen größter Wohltäter sein kann, so kann er ihm auch den größten Schaden zufügen und ihn vernichten (2.16).[17] Kriege, Revolutionen und dergleichen bringen viel schlimmere Zerstörungen mit sich als Naturkatastrophen oder wilde Tiere.

Nun behandelt etwa auch Aristoteles die Mitmenschen als „Mittel" zur Durchsetzung bestimmter Ziele, wie insbesondere seine Erklärungen zur Nutzenfreundschaft deutlich machen (*Eth. Nic.* 8.3; 8.15–16 und 9.1). Während dieser Faktor

---

14 Die *commoda* und *opes* werden nur in einem Anhang kurz abgetan (2.86–87).
15 Wie es Schofield 2023, 80, ausdrückt, geht es um „the means for getting the means"; und er meint: „None of this sounds very like the Stoicism of Zeno or Chrysippus."
16 Zur Bedeutung der Rechtsgemeinschaft mit anderen Menschen vgl. *Fin.* 3.67.
17 Als Quelle für diesen Gedanken verweist Cicero auf das Buch *De interitu hominum* des Dikaiarchos, das menschliche Konflikte wie Kriege oder Revolutionen als Ursachen noch größerer Zerstörungen erweist als Naturkatastrophen oder wilde Tiere (2.16).

bei Aristoteles aber nur einen Nebenaspekt darstellt, behandelt Cicero ihn in Buch 2 als zentral: Der wichtigste Nutzen beruht auf der Kooperation zwischen den Menschen. Das Zufallsglück – *fortuna* – garantiert keinen solchen Nutzen, weil darauf kein Verlass ist, sondern sich diese Art von Glück ebenso leicht in Unglück verkehrt (2.19–20). Nützlich im eigentlichen Sinn sind für Cicero nicht die materiellen Güter als solche, sondern ihre Handhabung durch den Menschen. Er hat dabei jedoch nicht die Soziabilität der Menschen als solche im Auge, die zu einer natürlichen Arbeitsteilung führt und zum wechselseitigen Austausch von Gütern, wie wir sie aus Platons *Politeia* 2 kennen, sondern vielmehr den gezielten Einsatz anderer für die je eigenen Zwecke. Während für den erfolgreichen Einsatz der nicht-rationalen Güter – der unbelebten wie der belebten – Kunst und Handwerk verantwortlich sind, ist man bei der Vermehrung des eigenen Nutzens auf die Bereitschaft zu Hilfeleistungen von Seiten Anderer angewiesen – *ad amplificationem nostrarum rerum*.

Soweit ist an dieser Einbeziehung Anderer noch nichts Ungewöhnliches. Ungewöhnlich ist jedoch die Art, wie die Bereitwilligkeit der Anderen zur Kooperation geweckt werden soll, auf die Cicero im Folgenden in seiner Erklärung des Nützlichen eingeht.

8.4 Der nicht-alltägliche Nutzen

Wie Cicero ausführt, werden die Mitmenschen am leichtesten zur Kooperation motiviert, wenn sich auf Seiten des Hilfesuchenden Intelligenz und Tugend manifestieren (2.17: *sapientia et virtute excitantur*). Daher liegt darin ein ganz eigener Anreiz zum Erwerb der Tugenden. Das gilt nicht nur für den Einzelnen, sondern auf der Bereitschaft zur Kooperation unter den Menschen, so Cicero, beruht letztlich jede Kultur. In dieser „Instrumentalisierung" der Tugenden, wie man es nennen kann, liegt ein in der Philosophiegeschichte ganz neuer Gedanke.

Eben dieser Gedanke erklärt auch, warum die Tugenden hier sozusagen einen zweiten Durchlauf erfahren.[18] Werden sie in Buch 1 insofern erörtert, als sie die Bedingungen des guten Lebens als solche darstellen, so werden sie in Buch 2 erneut durchgenommen, nun unter der Maßgabe, dass sie dem Handelnden ein gutes

---

18 2.32–43. „Die Liebe der Menge wird durch den Ruf und die Zuschreibung von Freigebigkeit, Wohltätigkeit, Gerechtigkeit und all der Tugenden erweckt, die von Sanftheit und Umgänglichkeit des Charakters zeugen." Wie nicht anders zu erwarten, stehen im Folgenden Gerechtigkeit, Freigebigkeit, Großzügigkeit und Besonnenheit im Zentrum. Weisheit und Klugheit werden nur kurz erwähnt; von Tapferkeit bzw. Hochgesinntheit ist hier gar nicht die Rede. Auf die militärischen Tugenden hat Cicero bekanntlich weniger Wert gelegt – das Militärische lag ihm nicht.

Ansehen eintragen und damit die Kooperationsbereitschaft seiner Mitmenschen sichern (2.17: *conciliare animos*). Dabei geht es nicht um die Attraktivität der Tugenden selbst, um ein „interesseloses Wohlgefallen" an ihnen, als vielmehr um die Anerkennung und Dankbarkeit, die man sich mithilfe der eigenen Gerechtigkeit, Freigebigkeit oder Großzügigkeit sichert. Es ist eben dieser Gedanke, der die Auswahl und Behandlung der Tugenden in Buch 2 bestimmt (bes. 2.32–47; 52–71). Übersieht man diese Tatsache, so muss einem ihre detaillierte Erörterung unnötig lang ausgezogen erscheinen angesichts der Tatsache, dass die Tugenden als solche bereits in Buch 1 hinreichend gekennzeichnet worden sind. Hier ist es Cicero jedoch um die Wirkung zu tun, die tugendhaftes oder auch das gegenteilige Verhalten auf andere ausübt, derart, dass solches Verhalten entsprechende Emotionen hervorruft (2.21–30). Während Furcht und Hass oder auch die Hoffnung auf Belohnung oder Bezahlung jedoch keine verlässlichen Motivationskräfte sind, gilt das vielmehr für Zuneigung, Vertrauen, Dankbarkeit oder Bewunderung. Den verschiedenen Tugenden werden diesbezüglich unterschiedliche Wirkmächtigkeiten zugesprochen; der Gerechtigkeit kommt hier ein noch höherer Wert zu als der Weisheit (2.34).[19]

Auf einen Vergleich der Behandlungen der vier Arten von Tugenden und ihrer Unterarten in Buch 1 und 2 ist hier zu verzichten.[20] Cicero erklärt dazu – wiederum im Anschluss an Panaitios –, dass die Tugenden nicht in ihrem präzisen philosophischen, sondern in ihrem volkstümlichen Sinn zu verstehen sind, sodass etwa die Frage nach der Einheit und wechselseitigen Bedingtheit der Tugenden nicht zu berücksichtigen ist (2.37: „wer eine hat, hat sie alle"). Diese Strategie erklärt auch, dass Cicero das Nützliche nicht in einem rein materiell-operativen Sinn *ad institutionem vitae communis* behandelt, sondern ihm einen prominenten Platz innerhalb der Moralphilosophie zuweist. Sein Augenmerk gilt hier nicht dem Guten oder Schlechten, dem *honestum* oder *turpe* als dem obersten Ziel des Handelns, und auch nicht dem moralisch richtigen oder falschen Einsatz der materiellen Güter, einschließlich der von anderen Menschen, sondern um den Erwerb des Ansehens bei den Mitmenschen. Mit einer ganzen Reihe von Ratschlägen an seinen Sohn, wie man sich durch tugendhaftes Verhalten in den verschiedenen Bereichen des Lebens

---

19 Empfohlen wird dazu das „Sokratische Prinzip", dass man das *sein* soll, für das man gehalten zu werden wünscht (2.43–44). Cicero will daher Regeln (*praecepta*) die Art von Aktivitäten betreffend aufstellen, mit deren Hilfe man sich Wohlwollen, Vertrauen, Ansehen und Dankbarkeit erwerben kann – wie etwa durch die Tätigkeit als Anwalt vor Gericht (2.48–51).
20 Da Cicero selbst auf die Behandlung der Tugenden in Buch 1 zurückverweist (2.43), sind große Abweichungen nicht zu erwarten, sondern es steht hier nur die *Wirkung* der Tugenden auf die Mitmenschen im Zentrum. Wie zu erwarten, spielt die Gerechtigkeit auch hier die zentrale Rolle (2.42). Zu Besonderheiten in der Behandlung der Tugenden in Buch 2, vgl. Schofield 2022.

des Respekts und der Bewunderung seiner Mitmenschen versichern kann, insbesondere durch Ehre und Ruhm, füllt Cicero den zweiten Teil von Buch 2 (43–85).

8.5 Die Nützlichkeit von Ehre und Ruhm

Zunächst könnte man meinen, dass sich in der Fokussierung auf Ehre und Ruhm einmal mehr Ciceros Hang zur Selbstdarstellung manifestiert, der ihm nicht nur den Spott seiner Gegner, sondern oft auch die Kritik seiner Freunde und Bewunderer eingetragen hat – ein Hang, den er auch selbst gelegentlich schuldbewusst eingesteht.[21] Gegen die Annahme, dass hier eine persönliche Neigung Ciceros zum Ausdruck kommt, spricht aber nicht nur die Ausführlichkeit der Behandlung dieses Themas, sondern in erster Linie die Tatsache, dass Panaitios der Vater dieses Gedankens gewesen ist. Zwar wissen wir nichts über Panaitios' persönliche Eigenschaften, es spricht aber alles dafür, dass es ihm nicht um persönliche Erfolge ging, sondern um die Tatsache als solche, dass das beste Mittel zur Durchsetzung der eigenen Ziele in der Sicherstellung der Loyalität der eigenen Mitmenschen liegt. Bei näherem Hinsehen erweist sich zudem, dass es hier nicht um den Schein im Unterschied zum Sein geht, sondern vielmehr um den redlich verdienten guten Ruf.[22]

Nun stehen heutzutage Ehre (*honor*) und Ruhm (*gloria*) nicht eben in hohem Kurs, sondern eher Ehrlichkeit und Integrität.[23] Zumal tun wir uns heute mit dem „Ruhm" – auch aus historischen Gründen – schwer, und es mutet uns zunächst auch seltsam an, dass Cicero dem Ruhm schon zuvor eine ganze (verlorene) Schrift gewidmet hat. Gewiss, der Erwerb von „ewigem Ruhm" – *aennaon kleos* – war das Lebensideal der homerischen Helden. Aber von der homerischen Rittergesellschaft, deren Helden sich über die Aussicht auf einen frühen Tod mit der auf ewigen Nachruhm getröstet haben,[24] bis zum Leben in der griechischen Polis nach Alexander und im römischen Reich ist es ein langer Weg, sodass man sich fragt, warum

---

21 *Att.* 2.17.2. Verweise auf seine eigenen Verdienste verkneift sich Cicero freilich auch hier nicht (1.77; 2.84; 3.3).
22 Dass die Stoiker dem (verdienten) Ruhme eine wichtige Rolle zugeschrieben haben, ist Gegenstand einer sorgfältigen Untersuchung von Graver 2016.
23 Die Wahl von *honestum* als Übersetzung von *kalon* legt eine enge Beziehung zu dem nah, was – zurecht – der Ehre wert ist. In Buch 1 hat Cicero verschiedentlich vor falscher Ruhmsucht gewarnt, die mit Macht-, Herrschafts- und Geldgier gepaart ist und die auch hochbegabte Naturen wie Caesar in die Irre geführt hat (1.26: *maximis animis splendidisque ingeniis*; 1.4344, 1.62–68). Ruhm und Bewunderung (*admiratio*) müssen vielmehr auf wahren Verdiensten beruhen und setzen daher Tugend voraus.
24 S. die zweischneidige Erklärung des Strebens nach Ruhm als dem Streben nach Unsterblichkeit in Platons *Symposion* 208c–d.

Cicero dem Ruhm in *De officiis* eine so große Bedeutung zuschreibt.[25] Den Nachruhm – dass etwas von einem selbst bleibt – kann er doch nicht meinen, da es ihm um die Unterstützung durch andere zu Lebzeiten geht. Zwar behandelt er manchmal den Ruhm als etwas, das man auch *propter se*, gewissermaßen als Bestätigung der eigenen Tugend, anstrebt. In *De officiis* 2 stellen Ehre und Ruhm aber keine letzten Zwecke dar; hier geht es nicht um das Sonnen im Applaus oder in öffentlichen Ehrenbezeugungen als solchen.[26] Vielmehr geht es darum, dass sie probate Mittel zur Sicherstellung des Wohlwollens (*benevolentia*), des Vertrauens (*fides*) und der Bewunderung (*admiratio*) der Mitmenschen sind. Angemessene nützliche Handlungen, *officia*, sollen nun solche sein, die eine derartige Wirkung auf die Mitmenschen haben. Und dazu ist nichts geeigneter als ein Handeln, in dem sich die Tugenden manifestieren (2.31–33). Das hört sich nun in der Tat anders an als die Kennzeichnung des Ruhms als des eigentlichen Ziels der jeweiligen Handlungen: Wenn man Menschen an sich binden will, ohne auf Bezahlung, Bestechung oder Nötigung der einen oder anderen Art zu rekurrieren, auf Furcht oder Begierde, so ist dafür nichts so geeignet wie der Respekt und das Vertrauen in die eigene Verlässlichkeit, sowie die Dankbarkeit für erwiesene Wohltaten.[27]

Auf die Mittel zum Erwerb des Wohlwollens, um die sich auch ein junger Mann wie Ciceros Sohn bemühen kann, geht Cicero denn auch ausführlicher ein und beschreibt, wiederum mithilfe von Beispielen aus der griechischen und römischen Geschichte, die Arten von Handlungen, durch die sich die vier Kardinaltugenden und ihre Unterarten auszeichnen (2.41–71). Dazu gehören neben militärischen Einsätzen vor allem die Tätigkeit vor Gericht, als Verteidiger wie als Ankläger (letzteres freilich in geringerem Umfang), sowie durch Hilfeleistungen in privaten wie in öffentlichen Angelegenheiten. Dabei ist, den Aufwand betreffend, immer das richtige Maß zu bewahren (2.59: *mediocritas*).

Wenn Ehre und Ruhm aber keine letzten Zwecke sein, sondern jeweils einem weiteren Ziel dienen sollen, dann würde man nähere Ausführungen darüber erwarten, *wozu* – zu welchen Zwecken – denn das so erworbene Wohlwollen der Mitmenschen dienen soll. Auf diesen Punkt kommt Cicero aber erst relativ spät zu sprechen und ohne auch rhetorisch weiter hervorzuheben, dass es sich dabei um

---

25 Zum Unterschied der Bedeutung von Ruhm in Griechenland und in Rom vgl. Knoche 1934.
26 In *De finibus* 3.57 kritisiert Cicero selbst *gloria* als Übersetzung von *eudoxia* und schlägt stattdessen *bona fama* vor. Es liegt einem an dem guten Ansehen bei Familie und Freunden, auch ohne irgendeinen Nutzen. Diesen Wunsch teilt jeder Verständige und gut Erzogene (*esse hominis ingenui et liberaliter educati idque propter rem ipsam, non prompter usum*).
27 Furcht und Hass sind dagegen ganz unzuverlässige Mittel zu einer negativen Beeinflussung der Mitmenschen, wie Cicero anschließend aufzuzeigen bemüht ist und dazu auf die Ereignisse in Roms jüngster Geschichte – vor allem auf den Mord an Caesar – verweist (2.23–29).

den ihm eigentlich wichtigen Aspekt handelt, um die „wichtigeren Dinge" – die *res maiores*, zu denen einem der gute Ruf verhelfen soll, wie anfangs angekündigt (2.31). So geht er ohne weitere Erklärung, dass es ihm nicht länger allein um den guten Ruf bzw. den Ruhm als solchen zu tun ist, zu einer Erörterung der *politischen Tätigkeit* im Allgemeinen über und zu der des Nutzens, den die Gemeinschaft als Ganze aus ihr bezieht (2.72–85).[28]

Dass in der politischen Tätigkeit der für Cicero zentrale Gesichtspunkt liegt, fällt auch deswegen nicht weiter ins Auge, weil er so spricht, als gehe er hier lediglich von Wohltaten für Einzelne zu Wohltaten für die Gemeinschaft über (2.72: *ad universos et ad rem publicam*). Erst bei näherem Hinsehen ist zu erkennen, dass sein eigentliches Augenmerk den politischen Maßnahmen zum Wohl der Gemeinschaft als Ganzer gilt (2.83: *par est agere cum civibus*). Es gibt also einen *weiteren* Nutzen neben dem des politisch Handelnden selbst, des *Staatsmanns*, der andere für die Kooperation gewinnt. Ihm geht es um den Nutzen der Gemeinschaft, dem dieses gemeinsame Handeln dient. Dieser Nutzen ist also kein bloß „operativer"; vielmehr liegt sein Endzweck, das *telos*, im politischen Handeln zum Wohl der Gemeinschaft. Die Kooperationsbereitschaft dient also dem weiteren *Handeln* des Gerühmten und nicht seiner Person. Dankbarkeit und Ruhm stellen folglich nur einen Nebeneffekt dar, sie sind die Bestätigung des Erfolgs der Tätigkeit des Staatsmanns – wie auch Mittel und Anreiz zu weiterer Betätigung im Interesse der Allgemeinheit.[29]

In diesem Sinn bewertet Cicero abschließend den Erfolg des Staatsmanns. Er liefert dazu zunächst eine Art Überblick über die mehr oder minder erfolg- und segensreichen Tätigkeiten römischer Politiker, insbesondere die Regelung finanzieller Angelegenheiten betreffend (2.73–77). Die Ausführungen über diese Tätigkeiten und ihren Erfolg stellen, recht verstanden, eine Art von *Vademecum* für politisch Ambitionierte dar, welches die Wege zum Erfolg aufzeigt und dabei die Tugenden als die dafür geeigneten Mittel in Anspruch nimmt.[30] Diese Tatsache liefert zugleich die Erklärung dafür, dass es einem um die *commoda vitae* zu tun sein muss und dass

---

[28] Die Bedeutung dieses Abschnitts scheint Dyck zu unterschätzen, wenn er Cicero unterstellt, dass er im Ruhm das höchste und eigentliche Ziel sieht, und meint, „glory" sei „the real subject of book II" (1996, 355–356; so auch Lefèvre 2001, 96–98).
[29] Dazu Griffin 1991, xxv: „The other aspect is liberality, and here most of the discussion concerns what those in office can do for all or particular groups of the citizenry." So auch Müller in diesem Band, S. 100: „Er hat erkannt, dass Ehrenhaftigkeit in den Taten, nicht im Ruhm liegt (*in factis [...] non in gloria*)."
[30] Die Beurteilung von Cicero als Politiker kann nicht unser Thema sein. Eine ausgewogene Darstellung (mit Verweisen auf die relevante Literatur) zu Ciceros Auffassung von Politik und ihrer Bedeutung als Motivation zur Abfassung von *De officiis* geben Long 1995 und Schofield 2021.

diese weniger dem Eigenwohl und dem eigenen Fortkommen dienen sollen als vielmehr dem Wohl der Gemeinschaft.

Cicero, der anfangs darauf hingewiesen hat, dass es von Natur aus eigentlich kein Eigentum gibt (1.21), erweist sich nun als dessen dezidierter Befürworter: Der Schutz des Eigentums ist das wichtigste Motiv bei der Gründung von Staaten (2.73).[31] Die Erhebung von Steuern auf den Besitz sieht Cicero daher nur dann als angezeigt an, wenn sie für Kriegskosten notwendig sind (2.74). Insgesamt sieht er die wichtigste Aufgabe des Staatsmanns in der Versorgung der Gemeinschaft mit materiellen Gütern. Auf die dafür nötigen Maßnahmen will er im Einzelnen nicht weiter eingehen, sondern begnügt sich mit der Erklärung, dass Politiker auch nur den *Verdacht* vermeiden müssen, dass sie aus eigensüchtigen Motiven handeln (2.75–76). Zur Erläuterung verweist er auf die gute alte Zeit, in der die Römer immun gegen Bestechungsversuche waren – ganz im Unterschied zu Ciceros eigener Zeit, in der Bestechungen an der Tagesordnung und Maßnahmen dagegen durch entsprechende Gesetze erforderlich sind. Nicht nur das: Erpressungen, Ausplünderungen der Bundesgenossen o. ä. kennzeichnen die politische Gegenwart – und die Rechtsprechung, die gegen dergleichen vorgeht, ist außer Kraft gesetzt.

Cicero deutet demgegenüber an, wie es eigentlich sein sollte: Gemeinnutz soll stets vor Eigennutz kommen, wie es für die Heroen der Vergangenheit gegolten hat (2.77). Die Geschichte lehrt – etwa am Beispiel Spartas –, dass die Habgier von Machthabern zum Verfall des Staates führen muss, aber auch, dass Schuldenerlass und Landverteilung den Staat unterminieren. Als Paradefall stellt Cicero die von ihm als Revolution verurteilten Maßnahmen von Tiberius und Caius Gracchus hin, die diesen nicht einmal die erhoffte Zustimmung und den Einfluss gebracht haben.[32] Auch entsprechende Maßnahmen in anderen Ländern hatten nie den erwünschten Effekt (2.78–80). Als vorbildlich wird dagegen das Vorgehen des Arat von Sikyon gekennzeichnet, der für die Wiedergutmachung eines alten Unrechts in einer Weise gesorgt hat, die kein neues Unrecht verursacht hat (2.81). Nichts ist für Cicero wichtiger als die Herstellung von Einigkeit im Staat mithilfe entsprechender Gesetze.[33] Deren besonderes Anliegen liegt in der Garantie rechtmäßigen Besitzes wie auch in der Vermeidung von Verschuldung im Staat. Es muss im Interesse des

---

31 Zur Ciceros Vorstellungen über das Eigentum vgl. Annas 1989.
32 Die Beurteilung der Agrarreform der Gracchen hat in der Neuzeit stark geschwankt; das gilt auch für die Historiker der Gegenwart. Cicero sieht in ihnen die Zerstörer der republikanischen Verfassung, und daher bezeichnet er sie als Tyrannen. Zur Bewertung von Ciceros „konservativem Liberalismus" und seinem Beharren auf der strikten Trennung von Eigentumsrechten und dem Wohlwollen im Umgang mit anderen vgl. Long 1995, bes. 233–240.
33 Hierzu ist auf Ciceros Definition des Staates in *Rep.* 1 und seine Betonung der Bedeutung der *concordia* am Ende von *Rep.* 2 zu verweisen.

Staates sein, große Schulden erst gar nicht entstehen zu lassen – nicht aber, gewaltsame Schuldenerlasse zu dulden. Hier bietet sich für Cicero die Gelegenheit, auch auf seine eigene politische Großtat hinzuweisen: die Verhinderung der Verschwörung des Catilina während seines Konsulats (63 v. Chr.). Jüngst hat Caesar mit derartigen Machenschaften zwar Erfolg gehabt; etwas auch für ihn selbst Nützliches hat er damit aber nicht erreicht (2.83–84).

Die wichtigste Aufgabe von Politikern sieht Cicero in der Aufrechterhaltung des ökonomischen Gleichgewichts, das den Wohlhabenden ihren Besitz erhält, ohne die Armen zu unterdrücken. In diesem Sinn erfolgreiche Politiker hat es in der Vergangenheit gegeben – und wenn es solche in der Gegenwart gäbe, dann würden sie dem Wohl des Staates dienen und sich selbst damit Ruhm und Dankbarkeit sichern (2.85). Damit endet im Prinzip die Diskussion des Nützlichen – den Nachtrag, den Antipater von Tarsos eingefordert hat, was materielle Güter wie Gesundheit und Vermögen angeht, sieht Cicero als überflüssig an, weil dazu im Prinzip jeder etwas sagen kann (2.86–87). An derartigen *commoda vitae* für jedermann ist er offensichtlich nicht interessiert.

8.6 Reflexionen auf die „Instrumentalisierung" der Moral

Bei allem Verständnis für Ciceros Anliegen – und unter Berücksichtigung der Tatsache, dass der Gedanke offenbar nicht von ihm, sondern im Wesentlichen von Panaitios stammt – dürfte es modernen Lesern doch zunächst seltsam erscheinen, dass das zweite Buch den Gedanken an eine „Instrumentalisierung der Moral" bzw. der Tugenden verfolgt; nach der Devise: Moral ist die beste Politik. Geht es also nur darum, dass es der Staatsmann klugerweise so halten soll wie der ehrbare Kaufmann, weil eine gute Reputation gut für's Geschäft ist, auch für das politische?

Zum einen ist hier an einen grundsätzlichen Unterschied zwischen der Konzeption von Ethik in der Antike und in der Gegenwart zu erinnern. In der Gegenwart ist Ethik diejenige Teilbereich der Philosophie, dem es um Werte und Normen im Umgang mit anderen Menschen geht, sowie um die Rechtfertigung der Prinzipien, die sie begründen. Den Philosophen der Antike, gleich welcher Couleur, geht es dagegen um die dem Menschen angemessene Lebensweise. Ihre Auffassung darüber hängt daher wesentlich von ihrer Auffassung über die menschliche Natur ab, d. h. darüber, was ihrer Meinung nach den Menschen als Menschen auszeichnet und was seiner Natur förderlich oder abträglich ist. Dazu haben die Schulen freilich ganz unterschiedliche Vorstellungen entwickelt. Grundsätzlich geht es ihnen aber weniger um abstrakte Prinzipien zur Begründung von „gut" und „schlecht" an sich oder um allgemeine Kriterien zur Beurteilung moralischen Handelns („Handle stets so [...]") als vielmehr um die Empfehlung sinnvoller Lebensziele und der angemessenen Wege und Mittel, diese zu erreichen.

Eine Betätigung in der Politik, die Cicero in den Mittelpunkt stellt, war nun nicht im Sinn sämtlicher philosophischer Schulen. Sieht Platon darin, manchmal, nur eine Notwendigkeit, der sich der Philosoph nicht entziehen darf, so sieht Aristoteles in der praktischen, politischen Betätigung *eine* Art der Verwirklichung der menschlichen Natur. Während Epikur jede Beteiligung an der Politik kategorisch ausschließt, standen die frühen Stoiker einem Engagement in den real-existierenden Formen der Polis zumindest reserviert gegenüber; denn sie sahen eine ideale Gemeinschaft von Weisen vor, die gar keine Ähnlichkeit mit der römischen Republik hatte.[34] Erst Panaitios hat anscheinend realistischere, auch von den Peripatetikern beeinflusste, Vorstellungen von der besten politischen Gemeinschaft vertreten und dabei ein aktives Engagement ausdrücklich empfohlen – eine Position, die Cicero sehr entgegenkommt. Ob Panaitios sich in seiner Behandlung des Nützlichen so sehr auf die Frage der Kooperation konzentriert hat wie Cicero das tut, statt auch noch andere Güter zu berücksichtigen, die, wie eigentlich angekündigt, sich förderlich erweisen (*ad vitae commoditatem iucunditatemque, ad facultates rerum atque copias, ad opes, ad potentiam*) (2.9), muss eine offene Frage bleiben. Von *commoditas* und *iucunditas* des Lebens oder von Anweisungen zum richtigen Umgang mit finanziellen Mitteln oder mit der Macht ist jedenfalls bei Cicero nicht weiter die Rede; vielmehr beschränkt er sich fast ganz auf die Bedingungen der Kooperation mit anderen Menschen und auf ihre Bedeutung für die Betätigung in der Politik.

Für Cicero geht es offensichtlich nicht allein um eine theoretische Frage, in der er den Peripatetikern nähersteht als den Akademikern, sondern vor allem um ein existenzielles Anliegen. Wenn er dafür spät noch einmal den Griffel aufgenommen hat, obwohl sein Hauptwerk zur Ethik, *De finibus*, bereits vorlag, so hatte er einen besonderen Grund. Er hatte auch im Jahr 44 die Hoffnung auf die Rettung der römischen Republik noch nicht aufgegeben, d.h. auf die Wiederherstellung des funktionierenden Rechtsstaates mit seinen traditionellen Institutionen.[35] Es war ihm daher ein dringendes Anliegen, seine politisch ambitionierten Landsleute dafür zu gewinnen, sich für diese Verfassung einzusetzen, für die traditionelle Ordnung mit ihrem *Cursus Honorum*, der Ämterlaufbahn, die jeder zu durchlaufen hatte, der politisch aktiv sein wollte.

---

34 Die Frage ist kontrovers diskutiert worden; vgl. dazu Schofield ²1999 und die Kurzfassung in Rowe & Schofield (Hg.) 2000, 443–453.
35 Vgl. 2.27–29 – zur Verschlechterung der Verhältnisse unter Sulla.

Dieses System hat freilich nur so lang funktioniert, wie sich die Menschen tatsächlich um der Ehre willen, *honoris causa*, darin engagiert haben. Dies war aber nach dem Aufstieg Roms zu einem Weltreich immer weniger der Fall. Statt des guten Rufs (des Ruhms) wurden Reichtum und Macht zunehmend zu entscheidenden Faktoren bei der Bewerbung um die Ämter, und das führte zu horrender Korruption: Um den hohen Aufwand für die Bewerbung bestreiten zu können, mit öffentlichen Spielen und Lustbarkeiten aller Art, sowie für den Unterhalt einer Claque auf der Straße, verschuldeten Kandidaten sich oft enorm – um sich anschließend zu sanieren, indem sie als Verwalter der Kolonien so viel Geld wie möglich aus den Einwohnern herauspressten, wenn sie sich nicht, wie Caesar, mithilfe von Kriegsbeute sanieren konnten.

Man mag die Tatsache belächeln, dass Cicero versucht hat, das Rad der Geschichte zurückzudrehen und Verhältnisse wiederherzustellen, wie sie in Rom zwar zu Panaitios' Zeiten, 100 Jahre zuvor, noch bestanden haben mögen, die sich dann aber zunehmend als unhaltbar erwiesen. Dass es dabei gerade der Faktor *Mensch* war, der für diese Entwicklung verantwortlich war, muss Cicero aber in der Hoffnung auf Besserung durch eine entsprechende moralische Aufklärung bestärkt haben: Er hoffte auf die Einsicht der Verantwortlichen – auf die Einsicht, dass es im Sinn aller ist, sich an Recht und Gesetz zu halten und die Verfassung zu achten und dass dies an vorderster Front die Politiker tun müssen. Schließlich hatte das System über Jahrhunderte hin funktioniert, durch alle Krisen hindurch, und es hatte Rom zur Weltmacht werden lassen. Eben deshalb stellt Cicero die Einsicht in den Mittelpunkt seiner Schrift, dass die politisch Verantwortlichen die Macht und den Einfluss, die sie zur Sicherstellung des Gemeinwohls einsetzen, nur dem guten Ruf verdanken sollten, den ihnen ihr moralisch richtiges Handeln einträgt.

Hier ist nicht der Ort, in die Diskussion der Historiker über die Rettbarkeit oder Unrettbarkeit der römischen Republik einzutreten. Realisten wie Pessimisten halten dafür, dass ein Weltreich sich nicht mithilfe einer Verfassung regieren lässt, die nur für eine kleine Polis gemacht war und die persönliche Integrität einer kleinen Elite von Akteuren vorausgesetzt hat. Das Riesenreich stellte ganz neue Anforderungen an die Politiker und brachte ganz neue Versuchungen mit sich. Dennoch ehrt es Cicero, dass er eben das nicht wahrhaben wollte, sondern – auch mithilfe von Appellen an seine Landsleute, sich doch auf die Tugenden als den probaten Mitteln in der Politik zu besinnen – bis zum bitteren Ende für die Rettung der Republik gekämpft hat, ein Ende, das für ihn selbst besonders bitter werden sollte.

8.7 Schlusswort zum Nutzen des Nützlichen

Wem also nützt das Nützliche und auf welche Weise tut es das? In erster Näherung nützt es natürlich dem Handelnden selbst; denn er kann so erreichen, was er erreichen will, wenn andere ihn dabei unterstützen. In zweiter Näherung nützt es der Gemeinschaft, wenn die Menschen miteinander nach Recht und Gesetz kooperieren. Nun fragt sich freilich, warum man dazu den Umweg nehmen muss, den ich als die „Instrumentalisierung der Moral" bezeichnet habe – warum moralisches Verhalten in erster Linie der Etablierung des guten Rufs dienen soll und sich die Tugenden nur als Mittel zu diesem Zweck erweisen sollen: Der Handelnde sichert sich mit ihrer Hilfe unser Vertrauen. Warum sollte man nicht vielmehr das tugendhafte Handeln als solches loben, statt seine Funktion als vertrauensbildende Maßnahme hervorzuheben? Dieser Frage gegenüber ist daran zu erinnern, dass Buch 1 eben den Zweck verfolgt hat, das Wesen der Tugenden selbst zu bestimmen. Der fundamentale Wert der Tugenden als Basis der menschlichen Gesellschaft als solcher wird durch die Ausführungen über ihren Nutzen in Buch 2 gar nicht in Zweifel gezogen.[36] Sie haben vielmehr die *ergänzende* Funktion, den Nutzen der Zuschreibung der Tugenden für den Einzelnen herauszustellen, insbesondere aber den Nutzen von politisch Ambitionierten in der Verfolgung ihrer Ziele.[37]

Ist diese Instrumentalisierung der Tugend aber nicht doch ein Sonderweg, den Cicero eingeschlagen hat, weil er seine Landsleute, sozusagen in letzter Minute, mit dem Versprechen auf den Pfad der politischen Tugend locken will, dass Tugend sich für sie – auch politisch – letztlich auszahlen wird? Dagegen muss man halten, dass Cicero auch in diesem Punkt offensichtlich Panaitios gefolgt ist, der kein derartiges Eigeninteresse verfolgt haben dürfte.[38] Panaitios hatte nämlich einen guten Grund dafür, eine solche Instrumentalisierung zu empfehlen, einen Grund, der nicht allein in den tatsächlichen politischen Verhältnissen liegt, sondern auch in den Grundzügen der stoischen Philosophie. Damit meine ich die Abgehobenheit des stoischen

---

[36] Das wechselseitige Vertrauen (*fides*) als *fundamentum iustitiae* (1.22) wird durch diese Nützlichkeitserwägungen von Beziehungen zu anderen Menschen gar nicht in Abrede gestellt.
[37] Die Frage, warum Panaitios das „vermisste Buch" über die Unmöglichkeit eines Konflikts zwischen dem *honestum* und dem *utile* nicht geschrieben hat, findet hier jedenfalls die Andeutung einer Lösung: In der Politik ist wirklich nützlich, was auch tugendhaft ist, weil nur dadurch die Kooperation aller Beteiligten sichergestellt wird. Dies mag Panaitios aber erst nach der Fertigstellung der beiden ersten Teile gesehen haben; von einer nachträglichen Umformulierung des Projektes, die das klargestellt hätte, scheint er abgesehen zu haben.
[38] Über politische Ambitionen auf Seiten von Panaitios ist nichts bekannt; die dramatischen Ereignisse in Rhodos dürften ihm jedoch früh den Weg in die Philosophie nahegelegt haben (dazu Wiemer 2018, 230).

Tugendbegriffs als solchen. Das wahrhaft Gute / Schöne, das *honestum* liegt nicht in der Hand eines jeden, sondern setzt die Erkenntnis voraus, dass und warum die betreffenden Handlungen in Übereinstimmung mit der Natur als Ganzer stehen. Für gewöhnliche Sterbliche ist dies ein unerreichbares Ideal.[39] Den Vertretern einer *vita activa* im Stoizismus musste demgegenüber an dem Nachweis gelegen sein, dass und unter welchen Umständen wirklich Taten folgen werden, und zwar auch unter Menschen, die nicht in der Lage sind, das wahrhaft Gute zu erkennen. Selbst wenn man nicht weiß, ob eine bestimmte Handlungsweise in Übereinstimmung mit der Gesamtnatur ist, kann man doch hinreichende Gründe für die Annahme haben, dass sie der gegebenen Situation angemessen ist und auf die Zustimmung der Mitmenschen stoßen wird. Auch diese haben zwar das betreffende Wissen nicht, werden jedoch ein hinreichendes Vertrauen in die Rechtschaffenheit des Handelnden haben, wenn dieser sich in der Vergangenheit als dessen würdig erwiesen hat. Cicero, dem sehr am gemeinsamen Handeln aller Wohlgesinnten lag, hat daher diesen Sonderweg des Panaitios besonders zu schätzen gewusst.

Die Bedeutung solchen Handelns scheint auch mitverantwortlich dafür zu sein, dass Cicero in dieser Schrift seine eigene Beschäftigung mit der Philosophie noch einmal wortreich verteidigt (2.1–6). Hier hat diese Verteidigung nämlich einen ganz besonderen Sinn: Wenn Cicero seinem Sohn (wie auch seinen prospektiven Lesern) gegenüber seine Zwangs-Muße beklagt, so liegt darin kein bloßes Lamentieren. Vielmehr gibt er damit zu verstehen, dass er im Sinne der von ihm aufgezeigten *officia media* zu handeln bereit wäre – wenn die politischen Verhältnisse dies nur zuließen. Solange sie das nicht tun, bleibt ihm nur die philosophische Verarbeitung eines Themas, welches er denjenigen seiner Landsleute ans Herz zu legen versucht, die dafür aufnahmefähig sind. Sie sollen davon überzeugt werden, dass der eigentliche Nutzen, den man aus dem Ruhm und der Dankbarkeit für seinen Einsatz für die Gemeinschaft bezieht, in der Möglichkeit besteht, sich noch stärker einsetzen zu können.

Eben diese Absicht erklärt auch, dass diese Schrift so spät in Ciceros Leben entstanden ist, zu einem Zeitpunkt, zu dem er drauf und dran war, mit seinen Philippiken gegen Antonius noch einmal aktiv in die Politik einzugreifen. Sie erklärt auch, warum er sich Panaitios und dessen Plädoyer für das Nützliche anschließt. Mit Long 1995 ist zu sagen, dass Cicero zeigen will, welch verhängnisvolle Entwicklung die römische Republik in den letzten Jahrzehnten genommen hatte, eine Entwicklung, die sich weiter zu verschärfen drohte: „As the ambitious Roman that he was, he could not discount the value of glory to himself and the dominant role of glory in Roman ideology. Yet, at the same time, he had come to believe that glory,

---

[39] Darauf verweist Cicero ausdrücklich in 3.12–17.

instead of being earned by actions benefiting the state, was the fair-sounding pretext for the self-aggrandizement of those who were destroying the Republic."[40]

Cicero wollte mit seinem Plädoyer für das richtige Verständnis des Ruhms retten, was wohl längst nicht mehr zu retten war. Für ihn war es jedoch ein Ziel, über das er sich mit allen rechtlich denkenden Römern einig sah. Bei aller Verzweiflung hat er anscheinend nie die Hoffnung aufgegeben, hinreichend viele Mitglieder der Oberklasse auf seine Seite ziehen zu können. Eben darin sah er auch sein eigenes Vermächtnis an die Nachwelt.[41] Dieses Anliegen erklärt auch, warum er es sich in *De officiis* 3 zur Aufgabe gemacht hat, das fehlende Buch über das Verhältnis zwischen dem moralisch Guten und dem Nützlichen zu schreiben. Er wollte die Gelegenheit ergreifen, die Zusammengehörigkeit von *honestum* und *utile* auch durch kasuistische Überlegungen unter Bezugnahme auf Beispiele insbesondere aus der römischen Geschichte zu bekräftigen und herauszustellen, dass es, recht verstanden, keine Diskrepanz zwischen dem Guten und dem Nützlichen geben kann. Eine solche Instrumentalisierung der Moral stellt in seinen Augen weder eine Zweckentfremdung noch eine Verbiegung dar.

Literaturverzeichnis

Primärliteratur

Kant, I.: Kant's gesammelte Schriften, hg. von der königlich preussischen Akademie der Wissenschaften [= AA], Berlin 1900 ff.

Sekundärliteratur

Annas, J., 1989: Cicero on Stoic Moral Philosophy and Private Property, in: M. Griffin / J. Barnes (Hg.), Philosophia Togata. Essays on Philosophy and Roman Society, Oxford, 151–173
Dyck, A.R., 1996: A Commentary on Cicero, *De Officiis*, Ann Arbor
Graver, M., 2016: Honor and the Honorable: Cato's discourse in *De Finibus* 3, in: J. Annas / G. Betegh (Hg.), Cicero's *De finibus*. Philosophical Approaches, Cambridge, 118–146
Knoche, U., 1934: Der römische Ruhmesgedanke, in: Philologus 43, 102–124

---

40 Long 1995, 215. Er stellt auch den Bezug zu Ciceros Bereitschaft her, mit seinen Philippiken eine weitere Auseinandersetzung mit Marcus Antonius zu suchen (230–231).
41 Dass er die Sache nicht als hoffnungslos erachtet hat, bringen seine Ermunterungen an seinen jungen Sohn zum Ausdruck, einen entsprechenden Lebensweg einzuschlagen und sich dazu ernsthaft mit der Philosophie zu beschäftigen.

Lefèvre, E., 2001: Panaitios' und Ciceros Pflichtenlehre. Vom philosophischen Traktat zum politischen Lehrbuch, Stuttgart
Long, A.A., 1995: Cicero's Politics in *De officiis*, in: A. Laks / M. Schofield (Hg.), Justice and Generosity. Studies in Hellenistic Social and Political Philosophy. Proceedings of the Sixth Symposium Hellenisticum, Cambridge, 213–240
Pohlenz, M., 1933: *To prepon*. Ein Beitrag zur Geschichte des griechischen Geistes, in: Nachrichten von der Gesellschaft der Wissenschaften zu Göttingen, Philologisch-Historische Klasse 1933,4, 53–92, neu abgedruckt in: H. Dörrie (Hg.), 1965: Kleine Schriften 1, 100–139
Pohlenz, M., 1934: Antikes Führertum. Ciceros *De officiis* und das Lebensideal des Panaitios, Leipzig
Rowe, C. / Schofield, M. (Hg.), 2000: The Cambridge History of Greek and Roman Political Thought, Cambridge
Schofield, M., ^{2}1999: The Stoic Idea of the City, Cambridge
Schofield, M., 2021: Cicero: Political Philosophy (Founders of Modern Political and Social Thought), Oxford
Schofield, M., 2023: Cicero's Project in Book 2 of the *De officiis*, in: R. Woolf (Hg.), Cicero's *De officiis*. A Critical Guide, Cambridge, 78–96
Steinmetz, P., 1994: Panaitios von Rhodos und seine Schüler, in: H. Flashar (Hg.), Die hellenistische Philosophie, Bd. 4, Basel, 646–669
Striker, G., 2022: Panaetius *Peri tou kathēkontos* in Cicero's *De Officiis*, in: dies., From Aristotle to Cicero: Essays in Ancient Philosophy, Oxford, 222–244
von Wilamowitz-Moellendorf, U., 1926: Panaitios, in ders. (Hg.), Reden und Vorträge, 190–215
Wiemer, H.-U., 2018: A Stoic Ethic for Roman Aristocrats? Panaitios' Doctrine of Behavior, its Context and its Adressees, in: H. Börm / N. Luraghi (Hg.), The Polis in the Hellenistic World, Stuttgart, 229–258

Stefan Röttig
9 Über den Vorrang der Gemeinschaft in Ciceros Ethik der Wohltaten (*Off.* 2.52–85)

9.1 Einleitung

Im Zentrum dieses Beitrages steht die Frage, was aus Ciceros Sicht das primäre Ziel wohltätigen Handelns ist. Warum oder wozu sollten wir einander Wohltaten erweisen? Die antiken Ethiken erklären in der Regel die individuelle Glückseligkeit zum höchsten Gut oder Telos und fragen danach, worin sie besteht und wie sie erreichbar ist. In *De officiis* finden wir hingegen eher eine Orientierung an der Gemeinschaft vor (insbesondere der *res publica*, vgl. exemplarisch 1.57, 3.90, 95 sowie Kries 2003, 385). Cicero ist vor allem daran interessiert, was für ihre Bildung bzw. ihren Erhalt zuträglich ist. Als im besonderen Maße nützlich erweist sich ihm zufolge hierbei die Wohltätigkeit (*beneficentia / liberalitas / benignitas*). Dass sie für ihn zur Stiftung bzw. zum Erhalt einer Gemeinschaft beiträgt, ist eine These, die in der Forschung mehrfach vertreten und nie bestritten worden ist, weshalb sie als *Opinio Communis* gelten dürfte.[1] Diese Funktion aber als ihr primäres Ziel auszuweisen, das sogar Vorrang vor der individuellen Glückseligkeit hat, ist ein Ansatz, der bisher nicht systematisch verfolgt wurde.

Dass die Gemeinschaft das primäre Ziel wohltätigen Handelns ist, wird in *De officiis* insbesondere in zwei Hinsichten deutlich: Zum einen fundiert Cicero die Wohltätigkeit in der Gerechtigkeit (*iustitia*), deren Aufgabe seiner Auffassung nach im Wesentlichen darin besteht, das menschliche Zusammenleben zu ermöglichen bzw. zu sichern. Wenn Wohltätigkeit auf ihren Prinzipien fußt, dann muss diese Aufgabe, so der Gedanke, auch für sie gelten. Zum anderen lässt sich das primäre Ziel von Wohltätigkeit über ihren Nützlichkeitsaspekt erschließen, mit dem sich Cicero in erster Linie im zweiten Buch von *De officiis* beschäftigt. Auf den ersten Blick verspricht Wohltätigkeit vor allem Selbstnutzen: Wenn man Wohltaten erweist, gelangt man zu Ruhm. Bei genauerem Hinsehen wird aber klar, dass dieser Ruhm eigentlich erworben werden sollte, damit er für die Gemeinschaft eingesetzt werden kann (vgl. Long 1995, 228).

Im Folgenden rückt zuerst Ciceros Fundierung der Wohltätigkeit in der Gerechtigkeit in den Blickpunkt (Abschnitt 2), die nicht nur im ersten, sondern auch im

---

[1] Zu ihren Proponentinnen gehören Feuvrier-Prévotat 1985, 268–273, Atkins 1990, 266 und neuerdings Junghanß 2017, 14, 35–104.

zweiten Buch von *De officiis* markant zum Vorscheint kommt. Mit „Fundierung" ist gemeint, dass Ciceros Wohltätigkeitsverständnis theoretisch auf seiner Gerechtigkeitskonzeption aufbaut und ohne diese nicht denkbar ist. Durch die Nachzeichnung der konkreten Verbindungslinien zwischen der Gerechtigkeit und Wohltätigkeit soll deutlich werden, dass wohltätiges Handeln immer auch ein gerechtes und damit gemeinschaftsorientiertes Handeln ist. Die enge Verzahnung beider gebotenen Handlungsweisen über zwei Bücher hinweg ist zugleich ein klares Indiz für den starken inneren Zusammenhang der Schrift. Anschließend geht die Untersuchung über zum Nützlichkeitsaspekt von Wohltätigkeit (Abschnitt 3). Hierbei soll aufgezeigt werden, dass Cicero den Nutzen von Wohltätigkeit weniger auf das Individuum als auf die Gemeinschaft bezieht, insofern sie zum Erwerb wahren Ruhmes beiträgt. Ein kurzer Vergleich zwischen Ciceros und Senecas Ethik der Wohltaten soll zum Abschluss veranschaulichen, dass Seneca im Gegensatz zu Cicero die Traditionslinie der antiken Ethiken in diesem Punkt fortsetzt und Wohltätigkeit primär zu einer der Mitursachen individueller Glückseligkeit macht (Abschnitt 4). Ciceros Modell sticht dahingehend selbst innerhalb der römischen Philosophie heraus.

9.2 Gerechtigkeit als Fundament von Wohltätigkeit

Schon zu Beginn des ersten Buches von *De officiis* stellt Cicero eine enge Verbindung zwischen Gerechtigkeit und Wohltätigkeit her. Das, was die Gesellschaft (*societas*) und Gemeinschaft (*communitas*) der Menschen stiftet bzw. erhält – das, so könnte man sagen, was *gemeinschaftsproduktiv* ist – hat zwei Seiten: Gerechtigkeit und damit verbunden (*huic coniuncta*) Wohltätigkeit (1.20). Beide Tugenden haben also dieselbe Aufgabe und bilden insofern zwei Seiten einer Medaille (vgl. Atkins 1990, 266). Allein daraus folgt aber nicht, dass es sich eigentlich um eine einzige Tugend handelt (wie Nussbaum 2004, 218 meint). Vielmehr wird zu sehen sein, dass Gerechtigkeit für Cicero das Fundament von Wohltätigkeit ist. Das bedeutet: Jedes wohltätige Handeln ist zugleich ein gerechtes Handeln, aber nicht jedes gerechte Handeln muss auch ein wohltätiges Handeln sein. Das wäre aber der Fall, wenn es sich eigentlich um eine einzige Tugend handeln würde.

Die gemeinschaftsproduktive Funktion der Gerechtigkeit wird insbesondere an den beiden Prinzipien deutlich, die sie laut Cicero inkorporiert. Gerechtigkeit besteht dann, wenn

A   jeder erhält, was er verdient (1.42),[2] und
B   niemand durch einen anderen zu Schaden kommt (1.20, 31).

Werden diese Prinzipien beachtet, ist die wichtigste Voraussetzung für die Bildung bzw. Erhaltung einer Gemeinschaft geschaffen. Theoretisch lässt sich B A unterordnen, weil grundsätzlich niemand verdient, von einem anderen geschädigt zu werden (die Schädigung einer Person wäre nur dann legitim, wenn sie ein Unrecht begangen hat, 1.20; 3.23). Zwar grenzt Cicero beide Prinzipien nicht strikt voneinander ab. Da ihre Unterscheidung im Hinblick auf seine Ethik der Wohltaten aber aufschlussreich ist, wird sie im Folgenden beibehalten.

Cicero überträgt die beiden Prinzipien der Gerechtigkeit auf seine Konzeption von Wohltätigkeit.[3] Insgesamt formuliert er drei „Vorsichtsmaßnahmen" (*cautiones*), die bei der Ausübung von Wohltätigkeit zu beachten sind:
1   Eine Wohltat soll niemandem schaden (1.42).
2   Die finanziellen Möglichkeiten (*facultates*) dürfen nicht überstiegen werden (1.44).
3   Bei der Wohltätigkeit erfolgt eine Auswahl nach „Würdigkeit" (*dignitas*: 1.45).

Alle drei Vorsichtsmaßnahmen lassen sich auf die Prinzipien der Gerechtigkeit zurückführen. Es bedarf keiner großen Anstrengung, um zu sehen, dass 1 den Grundgehalt von B (und indirekt von A) und 3 denjenigen von A wiedergibt. Bei der zweiten Vorsichtsmaßnahme liegen die Dinge dagegen weniger offen zutage. Hilfreich ist hierbei Ciceros Mutmaßung, warum Menschen ihre finanziellen Möglichkeiten übersteigen. Als Motiv nennt er Formen von Gier (wie etwa Ruhmsucht), aufgrund derer man bisweilen sogar bereit ist, Geld Fremden statt seinen Angehörigen zu geben oder es von anderen zu stehlen, um es geben zu können (1.44). So gesehen lässt sich auch die zweite Vorsichtsmaßnahme mit den Prinzipien der Gerechtigkeit in Verbindung bringen: Sie ist geleitet von dem Gedanken, dass die Übersteigung der eigenen finanziellen Möglichkeiten dazu führt, dass jemand bekommt, was er nicht verdient (bzw. nicht bekommt, was er verdient). Die Zurückführbarkeit aller Vorsichtsmaßnahmen der Wohltätigkeit auf die Prinzipien der Gerechtigkeit zeigt, dass die Gerechtigkeit das Fundament der Wohltätigkeit ist.

Die dritte Vorsichtsmaßnahme differenziert Cicero noch im ersten Buch von *De officiis* weiter aus. Ob eine Person eine Wohltat verdient, hängt von ihrem mora-

---

2   Übernommen haben dürfte Cicero dieses Gerechtigkeitsprinzip von den Stoikern, denen zufolge Gerechtigkeit das Wissen ist, jedem nach Verdienst zuzuteilen (*dikaiosynē de epistēmēn aponemētikēn tēs axias hekastōi*, LS 61 H [= *Ecl.* 2.59.4]).
3   Vgl. hierzu den Beitrag von Christoph Horn, S. 73–77, der von einem engen und einem weiten, die Wohltätigkeit inkludierenden Gerechtigkeitsbegriff spricht.

lischen Charakter (*mores*) ab: Sie muss tugendhaft sein oder zumindest tugendhafte Züge tragen (1.45–46.). Zweifellos ist Cicero dieser Auffassung, weil er davon ausgeht, dass mit schlechten Menschen keine Gemeinschaft gebildet bzw. erhalten werden kann. Schlechte Menschen, wie etwa Tyrannen, sind ungerecht und nehmen Schädigungen bewusst in Kauf (darum hält Cicero den Tyrannenmord auch für gerechtfertigt, 3.32). Neben dem moralischen Charakter des potenziellen Wohltatsempfängers ist dessen Gesinnung uns gegenüber (*animus erga nos*) entscheidend: Wohltaten entfalten ihre gemeinschaftsproduktive Wirkung am ehesten bei Menschen, die uns mögen (1.45, 47). Das erklärt, warum Cicero bisweilen die Freunde unter den potenziellen Wohltatsempfängern priorisiert (1.43, dazu ausführlich Junghanß 2015). Weiterhin ist die Art der Gemeinschaft zu berücksichtigen, die Wohltäter und potenzieller Wohltatsempfänger bereits miteinander teilen (1.43, 51–53). Beide sind Teil derselben Weltgemeinschaft; sie können aber auch demselben Volk (*gens*), demselben Stamm (*natio*), derselben Sprachgemeinschaft, derselben Bürgerschaft (*civitas*) oder derselben Familie angehören. Je näher uns der potenzielle Wohltatsempfänger steht, desto eher sollen wir ihm eine Wohltat erweisen. Grundsätzlich hat also auch der entfernteste Erdbewohner eine Wohltat verdient. Sollte aber der Fall eintreten, dass man sich entscheiden muss, ob man eher ihm oder einem Familienangehörigen eine Wohltat erweist, so wäre Letzterem der Vorzug zu geben. Ciceros Gedanke ist offenbar, dass Gemeinschaft eher gestiftet bzw. erhalten werden kann, wenn Menschen einander näherstehen.

Er führt noch zwei weitere Kriterien hinsichtlich der Frage an, wer eine Wohltat verdient. Zum einen besteht die Pflicht zur Erwiderung (1.45, 49), denn nur wenn wir eine Wohltat erwidern, kann eine Gemeinschaft gebildet bzw. erhalten werden (vgl. zu diesem Punkt auch Junghanß 2017, 61). Zum anderen ist die persönliche Lage des potenziellen Wohltatsempfängers einzubeziehen (1.59): Je mehr ein Mensch auf Hilfe angewiesen ist, desto mehr verdient er eine Wohltat. Anscheinend denkt Cicero, dass Wohltaten bei Bedürftigen am ehesten zur Bildung bzw. zum Erhalt einer Gemeinschaft führen. Aus Gründen der Übersichtlichkeit sei seine Ausdifferenzierung der dritten Vorsichtmaßnahme nachfolgend zusammengefasst. Eine Person verdient eine Wohltat dann, wenn sie mindestens eine der folgenden Voraussetzungen erfüllt:

3a Sie hat einen tugendhaften oder annähernd tugendhaften Charakter.
3b Sie ist uns wohlgesinnt.
3c Sie teilt irgendeine Form der Gemeinschaft mit uns.
3d Sie hat uns bereits eine Wohltat erwiesen.
3e Sie ist auf Hilfe angewiesen.

Im zweiten Buch von *De officiis* greift Cicero die drei wesentlichen Vorsichtsmaßnahmen der Wohltätigkeit aus dem ersten Buch wieder auf. Auch hier wird durchgängig ersichtlich, dass deren Fundament die von ihm vorgestellte Gerechtigkeitskonzeption bildet. War bisher nicht klar, wie eine „Wohltat"[4] einen Schaden verursachen kann (s. Vorsichtsmaßnahme 1), so wird dies im Folgenden sukzessive deutlich (2.78, 83–85). Er hat Politiker vor Augen (er meint recht eindeutig die Gracchen), die sich durch Reformen dem Volk gegenüber wohltätig zeigen wollen, diese Reformen aber auf Kosten anderer durchsetzen. Das Beispiel ist hier eine Agrarreform, für die Menschen von ihrem Wohnsitz vertrieben werden. Andere solcher „Volksfreunde" (*populares*) propagieren aus selbstsüchtigen Motiven Schuldenerlasse, weil sie sich davon beispielsweise einen Vorteil für ihre politische Karriere erhoffen. Die Folge ist in beiden Fällen, dass das Gemeinwesen zu Schaden kommt: Das Vertrauen (*fides*) der Menschen zueinander und ihre Eintracht (*concordia*) schwindet, wenn den einen etwas genommen wird, um es den anderen zu geben, oder wenn sie sich nicht mehr sicher sein können, ein anvertrautes Gut zurückzuerhalten. Durch die unrechtmäßige Umverteilung wird auch ihr Glaube an ein Recht auf Privateigentum (*res*) nachhaltig erschüttert. Außerdem hat Cicero Bedenken, dass Politiker dem Gemeinwesen eine „Wohltat" erweisen können, indem sie Steuern bei der eigenen Bevölkerung erheben (2.73–74). Obwohl er nicht näher ausführt, was er daran für bedenklich hält, ist der Punkt, den er machen will, klar: Dadurch würden die Menschen einen finanziellen Schaden erleiden (vgl. Long 1995, 235–236). Dennoch schließt er nicht grundsätzlich aus, Steuern zu erheben. Sie sind legitim, sollte das Gemeinwesen in eine Notlage geraten. Aber der Staat muss seiner Bevölkerung dann vermitteln, warum er auf ihr Geld angewiesen ist.

Auch Ciceros Ausführungen zur zweiten Vorsichtsmaßnahme der Wohltätigkeit knüpfen an jene aus dem ersten Buch an (2.54–55). Sein Fokus liegt nun aber weniger auf der Ruhmsucht, die dazu führen kann, dass man seine finanziellen Möglichkeiten übersteigt und nicht denen gibt, die es verdient hätten. Vielmehr hebt er hervor, dass die Tendenz, anderen einen Schaden zuzufügen, in einer finanziellen Notlage größer wird. Gänzlich neu ist im zweiten Buch, dass Cicero die zweite Vorsichtsmaßnahme differenzierter darstellt und eine an Aristoteles' Mesoteslehre erinnernde Regel des mittleren Maßes (*mediocritatis regula*) einführt (vgl. für den Begriff 2.59).[5] Cicero formuliert die Regel erstmals vollständig in 2.55: „[...] man [darf] sein Privatvermögen weder so verschließen, dass Wohltätigkeit (*benignitas*) es nicht öffnen kann, aber auch nicht so zugänglich machen, dass es allen offen steht. Man wende Maß (*modus*) an und richte dieses nach den finanziellen Mög-

---

4 Ich setze den Begriff der Wohltat dann in Anführungszeichen, wenn es sich eigentlich nicht um eine Wohltat handeln kann, weil sie gegen die Prinzipien der Gerechtigkeit verstößt.
5 Zum Einfluss der peripatetischen Philosophie auf *De officiis* s. Gigon 1969, der sich zu dieser Regel jedoch nicht äußert.

lichkeiten aus" (Übers. mod.).⁶ Damit erweitert Cicero die zweite Vorsichtsmaßnahme der Wohltätigkeit um einen weiteren Aspekt: Die finanziellen Möglichkeiten dürfen nicht nur nicht überstiegen, sondern auch nicht unterschritten werden. Habsucht (*avaritia*) kann, genau wie Ruhmsucht, zu einem ungerechten Verhalten motivieren (1.24). Als Beispiel führt er den römischen Politiker Mamercus an, der den für das Amt des Ädils zu entrichtenden Geldbetrag nicht aufbringen wollte, obwohl er steinreich (*divitissimus*) war (2.58). Stattdessen bewarb er sich gleich um das höhere Konsulatsamt. Sein habsüchtiges Verhalten hatte zur Folge, dass seine Bewerbung zurückgewiesen wurde. Cicero will mit diesem Beispiel zeigen, dass Unrechtstaten nicht zielführend sind und fordert die „gutgesinnten Männer" (*boni viri*) deshalb auf, die vorgesehenen Zahlungen bei der Ämterübernahme zu leisten – vorausgesetzt, sie übersteigen damit nicht ihre finanziellen Möglichkeiten. Aber was bedeutet Habsucht in Bezug auf finanzielle Wohltätigkeit? Vor dem Hintergrund des soeben erläuterten Beispiels ist die naheliegendste Antwort wohl, dass sie keinen Nutzen bringt; im Gegenteil: Wenn man Menschen Geld verwehrt, die es verdient hätten, trägt man dazu bei, dass eine Gemeinschaft weder gestiftet noch erhalten werden kann.

Auch auf die dritte Vorsichtsmaßnahme der Wohltätigkeit kommt Cicero im zweiten Buch von *De officiis* zurück und nimmt insbesondere zu zwei ihrer Aspekte erneut Stellung: Ob eine Person eine Wohltat verdient, hängt von ihrem moralischen Charakter (2.69–71 und 3a oben) und von ihrer Hilfsbedürftigkeit ab (2.54, 61–62, 69–71 und 3e oben). Abermals ist festzustellen, dass Cicero seine früheren Ausführungen nicht nur wiederholt, sondern ihnen etwas Neues hinzufügt. Bemerkenswert ist vor allem, dass er jene beiden Aspekte auf verschiedene Weise in Relation setzt: Eine Person kann (1) mittellos und gut gesinnt sein (2.69), (2) über Mittel verfügen und schlecht gesinnt sein (ebd.) oder (3) über Mittel verfügen und gut gesinnt sein (ebd., 2.70–71). Den Fall, dass eine mittellose Person schlecht gesinnt ist, lässt er aus (ein wenig wirkt es sogar so, als könne er sich nicht vorstellen, dass eine mittellose Person schlecht gesinnt ist: „[…] jener sozial Schwache [ist] bestrebt, […] dankbar zu erscheinen […]", 2.70). Ausschlaggebend für die Entscheidung, welche von den vorgestellten Personen eine Wohltat verdient, ist für Cicero der moralische Charakter. Er schließt nicht kategorisch aus, dass auch Menschen mit einer schlechten Gesinnung eine Wohltat verdient haben, aber Vorrang haben die gut gesinnten (2.71). Dem moralischen Charakter untergeordnet ist das Kriterium der Hilfsbedürftigkeit, dessen Inhalt er ausführlicher als im ersten Buch wiedergibt: Die vom Schicksal weniger Begünstigten haben gegenüber denen, die „Glück hat-

---

6 Alle Übersetzungen von *De officiis* sind im Folgenden von Gunermann. Abweichungen davon werden eigens gekennzeichnet.

ten", Priorität (es sei denn, die vom Schicksal weniger Begünstigten haben ihr Unglück verdient, 2.62).

Hieraus ergibt sich eine Art Priorisierungskatalog: Wer gut gesinnt und mittellos ist, verdient eine Wohltat am ehesten; darauf folgen diejenigen, die gut gesinnt sind, aber über Mittel verfügen; am wenigsten verdienen die schlecht gesinnten Begüterten eine Wohltat. Angesichts dieses Priorisierungskatalogs stellt sich die Frage, wie Cicero eine solche Abstufung begründet. Auffällig ist, dass er immer wieder betont, dass gutgesinnte Menschen dankbar sind, wenn man ihnen eine Wohltat erweist. Sein zentraler Gedanke scheint zu sein, dass Dankbarkeit – anders als Undankbarkeit – zur Erwiderung einer Wohltat motiviert (2.69). Die Dankbaren fühlen sich verpflichtet, etwas zurückgeben zu müssen, während die Undankbaren ein solches Pflichtgefühl nicht kennen. Insofern berührt Cicero zumindest indirekt einen weiteren Aspekt der dritten Vorsichtsmaßnahme der Wohltätigkeit (vgl. 3d oben: Eine Person hat uns bereits eine Wohltat erwiesen).[7] Die Dankbarkeit hat somit eine Schlüsselfunktion im Gemeinschaftsbildungs- bzw. -erhaltungsprozess, die umso deutlicher wird, wenn man bedenkt, dass Cicero Mittellosigkeit nicht als einen Hinderungsgrund für die Erwiderung einer Wohltat betrachtet: Wenn man Dank nicht abstatten kann (*gratiam referre*), dann zählt allein das Dankbarsein (*gratiam habere*: 2.69). Das heißt, das offene Zeigen von Dankbarkeit reicht unter bestimmten Umständen aus, um eine Wohltat zu erwidern. Dankbarkeit kann so gesehen selbst gemeinschaftsproduktiv sein. Allerdings lässt Cicero offen, ob sie dann auch denjenigen, dem sie gilt, zu einer weiteren Wohltat verpflichtet.

Die Einhaltung oder Nichteinhaltung der drei Vorsichtsmaßnahmen der Wohltätigkeit hat, wie bereits angedeutet, Konsequenzen für die Bildung bzw. den Erhalt einer Gemeinschaft: Werden sie eingehalten, ist die Wirkung gemeinschaftsproduktiv, werden sie nicht eingehalten, wird die Gemeinschaftsbildung verhindert oder der Erhalt einer Gemeinschaft sogar gefährdet. Cicero erklärt den Gemeinschaftsbildungs- bzw. -erhaltungsprozess aber nicht für restlos gescheitert, wenn den Vorsichtsmaßnahmen der Wohltätigkeit zuwidergehandelt wird – und auch hier zeigt sich, dass Wohltätigkeit aus seiner Sicht auf den Prinzipien der Gerechtigkeit aufbaut. Erfolgt ein Verstoß gegen Vorsichtsmaßnahme 1,[8] indem etwa im Zuge einer Agrarreform jemandes Privateigentum angetastet wird, dann *verdient* der Geschädigte eine Entschuldigung (*excusatio*) und eine echte Wohltat,

---

[7] Den Dankbaren muss man aber eigentlich nicht erklären, dass sie eine Wohltat erwidern müssen, weil es sich ihnen von selbst erschließt.
[8] Da sich das Schadensprinzip der Gerechtigkeit ihrem Prinzip unterordnen lässt, dass jeder erhält, was er verdient, ist der Verstoß gegen Vorsichtsmaßnahme 1 eigentlich auch ein Verstoß gegen Vorsichtsmaßnahme 3.

um den erlittenen Schaden wiedergutzumachen (2.68). Eine solche Wiedergutmachung kann auch von einer Person geleistet werden, die den Schaden selbst nicht verursacht hat, wie das Beispiel des Aratos von Sikyon zeigt (2.81–83).

9.3 Der Nutzen von Wohltätigkeit

Welchen Nutzen Wohltätigkeit für Cicero hat, scheint nach den vorangegangenen Ausführungen eigentlich bereits einsichtig zu sein: Wer Wohltaten erweist, verhält sich gerecht und trägt damit zur Bildung bzw. zum Erhalt einer Gemeinschaft bei. Tatsächlich ist Ciceros Verortung der Wohltätigkeit innerhalb seiner Abhandlung über das Nützliche im zweiten Buch von *De officiis* aber komplexer. Worin ihr Nutzen besteht, beantwortet er dort vor allem im Kontext der Frage, wie man Ruhm (*gloria*) erwirbt.[9] Die Erlangung des „höchsten und vollkommenen Ruhmes" (*summa et perfecta gloria*) ist seines Erachtens an drei Bedingungen geknüpft (2.31–32): An das Wohlwollen (*benevolentia*) der Menge (*multitudo*), ihr Vertrauen (*fides*) und ihre Bewunderung (*admiratio*). Er geht nacheinander auf jede dieser Bedingungen ein (auf das Wohlwollen in 2.32, auf das Vertrauen in 2.33–35 und auf die Bewunderung in 2.36–38) und gibt Handlungsanweisungen (*praecepta*), was getan werden muss, um sie zu erfüllen. Die Wohltätigkeit spielt zunächst im Zusammenhang mit der Gewinnung des Wohlwollens eine Rolle: Man macht sich die Menge am meisten durch Wohltaten (*beneficia*) zugeneigt (2.32). Sollte eine Wohltat aus irgendeinem Grund nicht erwiesen werden können, beispielsweise aufgrund eines äußeren Hindernisses, kann diese Wirkung auch schon durch die bloße Bekundung, sie erweisen zu wollen, entfaltet werden (ebd.).[10]

Grundlegende Voraussetzung für die Erlangung von wahrem Ruhm ist Gerechtigkeit. Wenn man gerecht ist, gewinnt man das Wohlwollen der Menge, weil man sehr vielen nützen (und niemandem schaden) will; man gewinnt aber auch ihr Vertrauen und ihre Bewunderung, „[...] weil [...] [die Gerechtigkeit] diese Gegenstände zurückweist und unbeachtet lässt, zu denen sich die meisten aus Habsucht hinreißen lassen" (2.38, Übers. mod.). Die genannten drei Bedingungen für wahren Ruhm lassen sich somit spezifizieren: Er wird nur dann erlangt, wenn das Wohlwollen, das Vertrauen und die Bewunderung der Menge *auf gerechte Weise* gewonnen werden, das heißt, wenn dabei jeder das erhält, was er verdient, und niemand einen Schaden erleidet (s. Abschnitt 2). Ungerechtes Handeln scheint da-

---

9 Zur Nützlichkeit von Ehre und Ruhm vgl. auch den Beitrag von Dorothea Frede in diesem Band.
10 Eine andere Möglichkeit, das Wohlwollen der Menge zu erlangen, ist für Cicero die nicht korrumpierbare Uneigennützigkeit (*abstinentia et constantia*: 2.76).

gegen zwei Konsequenzen haben zu können: Entweder ruft man die Feindseligkeit, das Misstrauen und die Verachtung der Menge hervor (2.54, 79) und gelangt so zum genauen Gegenteil von wahrem Ruhm (das Cicero bisweilen als *infamia* [„Schande"] bezeichnet, 3.87); oder man schafft es (wie beispielsweise Caesar), das Wohlwollen, das Vertrauen und die Bewunderung der Menge auf ungerechte Weise zu erregen – dann würde Cicero aber nicht von wahrem, sondern von falschem Ruhm sprechen.[11] Wenn wahrer Ruhm nicht anders zustande kommen kann als auf gerechte Weise, kann es niemals egoistisch sein, danach zu streben (vgl. Atkins 2000, 512), vorausgesetzt, Egoismus bedeutet, nur auf den eigenen Vorteil bedacht zu sein und keine Rücksicht auf andere Menschen zu nehmen. Cicero nennt verschiedene gerechte Handlungsweisen, mit denen man zu wahrem Ruhm gelangen kann. Eine gerechte Form, um das Wohlwollen der Menge zu erregen, ist bereits erwähnt worden, nämlich die Wohltätigkeit.[12]

Es muss gefragt werden, ob Wohltätigkeit auch insofern zur Gewinnung von wahrem Ruhm beitragen kann, als sie das Vertrauen und die Bewunderung der Menge erregt. Cicero geht in seinen Erörterungen, wie man das Vertrauen und die Bewunderung der Menge gewinnt, aber nicht weiter darauf ein. Er thematisiert die Wohltätigkeit erst im Rahmen der Verpflichtungen (*officia*) der „reiferen" Menschen wieder, die diese beachten müssen, wenn sie zu wahrem Ruhm gelangen wollen (ab 2.52; für die Verpflichtungen der jungen Menschen [*adulescentes*] vgl. 2.43–51).[13] Gleich zu Beginn dieses Abschnittes nimmt er eine elementare Unterscheidung vor: Wohltaten können entweder in einer nichtmonetären oder in einer monetären Hilfeleistung bestehen (*aut opera* [...] *aut pecunia*: 2.52). Zwar liegt beiden Wohltatsarten ein gütiger Wille, sich gefällig zu erweisen, zugrunde (*gratificandi liberalis voluntas*), weswegen beide moralisch gut sind. Aber die nichtmonetäre Form zeichnet sich gegenüber der monetären durch ihre Tatkraft und ihr Engagement aus (das Wortpaar ist hier *virtus et industria* oder *opera et industria*: 2.53–54). Diese Merkmale können so zu verstehen sein, dass die nichtmonetäre Wohltat ein höheres Maß an Kreativität erfordert, denn im Vergleich zur monetären Wohltat steht bei ihr nicht schon fest, *was* geschenkt werden soll. Ihre Merkmale könnten aber auch so zu interpretieren sein, dass die nichtmonetäre Wohltat in der Regel mit

---

11 Zu Ciceros Unterscheidung zwischen wahrem und falschem Ruhm vgl. auch Cic. *Tusc.* 3.4. Für Beiträge in der Sekundärliteratur vgl. Knoche 1934, 112–113, 117–119, Long 1995, 216–217, 224–233 und Atkins 2000, 512.
12 Eine gerechte Form, das Vertrauen der Menge zu gewinnen, ist zum Beispiel, zu Zusagen zu stehen (1.23).
13 Laut Schofield (im Erscheinen), Kap. 3 endet Ciceros Behandlung des wahren Ruhmes in 2.52. Ich denke aber – wie ich im Folgenden versuche, plausibel zu machen –, dass auch noch Ciceros anschließenden Ausführungen einen Bezug dazu haben.

einem größeren Aufwand verbunden ist: Beispielsweise verteidigt man jemanden vor Gericht (2.65), während man bei einer monetären Wohltat lediglich Geld aus seinem Geldkasten (*ex arca*) nimmt und es überreicht (2.52). Der größere Einsatz scheint der Grund zu sein, warum Cicero meint, die nichtmonetäre Wohltat sei nützlicher für den Erwerb wahren Ruhmes als die monetäre. Aufgrund dieses größeren Nutzens muss man davon ausgehen, dass sie auch geeigneter ist, um das Wohlwollen der Menge zu erregen.

Es gibt Grund zur Annahme, dass man aus Ciceros Sicht durch nichtmonetäre Wohltaten auch das Vertrauen der Menge gewinnen kann. Das lässt sich aus seiner Behandlung eines Briefes ableiten, den Philipp II. an seinen Sohn Alexander den Großen verfasst haben soll (2.53). Nach Ciceros Aussage wirft Philipp Alexander darin vor, dass er Geldgeschenke gemacht hat: „Was für ein Gedanke, Elender, hat dich zu der Hoffnung gebracht, diejenigen seien dir treu (*ut eos tibi fideles putares fore*), die du mit Geld bestochen hast?" Die Botschaft, die Cicero hier vermitteln will, ist offenbar, dass monetäre Wohltaten – anders als nichtmonetäre – kein Vertrauen erwecken können.

Was diese Botschaft angeht, ist allerdings eine Differenzierung angebracht: Es mag zutreffen, dass sich Vertrauen nicht einfach erkaufen lässt. Warum sollte sich die finanzielle Unterstützung von *bedürftigen* Menschen aber nicht positiv auf das Vertrauen der Menge auswirken können? Das ist keine abwegige Annahme, wenn man voraussetzt, dass die Wohltatsempfänger von der Identität des Wohltäters erfahren. Cicero unterscheidet bewusst nicht zwischen der finanziellen Unterstützung Hilfsbedürftiger und Nicht-Hilfsbedürftiger, um die monetäre Wohltätigkeit (*largitio*) in Verruf zu bringen. Denn trifft man diesen Unterschied nicht, verschwimmen die Grenzen zur Bestechung (*corruptela*), die schmählich ist (2.53). Ciceros Abwertung der monetären Wohltätigkeit hat somit pädagogische Gründe. Er sieht die Risiken, die mit ihr verbunden sind: Sie kann den Wohltäter selbst in finanzielle Schwierigkeiten bringen und damit die Wahrscheinlichkeit erhöhen, dass er sich in einer solchen Notlage an fremdem Eigentum vergreift (2.54 und oben, Abschnitt 2); ferner birgt sie das Potenzial, nach dem falschen Ruhm zu streben und infolgedessen Geld lieber Fremden als Angehörigen zu geben (1.44 und oben, Abschnitt 2). Nichtmonetäre Wohltätigkeit ist dagegen risikofreier: Davon abgesehen, dass sie weniger zu einem falschen Ruhmesstreben verleitet, scheint man in ihrem Fall lediglich enttäuscht werden zu können, wenn das Wohlwollen, das Vertrauen und/oder die Bewunderung der Menge auf sich warten lassen. Zugleich dürfte sie wegen ihres größeren Einsatzes vertrauenerweckender sein.[14] Nichtmonetäre

---

14 Dieser größere Einsatz könnte einer der Gründe sein, warum die nichtmonetäre Wohltätigkeit weniger zu einem falschen Ruhmesstreben verleitet.

Wohltätigkeit kann also nicht so schnell zu einer Ungerechtigkeit führen wie monetäre Wohltätigkeit.

Bleibt die Frage, ob monetäre oder nichtmonetäre Wohltätigkeit zur Gewinnung von wahrem Ruhm beitragen kann, indem sie die Bewunderung der Menge erweckt. Auch hierzu lassen sich Hinweise im Text finden. Jedoch ist festzustellen, dass sich Cicero dabei lediglich auf eine Form der nichtmonetären Wohltätigkeit fokussiert. Was er im Blick hat, sind Prozessreden – die Verteidigungsrede (*defensio*) auf der einen und die Anklagerede (*accusatio*) auf der anderen Seite (2.49). Beide können Bewunderung hervorrufen, wenn sie von jemandem vorgetragen werden, der über die Fähigkeit der Beredsamkeit (*eloquentia*) verfügt (2.49, 65–66). Die Verteidigungsrede hat laut Cicero aber noch größeres Bewunderungspotenzial (2.49, 51), weil bei ihr nicht nur der eloquente Vortrag, sondern auch das Schicksal des Mandanten ins Gewicht fällt. Je schwieriger dessen Lage ist, desto größere Bewunderung kann man erregen, wenn man ihn mit einer eloquenten Verteidigungsrede daraus befreit. In einer schwierigen Lage ist ein Mandant beispielsweise dann, wenn er „[...] durch Machtmittel irgendeines einflussreichen Mannes hintergangen und bedrängt zu werden scheint" (2.51).

Cicero spricht hier aus eigener Erfahrung, denn genau einen solchen Fall hat er als Anwalt angenommen, als er Sextus Roscius Amerinus gegen Sullas einflussreichen Freigelassenen Lucius Cornelius Chrysogonus verteidigte (vgl. seine Rede *Rosc. Am.*). Aus dem Umstand, dass Cicero nur auf Formen nichtmonetärer Wohltätigkeit eingeht, die zur Bewunderung seitens der Menge führen, könnte man schließen, dass monetäre Wohltätigkeit für ihn keine Bewunderung nach sich ziehen kann. Dies böte eine weitere Erklärung dafür, warum er immer wieder versucht, sie in Verruf zu bringen. Es wäre auch aus sich heraus nachvollziehbar: Eine monetäre Wohltat verlangt weder einen großen Einsatz noch ein besonderes Können (wie etwa Beredsamkeit). Sie ist ein bequemer, weitestgehend voraussetzungsloser Weg, um jemandem aus einer Notsituation zu helfen. Gegen die Annahme, dass monetäre Wohltätigkeit keine Bewunderung nach sich ziehen kann, lässt sich jedoch anführen, dass Cicero moralische Güte für bewundernswert hält (2.37), und diese offenbart die monetäre Wohltätigkeit zumindest ansatzweise durch den ihr zugrundeliegenden gütigen Willen. Im Vergleich zur nichtmonetären Wohltätigkeit hätte sie dann aber ein weitaus geringeres Bewunderungspotenzial.

Der Nutzen von (insbesondere nichtmonetärer) Wohltätigkeit besteht rückblickend also darin, dass sie (a) gemeinschaftsproduktiv ist, insofern sie Wohlwollen, Vertrauen und Bewunderung hervorruft, und (b) zum Erwerb von wahrem Ruhm beiträgt. Das Bild, das Cicero vor Augen hat, scheint zu sein, dass man durch die beständige Erweisung von Wohltaten ein immer umfassenderes Netz zwischenmenschlicher Beziehungen um sich spannt, das einem irgendwann zu wahrem Ruhm verhilft. Sobald man diese Anerkennung erfährt, bricht der Einsatz für die

Gemeinschaft aber nicht ab.[15] Das lässt sich daraus ableiten, dass für Cicero nicht nur der Erwerb, sondern auch der Gebrauch von Ruhm richtig oder falsch sein kann (2.42). Wie zu sehen war, wird er auf richtige Weise erworben, wenn dabei die Prinzipien der Gerechtigkeit eingehalten werden. Dasselbe lässt sich über den richtigen Gebrauch sagen: Jemand, der seinen Ruhm richtig gebraucht, handelt den Prinzipien der Gerechtigkeit gemäß. Bezogen auf die Wohltätigkeit bedeutet das, dass derjenige, der seinen Ruhm richtig gebraucht, weiterhin wohltätig ist und dabei den Vorsichtsmaßnahmen der Wohltätigkeit Folge leistet, sodass seine gemeinschaftsproduktive Leistung fortbesteht. Aber ändert sich für einen Wohltäter gar nichts, wenn er seine Wohltätigkeit als jemand ausübt, der über wahren Ruhm verfügt? Bedauerlicherweise ist Ciceros Schrift *De gloria* nicht erhalten (für eine Anspielung darauf vgl. 2.31), in der man vielleicht eine Antwort auf diese Frage hätte finden können. Eine Idee wäre, dass sich die Wohltaten des über wahren Ruhm Verfügenden weniger an Einzelne, sondern an das Gemeinwesen insgesamt richten.[16] Durch den großen Rückhalt, den er in der Bevölkerung genießt, hätte seine Stimme ein enormes politisches Gewicht. Er könnte sich darauf konzentrieren, allen Schaden vom Gemeinwesen abzuwenden, indem er sich zum Beispiel für den Schutz des Privateigentums einsetzt und Korruption bekämpft. Wohltaten, die Einzelnen zugutekommen, wären dann vor allem etwas für jene, die wahren Ruhm erlangen wollen.

9.4 Ciceros Orientierung an der Gemeinschaft vs. Senecas Eudaimonismus

Das glückliche Leben (*vita beata*) spielt in *De officiis* eine bemerkenswert untergeordnete Rolle. Cicero thematisiert es nur vereinzelt. Einmal reflektiert er über die Natur des Menschen (1.13) und nimmt an, dass der Mensch wegen seiner Vernunft ein Interesse an der Auffindung der Wahrheit hat und sich deshalb in seiner Muße dem Studium „verborgener und bewundernswerter Dinge" (ebd.) widmet, von denen die kosmische Natur voll ist. Die Erforschung und Erkenntnis ihres Wesens hält er für notwendig für ein glückliches Leben (*ad beate vivendum necessariam ducimus*). Wenig später, in seiner Erörterung der theoretischen Tugenden der Weisheit und Klugheit, macht er die naturwissenschaftliche Erkenntnis und das gute und glückliche Leben zu den Kerngegenständen des Denkens überhaupt (*omnis* [...]

---

15 Zum Ruhm als Mittel zu weiterer Betätigung vgl. auch den Beitrag von Dorothea Frede, S. 131–135.
16 Vgl. für diesen Unterschied bei den Wohltatsempfängern 2.65, den Cicero jedoch nur im Hinblick auf nichtmonetäre Wohltaten trifft.

cogitatio motusque animi, 1.19). Darüber hinaus geht er nur noch explizit auf die Glückseligkeit ein, wenn er die Tätigkeit der Philosophen erläutert: Sie sind beständig auf der Suche nach dem, was zu einem glücklichen Leben beiträgt (2.5–6). Latent präsent dürfte die Glückseligkeit in der *quattuor-personae*-Theorie sein, die Cicero im ersten Buch entwickelt (vgl. 1.107–116 und Machek in diesem Sammelband). Auch in seiner Einteilung der Untersuchung über das Angemessene (*officium*) könnte die Glückseligkeit der implizite Referenzpunkt sein (1.7): Ein Teil beleuchtet die Verbindung des Angemessenen zum höchsten Gut (*finis bonorum*), der andere betrachtet es vielmehr unter einer lebenspraktischen Perspektive. Für das, was in letzterem Bereich angemessen ist, verwendet Cicero sogar einen eigenen Terminus, er spricht von Vorschriften (*praecepta*). Vorschriften haben zwar auch etwas mit dem höchsten Gut zu tun, wegen ihrer lebenspraktischen Ausrichtung fällt dieser Bezug aber weniger ins Auge. Das höchste Gut, das Cicero hier völlig unbestimmt lässt, könnte die Glückseligkeit sein. Er könnte darunter aber genauso gut die Tugend verstehen, aus deren vier Arten (Weisheit, Tapferkeit, Mäßigung, Gerechtigkeit) sich die angemessenen oder moralisch richtigen Verhaltensweisen (*quod est honestum*) herleiten (1.15).

Warum stellt Cicero das Thema der Glückseligkeit also dermaßen in den Hintergrund? Eine Antwort könnte lauten, dass er sich damit bereits ausgiebig in *De finibus* und insbesondere den *Tusculanen* beschäftigt hat und daher nicht die Notwendigkeit sieht, es in die Untersuchung von *De officiis* erneut einzubinden. Eine systematischere Antwort liegt aber näher: Wenn es um die lebenspraktische Ausrichtung des Angemessenen geht, dann zählen vor allem Fragen, die das gemeinschaftliche Zusammenleben betreffen. Deshalb bringt Cicero die Wohltätigkeit nirgends mit der Glückseligkeit in Verbindung, sondern akzentuiert stattdessen immer wieder ihre gemeinschaftsproduktive Kraft.

Vergleicht man Ciceros Ethik der Wohltaten mit derjenigen Senecas, kann man zunächst feststellen, dass auch Seneca den gemeinschaftsproduktiven Aspekt von Wohltaten hervorhebt.[17] Er bezeichnet sie als „soziale Sache" (*socialis res*, vgl. Sen. *Ben.* 5.11.5). Wohltaten verbinden Menschen miteinander und sind ein Band auf Gegenseitigkeit (vgl. ebd., 6.41.2): Wenn eine Person einer anderen eine Wohltat erweist und diese sie entgegennimmt, verpflichtet diese sich, die empfangene Wohltat zu erwidern. Dadurch entsteht eine Sozialbeziehung oder wird gefestigt. Ein immer wieder von vorne beginnender Kreislauf der Wohltatserweisung, -entgegennahme und -erwiderung kann eine Freundschaft etablieren (vgl. ebd., 2.18.5). Je mehr Menschen einen solchen Umgang miteinander pflegen, desto größer wird verständlicherweise der Zusammenhalt in der gesamten Gesellschaft (vgl. ebd.,

---

17 Ausführlich zu Senecas Ethik der Wohltaten s. Röttig 2022, 284–322.

1.4.2). Letztlich fasst Seneca Wohltaten aber primär als einen Weg zur Erlangung individueller Glückseligkeit auf.[18] Der Nutzen, den eine Wohltat hat, ist ihm zufolge vor allem ein Selbstnutzen: „Ein jeder, wenn er einem anderen nützt, hat sich genützt" (*nemo non, cum alteri prodest, sibi profuit:* Sen. *Ep.* 81.19, Übers. Rosenbach). Dieser Nutzen ist nicht so zu verstehen, dass man jederzeit damit rechnen kann, selbst eine Wohltat zu erhalten, weil man jemanden durch seine eigene Wohltat dazu verpflichtet hat, sie zu erwidern – damit ist keine Art Sozialrücklage gemeint. Der Lohn der Wohltat besteht vielmehr in der Wohltat selbst (vgl. ebd.): Wird sie richtig erwiesen, trägt man zur Besserung der eigenen Seele (vgl. Sen. *Ben.* 5.13.2) – das heißt, zur Ausbildung der Tugend – bei, die für Seneca (wie für alle Stoiker) notwendig und hinreichend ist, um die Glückseligkeit zu erlangen. Erst wenn die Tugend erworben und mit ihr die eigene Glückseligkeit gesichert ist, kann man sich gewinnbringend für die Gemeinschaft einsetzen. Die Gemeinschaft steht bei Seneca also an zweiter und nicht wie bei Cicero an erster Stelle.

Dies zeigt sich auch daran, dass Seneca Wohltätigkeit nicht in einer Gerechtigkeitskonzeption fundiert. Das heißt, vordergründig spielen für ihn Fragen, ob jemand mit einer Wohltat das erhält, was er verdient, oder dadurch einen Schaden erleidet, keine Rolle. Er schneidet Wohltätigkeit viel stärker auf das Individuum zu als Cicero, indem er ihre angemessene Umsetzung ganz von richtigen Umständen abhängig macht. Nicht nur müssen der Zeitpunkt (*quando*), der Ort (*ubi*) und die Art und Weise (*quemadmodum*) stimmen, sondern auch wer (*qui*) die Wohltat erweist und wem (*cui*) sie erwiesen wird; ferner muss sie aus dem richtigen Grund (*quare*) erwiesen werden und das, was (*quod*) geschenkt wird, muss angemessen sein (vgl. Sen. *Ep.* 89.14–16, *Ben.* 1.5.2, 1.12.3, 2.16.1, 6.2.1–2.). Der Zeitpunkt ist richtig, wenn wir jemandes Wunsch zuvorkommen und nicht so lange warten, bis er uns um eine Wohltat bittet (vgl. ebd., 2.1.3, 2.1). Der Ort für eine Wohltat ist richtig, wenn sie privat erwiesen wird, weil der Wohltatsempfänger in einer ihm unangenehmen Lage ist (beispielsweise ist er in einer finanziellen Notsituation; vgl. hierzu ebd., 2.9.1). Die Art und Weise einer Wohltat ist richtig, wenn sie gern, schnell und ohne irgendein Zögern ausgeführt wird (vgl. ebd., 2.1.2). Beim Wer verhält es sich ähnlich wie beim Wem: Grundsätzlich soll jeder eine Wohltat erweisen und empfangen; die eigenen oder fremden personenspezifischen Merkmale eignen sich aber bisweilen nicht, um ein bestimmtes Geschenk zu machen: Es kann im Vergleich zur Größe der eigenen Persönlichkeit zu klein sein (vgl. ebd., 2.15.3), oder es passt nicht zur Person des Wohltatsempfängers (einem Wissenschaftler schenkt man keine Jagdnetze, vgl. ebd., 1.11.6). Aus dem richtigen Grund wird eine Wohltat dann erwiesen, wenn dabei kein egoistisches Kalkül im Spiel ist: Man tut etwas um der anderen Person oder um

---

[18] Junghanß 2017, 116–184, 260–265 übersieht diesen Unterschied weitestgehend.

der Sache selbst willen – nicht, weil man dadurch einen besonderen materiellen Nutzen erfahren könnte (vgl. ebd., 1.2.3, 2.31.2, 4.1.3, 5.11.4). Ein richtiges Was gibt es nicht *per se*; was geschenkt werden soll, hängt vielmehr von der Zeit ab (niemand schenkt Winterkleidung im Sommer oder Sommerkleidung im Winter, vgl. ebd., 1.12.3) und von den eigenen und fremden personenspezifischen Merkmalen.

Mit diesen normativen Umständen legt Seneca ebenfalls eine Art Regelkatalog für wohltätiges Verhalten vor. Anders als aus Ciceros Vorsichtsmaßnahmen der Wohltätigkeit lässt sich daraus aber weniger ersehen, dass ein ihnen gemäßes Handeln gemeinschaftsstiftend bzw. -erhaltend ist. Das liegt daran, dass er damit vor allem zeigen möchte, wie jeder Einzelne von uns zu einem guten und glücklichen Menschen werden kann. Für ihn hat die Erlangung der individuellen Glückseligkeit Vorrang vor der Stiftung bzw. Erhaltung einer Gemeinschaft.[19]

9.5 Schlussfolgerungen

Ziel dieses Beitrages war es, Ciceros Konzeption von Wohltätigkeit aus sich selbst heraus und durch einen Vergleich mit Seneca zu erschließen. Als Ergebnis kann festgehalten werden, dass er eine Reihe von Normen vorstellt, wie Wohltaten erwiesen werden sollen. Darunter sind weniger strikte Regeln als vielmehr allgemeine Leitlinien zu verstehen, die dazu dienen, die richtige Ausführung von Wohltaten zu unterstützen. Ihre Verknüpfung geht dabei über einen „antiken Knigge" hinaus (s. für den Vergleich Neurath 1903, 580), weil es sich nicht nur um bloße Verhaltensregeln handelt, deren Befolgung als kultiviert empfunden wird. Vielmehr haftet ihnen ein echter philosophischer Anspruch an, der in der Überzeugung besteht, dass ein ihnen gemäßes Handeln das gemeinschaftliche Zusammenleben insgesamt verbessert. Wohltätigkeit ist für Cicero gemeinschaftsproduktiv, weil sie gerecht ist: Wer Wohltaten richtig erweist, gibt jedem das, was er verdient, und fügt niemandem einen Schaden zu. Auf der anderen Seite kommt ihre gemeinschaftsproduktive Wirkung dadurch zustande, dass sie Wohlwollen, Vertrauen und Bewunderung erregt.

Je aktiver ein Wohltäter ist, desto größer die Gemeinschaft, die er stiften und festigen kann. Nach Ciceros Vorstellung gipfelt Wohltätigkeit in der Erlangung

---

[19] Senecas Ausrichtung von Wohltätigkeit auf das Individuum und dessen Glückseligkeit dürfte auch mit den Veränderungen innerhalb des Patronatswesens zur Kaiserzeit zu tun haben. Der Kaiser wurde durch die Bündelung der Macht in seiner Person zu der Instanz, die über die Gründung oder den Fortbestand von Sozialbeziehungen bestimmte (hierzu ausführlich Winterling 2008 und Wolkenhauer 2014, insbesondere Kap. 3). Stoisch gesehen ergibt sich daraus die praktische Konsequenz, sich auf das zu konzentrieren, worauf man selbst einen Einfluss hat.

wahren Ruhmes, der selbst wiederum gewinnbringend für das Gemeinwohl eingesetzt werden kann: Der über wahren Ruhm Verfügende kann sich den Rückhalt in der Bevölkerung zunutze machen und seine Wohltätigkeit noch mehr als zuvor auf das gesamte Gemeinwesen ausrichten. Dessen intakte Beschaffenheit hat für Cicero Vorrang vor der Erlangung der individuellen Glückseligkeit, während für Seneca diese erst über den Tugenderwerb gesichert sein muss, bevor man vollends im Sinne der Gemeinschaftsbildung und des Gemeinschaftserhalts aktiv wird. Cicero wählt damit einen politischeren Zugang zum Thema der Wohltätigkeit als Seneca. Fragt man danach, warum er in ihrer Diskussion der Gemeinschaft einen höheren Stellenwert als der Glückseligkeit beimisst, bietet sich die Antwort an, dass Letztere für ihn nur in der Gemeinschaft verwirklicht werden kann. Genauso wenig, wie man allein tugendhaft wird (vgl. *Laelius de amicitia* 3), so wenig vermag man es, allein glücklich zu werden. Seneca macht den Tugenderwerb und die Erlangung der Glückseligkeit dagegen primär zu einem Projekt des Einzelnen: Die Weisheit soll so eingeübt werden, dass man sich selbst genug und auf niemand anderen mehr angewiesen ist. Aufgrund seiner Sozialnatur wünscht sich der stoische Weise zwar, nicht ohne Freund zu sein, aber er *kann* ohne Freund sein (vgl. Sen. *Ep.* 9.5).

Literaturverzeichnis

Atkins, E.M., 1990: 'Domina et Regina Virtutum': Justice and Societas in *De officiis*, in: Phronesis 35, 258–289

Atkins, E.M., 2000: Cicero, in: C. Rowe / M. Schofield (Hg.), The Cambridge History of Greek and Roman Political Thought, Cambridge, 477–516

Feuvrier-Prévotat, C., 1985: „Donner et recevoir": remarques sur les pratiques d'echanges dans le *De officiis* de Cicerón, in: Dialogues d'histoire ancienne 11, 256–290

Gigon, O., 1969: Bemerkungen zu Ciceros *De officiis*, in: P. Steinmetz (Hg.), Politeia und Res Publica. Beiträge zum Verständnis von Politik, Recht und Staat in der Antike, Wiesbaden, 267–278

Junghanß, A., 2015: Wohltaten als Freundschaftszeichen. Überlegungen zu Cicero, *De officiis*, 1,42–59, in: M. Münkler / A. Sablotny / M. Standke (Hg.), Freundschaftszeichen. Gesten, Gaben und Symbole von Freundschaft im Mittelalter, Heidelberg, 51–72

Junghanß, A., 2017: Zur Bedeutung von Wohltaten für das Gedeihen von Gemeinschaft. Cicero, Seneca und Laktanz über *beneficia*, Stuttgart

Knoche, U., 1934: Der römische Ruhmesgedanke, in: Philologus 89, 102–124

Kries, D., 2003: On the Intention of Cicero's *De officiis*, in: The Review of Politics 65,4, 375–393

Long, A.A., 1995: Cicero's Politics in *De officiis*, in: A. Laks / M. Schofield (Hg.), Justice and Generosity. Studies in Hellenistic Social and Political Philosophy. Proceedings of the Sixth Symposium Hellenisticum, Cambridge, 213–240

Neurath, O., 1903: Zur Anschauung der Antike über Handel, Gewerbe und Landwirtschaft, in: Jahrbücher für Nationalökonomie und Statistik 87,1, 577–606

Nussbaum, M., 2004: Duties of Justice, Duties of Material Aid. Cicero's Problematic Legacy, in: S.K. Strange / J. Zupko (Hg.), Stoicism. Traditions and Transformations, Cambridge, 214–249

Röttig, S., 2022: Affekt und Wille. Senecas Ethik und ihre handlungspsychologische Fundierung, Heidelberg

Schofield, M., 2023: Cicero's project in Book 2 of *De Officiis*, in: R. Woolf (Hg.), Cicero's *De officiis*. A Critical Guide, Cambridge, 78–96

Winterling, A., 2008: Freundschaft und Klientel im kaiserzeitlichen Rom, in: Historia. Zeitschrift für Alte Geschichte 57,3, 298–316

Wolkenhauer, J., 2014: Senecas Schrift *De beneficiis* und der Wandel im römischen Benefizwesen, Göttingen

Tue Emil Öhler Søvsø

10 Ist das Fressen nicht auch Teil von der Moral? Der vermeintliche Konflikt zwischen *honestum* und *utile* in Ciceros *De officiis* 3

10.1 Gibt es Konflikte zwischen dem Edlen und dem Nützlichen?

Als Vorlage für *De officiis* hat Cicero sich Panaitios' *Über angemessenes Verhalten* (gr. *Peri tou kathēkontos*) ausgesucht. Panaitios besprach dort, über drei Bücher verteilt, wie das Streben nach dem Edlen (gr. *to kalon*, lat. *honestum*) und dem Nützlichen (gr. *to sympheron*, lat. *utile*) unser Handeln bestimmt und uns zu einem mehr oder weniger angemessenen Verhalten veranlagt. Cicero hat dieses Material in den ersten zwei Büchern seines *De officiis* untergebracht. Das dritte Buch widmet er einem Thema, das Panaitios zwar zu besprechen angekündigt hatte, wohl aber nie schriftlich behandelt hat: die vermeintlichen Konflikte zwischen dem Edlen und dem Nützlichen.

Nach einer kurzen Vorrede eröffnet Cicero das dritte Buch mit einer Reihe von Überlegungen zu den möglichen Gründen dafür, dass Panaitios das angekündigte Buch über diese Konflikte nie geschrieben hat. Wie er zuallererst anmerkt, hat Panaitios ganze 30 Jahre nach der Fertigstellung der ersten drei Bücher weitergelebt und -gewirkt, aber trotzdem nie das vierte Buch geschrieben. Ist er einfach nicht dazu gekommen? Oder hielt er es im Nachhinein für überflüssig oder gar unangemessen, dieses Thema zu behandeln?

Besonders die letzte Möglichkeit scheint Cicero zu beschäftigen. Mit Bezug auf Panaitios' eigene Worte und die Aussagen seines Schülers Poseidonios, weist er schnell die Idee, dass Panaitios nie ernsthaft vorhatte, das Buch zu schreiben, oder dass er das Thema für unwichtig hielt, zurück (3.9–10). Dass Panaitios aber mit der Ankündigung seines Vorhabens vielleicht einen Fehler gemacht hat, will Cicero nicht kurzerhand ausschließen. Im zweiten Buch hatte Cicero letztendlich selbst (mit Panaitios als Vorbild) dafür argumentiert, dass edle Handlungen auf Dauer auch immer die nützlicheren sind. Ein Konflikt zwischen den beiden Motivationen scheint deshalb eigentlich ausgeschlossen.[1] Hier im dritten Buch zitiert er dann

---

[1] Ich werde hier und im Folgenden den Konflikt zwischen dem Edlen und dem Nützlichen gele-

auch noch Sokrates für die Ansicht, dass der Erste, der das Nützliche vom Edlen getrennt hat, für ewig zu verfluchen sei (3.11; 2.9–10, vgl. Clem. Al. *Strom.* 2.22.131.3–4). Würde ein ganzes Buch zu den möglichen Konflikten zwischen dem Nützlichen und dem Edlen nicht aber den Eindruck erwecken, dass man diese verfluchte Trennung gutheißt? So behaupten einige, dass Panaitios diesen Vergleich gar nicht erst hätte aufstellen dürfen und dass die Auflösung von Konflikten zwischen dem Edlen und dem Nützlichen keiner Überlegung bedarf, weil es solche Konflikte in Wirklichkeit gar nicht gibt (3.11–13). „Alles, was edel ist, ist nützlich, und nichts ist nützlich, wenn es nicht edel ist" (3.11),[2] wie die Stoiker im Einklang mit Sokrates behaupten.

Das umfassende Wissen über Panaitios' Leben und Werk und die detaillierten Auskünfte über die schon vertretenen Meinungen zu den Ursachen des fehlenden vierten Buches zeigen erst einmal, wie gründlich Cicero sich über die Vorlage seiner Schrift informiert hat und wie gewissenhaft er mit der Umarbeitung dieser Vorlage umgeht.[3] Gleichzeitig werfen die Überlegungen zum Verhältnis zwischen Nutzen und Moral auch die Frage auf, ob das Problem, das Cicero sich hier vorgenommen hat, substantiell ist oder ob es sich um eine reine Scheindebatte handelt. Was auf den ersten Blick vielleicht wie eine rein philologische Frage zur Biographie des Panaitios aussehen könnte (Warum hat Panaitios eigentlich seine Absicht, dieses Thema zu behandeln, aufgegeben?), stellt sich somit schnell als ein ernstzunehmendes Problem heraus, wenn nicht unbedingt für die Stoa, dann umso mehr für Ciceros Vorhaben in *De officiis* 3; denn eigentlich gibt es keine Konflikte. Cicero verstärkt sogar noch den Verdacht, dass es sich bei dem von ihm angesprochenen Konflikt nur um einen Schattenkampf handelt, wenn er ganz am Anfang seiner Diskussion das Problem auf das Überlegen (*deliberare*) und Zweifeln (*dubitare*) zurückführt, das entsteht, „wenn das, was den Anschein des Edlen (*speciem honesti*) besitzt, gegen das, was nützlich aussieht, streitet" (3.7).

Nach einer gängigen Auffassung erklärt sich Ciceros Interesse an diesem Scheinproblem dadurch, dass er sich in *De officiis* an unvollkommene Menschen

---

gentlich auch als einen motivationalen Konflikt beschreiben. Wie unten erläutert, führt die Einschätzung einer Handlung als edel oder nützlich laut stoischer Psychologie automatisch zu einer Motivation, diese Handlung zu unternehmen, weil das Edle und das Nützliche beides als angemessen gilt und Menschen grundsätzlich immer das Angemessene tun wollen. Wenn man eine Handlung als edel einschätzt, eine andere als nützlich und sie sich nicht beide realisieren lassen, führt dies also automatisch zu einem motivationalen Konflikt (man will dann das Edle, aber auch das Nützliche tun). S. hierzu ausführlicher den Beitrag von Jula Wildberger in diesem Band.

2 Die Übersetzungen aus dem Lateinischen sind meine eigenen.

3 S. hierzu auch die kurze, aber informative Einleitung zur englischen Übersetzung von Griffin und Atkins 1991, xix–xxi.

wendet.[4] Demnach vertritt er in *De officiis* 3 ein Verständnis der stoischen Ethik, das Tad Brennan (2005, Kap. 12–13) treffend als „*Salva Virtute*"-Modell der Deliberation beschrieben hat. Diesem Modell zufolge ist es zwar völlig legitim, dem Eigeninteresse nachzugehen, aber nur *salva virtute*, d. h. solange dies nicht der Tugend widerspricht. Konflikte zwischen dem Edlen oder Tugendhaften und dem Nützlichen können also durchaus auftreten; um angemessen zu handeln, gilt es aber zu begreifen, dass die Tugend einen absoluten Vorrang vor dem Nutzen besitzt und dass dieser Vorrang nie in Frage gestellt werden darf. Wer dieses Prinzip noch nicht verinnerlicht hat, läuft immer wieder Gefahr, unangemessen zu handeln, und an diesen mehr oder weniger lasterhaften Menschen wendet Cicero sich in *De officiis* 3. Das Hauptziel seiner Belehrungen wäre nach dieser Auffassung jemand wie Mackie Messer aus Bertolt Brechts *Dreigroschenoper*, der mit seinem bissigen Refrain „Erst kommt das Fressen, dann kommt die Moral" das *Salva Virtute*-Prinzip auf den Kopf stellt. Ciceros Antwort darauf wäre wiederum eine etwas einseitige Moralpredigt, die zeigen soll, dass unsere natürlichen Bedürfnisse immer der Tugend untergeordnet bleiben sollten (so z. B. Annas 1989).

Diese Interpretation von Ciceros Vorhaben in Buch 3 greift zweifelsohne wichtige Aspekte seiner Position auf. So distanziert er sich von zwielichtigen, mit Mackie Messer vergleichbaren Gestalten als „unanständige Leute" (*improbi*), „die sich bewusst mit Verbrechen beschmutzen" (*se scientes scelere contaminent*: 3.37). „Denn", wie Cicero gleich am Anfang seiner Überlegungen betont, „es ist nicht nur höchst verwerflich, das, was nützlich erscheint, höher zu schätzen als das, was edel ist, sondern auch diese beiden untereinander zu vergleichen und hierbei Zweifel zu hegen" (3.18). Wie er aber auch betont, geht es ihm hier gar nicht in erster Linie um solche Verbrecher, sondern um den sogenannten „guten Mann" (*vir bonus*: 3.18, 50 und 54). Ein solcher Mann würde nie etwas Verwerfliches tun, kann aber trotzdem in Zweifel geraten, wenn unklar ist, ob die nützliche Handlung, die er zu tun überlegt, überhaupt verwerflich wäre oder nicht, sodass sie vielleicht doch angemessen sein könnte (3.18–19). Wie Cicero später argumentiert, waren es wahrscheinlich solche Zweifelsfälle, die Panaitios vorschwebten, als dieser von einem vermeintlichen Konflikt zwischen dem Edlen und dem Nützlichem sprach (3.33–34). Aber hier hilft das *Salva Virtute*-Prinzip dem Zweifelnden nicht weiter, weil es in solchen Fällen eben nicht klar ist, ob das Nützliche gegen die Tugend streitet oder nicht. Das *Salva Virtute*-Prinzip scheint also für Ciceros Hauptanliegen eher nebensächlich zu sein, und ich denke, dass letztlich offenbleibt, inwiefern dieses Prinzip überhaupt seinem Denken in *De officiis* 3 zugrunde liegt.

---

4 Vgl. hierzu den Beitrag von Philipp Brüllmann im vorliegenden Band.

In diesem Beitrag soll deshalb vor allem versucht werden, die Zweifel des „guten Mannes" zu verstehen und zu zeigen, dass diese sich als Ausdruck eines anderen Modells der praktischen Deliberation interpretieren lassen. Cicero, so werde ich argumentieren, arbeitet implizit mit zwei stoischen Begriffen von Nutzen oder Vorteil (gr. *sympheron*): einem intrinsischen Wert der Tugend, der uns wahrhaftig nützt (gr. *ōphelein*), und einem instrumentellen Wert der Brauchbarkeit (gr. *euchrēsteia*), der aus dem vernünftigen Umgang mit natürlichen Ressourcen wie Essen, Geld, Gesundheit und Ruhm entsteht. Jemand wie Mackie Messer hat diesen Unterschied nicht begriffen und schätzt deshalb missverstandene Vorteile, d. h. bloße Brauchbarkeit, höher als die Tugend. Er handelt dabei aber gegen seine eigenen, wahren Interessen. Der gute Mann hingegen hat den intrinsischen Wert der Tugend erkannt, ist sich aber in einigen Fällen nicht ganz sicher, ob etwas Brauchbares auf nicht verwerfliche Weise erlangt werden kann. Solche Zweifel können von den Stoikern nicht ausgeschlossen und auch nicht als verfehlt abgetan werden, da das Streben nach Brauchbarem grundsätzlich als natürlich gilt. Deshalb formuliert Cicero in *De officiis* 3 erst ein Verfahren zur Auflösung solcher Zweifel (3.19–28) und erprobt es dann an zahlreichen Beispielen (3.29 ff.).

Mit diesem Fokus, so meine These, formuliert Cicero ein zentrales Problem für die stoische Ethik sowie für einen naturalistischen ethischen Ansatz im Allgemeinen. Cicero interessiert sich nach meiner Interpretation gar nicht in erster Linie für Konflikte zwischen Nutzen und Moral, sondern für ein zum Teil viel grundlegenderes Problem, nämlich die Frage, ob wir überhaupt Nutzen und Moral auseinanderhalten können. Die Position, die er in *De officiis* 3 vertritt, ist also nicht eine bloße Umkehr von Mackie Messers Maxime – „Erst kommt die Moral, dann kommt das Fressen". Sie stellt vielmehr die vorausgesetzte Dichotomie zwischen natürlichen Bedürfnissen und ethischen Überlegungen infrage und fordert uns dazu auf zu überlegen, ob das Fressen nicht eigentlich ein zentrales Anliegen der Moral sei. Damit hinterfragt Cicero auch unseren modernen, stark kantisch geprägten Begriff der „Moral" sowie die Vorstellung, dass wahrhaftig moralische Handlungen von Partikularinteressen gänzlich absehen müssen.

Diese Interpretation von Ciceros Vorhaben in Buch 3 wirft viele Fragen auf, die hier aber nicht ausführlich behandelt werden können.[5] Stattdessen soll vorwiegend untersucht werden, wie Cicero die stoischen Theorien vom rechten und angemessenen Handeln präsentiert und interpretiert (Abschnitt 2) und wie diese Weiterentwicklung der praktischen stoischen Ethik sein Verständnis des Problems und

---

5 Diese Fragen betreffen Ciceros Modell der Deliberation und wie treu dies die stoische Theorie des angemessenen Handelns wiedergibt. Darauf wird nur kursorisch eingegangen (s. ausführlicher, aber etwas anders bewertend, den Beitrag von Jula Wildberger in diesem Band).

seinen Lösungsansatz für die vermeintlichen Konflikte zwischen Nutzen und Moral prägt (Abschnitt 3).

10.2 Nutzen und Moral – in *De officiis* und in der Stoa

Der Ausgangspunkt von Ciceros Überlegungen in Buch 3 ist, wie oben angemerkt, die Überzeugung, dass das Edle und das Nützliche nicht voneinander zu trennen seien. Cicero sieht diese Einsicht auch in der stoischen Formulierung des *telos*, des Ziels oder Ideals unseres Lebens widergespiegelt, das er gleich am Anfang von Buch 3 zitiert und diskutiert. Hier unterscheidet er zwei Arten des Handelns, die zusammen ein ideales Verhalten ausmachen sollen: „Im Einklang mit der Natur zu leben, das bedeutet, wie ich meine, immer mit der Tugend übereinzustimmen, das Übrige, was der Natur gemäß ist, aber auszuwählen, insofern es der Tugend nicht widerstreitet." (3.13)

Wenn Cicero hier von den übrigen naturgemäßen Dingen spricht, scheint er an eine Art von Handlungen zu denken, die nicht direkt von der Tugend gefordert werden, ihr aber auch nicht widersprechen. Die Frage ist, wie wir uns nach Ciceros Auffassung das Verhältnis zwischen solchen wohl eher eigennützigen Handlungen und den tugendhaften oder edlen Handlungen vorstellen dürfen. Cicero zitiert später in Buch 3 eine Analogie, die diese Frage beleuchten soll. Sie stammt von Chrysipp, einem der prägendsten Denker der frühen Stoa: „Wer im Stadion läuft, sollte sich, so sehr wie er vermag, anstrengen und kämpfen damit er gewinnt, er sollte aber niemals den Gegnern ein Bein stellen oder sie mit der Hand wegschubsen. So ist es im Leben auch nicht ungerecht, wenn jeder sich das nimmt, was er braucht (*quod pertineat ad usum*). Anderen etwas wegzunehmen ist aber nicht gerecht." (3.42) Ähnlich wie in Ciceros Verständnis des *telos* scheint Chrysipp hier dem Eigeninteresse des Einzelnen („das, was er braucht") eine eigenständige Rolle als Grundlage für unsere Handlungen einzuräumen, dieses aber gleichzeitig der Tugend (hier in der Gestalt der Gerechtigkeit) streng zu unterwerfen.[6]

Auf den ersten Blick entsteht hier ein Widerspruch oder zumindest eine Verschiebung der ursprünglichen These, dass alles, was edel ist, nützlich ist und nichts nützlich ist, wenn es nicht edel ist. Nun heißt es, dass einige, nicht unbedingt edle Dinge brauchbar sind und auch gebraucht werden sollten, solange dies nicht ungerecht ist bzw. der Tugend widerstreitet. Die Erklärung für diese Verschiebung ist

---

[6] S. hierzu ausführlicher Brennan 2005, Kap. 13, und sein nach Chrysipps Analogie benanntes „No Shoving"-Modell der Deliberation.

m. E. die Unterscheidung zwischen Nützlichem (gr. ōphelēmata, lat. emolumenta) und Brauchbarem (gr. euchrēstēmata, lat. commoda), die Cicero an anderer Stelle den Stoikern zuschreibt (*Fin.* 3.69). Nützliches kann nur die Tugend hervorbringen; es ist gut und erstrebenswert. Brauchbares ist bloß zu „nehmen". Es entsteht aus dem guten Gebrauch dessen, was die Stoiker provokant als „Gleichgültiges" (gr. *adiaphora*, lat. *indifferentia*) bezeichneten – Dinge wie Geld, Gesundheit, Ruhm usw. –, und weil die Tugend den bestmöglichen Gebrauch des Gleichgültigen garantieren kann, erzeugt sie zusätzlich zum Nützlichen auch Brauchbares für ihren Besitzer. Neben ihrem Nutzen (*ōpheleia* / *sympheron*) besitzt die Tugend also anscheinend auch einen instrumentellen Wert bzw. Brauchbarkeit (gr. *euchrēstia*, vgl. Plut. *De Stoicorum repugnantiis* 1038a), die aber von einer radikal anderen, geringeren Bedeutung ist als ihr Nutzen.

Wenn Cicero in 3.13 etwas vage über „das Übrige, was der Natur gemäß ist" spricht, gehe ich deshalb davon aus, dass er das Auswählen von bloß Brauchbarem meint und dass er mit dieser Ergänzung betonen will, dass die Weisen neben dem intrinsischen Wert oder Nutzen der Tugend eben auch – wenn auch nur bedingt – deren Brauchbarkeit in Betracht ziehen. Beide Arten von Überlegungen betreffen den korrekten Umgang mit den natürlichen Dingen, die frühere Stoiker mit der Tugend als solcher gleichgesetzt hatten, aber sie sind von radikal unterschiedlicher Bedeutung für unsere Entscheidungen. Darauf aufbauend teilt Cicero auch die edlen Handlungen in zwei Gruppen ein: die Handlungen, die direkt mit einer der Tugenden übereinstimmen und deshalb als unmittelbar tugendhaft gelten; und die, die sich ausschließlich mit Brauchbarem beschäftigen und als mittelbar tugendhaft gelten, weil der weise Umgang mit Brauchbarem eben ein grundlegender Aspekt der Tugend als ganzer ist.

Wenn eine tugendhafte Person nach diesem Modell überlegt, was zu tun ist, überlegt sie deshalb in erster Linie, was die verschiedenen Tugenden konkret fordern. Darüber hinaus, und insofern keine eindeutigen Forderungen der Tugenden bestehen, schaut sie darauf, welche brauchbaren Dinge sich eventuell aus verschiedenen Handlungsoptionen ergeben würden. Was bei diesen beiden streng hierarchisierten Arten der Überlegung herauskommt, erscheint der Person als angemessen. Dass keine eigentlichen Konflikte zwischen ihnen aufkommen können, ist dadurch gesichert, dass immer nur die Tugend wahrhaft Nützliches erzeugt und das Brauchbare eben gleichgültig und nur „zu nehmen" ist. In einer eventuellen Abwägung zwischen Nutzen und Brauchbarkeit gewinnt deshalb immer der Nutzen und damit auch die Tugend.

Cicero hat schon am Anfang von Buch 1 mit Verweis auf Panaitios diese zwei Arten der Überlegung unterschieden und als Überlegungen über das „Edle" und das „Nützliche" bezeichnet (1.9; vgl. 3.7). Es handelt sich allerdings nur um das Edle und Nützliche im abgeschwächten Sinne – um Ähnlichkeiten des Edlen (*similitudines honesti*) und um gewisse Vorteile (sowohl Nützliches [*emolumenta*] als auch Brauchbares [*commoda*] genannt), wie Cicero am Anfang von Buch 3 relativ ausführlich erklärt.[7] Streng genommen ist das Edle eben nur bei den Weisen (*sapientes*) vorhanden, und nur das Edle ist wahrhaftig nützlich. Normale Menschen sind weit von diesem Idealzustand entfernt, aber weil alle Menschen die gleiche, grundsätzlich vernünftige und edle Natur haben, können wir Unweisen (*insipientes*) dank „unserer guten Veranlagung und unserer Lernfortschritte" immerhin eine gewisse „Ähnlichkeit mit den Weisen" (*similitido sapientium*) erreichen und „edle Handlungen zweiten Grades sozusagen" ausführen (3.13–16). Wie es scheint, betonte Panaitios diese Kontinuität zwischen den edlen Veranlagungen unserer Natur und dem Idealzustand besonders, indem er das *telos* eines vollkommenen Einklangs mit der Natur als ein Leben „gemäß den Grundtrieben [oder Dispositionen, gr. *aphormai*], die uns von Natur aus gegeben wurden" (Clem. Al. *Strom.* 2.21.129.4), beschrieb.

Wie man sich diese Grundtriebe vorstellen darf, skizziert Cicero kurz am Anfang von Buch 1, wo er zunächst beschreibt, wie eine natürliche Zuneigung sich selbst gegenüber (gr. *oikeiōsis heautou*) jedes Tier dazu veranlagt, für sich und die Seinen „alles, was man zum Leben braucht, so wie Nahrung, Unterschlupf und desgleichen zu suchen und zu beschaffen" (1.11). Dabei geht es m. E. um die Beschaffung von allem, was irgendwie brauchbar ist – von den Stoikern auch oft „die natürlichen Dinge" (gr. *ta kata physin*) genannt.[8] Die Motivation, sich diese Dinge auf eine möglichst vernünftige Art zu beschaffen, wäre der erste Grundtrieb, den ich Panaitios' Theorie zuschreiben würde. Wie Cicero gleich betont, umfasst die menschliche Natur aber mehr als einen bloßen Überlebensdrang. Dank ihrer Teilhabe an der Vernunft besitzen Menschen auch noch eine Reihe von weiteren Grundtrieben, die uns zu verschiedenen, *proto*-tugendhaften Handlungsmustern veranlagen. Cicero unterscheidet vier solcher edlen Grundtriebe und beschreibt, wie die vier Tugenden und damit das wahrhaftig Edle sich daraus ergibt und ent-

---

7 Aufgrund der oben zitierten terminologischen Unterscheidungen muss man für die Stoiker, glaube ich, drei Arten von Vorteilen (*sympheronta*) annehmen: der wahre Nutzen (*ōpheleia*), der nur aus der Tugend hervorgeht (und deshalb in De officiis kaum eine Rolle spielt, s. u.); das sekundär Nützliche, das parallel zum wahren Nutzen aus den sekundär edlen Handlungen von Nicht-Weisen, aber guten Menschen hervorgeht; und dann eben die Brauchbarkeit, die konkreten, materiellen Vorteile, die aus dem vernünftigen Umgang mit Gleichgültigkeiten entstehen. Da Cicero aber seine Terminologie in *De officiis* generell „an den allgemeinen Sprachgebrauch anpasst" (*ad opinionem communem omnis accomodatur oratio*, 2.35), unterscheidet er nicht streng zwischen dem sekundären Nutzen (d. h. dem intrinsischen Wert von *proto*-edlen Handlungen) und der Brauchbarkeit. *Utilitas* bezeichnet hier deshalb vor allem die Brauchbarkeit. Im Folgenden übernehme ich weitgehend Ciceros lose Terminologie, aber wenn die Unterscheidung zwischen Nutzen und Brauchbarkeit m. E. entscheidend ist für das Verständnis von Ciceros Text, wird dies hervorgehoben.
8 Zur stoischen Theorie der Zuneigung, die dieser Darstellung zugrunde liegt, s. Klein 2016.

steht – etwas, das wir an sich erstreben sollen.[9] Wie aus der darauffolgenden Diskussion hervorgeht, bestimmen diese Grundtriebe weitgehend den vernünftigen Umgang mit den natürlichen Dingen; deshalb besteht eine enge wechselseitige Abhängigkeit zwischen den edlen Grundtrieben und dem Grundtrieb, Vorteilhaftes zu suchen. Die Tugend sowohl *per se* als auch um ihrer Nützlichkeit bzw., strenggenommen, um ihrer Brauchbarkeit willen zu erstreben, liegt also nach dieser Darstellung in der menschlichen Natur; und beides gehört deshalb für Cicero und Panaitios zu einem Leben im Einklang mit der Natur und der Tugend.

Quer durch *De officiis*, so würde ich behaupten, ziehen sich also zwei verschiedene Perspektiven auf unsere Handlungen und damit eine Unterscheidung zwischen den Überlegungen, die sich auf die konkreten Tugenden und das Edle als solches beziehen, und denen, die sich auf die verschiedenen Vorteile beziehen, d. h. auf das Brauchbare, das wir durch unser Handeln erreichen können.[10] Diese zwei Perspektiven auf das Angemessene wurden weitgehend getrennt voneinander in Buch 1 und 2 erläutert; Buch 3 soll sie jetzt zusammenbringen. Etwas später im dritten Buch beschreibt Cicero dementsprechend sein Vorhaben als „den Schlussstein für eine angefangene und fast vollendete Arbeit" und vergleicht sein Vorgehen mit dem von Geometern, deren Beweise auf gewissen Annahmen beruhen (3.33). Die Annahme, die er seinem Leser (repräsentiert durch den Sohn Marcus) abfordert, ist die stoische Grundthese, dass nur das Edle „an sich erstrebenswert sei" (oder auf jeden Fall, wie Cicero als Zugeständnis an die Peripatetiker hinzufügt, „am meisten erstrebenswert", vgl. 1.6). Was er in Buch 1 und 2 auf Basis dieser Annahme hervorgebracht hat, sind „genügend viele Anweisungen (*praecepta*), aus denen erkannt werden kann, was wegen Verwerflichkeit zu meiden ist, und was deswegen nicht zu meiden ist, weil es überhaupt nicht verwerflich ist." (3.33) Die Frage, die in Buch 3 noch aussteht (*relictam partem*), ist, ob diese Anweisungen auch so viel Klarheit schaffen, dass wir vermeintliche Konflikte zwischen dem Edlen und dem Nützlichen „fehlerlos beurteilen (*diiudicare*) können, falls sie auftreten sollten." (3.34)

Diese Frage ist umso wichtiger, weil Cicero und Panaitios die unvollkommenen Überlegungen der breiten Masse (*vulgus*) realer Menschen in den Mittelpunkt gerückt haben. Im Gegensatz zu den tugendhaften und vollkommen richtigen Handlungen der Weisen (gr. *kathortōmata*, lat. *recta officia*), worauf sich die frühstoische Ethik überwiegend konzentrierte, sind wir Nicht-Weisen eben anfällig für Zweifel und Fehler, und unsere Handlungen gelten höchstens als angemessen (gr. *kathē-*

---

[9] 1.14–15; zu den *aphormai* vgl. *Ecl.* 2.7.5b3 mit Søvsø 2021, 178–182.
[10] S. hierzu auch Dorothea Fredes Überlegungen zu Ciceros „Nutzbarmachung des Nützlichen" in diesem Band.

konta, lat. *media officia*).[11] Der gezielte Fokus auf den Nicht-Weisen und die damit einhergehende Anpassung des Sprachgebrauchs wird in der modernen Forschung oft als eine Anpassung an die Ansprüche und den Geschmack der römischen Elite gedeutet, und dieser sozio-kulturelle Kontext hat sicher auch eine Rolle gespielt.[12] Wir dürfen aber nicht die philosophische Attraktivität eines solchen Fokuswechsels unterschätzen. Der früh-stoische Fokus auf den Weisen führt zu einem stark dichotomischen Denkmuster, das leicht ins Karikatureske umschlägt: Die Weisen sehen sofort alles richtig, die Nicht-Weisen alles falsch. Nur die Weisen sind gut, alle Nicht-Weisen völlig verdorben; usw. Durch das temporäre Ausblenden dieses anspruchsvollen Ideals entsteht hingegen eine differenziertere Perspektive auf die Nicht-Weisen und ein Blick für die Komplexitäten, die bei ihren praktischen Überlegungen aufkommen – so wie das Problem des verharrenden Zweifels.

10.3 Diogenes und Antipater im Dissens über Nutzen und Moral

So viel zu Ciceros einleitender Erläuterung der Hintergründe seiner Fragestellung. Es bleibt noch zu sehen, wie er das Problem zu lösen versucht.

Wie bereits skizziert, erwähnt Cicero eigentlich zwei verschiedene Umstände, die Zweifel über die Vereinbarkeit von Tugend und Nutzen hervorrufen und damit auch potenziell zu verwerflichen Handlungen führen können.[13] Die erste Art des Zweifels wird auf eine moralische Verkommenheit zurückgeführt, die einige Menschen dazu bringt, die Forderungen der Tugenden kleinzureden oder sogar wissentlich zu missachten (3.17–18 und 35–39). Die frühen Stoiker hatten in diesem Zusammenhang von einer Verdrehung (gr. *diastrophē*) unserer Grundtriebe gesprochen und diese als zentrales Hindernis auf dem Weg zur Tugend verstanden (s. *Diog. Laert.* 7.89 und Chalcidius *In Platonis Timaeum* 165–66, mit Graver 2012; Brouwer 2020). Auch Cicero verurteilt solche Irrtümer scharf und umreißt das Problem denkbar knapp und konzise: „Der Fehler der Unanständigen liegt darin, dass sie das, was ihnen nützlich scheint, ergreifen und dieses völlig getrennt von dem Edlen betrachten." (3.36) Damit ist nicht nur die Diagnose, sondern auch der Weg zur Besserung aufgezeigt: Unanständige Menschen müssen begreifen, dass

---

[11] Zu diesem entscheidenden Merkmal von *De officiis* s. auch die Beiträge von Philipp Brüllmann und Christoph Horn im vorliegenden Band.
[12] Für einen Überblick vgl. den Beitrag von Christoph Horn in diesem Band.
[13] Zur Präsentation dieser beiden Probleme, ihrem Zusammenhang und ihren Rollen in *De officiis*, s. auch Tsouni 2023.

etwas Verwerfliches nie nützlich sein kann und dass die Fragen nach dem Edlen und dem Nützlichen deshalb nicht getrennt voneinander beantwortet werden dürfen (3.36–39).

Die zweite Art des Zweifels kann, anders als das erste, nicht auf eine eindeutig falsche und verwerfliche Einstellung des Handelnden zurückgeführt werden. Es ist subtiler und schwieriger in Worte zu fassen, aber Cicero hält trotzdem daran fest, dass Fälle auftreten, „wo ein Anschein von Nutzen die Seele durcheinanderbringt, weil überlegt wird, nicht, ob man wegen der Größe des Nutzens das Edle lassen sollte (das wäre ja unanständig), sondern ob das, was nützlich aussieht, nicht tatsächlich ohne Bedenken beschafft werden könnte." (3.40)

Als Beispiel eines solchen Zweifelsfalls zitiert Cicero unter anderem Folgendes: Stellen wir uns vor, dass ein „guter Mann" ein Haus verkaufen will. Nennen wir ihn Marcus. Das Haus hat ernsthafte Mängel, aber niemand außer Marcus weiß davon, und die Mängel sind auch nicht ganz einfach zu entdecken. Soll er jetzt das Haus für den höchstmöglichen Preis verkaufen oder die potenziellen Käufer vorher über die Mängel informieren? Panaitios' Lehrer, Diogenes von Babylon und Antipater von Tarsus, hätten solche Fälle offenbar völlig unterschiedlich eingeschätzt, und Cicero inszeniert hier ihren Dissens als direkten Wortwechsel (3.50–55): Diogenes vertritt die Meinung, dass Marcus beim Verschweigen der Mängel völlig angemessen handeln würde. Von Verkäufern wird erwartet, dass sie ihre Waren anpreisen, nicht, dass sie deren Mängel hervorheben. Diese zu entdecken sei Aufgabe der Käufer. Deshalb sollte Marcus die Situation zu seinen Gunsten ausnutzen. Antipater erwidert, dass wir doch als Menschen alle verbunden seien und uns deshalb immer gegenseitige Offenheit und Hilfsbereitschaft schuldig seien. Marcus müsse daher im Sinne der natürlichen und universellen Fürsorge für andere Menschen den wahren Zustand des Hauses offenlegen und den damit einhergehenden Wertverlust in Kauf nehmen.

Man könnte meinen, es sei unmittelbar einleuchtend, was hier angemessen wäre und was nicht. Spätere Kommentator:innen haben auf jeden Fall Antipaters Lösung klar bevorzugt und kaum glauben können, dass Diogenes das Verschweigen gutheißen konnte.[14] Cicero ist aber anderer Meinung. Er entscheidet sich zwar auch gegen das Verschweigen, schließt sich jedoch weder Antipaters noch Diogenes' Antworten an, sondern entwickelt eine eigene. Dass der Fall komplexer ist, als man zunächst vermuten würde, zeigt sich auch an seiner langen Geschichte der Deutung und Umdeutung innerhalb der Stoa.

---

14 Für einen Überblick s. Annas 1989. Annas selbst geht davon aus, dass Diogenes von Cicero missverstanden wurde, diese Möglichkeit wird aber überzeugend von Schofield 1999 ausgeschlossen.

Angefangen hat die Debatte um diesen und ähnliche Fälle wohl mit Karneades, dem akademischen Skeptiker und ehemaligen Schüler des Diogenes, der solche Beispiele als Herausforderungen für die stoische Ethik entworfen hat. Damit wollte er wahrscheinlich zeigen, dass die stoische Theorie und vergleichbare Ansätze der natürlichen Gerechtigkeit den Weisen zu einer Art von Unklugheit (*imprudentia*) und Vernachlässigung seiner eigenen Interessen verpflichten (s. Cic. *Rep.* 3.21 und 29, mit Schofield 1999, 146–148). Deshalb soll die „kluge" Handlung in seinem Beispiel auch so ungerecht erscheinen wie möglich. Davon ließ Diogenes sich aber nicht beeindrucken. Gegen Karneades betonte er wohl, wie aus Ciceros Reinszenierung hervorgeht (3.52), dass es bei herkömmlichen Handelstransaktionen um indifferente Dinge geht und dass der Verkäufer deshalb problemlos seinem eigenen Interesse folgen kann, solange er dabei kein Unrecht begeht. Diogenes argumentiert also ganz im Sinne von Chrysipps Analogie zwischen dem Leben und einem Wettrennen und ordnet sozusagen den konkreten Fall als Beispiel einer Situation ein, in der (mit Ciceros Worten) etwas Natürliches, das „nicht gegen die Tugend streitet", auszuwählen wäre.[15]

Diese Anwendung von Chrysipps Prinzip ging Antipater aber anscheinend zu weit, und er argumentierte dagegen, dass das von Diogenes befürwortete Vorgehen des Verkäufers sehr wohl der Gerechtigkeit widerstreite und deshalb unzulässig sei. Er berief sich dabei, wie erwähnt, auf ein Gebot, anderen zu helfen, tappte aber offenbar direkt in Karneades' Falle, indem er also dem Weisen eine edle aber „unkluge" Handlung zuschrieb. Später war Hekaton, einer von Panaitios' Schülern und wahrscheinlich auch Ciceros Quelle für diese Debatte, zu Diogenes' Position zurückgekehrt, indem „er in beide Richtungen argumentierte, letztendlich aber das Angemessene von dem Nutzen (*utilitas*), wie er meint, eher als der Menschlichkeit (*humanitas*) ableitete" (3.89–91). Es scheint also alles andere als klar zu sein, wie der Fall aus stoischer Sicht zu beurteilen ist.

Um Karneades' polemische Dramatik etwas zu dämpfen und die Stärken und Schwächen der verschiedenen Ansätze besser zu erkennen, können wir den Fall ein kleines Stück weiterdenken. Nehmen wir also an, dass unser Marcus zum selben Schluss wie Antipater gekommen ist und deshalb die Käufer über die Mängel informiert. Einer der Käufer scheint aber den Ernst der Lage nicht ganz verstanden zu haben und hält an seinem hohen Angebot fest. Nach dieser zusätzlichen Entwicklung ist es mehr als schwierig, den Handel schlichtweg für ungerecht zu erklären. Diogenes' Prinzip gewinnt enorm an Plausibilität: Warum sollte Marcus letztlich die Interessen des Käufers über seine eigenen stellen? Sind diese von vornherein we-

---

[15] Ausführlicher zu dieser Debatte zwischen Karneades und Diogenes, siehe Schofield 1999, 148–153, und Tsouni 2023, 55–58.

niger legitim, nur weil sie seine eigenen sind? Wenn Antipater andererseits an seinem Prinzip einer universellen Fürsorge für andere festhalten will, müsste er folgerichtig behaupten, dass Marcus auch hier im Interesse des anderen handeln sollte. Der Kauf würde ja dem Käufer schaden, und Marcus ist sich dessen auch bewusst. Wie Hekaton später annimmt, geht es also letztlich um die Abwägung zwischen zwei sich auf den ersten Blick widerstreitenden Prinzipien: Der Nutzen, d. h. die Brauchbarkeit, scheint in die eine Richtung zu weisen, die Menschlichkeit in die andere.

Was die stoischen Ansätze aber alle gemeinsam haben, ist, dass sie den Fall als Teil eines Prinzipienstreits betrachten – zwischen Klugheit und Gerechtigkeit, wie Karneades es formulierte, oder Nutzen und Menschlichkeit, wie Hekaton meinte. Damit verkennen sie, so meine These, aus Ciceros Sicht den wahren Charakter des Konfliktes. Die Stoiker versetzen Marcus in ein deliberatives Patt. Er will *ex hypothesi* nichts Verwerfliches tun, es ist aber einfach nicht klar, ob der Verkauf verwerflich wäre. Ist er es nicht, dann wäre der Verzicht auf einen hohen Preis quasi verwerflich, weil dies der Klugheit widerstreiten würde. „So wird eben", wie Cicero konkludiert, „in etlichen Zweifelsfällen einerseits das Edle verteidigt, andererseits so über den Nutzen [d. h. die Brauchbarkeit] gesprochen, dass es nicht nur edel wäre, das, was nützlich erscheint, zu tun, sondern sogar unzulässig, es nicht zu tun." (3.56) Ein Blick in die Lehrbücher der Stoiker hilft Marcus also nicht wirklich weiter.

Zum Glück weiß Marcus – d. h. jetzt der Philosoph Marcus Tullius Cicero und nach der Lektüre seiner Schrift auch sein gleichnamiger Sohn – sich selbst zu helfen. Solche Fälle müssen beurteilt werden (*diiudicanda sunt:* 3.56), und zu genau diesem Zweck hat Cicero ganz am Anfang seiner Überlegungen ein Prozedere oder Rechtsprinzip (*formula*) definiert und aufgestellt (3.19–28).[16] Kurz gesagt lautet dieses Prinzip, dass die eigenen Handlungen nie einen Schaden für andere verursachen dürfen. Dieses Prinzip kommt auch hier zur Anwendung, aber nur indirekt: Inspiriert durch die römische Rechtspraxis, in die vor kurzem ein Verbot des böswilligen Verschweigens und Betrugs (*dolum malum*) eingeführt worden war (3.58–62), stuft Cicero das bewusste Verschweigen als betrügerisch ein und kategorisiert deshalb die Handlung als ungerecht.

Cicero betont die Offensichtlichkeit dieser Lösung (3.57, vgl. 3.30), und man kann die Bedeutung seines Beitrags zur Debatte deshalb leicht übersehen. Die Eleganz von Ciceros Lösung liegt darin, dass ihm dank eines Fokuswechsels ein Kompromiss gelingt: weg von den positiven Forderungen des legitimen Eigeninteresses und der Fürsorge für andere, die Diogenes und Antipater jeweils betont hatten, hin zur

---

[16] Zur Metaphorik des Gerichtsurteils und ihrer zentralen Rolle in *De officiis* 3, s. die Beiträge von Georgia Tsouni und Rebecca Langlands in diesem Band.

Verhinderung eines Schadens. Sein Ansatz ermöglicht es ihm deshalb auch, beide der oben vorgestellten Versionen des Falles befriedigend zu lösen. Er erklärt, warum das von Diogenes gutgeheißene Verschweigen unzulässig wäre, indem er zeigt, dass dadurch ein Schaden für den Käufer entstünde. In der von uns vorgestellten Weiterentwicklung des Falles trifft dies nicht mehr zu. Der Verkäufer hat nichts verschwiegen; wenn durch den Handel ein Schaden für den Käufer entsteht, ist dieser nicht auf das Agieren des Verkäufers zurückzuführen. Dieser hat also kein Unrecht begangen, und es steht ihm deshalb frei, von dem Handel zu profitieren. Ciceros Lösung nimmt somit die Prinzipien hinter Diogenes' und Antipaters Antworten gleichermaßen ernst.

Dieser Lösungsansatz ist charakteristisch für Ciceros Vorgehen im gesamten dritten Buch. Er verweist auf eine grundsätzlich andere Auffassung des zugrundeliegenden Problems, als es in der Debatte über die Deutung und den Anwendungsbereich verschiedener Prinzipien zwischen Diogenes und Antipater zutage tritt. Anders als seine Vorgänger beschreibt Cicero das Problem nämlich konsequent als eines der Wahrnehmung. Er konzentriert sich auf die „Zweifel" und „Überlegungen", die einen befallen, und spricht z. B. von einem „Anschein des Nutzens", der „die Seele durcheinanderbringt" (3.7, 18–19, 34–35 und 40). Diese psychologisierende Sprache ist m. E. durchaus buchstäblich gemeint.[17] Dreht sich der Streit zwischen Diogenes und Antipater um die Vereinbarkeit von Prinzipien, versteht Cicero das Problem hingegen als innere Unsicherheit über die Zuverlässigkeit der eigenen Erscheinungen (gr. *phantasiai*, lat. *species*). Eine bestimmte Handlung kommt einem nützlich und nicht verwerflich vor, aber man zweifelt daran, ob dies wirklich stimmt, und man weiß deshalb nicht, ob die Handlung angemessen wäre. Im technischen Jargon der Stoa hat man die Erscheinung: „Der Verkauf des Hauses wäre brauchbar", die einen dazu bringen könnte, den Verkauf auch für angemessen zu halten. Wegen der Zweifel über das potenziell Edle oder Verwerfliche an diesem Handel kann man der impuls-erregenden Erscheinung: „Der Verkauf wäre angemessen", aber nicht zustimmen.

Diese Analyse des Problems setzt den in Abschnitt 2 skizzierten panaitianischen Fokus auf die Brauchbarkeitsüberlegungen der Nicht-Weisen fort, indem sie sich auf die oft recht unklare Verbindung zwischen Brauchbarkeit und Angemessenheit richtet. Die Debatte zwischen Karneades, Diogenes, Antipater und Hekaton drehte sich um den Weisen, und die Weisen arbeiten nicht mit unklaren oder unsicheren Erscheinungen. Sie erkennen entweder das eindeutig Richtige oder enthalten sich des Urteils und des Handelns. Deshalb muss eine Untersuchung ihres Verhaltens auch davon ausgehen, dass es für die meisten praktischen Fragen eine eindeutige

---

17 S. auch den Beitrag von Rebecca Langlands in diesem Band.

Antwort gibt (sonst könnten die Weisen nicht handeln). Cicero hingegen präsentiert eine Unmenge verschiedener Zweifelsfälle, die bei uns Nicht-Weisen aufkommen können, und betont, dass unsere Erscheinungen immer wieder in verschiedene Richtungen zeigen oder sich je nach Perspektive verändern.[18] Unter solch komplexen Umständen ist es nicht unbedingt sinnvoll, alle Handlungsoptionen auf allgemeingültige Prinzipien zurückführen zu wollen, wie Diogenes und Antipater es im oben erwähnten Fall versuchten. Eher gilt es zunächst einmal, so viele Optionen wie möglich auszuschließen.

Deshalb basiert das Prozedere, das Cicero in Buch 3 einführt, auch nicht auf einem oder mehreren Grundprinzipien, aus denen man bestimmte tugendhafte Handlungen ableiten könnte, wie dies in Buch 1 geschieht, sondern eher auf einer Art ethischer „Eselsbrücke": einem Prinzip, das uns ermöglichen soll, die Zweifelsfälle leicht zu erkennen und „ohne jeglichen Fehler zu beurteilen" (3.19). In seiner ersten Formulierung lautet dieses Prinzip: „Einem anderen etwas wegzunehmen und sich als Mensch einen Vorteil (*commodum*) zu verschaffen durch den Nachteil eines anderen Menschen, streitet mehr gegen die Natur als der Tod, als Armut, als Schmerz, als alles andere, was den Körper oder die äußeren Dinge befallen kann." (3.21) Oder etwas kürzer gefasst: „Ein Mensch, der der Natur folgt, kann einem anderen Menschen keinen Schaden zufügen." (3.25) Das Prinzip, das hier formuliert wird, basiert, wie Ciceros weitere Ausführungen zeigen, auf stoischen Grundideen, woraus sich durchaus auch positive Verpflichtungen ableiten ließen. Beide Formulierungen konzentrieren sich indessen auf ein Gebot des Nichtschadens, das zwar weniger anspruchsvoll, dafür aber eindeutig und, wie es scheint, immer gültig ist: Schadensverursachung wird quasi als stabiler Indikator für Verwerflichkeit ausgewiesen. Cicero reduziert gleichsam die Prinzipien der stoischen Ethik, insbesondere die der Gerechtigkeit, auf einen einzigen Grundsatz, der zwar nicht viel darüber sagt, was wir tun sollten, aber deutlich macht, was wir auf jeden Fall nicht tun sollten. Ciceros Grundgedanke scheint zu lauten, dass wir eine Handlung auf jeden Fall unterlassen sollten, wenn sie einen Schaden für andere verursacht, egal wie groß oder klein die Vor- und Nachteile sind, die aus ihr entstehen (s. insbesondere 3.29–31). Dieses Schadensverbot kann uns deshalb helfen, die scheinbar nützlichen, aber verwerflichen Handlungen zu identifizieren und auszuschließen.

Auf den ersten Blick scheint Ciceros Schadensverbot der Lehre, die Chrysipp aus seiner Analogie mit dem Wettlauf zog, eins zu eins zu entsprechen. Bei genauerem Hinsehen zeigt sich aber ein entscheidender Unterschied. In einem Wettlauf ist das Ziel zu gewinnen, und das Schadensverbot gehört zu den Regeln

---

[18] Vgl. dazu auch den Beitrag von Rebecca Langlands im vorliegenden Band.

dieses Wettlaufs. Die Interessen anderer spielen also vor allem eine einschränkende Rolle. Ciceros Prinzip wird aber durch eine ganz andere Analogie untermauert, nämlich durch einen Vergleich zwischen der menschlichen Gesellschaft und einem lebendigen Organismus (3.21–22). Das Ideal, das aus diesem Vergleich hervorgeht, ist weder Selbstlosigkeit noch ein von außen beschränkter Egoismus. Es ist eher eine Selbsterhaltung, die die Rahmenbedingungen der menschlichen und kosmischen Gesellschaft respektiert und aktiv aufrechterhält. Die Analogie betont somit vor allem die gegenseitige Abhängigkeit zwischen Individuum und Gesellschaft: Der einzelne Körperteil hat demzufolge gar kein Interesse daran, die anderen Teile zu schwächen – das Leben basiert auf Kooperation, nicht auf Wettbewerb –, aber der Körper als ganzer hat auch kein Interesse daran, dass die einzelnen Teile durch unnötige und selbstauferlegte Verzichte geschwächt werden. Es besteht also eine gegenseitige Abhängigkeit zwischen Teil und Ganzem, Individuum und Gesellschaft. So räumt Cicero auch, ganz im Sinne von Chrysipps Vergleich mit dem Läufer im Stadion, dem Eigeninteresse einen grundsätzlichen Vorrang ein. Dies passiert aber im Interesse der Gemeinschaft, nicht im Wettbewerb mit anderen.

Cicero sieht dementsprechend das Verbot, anderen zu schaden, sowohl in den Gesetzen einzelner Staaten widergespiegelt als auch im Gesetz der Natur, das wie in einem Stadtstaat das Zusammenleben der Menschen und Götter im Kosmos reguliert (3.23–24). Wie er wenig später formuliert: „Also sollte dies für alle als Grundsatz dienen, dass der Nutzen jedes Einzelnen und der Gesamtheit derselbe ist; wenn jeder aber den Nutzen an sich reißt, wird sich die ganze menschliche Vereinigung auflösen." (3.26) Deshalb hat die vernünftige Natur, die Mensch und Kosmos zugleich nach ihren rationalen Prinzipien lenkt, auch den Menschen so eingerichtet, dass er von Natur aus Gesellschaften bildet, das gemeinsame Interesse respektiert und diesem auch dient: „Und wenn sogar die Natur dieses vorschreibt, dass der Mensch für jeglichen Mitmenschen gesorgt wissen will, aus eben dem Grunde, weil dieser ein Mensch ist, muss gemäß derselben Natur der Nutzen aller ein gemeinsamer sein." (3.27, vgl. 1.11)

Die Idee eines gemeinsamen Interesses wird aber vor allem als Grundlage eines *a fortiori* Arguments erwähnt: Menschen fühlen sich von Natur aus, wie Cicero mit den Stoikern annimmt, anderen Menschen verbunden und verpflichtet, und „wenn das so ist, dann verbietet das Gesetz der Natur sicherlich den Übergriff auf andere" – wie die Konklusion von 3.27 lautet. Aus diesen Beobachtungen lassen sich natürlich auch positive und potenziell anspruchsvolle Forderungen ableiten, sich aktiv um andere zu kümmern, wie Antipater es im oben erwähnten Fall tat und dies auch zum Teil in Buch 1 und 2 geschieht.[19] Hier im dritten Buch, wo Cicero auf eigene

---

19 S. dazu die Beträge von Christoph Horn und Stefan Röttig im vorliegenden Band. Zur Kontinuität

Faust vorgeht (*Marte nostro:* 3.34), scheint sein Fokus sich aber geändert zu haben. Statt sich wie in Buch 1 und 2 den „Quellen des Angemessenen" (1.20) zuzuwenden und diese zu erkunden, sucht er nach einer heuristischen Methode, die uns das komplizierte Netz unserer Verpflichtungen überblicken lässt, und erprobt diese an einer Vielzahl unterschiedlicher Beispiele. Es wäre in vielerlei Hinsicht einfacher gewesen, der Fürsorge für andere einen absoluten Vorrang vor allen anderen Verpflichtungen zu geben, wie Antipater dies im oben genannten Fall tat. Cicero meidet aber konsequent diese einseitige Lösung und setzt stattdessen auf das Schadensverbot als einen Grundsatz, der, gestützt durch Intuition, Gesetzgebung, Vorbilder und andere konventionelle Quellen der Weisheit, uns Nicht-Weisen doch den richtigen Weg finden lässt. Damit zeigt er vor allem, wie komplex es selbst in scheinbar offensichtlichen Fällen oft ist, nach dem Edlen zu streben. Er zeigt aber auch, dass man, wenn man von der üblichen stoischen Suche nach sicheren Erkenntnissen und festen Prinzipien absieht und sich mit einem pragmatischeren heuristischen Modell begnügt, einer Menge Übel vorbeugen kann.

10.4 Konklusion

Nach Ciceros Vorbild hat diese Untersuchung der vermeintlichen Konflikte zwischen dem Edlen und dem Nützlichen mit einer Reihe von Überlegungen zum Hintergrund und zur Vorgeschichte dieser Frage innerhalb der stoischen Ethik angefangen. Cicero verknüpft das Problem mit der Idee eines klugen Umgangs mit den natürlichen Dingen, worüber, wie seine Zitate verschiedener Stoiker belegen, Unklarheit innerhalb der Stoa bestand. Anscheinend lässt die stoische Ethik also einen gewissen Spielraum für einen Konflikt zwischen Nutzen und Moral. Der Konflikt besteht zwar nicht zwischen Nutzen und Moral – die Stoiker kannten das Wort „Moral" in unserem Sinne gar nicht, und verstanden unter Nutzen etwas ganz anderes als das, was man heute üblicherweise unter diesem Wort versteht. Aber das Edle und das Brauchbare, die mit dem Moralischen und dem Nützlichen eng verwandt sind, stehen auch für die Stoiker manchmal in einem widerstreitenden und spannungsvollen Verhältnis zueinander und daher entsteht der Anschein eines Konfliktes. Diese Spannungen, so meine These, versucht Cicero in Buch 3 zu überbrücken, indem er beide Beweggründe auf den gemeinsamen Nenner einer Schadensvermeidung bringt.

---

zwischen der Argumentation in Buch 3 und den vorherigen Büchern s. auch Atkins 1990; Schofield 1995; 1999, 151–153 und Tsouni 2023.

Ob dieser Ansatz und die damit verbundene Konzeption praktischer Deliberation jemals in den Schriften Chrysipps oder eines anderen frühen Stoikers entwickelt wurde, ist zweifelhaft. Das macht Ciceros und Panaitios' Überlegungen aber keineswegs weniger interessant. Die Kontraste zwischen den Standpunkten von Diogenes, Antipater, Hekaton und Ciceros eigener panaitianischer Position zeigen vielmehr vorbildhaft, wie Denker aus dem zweiten und ersten vorchristlichen Jahrhundert, ausgehend von Chrysipps bahnbrechenden Ideen, eigene Fragestellungen und Antworten entwickelten und damit die philosophische Debatte immer wieder aufs Neue beleben und voranbringen konnten.

Warum interessiert Cicero sich aber überhaupt für das offensichtlich vernachlässigte Problem des gut begründeten Zweifels? Mit dem Fokus auf der unbeständigen Natur unserer Erscheinungen und dem daraus entstehenden Zweifel greift Cicero nicht nur ein wichtiges Thema seiner persönlichen, akademisch-skeptischen Philosophie auf.[20] Er verweist auch auf ein Problem innerhalb der stoischen Ethik. Will er damit zeigen, dass die Stoiker sich mit ihren kompromisslosen Thesen und Prinzipien selbst im Weg stehen, oder versucht er bloß, eine Lücke in Panaitios' Anleitung zur praktischen Deliberation zu schließen? Bei Cicero weiß man das nie so genau. Er ist und bleibt ein neugieriger und gleichzeitig pragmatischer Denker. Anders als die Mehrzahl moderner Kommentator:innen denke ich jedoch nicht, dass diese Gesinnung ihn zu epistemologischen Kompromissen zwingt oder seine Diskussionen in eine reine Polemik verwandelt. Die Auslotung der Grenzen der stoischen Ethik, die er in *De officiis* 3 vollzieht, führt ihn eher zu einer doppelten Erkenntnis: zu einem Begriff davon, wie tief unsere Zweifel reichen, *und* zur wiederholten Feststellung, dass wir das Angemessene trotzdem mit erstaunlicher Sicherheit und Genauigkeit bestimmen können.[21]

---

20 Vgl. dazu den Beitrag von Georgia Tsouni in diesem Band.
21 Ich habe vom Austausch mit den anderen Autoren dieses Sammelbandes viel profitiert und gelernt. Dafür bin ich ihnen allen sehr dankbar. Allen voran natürlich Jörn Müller und Philipp Brüllmann, die das Ganze organisiert haben und mir unermüdlich beistanden bei der Arbeit, aber auch Jula Wildberger, Georgia Tsouni und Katja Maria Vogt, die frühere Fassungen des Textes ausführlich kommentiert haben. Für die verbleibenden Fehler und Missverständnisse trage ich selbstverständlich die alleinige Verantwortung.

Literaturverzeichnis

Primärliteratur

Chalcidius: Timaeus a Calcidio translatus commentarioque instructus, hg. von H.H. Waszink, London 1962

Clemens Alexandrinus: Stromata I–VI, hg. von O. Stählin, L. Früchtel und U. Treu, GCS 17, Berlin ²1985

Sekundärliteratur

Annas, J., 1989: Cicero on Stoic Moral Philosophy and Private Property, in: M. Griffin / J. Barnes (Hg.), Philosophia Togata. Essays on Philosophy and Roman Society, Oxford, 151–173

Atkins, E.M., 1990: 'Domina et Regina Virtutum': Justice and Societas in De officiis, in: Phronesis 35, 258–289

Brennan, T., 2005: The Stoic Life: Emotions, Duties, and Fate, Oxford

Brouwer, R., 2020: Why Human Beings Become Bad. The Early Stoic Doctrine of Double Perversion, in: ΠΗΓΗ/FONS 5, 61–82

Graver, M., 2012. Cicero and the Perverse, in: W. Nicgorski (Hg.), Cicero's Practical Philosophy, Notre Dame, 113–32

Klein, J., 2016: The Stoic Argument From Oikeiōsis, in: Oxford Studies in Ancient Philosophy 50, 143–200

Schofield, M., 1995: Two Stoic approaches to justice, in A. Laks / M. Schofield (Hg.), Justice and Generosity, Cambridge, 191–212

Schofield, M., 1999: Saving the City: Philosopher-Kings and Other Classical Paradigms, London / New York

Søvsø, T., 2021: The Craftsman of Impulse: Chrysippus on Expertise and Moral Development, in: T. Angier / L.A. Raphals (Hg.), Skill in Ancient Ethics: The Legacy of China, Greece and Rome, London / New York, 165–184

Tsouni, G., 2023: Conflict of duties in Cicero's De Officiis, in: R. Woolf (Hg.), Cicero's De officiis. A Critical Guide, Cambridge, 42–60

Vogt, K.M., 2004: Die frühe stoische Theorie des Werts, in: F.-J. Bormann (Hg.) / C. Schröer (Hg.), Abwägende Vernunft, Berlin, 61–77

Rebecca Langlands
11 Seeming, Being and *Exempla* in Cicero's *De officiis* 3

A question that runs through *De officiis* is what to do when (apparent) virtue seems to clash with (apparent) benefit, in a Stoic context that regards nothing as truly beneficial that is not good. This was a topic that Panaetius mentioned but did not in the end discuss, and Cicero takes up the question in *De officiis* 3.[1] I will argue that right at the heart of this ethical challenge is the issue of "seeming" and its relationship to "being", closely related to Cicero's academic scepticism,[2] and that *exempla* play a central role in negotiating this challenge.

In the second half of book 3 Cicero focuses on the importance of distinguishing between something that *seems* to be beneficial and something that genuinely *is* beneficial. *De officiis* establishes that the wisdom to which the Stoic learner aspires is constituted precisely by the ability to perceive the distinction between real and apparent benefit, as well as the ability to distinguish between good and evil. In book 2 Cicero asserts that wisdom depends on "perceiving what is true and clear in each case" (2.18) and in book 3 the function of practical wisdom (*prudentia*) is to distinguish between good and evil (3.71).[3]

According to Cicero, to cultivate the skill of *prudentia*, and to make progress towards virtue (*ad virtutem ... progressio:* 3.17), one needs the right kind of education, to teach one to distinguish between apparent virtue and real virtue. The ignorant (*ignaros*) are prone to mistakenly perceive people and acts as excellent when they are in fact flawed, because they do not know any better – they are impressed by "some worth that attracts the ignorant" but they are "unable to judge what faults each might have" (3.15). Therefore, "when some action is performed where middle duties are in evidence, it is seen as being abundantly 'complete' (*videtur esse perfectum*)." That is to say, an act "seems" (*videtur*) to the uneducated to be perfect, when it is not. As Cicero explains, "that is because ordinary people cannot really understand how it falls short of being complete." Once they have been instructed by experienced people "they readily abandon their view" (3.15). Mistaken perceptions, such as the belief that it would have been a great benefit to Caesar to become king (3.84) – the "opinion of the ordinary man" (*vulgi opinio*) – can be combatted by reason (*ratio*) which calls one towards the truth (*veritas*).

---
1 Spelled out at e.g. 3.7.
2 2.7–8; see further the contribution to this volume by Georgia Tsouni.
3 Translations of *De officiis* are from Griffin and Atkins 1991.

Within Stoic theory, only the Stoic sage can genuinely instruct the ignorant. However, this passage illustrates Cicero's attempt to take up the challenge of how to translate Stoic theory into a workable practice, that enables ordinary people – whether an advanced philosopher like himself or an inexperienced youth like the son to whom the treatise is addressed – to make moral progress, and for the former to guide the latter.[4] The experienced people who can instruct the ignorant can be identified with the community elders described in book 1 who are required to lend their practical wisdom (*prudentia*) to direct the inexperience of youth (1.122). There Cicero has established that *prudentia* is equivalent to the Greek *phronēsis*, a practical knowledge of what is to be sought or avoided.

From the perspective of Cicero's academic scepticism, however, certain knowledge, including knowledge of what is good or bad, cannot be attained ("nothing can be securely grasped" (2.7)). Since certainty is elusive, one must make do with likelihood (2.7–8). Instead of recognising real and absolute "good" and "bad", one deals with degrees of probability (*maxime probabile:* 3.20; *probabilius:* 3.33) that some things are closer to the good than others. Moreover, the *probabilis* which must be the basis for decision and action is always the outcome of situated perception; it is based on what seems to be likely to a particular person in a particular context: *quae probabilia mihi videantur* (1.8; 1.101). *Probabilia* are tentative "working hypotheses", reached after debate and consideration of alternatives, but always open to further challenge and revision. Thus Cicero, as a "mitigated sceptic," inflects the Stoic theoretical framework with his own blend of scepticism and pragmatism.[5] Here, *prudentia* is the practical skill that applies to this limited "knowledge" available to the ordinary moral agent. In practice, Cicero accepts that the non-sage needs to distinguish what seems more persuasive (*probabilis*)[6] in order to be able to act at all. *Prudentia* is the skill that enables the moral agent to make this distinction, even tentatively, and is a key skill with which Cicero aims to equip his reader.

---

[4] Cicero departs from Stoic orthodoxy in several places to facilitate his teaching, e.g. on unified virtue (2.35).

[5] See Tsouni in this volume.

[6] The translation "persuasive" here, rather than "probable" as earlier in the paragraph, reflects the use of *probabilis* not only in the epistemological sense, but also to translate the Greek "pithanos" ("persuasive") in the context of rhetorical theory.

11.1 *Species*: different kinds of "seeming"

The journey of the student of ethics towards truth and clear-sightedness is complicated by the fact that the nature of the relationship between seeming and reality varies. In some instances, the relationship is such that appearance can be helpful, and assist one in recognition of the truth; in others appearance is deceptive and misleading about the nature of reality. The appearance is sometimes honest and a good guide to reality; at other times the appearance is the dishonest "near enemy" of what is real.[7] We might contrast these two modes of appearance as "benign seeming", where the appearance aids the viewer's grasp of the underlying reality, and "malign seeming", where the appearance misleads the viewer about the reality beneath. A function of *prudentia* is to distinguish between malign and benign appearance. As we will see, *exempla* are tools in this process, but they are also illustrations – indeed instances – of the underlying problem.

11.1.1 Malign seeming

11.1.1.1 Species utilitatis (false appearance)

For most of book 3 (after the introduction of the phrase *specie quadam utilitatis* in 3.12), the repeated phrase *species utilitatis* describes the false and misleading appearance that something is beneficial; much of book 3 is devoted to explaining why in these cases, where there is apparent benefit that clashes with the good, there is not really a benefit at all. The term *species*, then, in this repeated phrase, always implies, after 3.12, "false appearance."[8] This is a clear case of malign seeming, where the appearance is not aligned with reality, and it is simply wrong to believe that the apparent benefit is real. Indeed, believing so can lead to immoral acts. Cicero's example is that of Romulus, driven by (deceptive) *species utilitatis* to wrongful murder of his brother (3.41).

Regulus, conversely, is such an important exemplary figure in book 3 precisely because he proved able to recognise the appearance of utility as false, and to reject it in favour of the good. And what made this judgement especially impressive – and

---

[7] On the concept of the "near enemy" in Buddhism see e.g. Davis 2013: 312: "that which masquerades as the virtue", so "the near enemy of loving-kindness is selfish affection or attachment, the near enemy of compassion is pity" etc.
[8] 3.12, 35, 40, 41, 46, 47, 86, 99, 110 and 120; cf. 1.9 *quod uidetur esse utile*, 3.7 *quod utile uideretur*, 3.109 *quae uidebatur utilitas*.

so inspirational as an *exemplum* – is that his was a situation in which the appearance of benefit (preserving his life, avoiding torture, remaining at home with family) was very plausible indeed, resembling real benefit with great verisimilitude. It took exceptional powers of moral judgement to understand that these benefits were not in fact what they seemed. In the debate Cicero stages in 3.99–111 he shows through his hypothetical interlocuters how easy it would be for intelligent people to be deceived by their appearance of utility and be convinced that they would have brought genuine benefit for Regulus.

In book 3 Cicero provides multiple *exempla* to illustrate many different considerations involved in such a process of distinguishing. He starts, surprisingly, with a counter-exemplum, an act which might have seemed unjust (*poterat videri facere id iniuste*), but was really beneficial, Brutus' exclusion of Collatinus from the role of consul (3.40); he provides instances of those who appear to be pursuing benefit where there is none, because it conflicts with the good (3.48); he puts to the test the idea that nothing that is associated with wrongdoing can result in genuine benefit, by examining the examples of Marius and Gratidianus where the wrong may appear to the uninitiated to be so minimal as to be inconsequential in comparison to the magnitude of the benefit it would deliver (3.73); he presents Roman history as full of inspirational cases where people scorned the appearance of benefit in favour of the good (3.47). According to uneducated *opinio*, it would have been beneficial to accept the offer of the deserter from Pyrrhus' camp to secretly poison the king; the death of Pyrrhus had *speciem utilitatis*; in reality, it would have been a "huge dishonour and disgrace" and Fabricius was right to reject the offer (3.86).

11.1.1.2 *Species honesti*

To reject apparent utility, holding instead always to the virtuous path, is book 3's primary injunction, supported by these various *exempla*. And, so long as it is clear what *honestum* is and what counts as virtuous action, it is clear how one goes about doing that, no matter how "real" the false benefits appear. If the apparent benefits do not align with *honestum*, they cannot be benefits at all (this is the principle upon which Cicero's argument rests, 3.49).

However, what happens when it is not clear what *honestum* is? For it is not only utility that is subject to malign seeming – *exempla* and the virtues themselves are subject to it too. Indeed, *honestum* itself is subject to false appearance, as we see explicitly in the *exemplum* of Romulus (3.41). Romulus was led to an act that he claimed was not only beneficial but also morally justified, because Remus had breached his wall; but in truth the killing of his brother was not justifiable, but only presented the false appearance of good (*speciem honestatis*). Thus Romulus, if he had been a reader of *De officiis*, might have believed that in his own case "benefit" and "the good" were aligned, because he was taken in by false appearance on *both* fronts. Cicero, as one skilled in *prudentia*, perceives this *species honestatis* which Romulus took as justification as neither convincing (*probabilis*) nor sufficient (*idonea*) (3.31).

This is a case, then, where the *appearance* of *honestum* does not match the *reality* of *honestum*, and it highlights an anxiety that runs through the work: exemplary people and acts too can appear to be one thing but actually be another, in such a way as to be dangerously misleading. This complicates fundamentally the use of *exempla* as tools for learning about goodness and benefit, and it is in this respect that Caesar is such an important negative *exemplum* in this book, countering the positive *exemplum* of Regulus. Cicero frequently alludes to Caesar as a figure who poses challenges to a clear perception of the distinction between right and wrong.

An early and important *exemplum* of the principle that virtue and vice can be mistaken for one another approaches the issue from a refreshing angle – not vice masquerading as virtue, but a genuinely virtuous act that seems abhorrent: the murder of Caesar. Cicero introduces this as an instance of when it is hard to tell whether a course of action is right: "For often the occasion arises when something that is generally and customarily considered to be dishonourable is found not to be so. Let me suggest an example that can be more widely applied: what greater crime can there be than to kill not just another man, but even a close friend?" (3.18). On the face of it, this looks like a shameful act, but on clear-sighted examination it is agreed by the Roman people to be "the fairest (*pulcherrimum*) of all splendid deeds" (3.19).

Caesar himself is an *exemplum* of the misleading appearance of virtue. He *seems* great and noble, but because his evident qualities of greatness of mind and courage are not tempered by the virtues of justice and temperance, he is actually the worst kind of person. For as Cicero notes, while the *magnitudo animi* that is highly visible in Caesar is one of the core virtues, if it is not accompanied by justice it is no longer virtue, but becomes vice: "It is not merely that it is not virtuous, it is a savagery which repels all civilized feeling" (1.62). Displaying the dazzling qualities of *magnitudo animi* and *fortitudo*, but ultimately untrammelled by the "meeker" (*lenioribus*) virtues of justice and moderation, Caesar illustrates the dangerous attractions of great men: theirs are the acts that generate the most admiration: "what seems most splendid (*splendidissimum videri*) is the deed that is done with greatness of spirit" (1.61).[9] The *pulcherrimum* of 3.19 echoes

---

9 On the moral ambiguity of *magnitudo animi* in *De officiis*, its relation to Caesar, and Cicero's

this *splendissimum* of 1.61: the splendour shared by apparent virtue of Caesar's *magnitudo animi* and real virtue rendered as visual metaphor. The implication of malign seeming in the moral sphere is potentially disastrous. Close resemblance of qualities to virtues when they are not actually virtues is not just a near miss – it is a monstrosity (*immanitas*, 1.57). A vice that masquerades as a virtue is the most dangerous type.

More disturbingly yet, even the virtue of wisdom itself – of distinguishing between right and wrong – is subject to this problem, since *malitia* often disguises itself convincingly as *prudentia* (3.71, 3.96).[10] Cicero tells us that there is nothing in life that is more destructive than this masquerade (*simulatio*, 3.72). It is precisely this kind of deceptive appearance that "gives rise to countless instances where the beneficial seems (*videantur*) to conflict with the honorable" (3.72). Such malign seeming underlies the act of the deceitful hostage described as another counterpoint to Regulus' virtue, which displays "foolish craftiness, crookedly imitating good sense" (*stulta calliditas perverse imitata prudentiam*, 3.113).

There the vice of *calliditas* is identified as the agent of deception, and it is unclear whether the poor man understood his moral error or was attempting to serve his country honourably; he may have been misled because of lack of expertise in *prudentia*, just like Romulus (3.31). However, Cicero also considers in book 3 occasions when people deliberately pretend virtue (again described by the Latin term *simulatio*): "everyone who does one thing and pretends (*simulantes*) another is treacherous, dishonest and ill-intentioned" (3.60).[11] Cicero urges that *simulatio* and *dissimulatio* ought to be removed completely from life (3.61). This corresponds with the earlier sentiment that people who deliberately pretend to be virtuous are the worst kind: nothing is more unjust than the people who act so as to *seem* to be good men (*id agunt ut viri boni esse videantur*), when they are actually behaving most treacherously (1.41). Similarly, Cicero criticises those who give liberally because they want to *seem* generous to others. This is empty simulation (*simulatio vanitati*, 1.44) rather than an act of genuine generosity and virtue. These scenarios highlight the further risks associated with the difficulty of distinguishing benign and malign appearance. It can be deliberately exploited by immoral people, who

---

anxiety, see Langlands 2023, and Jörn Müller in this volume, for the tension between *honestum* and *honor* reflecting tension in Roman idea of virtue, and the suggestion that Cicero is re-inventing *magnitudo animi* in the final *exemplum* of Regulus, precisely to address this ambivalence.

10 See Tsouni in this volume, on Cicero's engagement with Carneades and the relationship between *prudentia* and *malitia*.

11 Although it is also clear that Canius is himself motivated by a vice, *cupiditas*, and so is also to blame for his own deception.

strive to *seem* virtuous in the eyes of others without actually *being* virtuous, and who think the "seeming" more important than the "being".

11.1.2 Benign seeming

11.1.2.1 Benign *species honesti*

As we have seen, in book 3 the term *species*, used in the repeated phrase *species utilitatis*, always denotes (after 3.12) "false appearance." This use of *species* as indicating specifically *false* appearance contrasts however with the use of the term in the previous two books, where *species*, meaning "outward appearance," is also an important concept, but one which does not have the same negative connotations of falsehood. Indeed, in these books *species* has a positive and useful relationship to the reality which it resembles. In book 2 *species* is used specifically to establish what *honestum* is.[12]

We come to recognise "the good" by seeing its appearance in particular acts and individuals. Here the term *species* repeatedly describes the outward manifestation of virtue in a good person that allows us to recognise that person as good. In book 1 the term describes the visible signs of virtue that must be cultivated as part of *decorum* (1.96). Cicero explains that it is important that virtues be visible in the person, and that a good man should have the appearance of a good man (*species ... boni viri.*) This *species* of goodness is necessary for him to function in society, as we see in book 2, as it attracts to him the people whom he will need to assist him in fulfilling his roles in the community (2.39). It is this appearance of good in other people that allows us to recognise the people we should like to be friends with and would like to emulate. When we find a person in whom *honestum* seems to exist (*illi in quo id inesse videtur*), it makes us friends, 1.55) and every virtue attracts us and makes us love those "in whom it seems to be present" (*in quibus ipsa inesse videatur:* 1.56).

In the cases above, the language of appearance and "seeming", marked by the terms *species* and *videri*, is identical to the language that describes the misleading appearance which leads to mistaken perception of good and evil.[13] However, in these benign formulations, the *species* describes visible surface appearance, the "seeming" goodness, but that appearance is not false or misleading. Rather it ap-

---

12 1.96, 1.126, 1.141, 2.32, 2.39. See also *forma* and *facies honesti* at 1.15.
13 See 3.19: *videatur, haberi soleat, inveniatur, non videtur, existimat* (considering acts *turpe* or *honestum*, depending on context.)

propriately conveys in visible form the good inner qualities of the person. It enables us to choose good friends, and to learn what virtue is like. In relation to the *honestum*, then, in these first two books, there is a close correspondence between "being" and "seeming." Indeed, at first it appears that the *appearance* of good is a direct manifestation of the good itself: it is what we recognise in the person of men who possess virtues.

In all three books of *De officiis*, Cicero's language consistently places emphasis on subjective perception as the source of judgement about moral goodness, as in the passages cited above. We love people "in whom we *believe* that there is virtue" (2.32), in whom virtue "seems to be" (1.55, 1.56).[14] In cases of benign appearance, "seeming" terms such as *videtur* signal on the one hand that the distinction between the appearance of the *honestum* and *honestum* itself is absolute and significant. The *species* and the essence of an act or a person are not the same thing, they merely resemble each other. Nevertheless, on the other hand, this resemblance reflects a genuine correspondence between "seeming" and "being", between what we perceive in others and what they really are. "Seeming" is intimately connected to "being rightly recognised to be", and there is no implication of false perception in this version of seeming. Rather "seeming" is the mechanism by which we come close to the truth. Such true, benign seeming contrasts to other, misleading kinds of seeming.

11.1.2.2 Benign seeming and *exempla*

Benign seeming is, in fact, what enables *exempla* to play a useful role in moral education and moral deliberation. For Cicero brings his readers a revelation early in book 3: the exemplary historical figures that Romans are accustomed to celebrating as just, brave and virtuous in various ways, in reality do not possess those virtues at all, they only *seem* to do so.

In sections 3.16–8, Cicero explains that true and complete (*perfectum*) virtue is only possessed by completely wise men. This section develops, specifically in relation to *exempla*, a point that he made earlier in the work (at 1.46) that good people are not truly virtuous but have only a semblance of virtues: "In those whose wisdom is not complete, the honourableness, complete as it is, cannot exist at all; however, semblances of the honourable [*similitudines honesti*] can exist." Exemplary heroes then must be reconceived not as men who are truly virtuous and wise, but merely as "those who have a reputation for goodness because of their obser-

---

[14] See also 3.56, 3.57, with references to perception language.

vation of duties" (3.17). Nevertheless, this is not to say that this reputation is entirely misleading, for this observation of duties is precisely what is required by the ordinary good person. In this respect such *exempla* are useful for teaching us about *officia*, the duties that the student of ethics and reader of this treatise should be cultivating in themselves.[15]

However, just as good actions performed by non-wise are the same as those of the wise, and differ only in the character of those who perform them, the same goes for acts performed by those who are fraudulently simulating virtue. Thus the potential to learn about virtue from exemplary acts is highly compromised, since in each case the act seems the same, even though the relation of the appearance to the reality of the virtue is different.[16] However, in this passage Cicero makes it clear that *exempla*, flawed though they are, are the only means for ordinary people who are not Stoic sages (that is: all of us) of comprehending virtue – at a remove from its reality – and we can only deal with these *simulacra*. While they only have the "seeming" of goodness rather than the "being", *exempla* are "honourable in the common sense, which men cultivate when they want to be thought good".[17] Cicero urges his reader to "guard and preserve the honourableness that is accessible to our understanding, just as much as wise men must that other, which is appropriately and truly called honourable; for otherwise any progress towards virtue cannot be maintained" (3.14).

Cicero makes it clear that there is a distinction between "real virtue (*quod vere honestum est*)" and "what we commonly call virtue (*quod communiter appellamus honestum*)" (3.17). However, the latter, the *simulacrum*, is all that is accessible to the intelligence of the ordinary student of Stoicism: "this *honestum* that falls within our human comprehension" (3.17). This *ersatz* "common" virtue is all that most human beings have to work with, and it is this that Cicero is dealing with in *De officiis:* "Such duties, then, which I am treating in these books, are said by them to be honourable in a second-rate way, so to speak (*quasi secunda quaedam honesta*); and they are not appropriate to wise men only, but shared with the whole human race [*communia*]" (3.15). *Honestum* as we know it – as we are able to comprehend it – is the quasi-*honestum* that we perceive in these exemplary figures, though that is not actually the real thing.

---

[15] On the positive role of *exempla* in *De officiis* in communicating virtue see Müller 2022, White 2023, Langlands 2023.
[16] As both Gabriele Galluzzo and Philipp Brüllmann have pointed out to me.
[17] Once again, the language of perception is significant: the aspiration is to be perceived by others as good, rather than to be good in reality, and the relation of the two is unclear, which is a problematic issue raised and discussed elsewhere in the treatise.

In such cases the benign seeming in the (mere) appearance of good that operates in the case of *exempla* is what enables ordinary mortals to come to know virtue, even if it is only a second-rate, "quasi" virtue, that is approximate to, but not the same as, the perfect and complete virtue that the wise man would possess. Although we can use *exempla* as a means to understand virtue, then, we need to accept that we do not actually see in them the genuine virtue: they are merely *simulacra*. On the other hand, they are all that we have, and thus for the purposes of moral development and argument we can at least treat *exempla* as workable substitutes for examples of real virtue.[18] For us ordinary mortals who have not achieved perfect wisdom and goodness they are the closest we will come to seeing virtue. This is the level we live at, and they can be considered within this context as useful manifestations of virtue.

11.2 The limitations of human moral perception

Even where seeming is benign, therefore, the fact that appearance and reality are not the same limits the human capacity to know goodness. Cicero identifies three key points of concern about the ways a human being's perception of right and wrong may be compromised, even in situations of benign seeming. The first is related to this fact that exemplary figures are not really virtuous in the way they are commonly understood to be, even though they are the only tool we have for understanding virtue. The second is that two intelligent and thoughtful people can hold opposing views about what counts as good in a given situation; it may be – indeed must be – that one is right, and another is wrong, but there is no independent way to verify this conclusively. The third is that what counts as good in one situation may count as genuinely bad in another situation and vice versa (according to the principle of situational sensibility, which must always be taken into account in moral judgement.)[19]

---

18 At 3.7 the appearance of *honesti* is what we see of *honestum* in human endeavour. At 3.13–17 Cicero makes it clear that *species honesti* is all we get: we can only perceive virtue through the flawed and incomplete persons and actions of *exempla*. This is all we have, and we need to value it: at 3.16 exemplary heroes have the *species* and *similitudo* of virtue.
19 On situational sensitivity in *De officiis* see Gill 1988, Langlands 2011.

11.2.1 *Exempla* are mere *simulacra*

Useful though they may be in practical terms, *exempla* must be recognised as flawed and unable to provide us with a true picture of virtue. Even the wisest among us are only *simulacra virtutis* (1.46). The historical figures whom Romans venerate as *exempla* of courage (such as the Decii or the Scipiones), justice (such as Fabricius or Aristides) or wisdom (such as Marcus Cato and Gaius Laelius, or the seven sages), do not really possess these virtues at all; they merely display the likeness (*similitudo, species*) of virtues (3.16).

Cicero laments that when it comes to justice there is "no firm and lifelike figure of true law and genuine justice" and that humans must use "shadows and sketches" (3.69).[20]

11.2.2 Two "wise" and exemplary philosophers can hold opposing views

There are many examples of this in the work of two intelligent people holding contrary views, and the phenomenon is best illustrated in the debates described between Diogenes and Antipater.[21] Cicero makes a point of saying that both were exceptional men, Diogenes a great and serious Stoic, Antipater, his pupil, a very intelligent man (*acutissimo*). Yet their perceptions of what was right and wrong differed on occasions, when situations "seemed (*videri soleat*) one thing to Diogenes and another to Antipater" (3.51). Cicero describes his own controversial judgments in similarly subjective terms, as when he presents his disagreement with his wise friend Cato because "he seemed to me (*mihi ... videbatur*) to guard the treasury and revenues too rigidly" (3.88).

11.2.3 *Tempus* affects moral interpretation

There is substantial discussion of the significance of situational sensitivity in *De officiis* 1,[22] and further implications are brought out in book 3. Whether an act

---

[20] He further comments: "I wish we could follow even those! For they are drawn from the best examples of nature and truth," (3.69).
[21] See Tsouni in this volume, pp. 43–46 on this section as reflecting Cicero's sceptical approach.
[22] On this see Langlands 2011, Gill 1988, Langlands 2023.

is virtuous[23] depends on the context (*tempus*) in which it is carried out; this is a determining factor in what counts as the good man's duty (3.32). The specific circumstantial features of a particular *tempus* can profoundly affect moral interpretation, to the extent that it overturns what appears to be the case according to nature. In Cicero's summary: "In this way, many things that seem to be honourable by nature (*honesta natura videntur esse*) become honourable no longer through circumstance (*temporibus*)" (3.95).

11.2.4 The perplexing similarity between "malign" and "benign" seeming

The final challenge of benign seeming is that in practice it is hard to distinguish between malign and benign seeming, or to know when one has done so correctly. On the one hand, *honestum* and *utilitas* are governed by different forms of appearance (*species*), as we have seen. On the other hand, the effects of their *species* on the human viewer of limited perception are very similar.

Utilitas is either true or false; if there is only the *appearance* of benefit rather than the real thing, it is malign, and the apparent benefit must be rejected. Any appearance is false appearance. Cicero provides a formula for deciding if the appearance is false (3.20, measuring it against *societas*), and in book 3 it is primarily the false appearance of *utilitas* that is under scrutiny. The appearance of *honestum*, however, is more complicated. Its nature is ultimately elusive; the closest we can come to it is through perceiving its appearance in particular cases, which is nothing like the real thing existentially. Incomplete and superficial virtue that is tainted with some flaws is more alike in kind to real and complete virtue than real utility is to utility that is compromised with dishonour; indeed, the latter is not utility at all, whereas the former has "something of the good" in it, and is an inferior version of the good itself, accessible to those who have not reached the status of the sage. As the Stoics say, it is "honourable in a second-rate way" (3.15), rather than not honourable at all.

Nevertheless, the effects of the benign *species honesti* and the malign *species utilitatis* are very similar to one another, as Cicero demonstrates in book 3. When he first introduces the concept of *species utilitatis* he describes it as attracting the viewer, just as the *species virtutis* does in a good man. Cicero writes that "when we come across the appearance of utility (*species utilitatis*), therefore, we are neces-

---

[23] That is: "virtuous" in the common understanding; as we have seen, even the best human acts are only *simulacra* of virtue.

sarily moved by it" (3.35). However, "if we look closer" and see that this apparent utility is associated with dishonour, then we know "it cannot really be useful" – *utilitatem esse non posse*. Note here the use of *esse* – true essence – in contrast to the *species* that first struck our perception. This corresponds to the similar move at the beginning of book 3, which we have already discussed, where ordinary people are described as perceiving actions to be perfectly virtuous because they have not been educated to see the failings in them. These actions ("middle duties"), even though they are instances of "second-rate" virtue and will eventually appear so to the wiser person of refined perception, nevertheless have the power to move all those who are disposed towards virtue: "therefore everyone who has any natural tendency for virtue is moved by them" (3.16).[24]

Meanwhile the common notion of "good" is defined as what people cultivate when they want to be thought good (3.17). One might ask how this differs from this highly criticised phenomenon of people giving generously because they want to be thought generous, which Cicero has described as "empty pretence." His language gives us little indication of what the difference might be. Throughout Cicero's discussion, the same language is used for both benign and malign seeming, and for both accurate and mistaken perception.[25] A clear illustration of this comes at 3.73, when Cicero is discussing the forged will of Lucius Minucius Basilus. Two of the most influential men of the day, M. Crassus and Q. Hortensius, were co-listed as heirs, but although they suspected the will was a forgery (*falsum*) they did not feel directly culpable for the forgery and so accepted the money. To describe his own judgment that the men have acted wrongly, Cicero uses the language of "seeming" in two slightly different shades in the same sentence, to describe first the evidently mistaken judgment of the two men, and then his own better-founded judgment: "Is it enough that they do not appear (*videantur*) to have committed an offence? To me, it does not appear so (*mihi quidem non videtur*)" (3.73).[26]

This linguistic feature highlights the problem for those undertaking the journey towards moral wisdom. It is not always clear, even in Cicero's own writing, what kind of appearance is referred to in the process of seeming indicated by *videri*, and whether it is benign or malign. This ambiguity in the language reflects the lack of certainty in lived experience of the human moral subject, from Cicero's po-

---

24 See also 2.32.
25 E.g. *videri* as malign: 1.41, 1.44, *videri* as benign: 1.55, 1.56; *species* as benign 1.96, 1.126, 1.141, 2.32, 2.39, as neutral 3.9, and as malign book 3.16, 35, 40, 41, 3.46, 47, 81, 86, 99, 109, and 120. There is however a difference in emphasis between the terms *similitudo* (1.11, 1.14, 3.16) and *simulatio* (1.101.44, 2.43) where the former is usually benign and the latter always deceptive.
26 Compare the description of Pompey 83.82: *utile ei videbatur*, but he did not see how unjust and shameful this was (*non videbat*); Cicero's judgement on the cases at 3.57 *igitur videtur...debuisse*.

sition of epistemological scepticism: when someone seems great and virtuous to us, we can never be completely sure whether what we are perceiving is second-hand virtue or deceptive vice, and we must keep our wits about us. We can only ever deal with "apparent good", and therefore our most difficult challenge is to distinguish between people and acts that seem good because they really have "something of the good" in them and those that have a false appearance of good without any real good – that is, between malign and benign appearance. Perhaps as we learn more and cultivate *prudentia*, we will cease to be dazzled by the sheen and begin to perceive the flaws beneath, so as to distinguish between them.

We can see the effects of such philosophical progress on moral perception at 3.45, where Cicero cites Rome's destruction of Corinth as an example of wrongdoing by the republic that is the consequence of being deceived by false appearance of benefit (*utilitatis specie*). For Cicero's citation of this historical event here counters and contradicts the more positive interpretation of it that he offered in book 1, where he said; "I would prefer that they had not destroyed Corinth; but I believe that they had some specific purpose in doing so" (1.35). In book 1 he finds the episode morally troubling, yet is still deceived by the apparent benefit of destroying such an advantageously positioned city to prevent future wars; by book 3 he has come to recognise that this apparent benefit is tainted with injustice, and is therefore not a true benefit at all. As one progresses, one must reject one's former judgments, and recognise that one has been deceived. At any given moment of a life, it is difficult to know which currently viewed *species* may later come to be regarded as false.

The value of historical *exempla* is that we can use hindsight to evaluate whether the expected benefit does indeed result from the action. However, the example of Corinth reminds us that one's perception of the moral value of past events is also liable to change as one makes moral progress. Such *exempla* are never, as we have seen, "complete" in their moral quality, and they continue to be open to new interpretations. This is a message that is reiterated by the final *exemplum* of the work (cited just before the final conclusion as a comparison to Regulus): the story of the hostages taken by Hannibal after Cannae. Cicero here mentions the variant accounts of Polybius and C. Acilius, reminding us of the uncertainty of historical events and their significance (3.113–5).

11.3 Refining the roles of *exempla*

In the ideal scenario, "The force of the honourable is so great that it eclipses the appearance of benefit" (*tanta vis est honesti, ut speciem utilitatis obscuret*: 3.47). This statement, suspended in the indicative form of a generic truth between two specific historical *exempla*, long past, is a wishful fantasy. In the reality of Cicero's present (which is explicitly not the same context for moral interpretation as that in which Regulus lived)[27] "goodness" cannot obscure its malign competitors, nor prevent people's attention being caught by the misleading sheen of apparent benefit, nor by the greatness and glory of men like Julius Caesar and Mark Anthony. The *exemplum* of Caesar running through this book serves not only to clarify the argument, but also to show how urgent these moral arguments are.

Book 3 starts with Cicero gently establishing a clear framework of traditional Roman exemplary ethics, highlighting the key aspects of the chain of imitation and the need for situational sensitivity. The opening sections 1–6 outline a contextual framing of imitative legacies: from Publius Scipio Africanus to Cato the Elder to Cicero to Cicero's son, who is the ultimate recipient of the wisdom contained in this treatise, but in addition has the burden of expectation as Cicero's son that he will follow in his father's footsteps.[28] Cicero declares that he aspires to be like the exemplary forefather Publius Scipio Africanus, who has been commemorated and celebrated as exemplary by Cato the Elder in his *Apothogems*. Having set up this exemplary model for himself, Cicero then contrasts his situation with that of Scipio, highlighting the different opportunities that their respective circumstances offer for virtuous conduct: his own leisure and solitude differs from Scipio's in that while Scipio's was an occasional choice for rest, Cicero's is enforced by the disintegration of the political and legal system. He thus also draws attention, with this comparison, to the context of crisis in which he is writing this treatise, and the moral imperative to oppose Mark Anthony with which Cicero is wrestling, and which will shortly lead to his own death. He establishes in relation to his own life and *tempus* the entanglement between theory and action that *exempla* also embody, with this frame of personal exemplarity and highly fraught political context in which Cicero must steel himself to do what he believes is right in the wake of Caesar's murder, and also work to justify that troubling murder. Heroic exempla are crucial to give one the courage and motivation to act in the way one believes is right, regardless of the consequences for oneself, and Regulus is the crowning *exemplum* of this.[29]

Having established this conventional framework of exemplarity, at the beginning of the book, Cicero then moves through a systematic treatment of perception and the relationship between seeming and being that enhances immeasurably the

---

27 See 3.111: *nunc* compared to *illis [...] temporibus*.
28 On *aemulatio* in *De officiis* see White 2023.
29 On historical *exempla* interpreted with the benefit of hindsight, showing how the utility of actions can be proved because of their outcome see White 2023; Langlands 2018.

reader's grasp of the usefulness of *exempla*. As we move through the argument about how real benefit can never clash with true virtue, every step in the argument is illustrated with, and tested against, at least one *exemplum*. *Exempla* are used to test the formulae that Cicero is developing for how to make the crucial distinctions as well as to illustrate each point along the argument.[30] However, as we have seen, *exempla* themselves, as tools of moral enlightenment, are also implicated in the issues of perception, and subject to the same challenges. They can be visual manifestations of virtue, but they also attract with a superficial sheen that can be misleading. Therefore, *exempla* illustrate the deceptive nature of all virtue as manifested in human beings and human behaviour, and are a constant reminder of this challenge. The figure of Caesar lies beneath this – a deceptively impressive and attractive character who turns moral perception on its head.

In addition, the *simulacra virtutis* that *exempla* constitute, are a practical – and satisfyingly Roman – solution to a Stoic problem. As Griffin and Atkins put it: "Despite their rigour in not allowing degrees of virtue or vice nor any middle ground between them, the Stoics believed in moral progress. Performing middle duties could help one ultimately acquire that virtuous disposition which would render them perfect."[31] As instances of "middle duties", then, our traditional moral *exempla* provide a route not only to understanding virtue (albeit imperfectly) but also to learning how to practise it and thereby making moral progress. As mere "semblances of virtue," they provide a practical substitute for the kind of "middle ground" that would be needed for moral progress to take place, without actually requiring there to be either degrees of virtue and vice or genuine middle ground between them.

An additional role of *exempla* within the treatise, then, is that of addressing the challenges posed by the limitations on the human perspective of morality, even while the value of each *exemplum* changes as the student progresses.

Insofar as he has wisdom to impart, Cicero's is a practical wisdom that relies only on what seems to him, as an experienced philosopher and statesman, most likely to come closest to virtue – *probabilia mihi* (2.8). The fact that the "wisdom" of the non-Stoic is always established from the perspective of a particular subject in a particular context is emphasised at every turn, with the ensuing limitations and contingent nature of such "wisdom"; we are never dealing with certain knowledge, we only have access to "seeming" and never to "being". *Prudentia* is a practical wisdom based on tentative *probabilia*. In this context, *exempla* can be valuable because they represent cases that have been consistently agreed to be probable

---

[30] See, e.g. 3.73.
[31] Griffin and Atkins 1991, p. 106 n. 4.

over time and from many different subjective perspectives, thus increasing the likelihood that they are closer to virtue than other acts. *Exempla* make no claims for epistemic infallibility, but their probability is established by communal agreement of good men.[32]

Bibliography

Davis, L.S., 2013: Mindfulness, non-attachment and other Buddhist virtues, in: S. van Hooft (ed.), The handbook of virtue ethics, Durham, 306–317

Gill, C., 1988: Personhood and Personality: The Four-*Personae* Theory in Cicero, *de Officiis* I, in: Oxford Studies in Ancient Philosophy 6, 169–199

Langlands, R., 2011: Roman *Exempla* and Situations Ethics: Valerius Maximus and Cicero *de Officiis*, in: The Journal of Roman Studies 101, 100–122

Langlands, R., 2018: Exemplary Ethics in Ancient Rome, Cambridge

Langlands, R., 2023: *De officiis* and exemplary ethics, in: R. Woolf (ed.), Cicero's *De officiis*. A Critical Guide, Cambridge, 119–138

Müller, J., 2022: Vorbilder – und wie man ihnen folgen soll: Exemplarität in Ciceros praktischer Philosophie, in: K. Mertens / M. Summa (eds.), Das Exemplarische – Orientierung für menschliches Wissen und Handeln, Paderborn, 217–239

White, G., 2023: Emulation and Moral Development in the *De Officiis*, in: Woolf, R. (ed.), Cicero's *De officiis*. A Critical Guide, Cambridge, 139–160

---

[32] I thank Jörn Müller and Philipp Brüllmann and other contributors, especially Jula Wildberger and Tue Søvsø, for critical feedback and Gabriele Galluzzo and Adrian Haddock for invaluable discussion.

Jed W. Atkins
12 The Political Theory of Cicero's *De officiis*

Cicero's *On Duties* (*De officiis*) was among the first books printed on Gutenberg's press, second only to the Bible, and it ranks alongside Aristotle's *Politics* as the most important work for the development of Western political philosophy (Nussbaum 2000). It is impossible to read such an influential work with fresh eyes. Still, the key presupposition guiding this chapter is that Cicero's political theory in *De officiis* is worth considering for its own sake. The list of political topics that Cicero raises in the work is long and substantial: patriotic devotion to one's republic, cosmopolitan demands of justice, natural law, the justice of war, individual rights, the rule of law, liberty, government as requiring responsiveness to the interests of the ruled and guidance by the purpose of one's office, political trust, private property, corporate responsibility, tyrannicide, and glory. In what follows, I will treat all these topics as I draw Cicero's political theory in *De officiis* into a coherent whole. I shall argue that the key insight for interpreting the central political topics in the work comes from understanding, on one hand, the relationship between Cicero's "political naturalism" and the republic as the most important socially productive political fellowship and, on the other, that the relationship between ethics and politics admits of imperfectability and requires accommodation to necessity. Thus, Cicero's political theory can be described as commending a "realistic eutopia" and "patriotic cosmopolitanism."[1]

12.1 Cicero's Political Naturalism and the *res publica*

Cicero's political theory in *De officiis* derives from what I shall call his "political naturalism." Political naturalism refers to the idea that nature prompts the formation of human political communities and establishes their ends. The preeminent political community for Cicero is the republic or *res publica*, which in his earlier *De republica* he defined as "the property of the people (*res populi*)" (*Rep.* 1.39).[2] This much-discussed definition is deeply rooted in Roman law, custom, and experience.

---

[1] My discussions of liberty, just wars, Cicero's naturalism, "patriotic cosmopolitanism," and "property" draw on Atkins 2018b, Atkins 2022; Atkins 2023a; Atkins 2023b; Atkins forthcoming. Readers should consult these works for detailed discussion and defense of views summarized here.
[2] Unless indicated otherwise in parentheses, all translations are mine.

Res, "property," is an important idea in Roman law; the fact that it is "owned" by the people of Rome expresses the notion of popular sovereignty. The subsequent definition of people as "a gathering of critical mass united in a partnership by an agreement about right and commonality of advantage" likewise evokes Roman legal categories. The civic rights that these legal categories promoted in the Roman experience applied most fully to the paterfamilias, the adult male head of the household: women, children, and those engaged in "dishonourable" occupations had diminished rights; enslaved persons (perhaps as much as 15–25% of the population) were excluded entirely from the *populus Romanus.* Despite Cicero's presenting the definition in conventionally Roman categories, the subsequent discussion makes clear that the *res publica* originates in a natural human social instinct: "the first cause of its gathering is not so much weakness as a kind of natural association of human beings" (*Rep.* 1.41).

The natural origins of the *res publica* come squarely into view in *De officiis* book 1. From the Stoic view that human beings love themselves and their children comes human sociability. This process is called *oikeiōsis* or appropriation, making something one's own. As human beings develop rationally, they begin to identify their own interests with the interests of other rational beings, starting from their families and extending outward to eventually include the fellowship of the entire human race (1.50). However, Cicero recognizes that there are pitfalls to this process. The love of one's own is prone to a near-sightedness that keeps us from recognizing the interests of others from an undue self-regard (1.30). On the other hand, an other-regarding love that extends to all human beings is prone to be diluted by a lack of intensity that keeps us from feeling the weight of others' interests (1.30) (Atkins 2022, 246–247).

The *res publica* helps promote human sociability by reconciling these conflicting loves. The *res publica* broadens the natural bonds of blood by placing the new identity of citizen on top of the identities we have as family members (1.53), thus broadening and compensating for the near-sightedness inherent in the love of our own. The *res publica* also focuses and guides our loves, thus providing intensity that a cosmopolitan love for all human beings lacks. As Cicero puts it, the "*res publica* embraces all the affections of all of her inhabitants" (1.57). By reconciling these natural loves and drives, the *res publica* promotes human sociability. Thus, Cicero says that a "rational outlook" will confirm that the republic requires our deepest loyalties (1.57; see Atkins 2022, 247–248).

The *res publica* is also the form of society that best offers socially productive ways to meet natural needs necessary for maintaining life, such as the need for food, shelter, and other resources that protect from injury and sustain life (2.74). Through rational and virtuous responsiveness to the needs of its citizens, the *res publica* strengthens human society (Atkins 2022, 248–249).

Recognizing the natural origins of the republic is key to understanding Cicero's political theory in *De officiis*. There are several important things to note about Cicero's "naturalism." First, much as in his earlier *De legibus*, Cicero uses nature to justify the *res publica* and its institutions. However, whereas *De legibus* used a "top-down" approach that opts for a theological starting point from cosmological reason, *De officiis* uses a "bottom-up" approach that begins with human drives and loves.[3] Cicero's naturalism in *De officiis* does not begin with abstract principles of reason but with concrete natural drives that inform the relationships and attachments of everyday life. This starting point has implications for Cicero's account of ethical and political judgment: the statesman constantly judges within the thick contexts of daily situations and decisions. To guide such judgments, Cicero offers a "rule of procedure" derived from natural justice: don't benefit oneself by harming someone else (3.19–21). But the everyday world of politics begins with the "thick," not "thin". Customs and political institutions themselves are action-guiding codes of behavior (*praecepta*: 1.148). Indeed, in everyday politics natural law is more of a floor than a ceiling, to be encountered mainly in its breach when those judging decisions perceive them to be out of harmony with human nature, much as when an audience cringes when a musician plays discordant notes on a piano. And like the audience's judgment of the pianist, this judgment is open to the expert and commoner alike, which points towards a popular dimension of Cicero's naturalism as it relates to political judgment (Atkins 2018a, 120–124).

Second, Cicero's political naturalism opens the window to a creative union of nature and convention. Just as the *res publica* originates from natural drives and loves, so its end is to promote natural human sociability. The conventional laws, rites, buildings, and institutions of the city transform human nature to enhance human sociability (2.15). Republics are to citizens as shoes are to distance runners, products of human artifice that help develop natural ends by facilitating the training necessary to reach one's potential (by promoting the social virtues for the citizen and physical endurance for the runner). Consequently, nature has an important normative role: republics, like shoes, may be better or worse designed to suit their ends. Such ends guide the means to be selected. Book 2 of *De officiis* is devoted to the discussion of advantage and utility, but Cicero makes clear that individual utility and the common advantage are determined by humanity's rational and social nature (1.51–52; Atkins 2023a).

---

3 For "bottom-up" and "top-down," see Schofield 1995. A potential exception to Cicero's "bottom-up" approach is found at *De officiis* 3.69. For discussion of this passage's significance in the context of Cicero's account of natural law, see Atkins 2013, 220.

Third, Cicero's naturalism is flexible. Just as shoes come in different sizes and designs to fit different feet, so individuals and cities adapt to different "natural" (in the sense of "inborn") characteristics and propensities to better guide them towards fulfilling the social nature that all humans share.[4] In his political works in the 50s BCE, Cicero defended a "political particularism," in which natural law supported different regime types and law codes. He believed that the mixed constitution (though not necessarily the exact Roman version) was best for most good peoples (*Leg.* 3.4 with Atkins 2017). In *De officiis* Cicero supplements his political particularism with an "ethical particularism" (Woolf 2007) rooted in the cardinal virtues of wisdom, justice, courage, and moderation. In contrast to rule-based ethics, for Cicero's virtue ethic, before one decides what to do, one must decide what sort of person one should be. These qualities, which are themselves flexible and vary according to one's particular nature, guide political decision-making in different situations. Even in Cicero's casuistry in book 3 where he applies his "rule of procedure" (that one should not benefit at another's expense) to different scenarios, getting the cases right depends on correctly exercising the virtue of prudence.

12.2 Cicero's Realistic Eutopia: Ethics and Politics

Cicero's political naturalism enjoins a type of realistic utopia, a flexible and adaptable regime that orders political life according to the norms of reason. The "realism" of such a political order gives weight to necessary ethical failures and exhibits inconsistencies from the limitations placed upon rational rule. This aspect of the relationship between ethics and politics can be best seen when reading Cicero's *De officiis* alongside his earlier *De finibus*. (Cicero exhorts his son, and by extension other readers, to review his recent philosophical works (1.3).)

The problems that Cicero scrutinized in *De finibus* book 5 had to do with whether the highest good for humans consisted in the honourable alone and whether virtue alone was sufficient for happiness. In *De officiis* book 3 Cicero writes that the fine distinctions debated in the earlier work no longer matter. Whether the *honestum* (the morally good) is the only good, as the Stoics believe, or "whether," as his son's preferred Peripatetics hold, "moral goodness is so far the highest good that everything else gathered together into the opposing scale

---

[4] Cicero's treatment of general and individual nature in his discussion of the four *personae* (discussed below) mediates these two senses of "nature."

would have scarcely the slightest weight, it is beyond question that expediency can never conflict with moral rectitude" (3.2; trans. Loeb). Of course, readers of *De finibus* know that this view is not beyond question, and in that work published the year before *De officiis* Cicero had subjected this very position to scrutiny. The "peripatetic" alternative to Stoicism that Cicero refers to in *De officiis* is akin to the theoretically tighter final position offered by Piso, the character in *De finibus* who, expounding the views of the Academic philosopher Antiochus, seeks to modify Stoicism to allow (as do the Peripatetics) that external goods matter for happiness but that they are ranked so far below intellectual excellence that no foul-but-pleasant action could ever surpass an honourable-but-painful one (*Fin.* 5.93). Virtue can thus be equated with happiness, while happiness can be enhanced through the addition of other goods (*Fin.* 5.95). Still, as Raphael Woolf (2022) points out, this theoretical tightening comes at the cost of departing from the everyday intuitions about ethics and the good that had characterized Piso's earlier, looser articulation of pluralism regarding human excellences and the goods constitutive of the happy life.

Piso's original looser position in *De finibus* agreed with the views of everyday people, even those "who had never even seen a picture of a philosopher" (*Fin.* 5.80). In *De officiis*, Cicero announces he is going to finish the artistic work left incomplete by the Stoic Panaetius (3.9–10; cf. 1.7). Panaetius was committed to making concessions to everyday notions (2.36; cf. *Fin.* 5.66) but also to the theoretically rigorous Stoic position that there are no goods outside of the honourable and that the virtues are sufficient for happiness. By finishing Panaetius' picture, Cicero in *De officiis* is thus committed to doing what *De finibus* suggests is a difficult, if not impossible, task. He seeks to hew closely to the ordinary language of the statesmen who read his work while moving beyond even Piso's argument to adopt the rigorous Stoic view that nothing honourable can be disadvantageous and that nothing disadvantageous can be honourable.

By so evoking this earlier discussion in *De finibus*, Cicero prompts his readers to consider that it is unlikely that he can achieve complete ethical consistency if he is going to give full weight to the ordinary dimensions of political life as he treats such topics as just wars, honour, justice, and the duties to one's republic versus those due to outsiders. Cicero, as he himself reminds us, is a skeptic, who is using his "Academic" freedom of choice to follow the Stoics in the present work (1.6). Panaetius' project offers a decent account of the morality undergirding political life, but for the attentive reader the shadow of the theoretical problems from *De finibus* remains. Cicero offers a "realistic eutopia" in which the fullness of moral and political life is subject to the norms of reason, justice, and nature and which recognizes that no such theory can completely account for all the contingencies, necessities, and tensions of political life.

Cicero's political thought will not leave statesmen without tensions as they make decisions. Political life, while guided by nature, does not correspond completely to reason and nature (cf. Atkins 2013). Accommodations to necessity must sometimes be made (2.74); politicians' hands are never completely clean, not if they are good politicians (Atkins 2023a; see below). The compatibility of Cicero's naturalism with a judgment that recognizes flexibility and tensions will appear throughout this chapter, especially when we consider political leadership. Similarly, while Cicero's treatment of rights and freedoms gives weight to the individual, his political naturalism, with its emphasis on developing human sociability, tends towards a political holism. In book 3, Cicero seeks to reconcile the good of the individual and community by aligning the advantages of the individual and political society. Individuals may not benefit themselves by harming political society. During the discussion, Cicero proposes solutions that alternate between a collectivist subordination of the individual to the common good and an individualist approach in which the common good benefits indirectly from the uncoordinated rational pursuit of individuals seeking their own interests.[5]

12.3 Political Leadership, Trust, and Good Government

Understanding Cicero's political naturalism and the social purpose of the *res publica* is essential for coming to terms with his treatment of political leadership within the context of office-holding. In *De officiis* Cicero sensitively explores the domain of the magistrate and assesses his legitimate obligations to justice. Cicero connects the particular duties of the magistrate to general duties of justice through the idea of *personae* or "roles."[6] Each human being plays four roles (the idea of *persona* comes from the theater). The first *persona* is the rational nature that we as human beings share with all other human beings. We all must play the "role" of human being, a demanding role which requires us to live with perfect rationality and consistency according to the virtues of wisdom, justice, courage, and self-control. The second *persona* emerges from the different ways of performing this human role and living virtuously, depending on our particular human natural en-

---

[5] Compare 3.30–31 with Cicero's quotation of Hecaton of Rhodes at 3.63. The Stoic alignment of the common good and individual interest suggests a potential third option, also raised by Cicero's citation of Hecaton: circumstances in which the individual benefits indirectly by pursuing the common good (3.90). I owe this point to Philipp Brüllmann.
[6] On the four-*personae*, see further David Machek in this volume.

dowments, which should be followed as normative so long as they do not contradict the requirements of our universal human nature. In addition to these first two *personae* is a third: the opportunities brought to us by fortune. In view of these first three *personae*, we choose the fourth, our "profession." Cicero emphasizes that each "profession" has an internal morality governed by its appropriate ends. The magistrate "bears the *persona* of the city" and has his "own proper function" (1.124), the authority and power to do things, such as exercise coercive force in certain situations. The exercise of coercive force would be wrong for private citizens, and the magistrate who while in office restricts himself to the duties of a private citizen makes himself a bad magistrate. "It is, then, peculiarly the place of a magistrate to bear in mind that he represents the state and that it is his duty to uphold its honour and its dignity, to enforce the law, to dispense to all their constitutional rights, and to remember that all this has been committed to him as a sacred trust (*fidei suae*)" (1.124; trans. Loeb).

Magistrates must possess trust or *fides* because they hold *imperium*, literally the power of life and death. *Fides* or trust is fundamental to the justice that holds society together (1.23); it is the "cement of civil society" and "a necessary condition of the [social] bond" (Atkins, E. M. 1990, 268).

Modern social scientific literature suggests that "trust is seldom unconditional; it is given to specific individuals or institutions over specific domains" (Levi and Stoker 2000, 476). Cicero carefully explores how trust aligns with the domain of the magistrate. Inasmuch as they are human beings who are members of the particular human society known as the republic, magistrates no less than other citizens must be cognizant of justice and the trust that ordinarily makes human relations possible. However, trust for the magistrate should align with the goals of their office. To bear "the *persona* of the city" (1.124) means that the magistrate has the responsibility to care for the interests of the city and to punish those who would threaten or destroy the *res publica*.

In book 3 Cicero examines cases in which magistrates should exercise *fides* and *bona fides* towards the *res publica* and allies in pursuing and holding office. Cicero gives the examples of Marius, who betrayed the faith of Metellus his general by accusing him of needlessly protracting war so that he could curry favor with the people, and of Marius Gratidianus, a praetor who took credit of the work of his colleagues so that he would improve his own popular standing (3.79–3.80). In both cases the men violated the rule of procedure, that one should not benefit at another's expense, and thus they committed injustices. Magistrates, like all leaders, must follow justice that governs the human society (3.80). The loss of one's reputation is too big of a price to pay for lying and slandering (3.82). Maintaining trust is important for magistrates once they attain office, and unjust acts in acquiring office undermine the capital that one must draw on once one holds office.

Cicero analyses at length the relationship between *fides* and the magistracy as an institution. He connects trust and its loss to institutional design. The ambition for *imperium* can cause one to lose sight of justice as did Julius Caesar. "As Ennius says, 'There is no sacred fellowship nor is there good faith (*fides*) in kingship'" (1.26). A narrow field where only one person can hold office unhealthily increases competition for office and gives scope to unjust actions when exercising *imperium*. Cicero suggests that institutions can contribute to the unhealthy pursuit and exercise of power that is incompatible with trust (3.83–85). Just as the magistrate has special duties and obligations, so the magistrate is held to a higher standard: a magistrate who sets himself up as a tyrant like Julius Caesar may be killed (3.84–85).

Finally, as the bearer of the *persona* of the city, the magistrate will do nothing that disgraces the republic. He will keep faith in war by following the Roman honour code and by not using poison and other means that violate the rules of just war theory (3.86–88), which we will discuss below.

12.4 Liberty and Rights

Just as *fides* between magistrates and citizens is an important ingredient for maintaining and promoting sociability, so too is protecting citizens' liberty – another chief concern of magistrates. Liberty is promoted when civic and legal rights are protected and equality before the law respected. Magistrates are to render to each citizen their constitutional "rights" (*iura:* 1.124). As in his earlier *De republica*, Cicero draws on Roman law to present citizens' rights as a crucial ingredient of a free republic (Atkins 2013, Ch. 4). A free republic is one in which citizens are free from the arbitrary will of others because they possess equal standing before the law and equitable political rights. A free republic also requires political participation and virtue on the part of citizens.

Cicero understands liberty as requiring a condition of non-domination and a degree of political participation, especially for elite citizens (Atkins 2018b). Positively, liberty as non-domination means being able "to live (*vivere*) just as you please (*ut velis*)" (1.70). Negatively, it means being free from the arbitrary will of somebody else, for such characterized the domination suffered by slaves, as indicated with words such as *vis, coercere, volo, cupidus* (Atkins 2018b; cf. 2.24). Ambition that places one in supreme power to assert one's arbitrary will, which Cicero identified in Caesar's dictatorship, is the antithesis of the liberty characteristic of a free state (3.82–83).

Equal law and citizens' rights are mechanisms to restrain rule by arbitrary will and ensure freedom. *Ius / iura* (right, law, justice, rights) contrasts with *vis*, force. Those who assert their arbitrary power (*vis*) take away freedom. Ruling in this way is incompatible with a free *res publica* (*libera respublica:* 2.24). A free republic also requires *aequitas*, fairness. *Aequitas* means that the highest and lowest citizens are held together "by equal right" (*pari iure*), a condition that serves in turn to protect the weaker citizens from domination. Rights for Cicero are claims to a good or action that limit the arbitrary will of others and so promote liberty (Atkins 2018a, 45). Rights may be derived from civil and natural law (3.69) and from the historical rights customarily held by citizens in the republic (Atkins 2013, Ch. 4). Magistrates rule in the citizens' trust, and the citizens must see that their political and legal rights are respected.

Liberty as non-domination aims at limiting arbitrariness and control rather than at promoting participation (Atkins 2018b). But Cicero also sees political participation as essential for a free republic. If the people have no voice in politics and their interests are not considered by magistrates, they will rebel in the interests of freedom (2.24). Participation in politics shapes the background context of *De officiis*. Cicero assumes that there will be once again a regular rotation of magistracies following the death of Caesar, and that the elite can participate in office-holding. Too much law can impede participation just as too much ambition for office can block the opportunity for others to participate.[7] As Cicero writes (again thinking of Caesar): "Ambition for glory ... snatches away liberty, on behalf of which a great-souled man should stake everything" (1.68).

Here we see a final requirement for liberty, virtue. True greatness of spirit, *magnitudo animi*, does not seek office for domination but for defending liberty. Similarly, true justice respects the rights of every citizen. These "political" or "civic" virtues grow as human beings develop their natural, rational capacities within the context of the city. There is thus no sharp dichotomy for Cicero between moral and civic virtues, as there would be in the later ideology known as civic republicanism.

Liberty for Cicero is an achievement that comes about as human beings carefully construct *res publicae* supported by laws, rights, and virtue. The republic provides for human needs, promotes sociability, and respects to some degree human agency and the need to have a say in managing one's own affairs. Cicero's republicanism thus differs from early-modern, proto-liberal philosophies such as that of Locke, in which liberty is an individual natural endowment to be secured by the political order, which is brought into existence by a social contract. Cicero's primary building block of the *res publica* is not the individual, but the family (1.53–

---

[7] Cf. Tacitus' critique of Augustus' restriction of freedom under increased laws at *Annals* 3.26 and Atkins 2018a, 59.

54). The glue of the political community is not a contract based on individual interest or (as in Hobbes) fear but an agreement (*consensus*) about a common enterprise based on trust (*fides*) (cf. Atkins 2013, 150–152). Liberty for Cicero is primarily a human social and political achievement to be developed and secured through political institutions and the cultivation of virtues; it is not fundamentally a pre-political natural individual endowment.

12.5 Property

The social origins and purpose of the *res publica* and their relationship to Cicero's discussion of rights are also key for understanding Cicero's treatment of private property. Scholars sometimes claim that *De officiis* views private property as the purpose of the state because of the following passage: "Republics and states were especially set up so that human beings could hold onto what is their own. For even if human beings were gathered together by nature's leadership, still it was in the hope of guarding their property that they sought the defenses of cities" (2.73; cf. 2.78). Here, as elsewhere, Cicero places value on individual rights to private property as essential for a free republic (cf. Cic. *Orations* and *De domo sua* 33). However, these rights are never absolute, a point that becomes clear when *De officiis* 2.73 is read within its larger context.[8]

This context discloses itself only a handful of paragraphs later. At 2.78, Cicero writes: "Agrarian laws" are destroying the "foundations of the republic: first of all, they are destroying harmony (*concordia*), which cannot exist when money is taken away from one party and bestowed upon another; and second, they do away with equity (*aequitatem*), which is entirely removed, if one is not permitted to hold on to his own property." Cicero's discussion of property rights must be understood within the context of furthering human sociability, the goal of the republic. The problem with the agrarian laws is that many citizens saw them as unfairly depriving them of what is "their own," of what belongs to them (Barlow 2012); this is problematic because it upsets the balance required for sociability, the reconciliation of the love of one's own and the socially productive drive to give to others their due. As a result, the agrarian laws do not contribute to harmony in the republic. Leadership requires protecting property rights in this instance. Otherwise, sociability, the natural end of the republic, will be destroyed.

---

[8] For further discussion of property in Cicero's political philosophy, including *De officiis*, see Atkins forthcoming.

Cicero can entertain cases in which property should be willingly exchanged for the social good, as for instance the example of Aratus of Sicyon, who preserved harmony by persuading some people to give up their property rights by compensating them so that he could restore the property of others who had had their property unjustly forfeited under a previous tyranny (2.81–84). Sociability is the key goal. Hence Cicero writes (1.25), "The expansion of one's personal property is not to be scorned, provided it hurts nobody, but unjust acquisition (*iniuria*) of it is always to be avoided." This tears apart society.

To view the matter more positively, we have a duty to foster sociability, not just by refraining from harming others in pursuit of wealth accumulation but by giving property away liberally (1.25). Property rights are not absolute but are compatible with both justice and sociability so long as legal process is followed and as long as magistrates and citizens are committed to good faith, the procedures of justice, and liberality.

If Cicero's commitment to fostering human natural sociability explains his handling of the present distribution of private property, his commitment to realism is consistent with a question that he notoriously does not address: the grounds by which private property may justly derive from a pre-political condition in which "there are…no private possessions by nature" (1.21). Scholars disagree about whether Cicero's commitment to the origins of private property is consistent with his apparent endorsement of a natural condition in which property is held "in common."[9] Regardless of whether Cicero's account is consistent, as a *realistic* eutopia his account naturally would be expected to focus its attention on the present handling of property, not on the derivation of property rights from some imaginary state of nature.

12.6 Just Wars

Cicero's account of property might dissatisfy readers because it elides time, history, and institutional responsibility in accounting for present injustice. There is a difference between not being concerned with the utopian question of how current arrangements derived from some mythical state of nature and recognizing that history matters for adjudicating current claims of justice. The proto-liberalism of Locke, to whom Cicero's theory of property has sometimes been compared (Wood 1988), places only a little emphasis on the historical acquisition of property

---

[9] For an attractive solution, see Garnsey 2008, 114–118.

(when explaining how one may come to own property by adding to its value through one's labor), and Rawlsian liberalism has even less historical emphasis.

Cicero's discussion of property reveals a limited but still important historical dimension when one takes account of all relevant contexts. One means of acquiring property is through conquest in war (1.21). Whereas in his initial discussion of the origins of property at 1.21 Cicero is silent on the normative question of whether this ownership is valid, later in the work when he discusses just wars, he lets the reader know that not all acquisitions of land through war are just. Acts of aggression in which one city seizes the property of another are unjust; in this case, restitution for past injustice must be made. Cicero follows the ancestral Roman fetial law, in which war requires the aggrieved to identify an injury and then formally demand restitution (1.37). In the Roman property law that Cicero's articulation of the fetial code evokes, "*res*" indicates lost or damaged property; *res repetere* is to seek satisfaction and *res reddere* is to grant satisfaction. The fetial principle at the heart of Cicero's just war theory extends this principle of Roman law to other cities and construes *res* more abstractly to encompass not only one's property but one's rights (Barnes 2015, 69). Sometimes a city is justified going to war to recover its property and other rights. The purpose of war "is to live in peace without injury" (1.35).

Is there a temporal limit to one's just claims? Could, for instance, the Samnites in the 40s BCE demand that Rome restore property taken during the Social War 50 years before? Cicero does not explicitly raise the question in the context of his just war theory for reasons too complicated to explore here.[10] Elsewhere, however, he suggests that historical injustice, even stretching back decades, must be addressed in the present. Consider once again his discussion of Aratus' redressing of past injustices suffered by those who had been deprived of their property by tyrants 50 years before. Those families who suffered injustice understandably wanted their property back, but it was now held by others who had in the interim acquired the property through lawful means "without injustice" (2.81). Aratus' decision, which Cicero commends, gives weight to the claims of historical injustice but the way in which these claims are redressed privileges the goal of promoting the sociality of the *present* political order (for discussion, see Hawley 2018).

Cicero's treatment of just wars is more philosophically sensitive than is often recognized. He strives to meet the skeptical "realist" position, voiced earlier by the character Philus in book 3 of *De republica*, that interest and justice must diverge when it comes to international relations. In *De officiis* (1.36), Cicero adapts the fetial principle to suit necessity, so that Rome can still justly respond to aggression with

---

10 For discussion, see Atkins forthcoming.

force when a sudden attack does not give the Senate time to go through the entire fetial procedure requiring a thirty-day response after notification of injury.[11]

Cicero recognizes that occasions of "dirty hands" will arise. As Cicero points out in *De officiis* book 3, doing something dishonourable in the interest of one's country when it is threatened by "some grave contingency" is not "morally ugly" (3.93). In such cases, though, advantage must always be construed as the social advantage of rational animals, not the utilitarian advantage of narrow self-interest.

Cicero faces an especially difficult challenge when he attempts to square his endorsements of warfare and natural sociability: the former destroys life, which the republic should support since it aims at sociability. Cicero's response is two-fold: first, focusing on justice, Cicero argues that defensive wars protecting one's allies from aggression are required by justice: to stand back and watch a neighbor suffer an injustice that one could stop would itself be to commit an injustice (1.23; 1.28). Second, focusing on advantage, Cicero recognizes the great disadvantage that war poses to humanity: he cites the philosopher Dicaearchus' calculation that more humans have perished at the hands of other human beings than from all types of natural deaths combined (2.16). Nevertheless, allegiance to one's republic, which may sometimes lead to warfare when it faces threats, is compatible with the Stoic "principle of proximity" that "human society and its union will be best preserved if your acts of kindness are conferred upon each person in proportion to the closeness of their relationship to you" (1.50). In the long run, the destructive forces of human violence and natural disasters are best reduced through flourishing *res publicae* that result from committed citizens (cf. 2.15 and 2.17). To consider a present-day parallel, economist Amartya Sen has argued that stable democracies tend to reduce natural disasters such as famine (Sen 1999).

Cicero runs into some difficulty when he attempts to square justice with wars for glory (1.38). On one hand, Cicero's argument is theoretically sound: glory and honour are both, following Stoic terminology, preferred indifferences – advantages which lose their value if those who seek them unjustly break the principles of just war. On the other hand, if possessed justly, honour and glory become real advantages and even "goods" – what Greek Stoics called *timē* (glory).[12] If one were to deprive *res publicae* of these advantages, they would as a matter of justice have a claim to undertake steps to recover their damaged reputation and renown, just as they would have claims to receive compensation for damage if their property had been stolen (Atkins 2023a). Still, such theoretical tightening comes at the cost of making Cicero's account of glory more remote from the everyday opinions

---

[11] For defense and discussion of these claims, see Atkins 2023a.
[12] For discussion of Cicero's handling of the technical Stoic terminology, see Atkins 2023a.

of the readers of *De officiis*, who would construe glory as holding some *per se* value. Those reading *De officiis* in light of the discussion of *De finibus* book 5 are aware of this challenge and recognize that as with Cicero's treatment of dirty hands, so his treatment of glory is a point in which politics partially resists ideal theory.

12.7 Patriotic Cosmopolitanism

Cicero argues that natural law establishes a principle of justice that unites human beings into a single community and that each person should "promote the interests of a fellow human being, whoever he may be, for the very reason that he is a human being" (3.27). From this principle he derives the rule of procedure that one may not seek one's advantage by harming another (3.23, 3.28). Such a principle necessarily extends beyond one's own countrymen to encompass humanity. Following the fundamental principle of justice, one must not harm without first being provoked by wrong, as in the case of just war (1.20).

However, justice is not the only social virtue reaching beyond a *res publica*'s borders. Writing of justice's companion social virtue, liberality, Cicero notes that it too must be extended to non-citizens, even to complete strangers. Citing some lines from the 2nd century BCE poet Ennius, Cicero argues: "that whatever may be granted without loss should be distributed even to a stranger" (1.51). One should give freely to strangers common (*communia*) resources, such as running water, fire, or trustworthy advice. "But since the resources of individuals are small but the multitude of those who need them is infinite, liberality that is extended to all (*vulgaris liberalitas*) must be referred to that limit set by Ennius – 'his own light shine no less bright' – so that we may still have the capacity (*facultas*) to be liberal (*liberales*) toward our associates" (1.52).

Martha Nussbaum has criticized Cicero for introducing an unhelpful dichotomy between the strict, exceptionless principles of justice and the more negative, limited, contextualized duties of liberality (Nussbaum 2000, 185; Nussbaum 2022, 289–290). I have responded to these criticisms elsewhere: in short, Cicero's duties of justice are not the exceptionless Kantian principles Nussbaum takes them to be. Justice, much as liberality, requires an understanding of one's various social contexts and commitments. To try to universalize liberality to align it with a purported exceptionless justice is not only practically unfeasible but theoretically inconsistent with Cicero's own account of justice (Atkins 2023b).

Discussing Cicero's purported dichotomy between justice and liberality risks distracting attention from another important distinction in his account of liberality – that of individual and corporate responsibility.[13] In *De officiis*, Cicero uses the language of patronage to represent Rome's obligations to its allies; he calls Rome a *patrocinium orbis terrae verius quam imperium,* "a protectorate of the whole world rather than an empire" (2.27). This relationship is characterized not only by the negative and positive duties of justice (to refrain from wronging allies and to protect them from outside aggressors) but also by "acts of kind service" (*beneficia*) that clearly encompass obligations to promote the material aid and to protect the legal rights of allies.[14] As Malcolm Schofield points out, for Cicero "such corporate responsibilities are conceived as much more substantial than those that individuals should exercise for passing strangers" (Schofield 2021, 112). The greater responsibility that Cicero places on the corporate republic than on the individual human being follows naturally from his argument that the *res publica* is the most important political form for promoting cosmopolitan flourishing. After all, if there is a political form – the *res publica* – whose nature is not reducible simply to the collection of individuals which compose it and whose end is to promote human flourishing, then it would make sense that this entity would have different and more robust responsibilities to promote the flourishing of strangers than would its individual members.

Cicero's account of institutional responsibilities to aid strangers beyond the borders of one's republic aligns with the central goal of *De officiis* – to promote human flourishing. To the extent that this goal encompasses all human beings we can rightly characterize Cicero's thought as "cosmopolitan" (Nussbaum 2019, Ch. 1). To the extent that this goal requires devoting one's life and greatest political allegiance to the *res publica*, as we saw in our earlier discussion of Cicero's political naturalism, we can rightly characterize Cicero's cosmopolitanism as "patriotic." Cicero's "patriotic cosmopolitanism" holds together naturalism and devotion to the republic, two ideas which many later "cosmopolitans" and "republicans" will sever (Atkins 2023b).

12.8 Conclusion

The key political teachings of Cicero's *De officiis* flow from his political naturalism and realistic utopianism, themselves defined by Cicero's commitments to sociability, human rationality, and the need to accommodate ethics to the particularities of

---

[13] For a view that emphasizes the close relationship between justice and liberality, see Röttig's contribution to this volume.
[14] For Cicero's use of *patronus* at *De officiis* 2.27, see Dyck 1996, 401.

human political and social life. These features enable Cicero's political theory to resist the categories into which later thinkers have forced it, including many of the binaries that continue to animate current political theory and discourse: patriotism and cosmopolitanism, just war and realism, nationalism and internationalism, individual rights and social justice, elitism and populism. Because of this, Cicero is a wonderful starting point for getting behind the ideologies that clammer for our allegiance. By returning to Cicero and thus setting ourselves free from the present, we will position ourselves to think about our present problems afresh.

Bibliography

Primary Literature

Tacitus: Annalium, edited by C.D. Fischer, Oxford 1906

Secondary Literature

Atkins, E.M., 1990: 'Domina et Regina Virtutum': Justice and Societas in *De officiis*, in: Phronesis 35, 258–289

Atkins, J.W., 2013: Cicero on Politics and the Limits of Reason. The *Republic* and *Laws*, Cambridge

Atkins, J.W., 2017: Natural Law and Civil Religion: *De legibus*, Book II, in: O. Höffe (ed.), Ciceros Staatsphilosophie: Ein Kooperativer Kommentar zu *De re publica* und *De legibus*, Berlin, 167–186

Atkins, J.W., 2018a: Roman Political Thought, Cambridge

Atkins, J.W., 2018b: Non-Domination and the *Libera Res Publica* in Cicero's Republicanism, in: History of European Ideas 44.6, 756–773

Atkins, J.W., 2022: Empire, Just Wars, and Cosmopolitanism, in: J.W. Atkins / T. Bénatouïl (eds.), The Cambridge Companion to Cicero's Philosophy, Cambridge, 231–251

Atkins, J.W., 2023a: Cicero on the Justice of War, in: N. Gilbert / M. Graver / S. McConnell (eds.), Power and Persuasion in Cicero's Philosophy, Cambridge, 170–204

Atkins, J.W., 2023b: Patriotism and Cosmopolitanism in Cicero's *De officiis*, in: R. Woolf (ed.), Cicero's *De officiis*. A Critical Guide, Cambridge, 203–223

Atkins, J.W., forthcoming: Cicero on Money and Property, in: Tinguely, J. (ed.), The Palgrave Handbook of Philosophy and Money, Vol. 1, New York

Barlow, J.J., 2012: Cicero on Property and the State, in: W. Nicgorski (ed.), Cicero's Practical Philosophy, Notre Dame, 212–241

Barnes, J., 2015: Cicero and the Just War, in: J. Barnes (ed.), Mantissa: Essays in Ancient Philosophy, Vol. 4, Oxford, 56–79

Dyck, A.R., 1996: A Commentary on Cicero, *De Officiis*, Ann Arbor

Garnsey, P., 2008: Thinking about Property. From Antiquity to the Age of Revolution, Cambridge

Hawley, M.C., 2018: Cicero on the Problem of Unjust Origins, in: Polity 50.1, 101–128

Levi, M. / Stoker, L., 2000: Political Trust and Trustworthiness, in: Annual Review of Political Science 3, 475–507

Nussbaum, M., 2000: Duties of Justice, Duties of Material Aid. Cicero's Problematic Legacy, in: The Journal of Political Philosophy 8.2, 176–206
Nussbaum, M., 2019: The Cosmopolitan Tradition. A Noble but Flawed Ideal, Cambridge, MA
Nussbaum, M., 2022: Cicero and Twenty-First Century Political Philosophy, in: J.W. Atkins / T. Bénatouïl (eds.), The Cambridge Companion to Cicero's Philosophy, Cambridge, 284–300
Schofield, M., 1995: Two Stoic Approaches to Justice, in: A. Laks / M. Schofield (eds.), Justice and Generosity, Cambridge, 191–212
Schofield, M., 2021: Cicero: Political Philosophy (Founders of Modern Political and Social Thought), Oxford
Sen, A., 1999: Development as Freedom, New York
Wood, N., 1988: Cicero's Social and Political Thought, Berkeley
Woolf, R., 2007: Particularism, Promises and Persons in Cicero's *De Officiis*, in: Oxford Studies in Ancient Philosophy 33, 317–346
Woolf, R., 2022: Ethical Theory and the Good Life, in: J.W. Atkins / T. Bénatouïl (eds.), The Cambridge Companion to Cicero's Philosophy, Cambridge, 166–183

Philipp Brüllmann
13 Eine unvollkommene Pflichtenethik: Ambrosius von Mailand, Immanuel Kant und Ciceros *De officiis*

Auch wenn es manchmal vergessen wird: Ciceros *De officiis* ist eine der einflussreichsten Schriften in der Geschichte der praktischen Philosophie. Tatsächlich ist das Werk, anders als zum Beispiel die Schriften des Aristoteles, von der Antike über das gesamte Mittelalter hinweg bis in die Neuzeit durchgehend präsent. Es beschäftigt Autoren wie Laktanz, Thomas von Aquin, Petrarca und Montesquieu und wird 1465 als erster Text nach der Bibel in Mainz gedruckt.[1] Friedrich der Große hält das Buch für so bedeutend – er nennt es „le meilleur ouvrage de morale, qu'on ait écrit et qu'on puisse écrire" (zitiert nach Dyck 1996, 47) –, dass er 1779 Christian Garve mit einer deutschen Übersetzung beauftragt, die dann prompt zu dessen meistverkauften Schriften gehört. Kurz gesagt: *De officiis* wird, wie Cicero insgesamt, viel gelesen.

Worin genau besteht aber der philosophische Einfluss dieser Schrift? Welche Rolle spielt *De officiis* in den ethischen Projekten späterer Jahrhunderte? Im Folgenden möchte ich diese Frage zumindest teilweise beantworten, indem ich einen Aspekt der Auseinandersetzung mit *De officiis* herausgreife. Dabei werde ich mich an zwei Autoren orientieren, die wichtige Stationen der Rezeption markieren: zum einen Ambrosius von Mailand, der um 385 ein *De officiis* schreibt, das Ciceros Schrift als Modell nimmt und als das erste christliche Handbuch der Pflichten gilt; zum anderen Immanuel Kant, der in der *Grundlegung zur Metaphysik der Sitten* (1785) dafür argumentiert, dass die Moralphilosophie „auf ihrem reinen Teil" beruhen müsse (*GMS* 389), und dabei Ciceros *De officiis*, zumindest indirekt, als Negativfolie verwendet.

Zwischen diesen beiden Werken liegen nicht nur 1400 Jahre, sie repräsentieren auch unterschiedliche Auffassungen von Ethik. Dennoch gibt es eine auffällige Gemeinsamkeit: Sowohl Ambrosius als auch Kant plädieren für eine strengere Ethik, als sie in *De officiis* formuliert wird. Sie gehen davon aus, dass die Moralphilosophie höhere Ansprüche an uns stellen sollte, als Cicero dies vermeintlich tut. Interessanterweise greifen beide dabei auf stoische Gedanken zurück, die auch in *De officiis* zu finden sind, und zwar in Form der Unterscheidung zwischen „vollkommenen" und „mittleren" Pflichten. Während Ciceros *De officiis* explizit als eine

---

1 Zur Wirkungsgeschichte von *De officiis*, vgl. Dyck 1996, 39–49; Walsh 2000, xxxiv–xlvii.

Ethik der mittleren Pflichten konzipiert ist, sollte sich die Ethik nach Ambrosius und Kant in einer näher zu bestimmenden Weise auf die vollkommenen Pflichten konzentrieren.

Dieser Kontrast bildet einen aufschlussreichen Ansatz, um den philosophischen Einfluss von Ciceros *De officiis* besser zu verstehen. Er macht deutlich, dass die Auseinandersetzung mit *De officiis* zu grundsätzlichen Reflexionen darüber führt, was eine deontologische, also am Begriff der Pflicht orientierte Ethik eigentlich ausmacht. Im Folgenden möchte ich diesen Gedanken für die beiden genannten Beispiele etwas genauer ausführen und dabei andeuten, wie sich der Versuch, eine Ethik vollkommener Pflichten zu formulieren, auf die Struktur der jeweiligen Theorien auswirkt.

13.1 Cicero entwirft eine Ethik der mittleren Pflichten

Beginnen wir mit einigen Grundlagen.[2] *Officium* ist Ciceros Übersetzung des griechischen Ausdrucks *kathēkon*, der sich vielleicht am besten als das „Angemessene" wiedergeben lässt. Angemessen ist eine Handlung, für die sich eine rationale Erklärung geben lässt (1.8), wobei diese Erklärung sich unter anderem auf die Situation, in der gehandelt wird, und die Eigenschaften der handelnden Person bezieht. Im Kontext des stoischen Systems ist die Lehre der angemessenen Handlungen nur ein Teil der Ethik, und in einer wichtigen Hinsicht ist sie nicht der entscheidende Teil. Denn angemessen zu handeln, also äußerlich gesehen das Richtige zu tun, ist theoretisch allen Menschen möglich, auch solchen, die noch keine Tugend besitzen und sich erst auf dem Weg dorthin befinden. Tatsächlich bilden solche Menschen die Zielgruppe einer Schrift *Über das Angemessene* (*Peri tou kathēkontos, De officiis*) (3.13–15).[3] Für die Tugend (und damit das Glück, die *eudaimonia*) ist nach stoischer Auffassung nicht entscheidend, dass wir das Richtige tun, sondern dass wir das Richtige aus der richtigen Haltung heraus tun. In diesem Fall würden unsere Handlungen nicht als angemessen, sondern als im eigentlichen Sinn richtige Handlungen (*katorthōmata*) bezeichnet, was Cicero durch den Kontrast zwischen „mittleren Pflichten" (*officia media* = *kathēkonta*) und „vollkommenen Pflichten" (*officia perfecta* = *katorthōmata*) wiedergibt (1.8; 3.14). Was die richtige Haltung beinhaltet, kann hier nicht ausführlich besprochen werden. Ein wesentlicher As-

---

[2] Vgl. für das Folgende auch den Beitrag von Jula Wildberger im vorliegenden Band.
[3] Zu Ciceros Rückgriff auf die entsprechende Schrift des Panaitios von Rhodos vgl. die Einleitung zum vorliegenden Band.

pekt liegt aber in unseren Wertvorstellungen. Die tugendhafte Person zeichnet sich dadurch aus, dass sie nur einen einzigen Gegenstand für gut hält, nämlich die Tugend. Alle anderen vermeintlichen Güter (Gesundheit, Reichtum, Ehre ...) sind in ihren Augen indifferent (*adiaphoron*). Sie haben keinen echten Wert bzw. Nutzen. Das schließt jene Ziele ein, die wir in unseren alltäglichen, angemessenen Handlungen verfolgen. Wir haben es also mit einer komplexen Handlungstheorie zu tun, die davon ausgeht, dass ein tugendhafter Mensch einerseits in jeder Situation das Richtige tut, also bestimmte Dinge wählt und andere meidet, andererseits aber diese gewählten oder vermiedenen Dinge für indifferent hält (vgl. Brennan 2005, Part III).

Die Lehre der angemessenen Handlungen (der mittleren Pflichten) ist also deswegen nicht der entscheidende Teil der Ethik, weil es möglich ist, angemessen zu handeln (die mittleren Pflichten zu erfüllen) und dennoch weder tugendhaft noch glücklich zu sein und somit das zu verfehlen, worum es der antiken Ethik eigentlich geht. Diese Einordnung des Projekts von *De officiis* wird im ersten Buch explizit vorgenommen, wo Cicero nicht nur den Kontrast zwischen mittleren und vollkommenen Pflichten erläutert (1.8), sondern auch darauf hinweist, dass die Beziehung der Pflichten zum höchsten Gut Gegenstand einer anderen Schrift sei (gemeint ist offenbar *De finibus*) (1.7).

Obwohl klar ist, dass eine Diskussion der mittleren Pflichten keine vollständige Ethik darstellt, scheint *De officiis* diese Diskussion aufzuwerten. Zum einen macht Cicero deutlich, dass es alles andere als einfach ist, sich in jeder Situation angemessen zu verhalten und damit die Grundbedingung der Tugend zu erfüllen: das, worauf „alle Ehrenhaftigkeit der Lebensführung [beruht]" (1.4).[4] Eine Schrift *De officiis* kann hier Orientierung bieten und erfüllt somit eine nicht zu unterschätzende praktische Aufgabe. Genau dieser Bezug auf die Praxis, auf den Versuch, eine Entscheidungshilfe für alle Bereiche des Lebens zu bieten, wird von Cicero gleich zu Beginn betont (1.4–5). Zum anderen deutet Cicero an, dass die in *De officiis* gebotene Diskussion für diese Praxis, für die Lebenswelt, in der sein Sohn Marcus und andere Leser der Schrift sich bewegen werden, in gewisser Hinsicht gut genug ist. Dies wird zum Beispiel daran deutlich, dass die moralischen Vorbilder, die die zahlreichen *exempla* aus *De officiis* präsentieren, als *unvollkommen* im Sinn der stoischen Tugend charakterisiert werden. Personen wie M. Cato d. Ä. und C. Laelius sind keine stoischen Weisen (3.16), und dennoch macht es mit Blick auf die Tugend Sinn, ihnen nachzueifern.

Vor diesem Hintergrund scheint es mir sinnvoll, in Bezug auf Ciceros *De officiis* von einer „Ethik der mittleren Pflichten" zu sprechen, die sich durch vier Merkmale auszeichnet. *Erstens* richtet sich der Fokus einer Ethik der mittleren Pflichten auf

---

4 Hier wie im Folgenden greife ich auf die Übersetzung von Heinz Gunermann zurück.

den Inhalt der Handlung, auf die Frage, was wir in konkreten Situationen tun und wie wir uns entscheiden sollen. Dies steht in deutlichem Kontrast zum Interesse am Wie der Handlung, das nicht nur für die stoische Konzeption der Tugend, sondern für die antike Tugendethik insgesamt charakteristisch ist. *Zweitens* spielt das Ideal des stoischen Weisen, der vollendet tugendhaften Person, in *De officiis* keine zentrale Rolle, was wieder einen Unterschied zur üblichen Vorgehensweise der Tugendethik markiert. Die Beispiele, an denen sich Ciceros Ethik der mittleren Pflichten orientiert, sind Helden der römischen Vergangenheit, die sich als *viri boni* zwar vorbildlich verhalten haben, denen Cicero aber, wie erwähnt, die Vollkommenheit des stoischen Weisen abspricht (3.13–17).[5] *Drittens* bietet *De officiis* eine detaillierte Diskussion von Fragen des Nutzens, die weit über die einfache These hinausgeht, dass eigentlich nichts außer der Tugend echten Nutzen hat. Cicero wendet sich an Personen, die eine Rolle im öffentlichen Leben der Republik spielen sollen und die sich Gedanken darüber machen, was ihnen in diesem Kontext nutzen kann. Der größte Nutzen, so Buch 2, liegt darin, dass wir uns der Unterstützung unserer Mitmenschen versichern, was am besten durch die Ausübung der Tugenden zu gewährleisten ist (2.9–20).[6] *Viertens* kann eine Ethik der mittleren Pflichten auf die Frage nach einem vermeintlichen Konflikt zwischen *honestum* und *utile* nicht einfach antworten, dass sich dieses Problem für den stoischen Weisen nicht stellt. Vielmehr muss sie ein Kriterium (*formula*) zur Verfügung stellen, an dem sich die nicht vollkommenen Adressaten der Schrift orientieren können (3.18–20). Dieses Kriterium liegt, vereinfacht gesprochen, in der These, dass wir die Gemeinschaft für wichtiger halten sollten als unseren individuellen Vorteil: Seine Mitmenschen zu übervorteilen ist mehr gegen die Natur „als Tod, als Armut, als Schmerz und die übrigen Schädigungen, die entweder dem Körper oder den äußeren Werten zustoßen können" (3.21).

Diese Aufwertung der mittleren Pflichten macht einen besonderen Reiz von *De officiis* aus. Cicero nimmt den Umstand ernst, dass wir als Menschen nicht vollkommen sind, und er versucht dennoch, oder gerade deswegen, uns eine ethische Hilfestellung zu geben, mit der wir in unserem konkreten Handeln etwas anfangen können. Auf diese Weise umgeht sein *De officiis* ein strukturelles Problem der Tugendethik, die aufgrund ihrer Orientierung am Ideal des *phronimos* oder *sapiens* den nicht Tugendhaften oft wenig zu sagen hat. Zugleich bietet die Konzentration auf *officia media* ein Einfallstor für Kritik. Denn schon vor dem von Cicero selbst skizzierten Hintergrund muss eine Ethik der mittleren Pflichten unvollkommen

---

5 Vgl. dazu die Beiträge von Tue Søvsø und Rebecca Langlands im vorliegenden Band.
6 Vgl. dazu den Beitrag von Dorothea Frede im vorliegenden Band.

erscheinen. Sie bietet nur einen Teil, und zwar nicht den entscheidenden Teil, der Ethik. Dieser Meinung sind auch Ambrosius von Mailand und Immanuel Kant.

13.2 Ambrosius von Mailand schreibt ein christliches Handbuch der Pflichten

Die Schrift *De officiis* des Kirchenvaters Ambrosius, früher fälschlicherweise unter dem Titel *De officiis ministrorum* geführt, entsteht in den späten 380er Jahren.[7] Ambrosius ist zu dieser Zeit bereits seit über zehn Jahren (seit 374) Bischof von Mailand, wo er eine wichtige Rolle für die Gestaltung der Liturgie, für die Etablierung des politischen Einflusses der Kirche und innerkirchlich für die Zurückdrängung des Arianismus spielt. Nicht zuletzt durch seinen Einfluss auf Augustinus, den er 387 tauft, gilt Ambrosius als einer der Wegbereiter des Mittelalters. Dennoch ist er klarerweise eine Figur der antiken Welt. Er entstammt einer Familie der Senatsaristokratie und absolviert vor seiner Wahl zum Bischof eine Laufbahn im römischen Staatsdienst als Jurist und Statthalter. Dementsprechend hat Ambrosius eine sorgfältige Ausbildung in den *artes liberales* erhalten und ist mit dem Werk Ciceros bestens vertraut.

Mit seinem *De officiis* verfolgt Ambrosius ein doppeltes Anliegen. Er möchte zum einen ein christliches Handbuch der Pflichten schreiben, das dem Klerus, aber nicht nur ihm, als Leitfaden für richtiges Verhalten dienen kann; und er möchte zum anderen die Überlegenheit der christlichen Ethik gegenüber ihren paganen Alternativen, der Ethik der „Philosophen" (Ambr. *Off.* 1.24–29), demonstrieren. Dass er dabei Ciceros *De officiis* als Modell nimmt, ist naheliegend. Aufgrund der Affinitäten zwischen christlicher und stoischer Ethik kann Ambrosius in wichtigen Bereichen unmittelbar an Cicero anknüpfen (Davidson 2002, I 52–53); auch das gesellschaftliche Ideal von *De officiis* ist in seiner Welt noch teilweise präsent (ebd., 82–84). Zugleich repräsentiert *De officiis*, als seinerzeit bekanntestes Werk zum Thema, gewissermaßen die pagane Ethik, von der Ambrosius sich absetzen möchte. Dies gibt ihm die Möglichkeit, genau zu markieren, wo diese Ethik unzulänglich ist und durch eine christliche Alternative ersetzt werden muss.

Vergleicht man nun die Schriften *De officiis* von Ambrosius und Cicero, dann fallen zunächst einige Gemeinsamkeiten ins Auge. Zum Beispiel orientiert Ambrosius sich an der Struktur seiner Vorlage. Auch sein *De officiis* gliedert sich in drei Bücher, die den gleichen Themen gewidmet sind wie bei Cicero, also dem Ehrenwerten oder sittlich Guten, dem Nützlichen und dem vermeintlichen Konflikt

---

7 Vgl. dazu und für das Folgende die informative Einleitung zu Davidson 2002.

zwischen diesen beiden. Die Diskussion der Tugenden in Buch 1 folgt im Prinzip der gleichen Einteilung in vier Bereiche wie bei Cicero. Außerdem imitiert Ambrosius die dialektische Situation mit dem dahinterstehenden didaktischen Anliegen. Konzipiert Cicero *De officiis* als Brief an seinen Sohn Marcus, wendet Ambrosius sich wie ein Vater an den Klerus (Ambr. *Off.* 1.24). Auch ihm geht es primär um Belehrung und Orientierung. In seiner Diskussion übernimmt Ambrosius einige der Kategorien, die für die Argumentation von Ciceros *De officiis* prägend sind, wie etwa die Unterscheidung von vollkommenen und mittleren Pflichten (Ambr. *Off.* 1.36–39; 3.10 u. ö.) oder den moralpsychologischen Kontrast zwischen Begierde und Vernunft (Ambr. *Off.* 1.98). Zudem findet sich eine große Zahl inhaltlicher Übereinstimmungen in Bezug auf die Pflichten, die hier nicht im Einzelnen wiedergegeben werden kann.[8]

Neben diesen Gemeinsamkeiten gibt es zwei wichtige Unterschiede, die schon beim ersten Lesen offensichtlich werden. Erstens nimmt Ambrosius zumindest teilweise eine Neubestimmung der Pflichten vor. Diese Neubestimmung äußert sich zum einen in einer veränderten Gewichtung der von Cicero diskutierten Pflichten, von denen Ambrosius einige noch vor der Einführung der vier Tugendbereiche bespricht und dadurch besonders hervorhebt.[9] Zum anderen äußert sich die Neubestimmung in der Einführung von *officia*, die bei Cicero nicht vorkommen und die sich auf spezifisch christliche Tugenden oder Werte wie Gottesfurcht (*timor dei*), Demut (*humilitas*), Keuschheit (*castitas*) und Barmherzigkeit (*misericordia*) beziehen. Besonders eindrücklich ist in diesem Zusammenhang die Ausführlichkeit, mit der Ambrosius die Cicero unbekannte Pflicht des Schweigens behandelt (Ambr. *Off.* 1.5–22). Zweitens ersetzt Ambrosius die von Cicero angeführten *exempla* konsequent durch solche aus der Bibel. Es sind nicht mehr die Helden der römisch-heidnischen Vergangenheit, sondern Gestalten wie Abraham, Josef, Hiob und David, an denen die Pflichten illustriert werden (z. B. Ambr. *Off.* 1.105–115). Nach Ambrosius' eigener Aussage spielt dieser Aspekt für sein Projekt eine zentrale Rolle (Ambr. *Off.* 3.139); denn wenn das „philosophische" Thema der Pflichten schon in der Bibel behandelt wurde, dann ist es auch für einen christlichen Autor legitim, sich damit zu befassen (Ambr. *Off.* 1.25). Und wenn die in der Bibel behandelten Beispiele, wie Ambrosius annimmt, besser und im Fall des Alten Testaments auch älter sind als die philosophischer Texte, dann zeigt sich darin die Überlegenheit der christlichen Ethik. Während Platon auf Fabeln die vom Ring des Gyges zurückgreifen musste,

---

[8] Vgl. zu diesen Gemeinsamkeiten die Anmerkungen in Niederhuber 1917 sowie den Kommentar von Davidson 2002, Bd. II; vgl. außerdem Steidle 1984.
[9] Es handelt sich dabei primär um Pflichten, die mit Sittsamkeit (*verecundia*) und Scham (*pudicitia*) zu tun haben (Ambr. *Off.* 1.65–87).

könne er, Ambrosius, auf die historischen Tatsachen verweisen, die durch die Bibel verbürgt sind (Ambr. *Off.* 3.30–32).[10]

Im Kern scheint Ambrosius' Verfahren also darin zu bestehen, den von Cicero vorgegebenen Rahmen einer Schrift über die Pflichten mit christlichem Inhalt zu füllen und dabei immer wieder die Überlegenheit des Christentums herauszustellen. Bei näherem Hinsehen zeigt sich allerdings, dass Ambrosius darüber hinaus eine Radikalisierung des Pflichtgedankens anstrebt. Er plädiert, wie eingangs erwähnt, für eine strengere Auffassung der Pflicht, als sie in Ciceros *De officiis* zu finden ist. In diesem Zusammenhang kommt Ambrosius immer wieder auf zwei Beispiele zurück, anhand derer sich der Unterschied zu Cicero besonders klar markieren lässt. Das erste Beispiel ist Ciceros Bestimmung der Gerechtigkeit, nach der man anderen nicht schaden darf, *es sei denn, man wird durch ein Unrecht dazu herausgefordert* (1.20). Diese Einschränkung ist nach Ambrosius unzulässig (Ambr. *Off.* 1.131), da nach dem Evangelium anderen *nie* geschadet werden dürfe. Ein Christ wird sich für erlittenes Unrecht auf keinen Fall rächen, sondern im Gegenteil bemüht sein, seine Feinde zu lieben. Er praktiziert Selbstverleugnung auch unter so extremen Umständen wie nach einem Schiffbruch oder bei einem Raubüberfall: „Darf er doch selbst im Fall, dass er einem bewaffneten Räuber in die Hand fällt, dem Schlagenden den Schlag nicht zurückversetzen, um nicht bei der Verteidigung seines Lebens die Liebe (*pietas*) zu verletzen" (Ambr. *Off.* 3.27).[11] Während die Menge angesichts eines erlittenen Unrechts zornig wird und der Fortschreitende dazu schweigt, wird der Vollkommene den segnen, der ihn schmäht (Ambr. *Off.* 1.233–239).

Das zweite Beispiel ist die Auffassung des Nutzens, die Cicero dem zweiten Buch von *De officiis* zugrunde legt und die sich, wie erwähnt, an gängigen Vorstellungen von politischem und wirtschaftlichem Erfolg orientiert. Ambrosius wird nicht müde, Ciceros positive Einstellung zum Reichtum zu kritisieren (Ambr. *Off.* 1.27–28; 1.151 u. ö.). Er setzt ihr seine eigene, dezidiert christliche Auffassung entgegen, nach der Nutzen nicht als weltlicher Vorteil, sondern als Belohnung im ewigen Leben zu begreifen ist (Ambr. *Off.* 1.28). Diese Konzeption scheint sich der stoischen These von der Indifferenz aller vermeintlichen (hier: irdischen) Güter anzunähern, geht tatsächlich aber einen Schritt darüber hinaus. Denn da sich das selige Leben vorzugsweise in Leiden und Entbehrungen bekundet (Ambr. *Off.* 2.8–10), müssen die gängigen Auffassungen über Nutzen und Schaden *umgekehrt* werden: Reichtum und Genuss sind demnach nicht etwa indifferent, wie es die Stoa behauptet; sie

---

[10] Übrigens geht auch Cicero davon aus, dass überzeugende *exempla* historisch beglaubigt sein sollten (vgl. Müller 2022).
[11] Hier wie im Folgenden greife ich auf die Übersetzung von Niederhuber zurück.

schaden uns vielmehr, da sie die Erlangung des ewigen Lebens behindern. Armut, Hunger und Schmerz dagegen sind uns mit Blick auf das ewige Leben nützlich und somit nach Ambrosius positiv zu beurteilen (Ambr. *Off.* 2.15). Ambrosius plädiert also nicht nur für eine andere Bewertung von, zum Beispiel, Reichtum und Armut. Er verändert auch den axiologischen Rahmen, auf dem die Diskussion von *De officiis* basiert, indem er auf die Klasse des Indifferenten verzichtet.

Die christliche Ethik – das sucht Ambrosius an diesen zwei Beispielen deutlich zu machen – stellt wesentlich höhere Ansprüche an den Menschen als die pagane Alternative, die in Ciceros *De officiis* zu finden ist. Sie verlangt ein Maß an Selbstverleugnung, Verzicht und Leidensfähigkeit im Diesseits, das nur von wenigen erreicht werden kann (Ambr. *Off.* 3.10). Indem Ambrosius diesen höheren Anspruch immer wieder herausstreicht, verändert er allerdings den Charakter des Projekts, wie Cicero es konzipiert hat. Denn Ciceros *De officiis* geht es, wie gesagt, darum, Menschen eine praktische Orientierung zu bieten, ohne dabei auf ein quasi unerreichbares Ideal zu verweisen. Es entwirft nicht eine Alternative zu dem Leben, das wir in unseren unterschiedlichen Rollen führen,[12] sondern überlegt, wie wir in diesem Leben angemessen handeln können.

Diese Veränderung tritt dort besonders deutlich zutage, wo Ambrosius über den Kontrast von mittleren und vollkommenen Pflichten spricht und die Forderung nach einer Ethik vollkommener Pflichten formuliert (Ambr. *Off.* 1.36–39; 3.10; vgl. Atkins 2011). Hier zeigt sich, dass sein *De officiis* über die Idee, einen paganen Rahmen mit christlichen Inhalten zu füllen, hinausgeht. Betrachten wir dazu eine der aufschlussreichsten Passagen seiner Schrift (Ambr. *Off.* 1.36–37). Ambrosius bezieht sich hier auf die Begegnung zwischen Jesus und dem reichen Jüngling, der ihn fragt, was er Gutes tun müsse, um das ewige Leben zu erlangen (vgl. Matth. 19,16–26).

> Jede Pflicht ist entweder eine mittlere oder eine vollkommene. Auch das können wir gleicherweise an der Hand der Schrift nachweisen. Wir lesen nämlich im Evangelium den Ausspruch des Herrn: ‚Willst du zum ewigen Leben gelangen, so halte die Gebote. Da sprach jener [der reiche Jüngling, Ph.B.]: welche? Jesus aber sprach zu ihm: Du sollst nicht töten; du sollst nicht ehebrechen; du sollst nicht stehlen; du sollst nicht falsches Zeugnis geben; ehre Vater und Mutter; und liebe deinen Nächsten wie dich selbst!'. Das sind mittlere Pflichten, denen etwas fehlt. So spricht denn auch der Jüngling zu ihm: ‚Das alles habe ich von Jugend auf beobachtet: was fehlt mir noch? Da entgegnete ihm Jesus: Willst du vollkommen sein, so geh, verkaufe alle deine Güter und gib sie den Armen, und du wirst einen Schatz im Himmel haben, und komm und folge mir nach!'. Im Vorausgehenden findet sich die Schriftstelle mit der Mahnung, die Feinde zu lieben, für unsere Verleumder und Verfolger zu beten und die, welche uns fluchen, zu segnen. So müssen wir es halten, wenn wir vollkommen sein wollen wie unser Vater, der im

---

12 Vgl. den Beitrag von David Machek im vorliegenden Band.

Himmel ist, der über Gute und Böse die Sonne ihre Strahlen ausgießen lässt und unterschiedslos die Lande aller mit Regen und Tau befruchtet. Das nun ist die vollkommene Pflicht, von den Griechen κατόρθωμα [katorthōma] genannt. Durch sie gelangt alles, was irgendwie zu Fall kommen konnte, zur Besserung.

Auf den ersten Blick geht es in dieser Passage, wie in anderen, darum, eine philosophische Unterscheidung auf christliche Inhalte zu beziehen. Ambrosius findet in dem Gedanken, dass dem braven Jüngling etwas „fehlt", die stoische These, dass Vollkommenheit und Glückseligkeit mehr erfordern, als alle mittleren Pflichten zu erfüllen. Dazu müsse sich unser Fokus vielmehr auf die vollkommenen Pflichten richten. (Interessanterweise werden die mittleren Pflichten hier mit den 10 Geboten gleichgesetzt, was mit dem Argument von Buch 1 nur schwer zu vereinbaren ist. Offenbar geht es an dieser Stelle weniger um die genauere Bestimmung der mittleren Pflichten als darum herauszustellen, inwiefern sie unzureichend sind.)

Auf den zweiten Blick nimmt Ambrosius jedoch eine auffällige Veränderung vor. Denn im Gegensatz zur stoischen Vorlage wird die vollkommene Pflicht hier nicht als eine bestimmte Haltung definiert, mit der die 10 Gebote zu erfüllen wären, sondern sie erfährt eine inhaltliche Bestimmung. Die vollkommene Pflicht zu erfüllen heißt zumindest auch, bestimmte Handlungen auszuführen, und zwar jene Handlungen, durch die sich nach Ambrosius die christliche Ethik, wie oben gesehen, am deutlichsten von der paganen Alternative unterscheidet: alle Güter zu verkaufen, das Geld den Armen zu geben, für seine Feinde zu beten etc. Auf diese Weise kann Ambrosius den Vorrang der vollkommenen Pflicht, dem ja auch Cicero zustimmen würde, als Vorrang der christlichen Ethik konzipieren.

Es ergibt sich folgendes Bild: Die Forderung nach einer Ethik vollkommener Pflichten erweist sich als Forderung nach einer dezidiert christlichen Ethik, die sich *inhaltlich* von der Ethik der Philosophen unterscheidet. Diese Ethik ist anspruchsvoll und nur von wenigen zu verwirklichen – aber nicht deshalb, weil die verlangte Haltung schwierig ist, sondern weil die entsprechenden Handlungen an uns hohe Anforderungen stellen: Wir müssten vieles aufgeben. Allerdings kann die christliche Ethik mit Jesus auf ein Vorbild verweisen, über dessen Existenz, wie oben dargestellt, für Ambrosius kein Zweifel besteht – im Gegensatz zu den typisch stoischen Zweifeln an der Existenz des Weisen. Mit dem stoischen Weisen teilt Jesus die Eigenschaft, ein Paradigma vollkommener Pflichten zu bieten, mit den Beispielen aus *De officiis* die Eigenschaft, dass sich seine Vorbildhaftigkeit in konkreten Handlungen äußert, die im Prinzip nachgeahmt werden können.[13] Obwohl Ambrosius die

---

13 Da zudem das Problem der Auswahl des richtigen Beispiels wegfällt, handelt es sich hier um ein grundlegend anderes *exemplum*, als sie in Ciceros *De officiis* vorgestellt werden (vgl. dazu den Beitrag von Rebecca Langlands im vorliegenden Band).

vollkommenen Pflichten mit bestimmten Handlungen verknüpft, kann er an dem Gedanken festhalten, dass zwischen diesen Pflichten und dem Glück ein Zusammenhang besteht, was durch seine Neubestimmung des Nutzens als Belohnung im ewigen Leben ermöglicht wird.

Die These, dass Ambrosius sich in seinem *De officiis* an orthodoxere stoische Positionen annähert (Davidson 2002, I 94), stimmt also nur zum Teil. Gegen die Aufwertung der mittleren Pflichten bei Cicero weist Ambrosius auf die größere Bedeutung der vollkommenen Pflichten hin, was der klassischen Auffassung der Stoa entspricht. Die Ethik der vollkommenen Pflichten sieht bei ihm aber ganz anders aus als in der Stoa. Sie hat einen anderen Gehalt und eine andere Struktur.[14]

13.3 Immanuel Kant begründet die Notwendigkeit einer Metaphysik der Sitten

Während Ambrosius Ciceros *De officiis* als direktes Modell für seine gleichnamige Schrift benutzt, besteht zwischen Immanuel Kants *Grundlegung zur Metaphysik der Sitten* und Ciceros *De officiis* ein indirekter Bezug. Zunächst ist Kants *Grundlegung* kein Handbuch der Pflichten in einem vergleichbaren Sinn, auch wenn sie der „Aufsuchung und Festsetzung des obersten Prinzips der Moralität" dient (*GMS* 392). Der Kategorische Imperativ, den Kant hier entwickelt, kann zwar als ein Verfahren zur Bestimmung unserer Pflicht begriffen werden (*GMS* 403); dem Projekt von *De officiis* näher wären aber die beiden Teile der *Metaphysik der Sitten*, die durch die *Grundlegung* vorbereitet werden und die tatsächlich eine systematische Diskussion der einzelnen Rechts- und Tugendpflichten bieten. Außerdem bezieht sich die *Grundlegung* nicht direkt auf Ciceros *De officiis*, sondern aller Wahrscheinlichkeit nach auf Schriften Christian Garves. Hierzu sind einige Bemerkungen nötig.

Christian Garve (1742–1798) gilt als wichtigster Vertreter der sogenannten „Popularphilosophie", einer philosophischen Strömung des 18. Jahrhunderts, die eng mit den Idealen der Aufklärung verknüpft ist.[15] Diesen Idealen entsprechend,

---

[14] Dies betrifft übrigens nicht nur die veränderte Axiologie, auf die ich mich hier konzentriert habe. Ambrosius' Deontologie hat auch deshalb eine andere Struktur, weil sie vom göttlichen Willen abhängt, d. h. dass unsere Pflichten hier in erster Linie Gott geschuldet sind und erst in zweiter Linie unseren Mitmenschen (Davidson 2002, I 45–64); vgl. dazu auch die oben zitierte Passage 3.27: Wer einen Schlagenden zurückschlägt, verletzt die *pietas*, also die Frömmigkeit oder Liebe *zu Gott*. (Ich danke Jörn Müller für diese Hinweise.) Wie Jula Wildberger in ihrem Beitrag zum vorliegenden Band hervorhebt, spielt der theologische Aspekt der stoischen Ethik in Ciceros *De officiis* eine untergeordnete Rolle.

[15] Vgl. zur Einführung Ueding 2003; Roth / Stiening 2021.

verfolgt die Popularphilosophie ein primär praktisches Ziel. Sie zeigt weniger Interesse an Begründungsfragen als daran, den Menschen Orientierung zu bieten. Es geht ihr um den persönlichen und gesellschaftlichen Nutzen der Philosophie. Ihre Adressaten sind daher auch nicht professionelle Philosophen, sondern eher gebildete Laien. Methodisch zeichnet sich die Popularphilosophie durch eine Skepsis gegenüber philosophischen Systemen sowie deren Neigung zu Spekulation und Abstraktion aus, wogegen vor allem Garve immer wieder die Autorität des gesunden Menschenverstandes und der menschlichen Erfahrung in Stellung bringt. Dass Cicero der Popularphilosophie als kongenialer Denker erscheinen musste, dürfte angesichts dieser Merkmale kaum verwundern (van der Zande 1995). Gerade sein *De officiis* kommt den praktischen Anliegen und dem methodischen Ansatz dieser philosophischen Richtung offenbar entgegen.

Veranlasst durch den oben erwähnten Auftrag Friedrichs des Großen, publiziert Christian Garve 1783 zwei Werke: eine Übersetzung von Ciceros *De officiis* (als *Abhandlung über die menschlichen Pflichten*) und die umfangreichen *Philosophischen Anmerkungen und Abhandlungen zu Cicero's Büchern von den Pflichten*. Diese beiden Werke stehen ganz im Dienst des gerade skizzierten popularphilosophischen Anliegens (vgl. van der Zande 1998). So bieten die *Anmerkungen*, auch wenn sie sich am Fortgang von Ciceros Text orientieren, keinen Stellenkommentar. Es geht Garve nicht primär darum zu erklären, was Cicero gemeint hat (obwohl das natürlich eine Rolle spielt), sondern darum festzustellen, wo und wie man an ihn anknüpfen könnte.[16]

Aus einer Reihe von Briefen wissen wir, dass die *Grundlegung zur Metaphysik der Sitten* ursprünglich als eine Kritik an den genannten Schriften Garves gedacht war.[17] So schreibt Johann Georg Hamann in einer berühmten Notiz an Herder vom 8. Februar 1784: „Kant soll an einer Antikritik – doch er weiß den Titel noch selbst nicht – über Garvens Cicero arbeiten" (zitiert nach Kraft / Schönecker 1999, IX). Allerdings scheint Kant diesen Plan im Verlauf der Arbeit aufzugeben und seine Antikritik in einen „Prodromus" zur Moral und schließlich in die *Grundlegung* zu verwandeln. Leider verfügen wir über keine genaueren Angaben, was die Kritik an Garve beinhalten sollte. Und da die *Grundlegung* auch keinen direkten Verweis auf Garve – geschweige denn Cicero – enthält, wird die Frage, inwiefern die Auseinandersetzung mit *De officiis* hier eine Rolle spielt, kontrovers diskutiert. Uneinigkeit besteht vor allem darüber, ob sich bestimmte Aspekte der in der *Grundlegung*

---

16 Vgl. dazu in Garves *Anmerkungen* die Vorrede zu Bd. I und den Anhang zu Bd. II. Breiten Raum nehmen zudem Reflexionen ein, die zwar durch *De officiis* angeregt sind, sich dann aber in eine andere Richtung bewegen, was der Schrift oft einen essayistischen Charakter verleiht (vgl. Melches Gibert 1994, 32–33).
17 Für eine Übersicht vgl. Kraft/Schönecker 1999, VII–XIII.

entfalteten Theorie, wie etwa einzelne Formeln des Kategorischen Imperativs, auf Cicero zurückführen lassen (Kühn 2001; Santozki 2006, Kap. III). Im Folgenden soll es allerdings nicht um diese Aspekte gehen. Mich interessiert Kants generelle Ablehnung der Popularphilosophie, die für ihn – darin ist die Forschung sich einig – durch Garve, genauer: durch „Garvens Cicero", repräsentiert wird (Allison 2011, Kap. 2). Diese Ablehnung spielt für die Charakterisierung des Projekts der *Grundlegung* eine wichtige Rolle; und sie hat mit dem Rigorismus zu tun, den Kant mit Ambrosius teilt, der bei ihm aber eine andere Gestalt annimmt.

Um Kants Rigorismus zu illustrieren, bietet es sich an, von der Unterscheidung zwischen pflichtgemäßen Handlungen auf der einen Seite und Handlungen aus Pflicht auf der anderen zu beginnen. Diese Unterscheidung, die für die *Grundlegung* zentral ist, betrifft nicht den Inhalt einer Handlung, sondern deren Motiv. Betrachten wir dazu ein bekanntes Beispiel (*GMS* 397), das zudem an Fälle erinnert, die in *De officiis* diskutiert werden.[18] Wenn ein Kaufmann seine Kunden ehrlich bedient, indem er sich an die festgesetzten Preise hält, dann tut er das, was der Pflicht, ehrlich zu sein, gemäß ist. Er tut das Richtige. Das Motiv seiner Handlung ist aber vermutlich nicht die Einsicht in diese Pflicht oder das Gefühl, verpflichtet zu sein, sondern eher der eigene Vorteil – zumindest nimmt Kant das so an. Es wäre unklug, wenn der Kaufmann als solcher in dem Ruf stünde, unerfahrene Kunden über den Tisch zu ziehen. Der ehrliche Kaufmann handelt also zwar pflichtgemäß, aber nicht aus Pflicht, sondern aus Eigennutz bzw. „aus Neigung" (*GMS* 398–399). Dies lässt sich verallgemeinern: Richtige Handlungen sind für Kant immer dann nur pflichtgemäß, wenn sie als Mittel zu einem Zweck dienen, der von der handelnden Person erstrebt wird, wie etwa dem Zweck, ein erfolgreicher Kaufmann zu sein.

Die zentrale Annahme von Kants ethischem Projekt lautet nun, dass nur solche Handlungen moralischen Wert besitzen, die tatsächlich aus Pflicht geschehen (*GMS* 390; 398). Um diese Annahme zu stützen, beruft Kant sich auf die „gemeine Idee der Pflicht" (*GMS* 389) bzw. die „gemeine sittliche Vernunfterkenntnis" (*GMS*, Erster Abschnitt); heute würde man wahrscheinlich von einer „moralischen Intuition" sprechen. Wenn wir zum Beispiel behaupten, dass es eine Pflicht gibt, ehrlich zu sein, dann meinen wir damit, so Kant, dass man unter allen Umständen und ausnahmslos ehrlich sein sollte (*GMS* 389). Diese Ausnahmslosigkeit könne aber nicht gewährleistet werden, wenn unsere Ehrlichkeit von den Zielen abhängt, die wir gerade verfolgen, wie etwa dem Wunsch, ein erfolgreicher Kaufmann zu sein. Sollte dieser Wunsch nämlich verschwinden, weil unsere Neigungen sich ändern, dann hätte die Pflicht, ehrlich zu sein, keine Anwendung mehr auf uns. Sie wäre nicht

---

[18] Freilich bezieht Kant sich nicht auf Handlungen, sondern auf die ihnen zugrunde liegenden Maximen. Diesen Aspekt lasse ich aus Gründen der einfacheren Vergleichbarkeit beiseite.

mehr ausnahmslos gültig und somit keine echte Pflicht, sondern eher ein Ratschlag. Insofern ist es nicht überraschend, dass für Kant die Bedeutung der moralischen Pflicht dann besonders klar zutage tritt, wenn wir das Richtige *entgegen* unseren Wünschen tun (vgl. dazu die Beispiele in *GMS* 421–423). Denn in diesem Fall sind wir offensichtlich nicht durch unsere Neigungen bestimmt, sondern, wie Kant es nennt, durch die „Vorstellung des Gesetzes" (*GMS* 401). Wir tun, vereinfacht gesagt, unsere Pflicht, *weil* es unsere Pflicht ist.

In der Forschung ist darauf hingewiesen worden, dass dieser Rigorismus Kants eine Nähe zu den Stoikern markiert (z. B. Santozki 2006, 157). Tatsächlich lässt sich schon anhand der in Abschnitt 1 gegebenen Skizze eine entscheidende Parallele benennen: Ebenso wie für die stoische Tugendkonzeption ist es für Kants Pflichtbegriff nicht entscheidend, ob wir äußerlich gesehen das Richtige tun, sondern vielmehr, aus welcher Haltung wir es tun. Auch wenn Kant die Frage, worin die richtige Haltung besteht, anders beantworten würde als die Stoiker, liegt es nahe, den Kontrast zwischen „pflichtgemäß" und „aus Pflicht" (zwischen Legalität und Moralität, wie Kant es an anderen Stellen nennt) mit dem Kontrast zwischen *kathēkonta* und *katorthōmata* in Verbindung zu bringen. Und da es nach Kant in der Moral darauf ankommt, *aus* Pflicht zu handeln, kann seine *Grundlegung*, ähnlich wie Ambrosius' *De officiis*, als eine Ethik der vollkommenen Pflicht verstanden werden.[19]

Offensichtlich dürfen wir von der *Grundlegung* also keine allzu großen Sympathien für das Projekt von *De officiis* erwarten. Denn als Ethik der mittleren Pflichten befasst sich *De officiis*, kantisch gesprochen, nur mit dem Pflichtgemäßen.[20] Die Schrift muss das, worum es in der *Grundlegung* geht und was nach Kant die Moral eigentlich ausmacht, zwangsläufig verfehlen. Bei Kants Abgrenzung von Garve geht es allerdings nicht um diesen einfachen Einwand. Der Grund für die Ablehnung liegt vielmehr in der Hintergrundtheorie von *De officiis*, insbesondere in dessen eudaimonistischer Basis. Für Kant repräsentiert Garves Schrift eine be-

---

[19] Tatsächlich ist die Situation komplizierter, da die Unterscheidung zwischen vollkommenen und unvollkommenen Pflichten in der Pflichtenlehre der *Metaphysik der Sitten* (vgl. aber bereits *GMS* 421 und 424), explizit aufgenommen wird, dort aber – im Anschluss an die Naturrechtsdiskussion des 18. Jahrhunderts (Kersting 1982) – einen anderen Kontrast markiert. Die genaue Deutung dieses Kontrasts ist umstritten (Alves 2010), zumal Kant mehrere Anläufe zu seiner Bestimmung unternimmt; ganz offensichtlich geht es aber *nicht* um den Unterschied von „pflichtgemäß" und „aus Pflicht", sondern eher (a) um den Grad der Verbindlichkeit einer Pflicht, (b) den Grad ihrer Bestimmtheit bzw. (c) um den Bezug einer Pflicht auf Handlungen oder Zwecke. Dem Anliegen des vorliegenden Beitrags entsprechend, lasse ich diesen Aspekt von Kants Pflichtenlehre im Folgenden beiseite.

[20] Insofern ist es bezeichnend, dass *De officiis* in der viel verwendeten Übersetzung von Gunermann den deutschen Titel *Vom pflichtgemäßen Handeln* trägt.

stimmte, eben popularphilosophische Antwort auf die für ihn so wichtige Motivationsfrage. Die Zurückweisung dieser Antwort spielt für die Charakterisierung seines eigenen Projekts eine entscheidende Rolle und nimmt dementsprechend sowohl in der Vorrede als auch im Zweiten Abschnitt der *Grundlegung* breiten Raum ein.

Schon relativ früh in seinen *Anmerkungen* (I 10–11) benennt Garve zwei grundlegende Merkmale der Ethik von *De officiis*, an die die Popularphilosophie unmittelbar anknüpfen kann. Erstens stellt er fest, dass der Grund aller Verbindlichkeit – gemeint ist wohl, was die *officia* zu Pflichten für uns macht, was uns einen Grund und ein Motiv liefert, sie zu befolgen – für Cicero in der Glückseligkeit liegt, die als ein höchstes Gut aufzufassen ist. Garve kennzeichnet *De officiis* also als eudaimonistisch. Zweitens stellt Garve fest, dass die inhaltliche Bestimmung des höchsten Guts und der Pflichten bei Cicero von der Natur des Menschen ausgeht, die ihrerseits im Ausgang von unseren ersten Triebfedern bestimmt wird. Er stellt somit heraus, dass *De officiis* eine empirisch-anthropologische Grundlage hat. Mit diesen Merkmalen bezieht Garve sich auf zwei frühe Stellen im ersten Buch von *De officiis*: zum einen auf die Abgrenzung der Projekte von *De finibus* und *De officiis* in 1.7, mit der Cicero hervorhebt, dass die Diskussion der mittleren Pflichten nur einen Teil der Ethik bildet; zum anderen auf die Passage 1.11–13, in der Cicero im Anschluss an die stoische Lehre der *oikeiōsis* die natürlichen Triebe des Menschen als Grundlage der vier Tugendbereiche etabliert. Es handelt sich, wie gesagt, um Aspekte der Hintergrundtheorie von *De officiis*, die Cicero zwar zu Beginn umreißt, die er im weiteren Verlauf der Schrift aber eigentlich nicht mehr thematisiert.

Worin liegt nun für Kant das Problem an diesen Merkmalen? Vereinfacht liegt es darin, dass eine solche Hintergrundtheorie keinen Raum für Handlungen aus Pflicht lässt, sondern ausschließlich Handlungen aus Neigung ermöglicht. Da die Glückseligkeit als ein oberstes Ziel aufgefasst wird, hängt die Gültigkeit der darauf bezogenen Pflichten davon ab, dass wir dieses Ziel erstreben. Kant geht zwar davon aus, dass alle Menschen natürlicherweise nach Glückseligkeit streben; die inhaltliche Bestimmung der Glückseligkeit ist für ihn aber von unseren jeweiligen Neigungen abhängig und damit subjektiv und zufällig (*GMS* 416). Eine eudaimonistisch begründete Pflichtenethik würde somit die Ausnahmslosigkeit verfehlen, die nach Kant unseren alltäglichen Pflichtbegriff auszeichnet. Diese Ausnahmslosigkeit, die strenge Notwendigkeit und Allgemeinheit, kann durch den Ansatz der Popularphilosophie, wie Garve ihn in den *Anmerkungen* zu Ciceros *De officiis* beschreibt, grundsätzlich nicht gewährleistet werden. Dazu bedarf es nach Kant vielmehr einer „reinen" Moralphilosophie, einer *Metaphysik der Sitten*, in deren Rahmen „der Grund der Verbindlichkeit [unserer Pflichten, Ph. B.] nicht in der Natur des Menschen oder den Umständen der Welt, darin er gesetzt ist, gesucht [wird], sondern *a priori* lediglich in Begriffen der reinen Vernunft" (*GMS* 389).

Wie Kants Projekt der reinen Moralphilosophie genau aussieht, kann in diesem Rahmen nicht besprochen werden. Es dürfte aber klar geworden sein, weshalb Ciceros (Garves) *De officiis* nach Kant den Ansprüchen einer angemessenen Pflichtenethik nicht gerecht werden kann. Als Ethik der mittleren Pflichten befasst *De officiis* sich nur mit dem Pflichtgemäßen und nimmt die eigentlich moralischen Handlungen, die Handlungen aus Pflicht, nicht in den Blick. Und als eudaimonistisch-anthropologische Ethik kann *De officiis*, so jedenfalls Kant, solche Handlungen nicht adäquat begründen.[21]

Mit Blick auf den zuletzt genannten Punkt wird in der Forschung immer wieder darauf hingewiesen, dass Kants Glückseligkeitsbegriff sich wesentlich von dem der Antike unterscheidet (z. B. Horn 2008). Worin unser Glück besteht, ist im antiken Verständnis keinesfalls „subjektiv" und „zufällig", sondern lässt sich objektiv, auf Basis unserer menschlichen Natur, bestimmen. Insofern zielt Kants Kritik zumindest teilweise an der antiken Ethik vorbei. Im vorliegenden Kontext scheint mir ein anderer Unterschied aber wichtiger zu sein. Der Bezug auf das Glück als höchstes Gut spielt in *De officiis* eine viel geringere Rolle, als es Kants Kritik an Garve nahelegt.[22] Wie wir gesehen haben, verweist Cicero zwar auf diesen Bezug als Teil der Hintergrundtheorie von *De officiis*; er macht aber auch deutlich, dass seine genauere Behandlung Aufgabe einer anderen Schrift (vermutlich *De finibus*) sei. Für die in *De officiis* entworfene Theorie der Deliberation spielen andere Faktoren eine wesentlich größere Rolle, wie etwa der erwähnte Vorrang der Gemeinschaft. Wer die oben skizzierte *formula* anwendet, der denkt nicht darüber nach, welche Handlung am meisten zum eigenen Glück beiträgt, sondern eher darüber, ob die eigene Handlung anderen schaden würde und ob sie im Interesse der Gemeinschaft ist.

13.4 Fazit

Welche Rolle spielt Ciceros *De officiis* für die ethischen Projekte späterer Jahrhunderte? Die in diesem Beitrag diskutierten Beispiele legen eine zweiteilige Antwort nahe.

Zum einen bietet *De officiis* eine detaillierte, umfassende und systematische Bestimmung der Pflichten, die ähnlichen Projekten, wie dem von Ambrosius von Mailand oder Christian Garve, als Vorlage dienen kann. Ähnlich wie Cicero in

---

21 Damit ist ein wichtiger Unterschied zu Ambrosius gekennzeichnet, dessen Rigorismus in einen eudaimonistischen Rahmen eingebettet bleibt.
22 Vgl. dazu auch den Beitrag von Stefan Röttig im vorliegenden Band.

Panaitios' *Peri tou kathēkontos*, finden spätere Generationen in seinem *De officiis* ein Muster für eine praxisnahe Diskussion der Frage, was wir tun sollen. Durch den Bezug der Pflichten auf die Tugenden, aber auch auf unterschiedliche soziale Kontexte und die „Rollen" (*personae*), die unser Leben prägen, erhält diese Diskussion eine klare Struktur, die sicher zur Anschlussfähigkeit der Schrift beigetragen hat. Diese Anschlussfähigkeit auch für Autoren, die viele Jahrhunderte später und in deutlich anderen Kontexten schreiben, gehört zu den faszinierendsten Eigenschaften von *De officiis*.

Zum anderen, und weniger offensichtlich, bietet Ciceros *De officiis* eine Folie für grundsätzliche Reflexionen darüber, wie eine angemessene deontologische Ethik aussehen sollte. Dies hat, wie ich zu zeigen versucht habe, mit der besonderen Konstellation zu tun, die für *De officiis* prägend ist und deren Basis im System der stoischen Ethik liegt. Ausgehend von diesem System, konzipiert Cicero *De officiis* als eine Ethik der mittleren Pflichten, die als solche auf ein bestimmtes Anliegen und eine bestimmte Zielgruppe zugeschnitten ist. Auch wenn er die Bedeutung dieses Anliegens hervorhebt, macht Cicero klar, dass eine Diskussion der mittleren Pflichten nur einen Teil der Ethik, und in gewisser Hinsicht nicht den entscheidenden Teil, bietet. Vor diesem Hintergrund lässt sich die von Ambrosius und Kant propagierte Strenge als Forderung nach einer Ethik der vollkommenen Pflichten begreifen. Bei Ambrosius wird diese Forderung explizit erhoben, bei Kant liegt sie im Fokus auf dem Handeln aus Pflicht. Dass Ambrosius und Kant damit „stoischer" wirken als Ciceros *De officiis*, ist in der Forschung zurecht betont worden. Allerdings haben wir auch gesehen, dass sich die Ethik der vollkommenen Pflichten bei beiden Autoren erheblich vom stoischen Modell unterscheidet. Im Fall von Ambrosius handelt es sich um eine christliche Ethik, die zum Teil andere Forderungen an uns stellt als die pagane Alternative, so etwa die, seine Feinde zu lieben. Diese inhaltliche Abgrenzung hat Auswirkungen auf die Struktur der Theorie, die besonders klar an der veränderten Beurteilung vermeintlicher Übel wie Leid oder Armut hervortreten. Im Fall der *Grundlegung* ist die Ethik der vollkommenen Pflicht eine „reine Moralphilosophie", die sich geradezu in Opposition zum antiken Eudaimonismus und Naturalismus definiert.

Abschließend möchte ich noch auf einen Punkt hinweisen, der hier nicht ausführlicher besprochen werden konnte, der für ein vollständiges und differenziertes Bild aber wichtig ist. Trotz aller Abgrenzung besteht eine gewisse Nähe zwischen Ciceros *De officiis* und den Projekten von Ambrosius und Kant, die aber in der Regel übersehen wird. Diese Nähe zeigt sich besonders deutlich am Ideal des Selbstopfers, für das Cicero, wie seine römischen Landsleute, eine auffallende Obsession beweist. Cicero scheint davon auszugehen, dass Tugend dann besonders klar zum Ausdruck kommt, wenn jemand bereit ist, für die gute Sache sein Leben zu opfern oder zumindest Schmerz und Verlust auf sich zu nehmen. Viele der in *De officiis* diskutierten *exempla*, am deutlichsten wahrscheinlich das des Regulus (3.99–101), handeln von solchen Fällen, die oft so beschrieben werden, dass jemand die Interessen der Gemeinschaft *über* die eigenen oder die Interessen nahe stehender Personen stellt (vgl. 1.57; 1.83–86; 2.77–78; 3.25–26; 3.43 u. ö.).[23] Nach meiner Auffassung ist es kein großer Schritt von dieser Bereitschaft zum Selbstopfer zu der radikalen Selbstverleugnung, die Ambrosius propagiert, oder dem Handeln entgegen unseren Neigungen, das für Kant das eigentliche Merkmal der Moralität ausmacht. Es wäre eine eigene Untersuchung wert, diesen Zusammenhang weiter zu verfolgen.[24]

Literaturverzeichnis

Primärliteratur

Ambrose: De officiis (= Ambr. *Off.*), edited with an Introduction, Translation, and Commentary by I.J. Davidson, 2 Bde., Oxford 2002 (= Davidson 2002)

Ambrosius: Von den Pflichten der Kirchendiener (De Officiis), in: Des heiligen Kirchenlehrers Ambrosius von Mailand ausgewählte Schriften / aus dem Lateinischen übersetzt und ausgewählte kleinere Schriften / übersetzt und eingeleitet von J. E. Niederhuber. Unter der Mitarbeit von R. Bannack und R. Heumann, Kempten / München 1917 (= Niederhuber 1917)

Garve, C.: Philosophische Anmerkungen und Abhandlungen zu Cicero's Büchern von den Pflichten, 3 Bde, Breslau ²1787

Kant, I.: Grundlegung zur Metaphysik der Sitten. Mit einer Einleitung herausgegeben von B. Kraft und D. Schönecker, Hamburg 1999 (= Kraft/Schönecker 1999)

Sekundärliteratur

Allison, H.E., 2011: Kant's Groundwork for the Metaphysics of Morals. A Commentary, Oxford

Alves, J., 2010: Vollkommene Tugendpflichten. Zur Systematik der Pflichten in Kants *Metaphysik der Sitten*, in: Zeitschrift für philosophische Forschung 64, 520–545

Atkins, J.W., 2011: The *Officia* of St. Ambrose's *De officiis*, in: Journal of Early Christian Studies 19, 49–77

Brennan, T., 2005: The Stoic Life: Emotions, Duties, and Fate, Oxford

Dyck, A.R., 1996: A Commentary on Cicero, *De Officiis*, Ann Arbor

Horn, C., 2008: Kant und die Stoiker, in: B. Neymeyr / J. Schmidt / B. Zimmermann (Hg.), Stoizismus in der europäischen Philosophie, Literatur, Kunst und Politik, Berlin / New York, 1081–1103

---

23 Vgl. zu diesem Aspekt der römischen *exempla* Langlands 2018, Kap. 1.
24 Die Arbeit an diesem Beitrag wurde gefördert durch die Deutsche Forschungsgemeinschaft (DFG) – Projektnummer 457116490.

Kersting, W., 1982: Das starke Gesetz der Schuldigkeit und das schwächere der Gültigkeit. Kant und die Pflichtenlehre des 18. Jahrhunderts, in: Studia Leibnitiana 14, 184–200

Kühn, M., 2001: Kant and Cicero, in: V. Gerhardt / R.-P. Horstmann / R. Schumacher (Hg.), Kant und die Berliner Aufklärung, Berlin / New York, Bd. III, 270–278

Langlands, R., 2018: Exemplary Ethics in Ancient Rome, Cambridge

Melches Gibert, C., 1994: Der Einfluß von Christian Garves Übersetzung von Ciceros „De officiis" auf Kants „Grundlegung zur Metaphysik der Sitten", Regensburg

Müller, J., 2022: Vorbilder – und wie man ihnen folgen soll. Exemplarität in Ciceros praktischer Philosophie, in: M. Summa / K. Mertens (Hg.), Das Exemplarische. Orientierung für menschliches Wissen und Handeln, Paderborn, 217–239

Roth, U. / Stiening, G., 2021: Einleitung, in: dies. (Hg.), Christian Garve (1742–1798). Philosoph und Philologe der Aufklärung, Berlin / Boston, 1–10

Santozki, U., 2006: Die Bedeutung antiker Theorien für die Genese und Systematik von Kants Philosophie, Berlin / New York

Steidle, W., 1984: Beobachtungen zu des Ambrosius Schrift De officiis, in: Vigiliae Christianae 38, 18–66

Ueding. G., 2003: Popularphilosophie, in: ders. (Hg.), Historisches Wörterbuch der Rhetorik, Bd. VI, 1553

van der Zande, J., 1995: In the Image of Cicero. German Philosophy between Wolff and Kant, in: Journal of the History of Ideas 56, 419–442

van der Zande, J., 1998: The Microscope of Experience. Christian Garve's Translation of Cicero's *De Officiis* (1783), in: Journal of the History of Ideas 59, 75–94

Auswahlbibliographie

1 Ausgaben und Übersetzungen

1.1 De officiis

De officiis (M. Tulli Ciceronis scripta quae manserunt omnia, fasc. 48), K. Atzert (Hg.), Leipzig 1963
De officiis / Vom pflichtgemäßen Handeln, übersetzt, kommentiert und herausgegeben von H. Gunermann, Stuttgart ²2007
De officiis / Vom pflichtgemäßen Handeln. Lateinisch und Deutsch, herausgegeben und übersetzt von R. Nickel, Düsseldorf 2008
De officiis, with an English Translation by W. Miller, Cambridge (Mass.) 1913
M. Tulli Ciceronis De officiis, M. Winterbottom (Hg.), Oxford 1994
On Duties, übersetzt von M. Griffin, herausgegeben von M. Griffin und E.M. Atkins, Cambridge 1991
On Obligations, translated with an Introduction and Notes by P.G. Walsh, Oxford 2000
Von den Pflichten, lat.-dt, neu übertragen und herausgegeben von H. Merklin, Frankfurt / Leipzig 1991

1.2 Andere Werke Ciceros

Akademische Abhandlungen: Lucullus, herausgegeben von A. Gräser, Text und Übersetzung von C. Schäublin, Hamburg 1998
Brutus, lat.-dt., übersetzt und herausgegeben von H. Gunermann, Stuttgart 2012.
De divinatione / Über die Wahrsagung, lat.-dt., herausgegeben, übersetzt und erläutert von C. Schäublin, Berlin ³2013
De finibus bonorum et malorum / Über das höchste Gut und das größte Übel, lat.-dt, übersetzt und herausgegeben von H. Merklin, Stuttgart 2015
De inventione & De optimo genere oratorum / Über die Auffindung des Stoffes & Über die beste Gattung von Rednern, lat.-dt., herausgegeben und übersetzt von T. Nüßlein, Düsseldorf / Zürich 1998
De legibus & Paradoxa Stoicorum / Über die Gesetze & Stoische Paradoxien, lat.-dt., herausgegeben, übersetzt und erläutert von R. Nickel, München / Zürich 1994
De natura deorum / Über das Wesen der Götter, lat.-dt., übersetzt und herausgegeben von U. Blank-Sangmeister, Stuttgart 1995
De oratore / Über den Redner, lat.-dt., übersetzt und herausgegeben von H. Merklin, Stuttgart ⁵2003
De re publica / Vom Staat, lat.-dt., übersetzt und herausgegeben von M. von Albrecht, Stuttgart 2013
Epistulae ad Atticum / Atticus-Briefe, lat.-dt., herausgegeben und übersetzt von H. Kasten, München ³1980
Laelius de amicitia / Laelius über die Freundschaft, lat.-dt., übersetzt von M. Giebel, Stuttgart 2015
M. Tulli Ciceronis Orationes, herausgegeben von A.C. Clark, 5 Bde., Oxford 1905–1922 (Darin: De domo sua, In Verrem, Pro Balbo, Pro Sestio, Pro Sexto Roscio Amerino)
Partitiones oratoriae / Rhetorik in Frage und Antwort, lat.-dt., herausgegeben, übersetzt und erläutert von K. und G. Bayer, München / Zürich 1994

Philippica / Die philippischen Reden, lat.-dt., übersetzt von M. Fuhrmann, herausgegeben, überarbeitet und eingeleitet von R. Nickel, Berlin 2013

Tusculanae disputationes / Gespräche in Tusculum, lat.-dt, übersetzt und herausgegeben von E.A. Kirfel, Stuttgart 2019

1.3 Stoische Philosophie

Die wichtigste Sammlung der Fragmente hellenistischer Philosophie bieten:
Long, A.A / Sedley, D.N., 1987: The Hellenistic Philosophers, 2 Bde. Cambridge (dt.: Die hellenistischen Philosophen. Texte und Kommentare, übersetzt von K. Hülser, Stuttgart / Weimar 1999)

Für die stoischen Fragmente sind nach wie vor die SVF einschlägig:
Stoicorum Veterum Fragmenta, herausgegeben von J. von Arnim, 4 Bde., Leipzig 1903–1905

Zu den wichtigsten antiken Quellen stoischer Philosophie gehört Diogenes Laertios:
Diogenes Laertios: Leben und Meinungen berühmter Philosophen, in der Übersetzung von O. Apelt, neu herausgegeben sowie mit einer Einleitung und Anmerkungen versehen von K. Reich, Hamburg 2015

Diogenes Laertius: Lives of Eminent Philosophers, with an English Translation by R.D. Hicks, 2 Bde, Cambridge (Mass.) 1925

Ebenfalls bedeutend ist die Anthologie des Stobaios, die u.a. eine Zusammenfassung der stoischen Ethik von Arius Didymus enthält:
Ioannis Stobaei Anthologium, herausgegeben von C. Wachsmuth und O. Hense, 5 Bde., Berlin 1884–1912

Für eine Ausgabe von Plutarchs anti-stoischen Schriften De Stoicorum repugnantiis und De communibus notitiis adversus Stoicos siehe:
Plutarch: Moralia XIII:2, with an English Translation by H. Cherniss, Cambridge (Mass.) 1976

Zahlreiche Zitate stoischer Philosophen stammen aus den Schriften des Skeptikers Sextus Empiricus:
Sextus Empiricus: Outlines of Pyrrhonism (= Pyrrhōneiōn Hypotypōseōn), with an English Translation by R.G. Bury, Cambridge (Mass.) 1933

Sextus Empiricus: Against Logicians (= Adversus Mathematicos 7–8), with an English Translation by R.G. Bury, Cambridge (Mass.) 1935

Sextus Empiricus: Against Physicists & Against Ethicists (= Adversus Mathematicos 9–11), with an English Translation by R.G. Bury, Cambridge (Mass.) 1936

Wichtige kaiserzeitliche Quellen der stoischen Philosophie sind:
Epictetus: Discourses (= Dissertationes), with an English Translation by W.A. Oldfather, 2 Bde. Cambridge (Mass.) 1925 u. 1928

Epiktet: Encheiridion / Handbüchlein der Moral, gr.-dt., übersetzt und herausgegeben von K. Steinmann, Stuttgart 1992

Epiktet: Handbüchlein der Moral und Unterredungen, herausgegeben und neu übersetzt von C. Rapp, München 2023

Mark Aurel: Selbstbetrachtungen, gr.-dt., herausgegeben und übersetzt von R. Nickel, Berlin / Boston 2011

Seneca, L.A.: Philosophische Schriften, lat.-dt., übersetzt, eingeleitet und herausgegeben mit Anmerkungen von M. Rosenbach, 5 Bde., Darmstadt 2011

1.4 Andere antike Autoren

Aristoteles: Ethica Eudemia, herausgegeben von R.R. Walzer und J.M. Mingay, Oxford 1991
Aristoteles: Ethica Nicomachea, herausgegeben von I. Bywater, Oxford 1894
Aristoteles: Metaphysica, herausgegeben von W. Jäger, Oxford 1957
Aristoteles: Metaphysik, übersetzt von H. Bonitz (ed. Wellmann), Reinbek bei Hamburg 1994
Aristoteles: Nikomachische Ethik, übersetzt, eingeleitet und kommentiert von D. Frede, 2 Bde., Berlin / Boston 2020
Aristotle: Eudemian Ethics, translated and edited by B. Inwood and R. Woolf, Cambridge 2013
Platon: Werke in acht Bänden, gr.-dt., herausgegeben von G. Eigler, übersetzt von F. Schleiermacher (revidiert), Darmstadt 1977

2 Literatur zu Cicero und Ciceros Philosophie

Altman, W.H.F., 2016: The Revival of Platonism in Cicero's Late Philosophy, Lanham
Annas, J. / Betegh, G. (Hg.), 2016: Cicero's *De finibus*. Philosophical Approaches, Cambridge
Atkins, E.M., 2000: Cicero, in: C. Rowe / M. Schofield (Hg.), The Cambridge History of Greek and Roman Political Thought, Cambridge, 477–516
Atkins, J.W., 2013: Cicero on Politics and the Limits of Reason. The *Republic* and *Laws*, Cambridge
Atkins, J.W. / Bénatouïl, T. (Hg.), 2022: The Cambridge Companion to Cicero's Philosophy, Cambridge
Baraz, Y., 2012: A Written Republic: Cicero's Philosophical Politics, Princeton / Oxford
Büchner, K. (Hg.), 1971: Das neue Cicerobild, Darmstadt
Douglas, A.E., 1964: Cicero the Philosopher, in: T. Dory (Hg.), Cicero, London, 135–170
Gawlick, G. / Görler, W., 1994: Cicero, in: H. Flashar (Hg.), Die Philosophie der Antike. Bd. 4: Die hellenistische Philosophie (Ueberwegs Grundriss der Geschichte der Philosophie. Völlig neubearbeitete Ausgabe), Basel, 991–1168
Gilbert, N. / Graver, M. / McConnell, S. (Hg.), 2023: Power and Persuasion in Cicero's Philosophy, Cambridge
Höffe, O. (Hg.), 2017: Ciceros Staatsphilosophie, Berlin / Boston (Klassiker Auslegen 64)
Inwood, B. / Mansfeld, J. (Hg.), 1997: Assent and Argument. Studies in Cicero's Academic Books. Proceedings of the Seventh Symposium Hellenisticum, Leiden
Lévy, C., 1992: Cicero Academicus. Recherches sur les *Académiques* et sur la philosophie Cicéronienne, Rom
MacKendrick, P.L., 1989: The Philosophical Books of Cicero, London
Müller, G.M. / Müller, J. (Hg.), 2020: Cicero ethicus. *De finibus bonorum et malorum* und die *Tusculanae disputationes* im Vergleich, Heidelberg
Nicgorski, W. (Hg.), 2012: Cicero's Practical Philosophy, Notre Dame
Nicgorski, W., 2016: Cicero's Skepticism and His Recovery of Political Philosophy, New York
Powell, J.G.D. (Hg.), 1995: Cicero the Philosopher: Twelve Papers, Oxford

Schofield, M., 2021: Cicero: Political Philosophy (Founders of Modern Political and Social Thought), Oxford
Strasburger, H., 1990: Ciceros philosophisches Spätwerk als Aufruf gegen die Herrschaft Caesars, Hildesheim
Süß, W., 1966: Cicero. Eine Einführung in seine philosophischen Schriften, Wiesbaden
Steel, C. (Hg.), 2013: The Cambridge Companion to Cicero, Cambridge
Wood, N., 1988: Cicero's Social and Political Thought, Berkeley
Woolf, R., 2015: Cicero. The Philosophy of a Roman Sceptic, London
Zielinski, T., ²1908: Cicero im Wandel der Jahrhunderte, Leipzig / Berlin

3 Literatur zu Panaitios und zum stoischen Hintergrund

Alesse, F., 1994: Panezio di Rodi e la tradizione Stoica, Neapel
Alesse, F., 1997: Panezio di Rodi: Testimonianze: Edizione, traduzione, e commento a cura di Alesse, F., Neapel
Barney, R., 2003: A Puzzle in Stoic Ethics, in: Oxford Studies in Ancient Philosophy 24, 303–340
Brennan, T., 2005: The Stoic Life: Emotions, Duties, and Fate, Oxford
Brouwer, R., 2014: The Stoic Sage, Cambridge
Brunt, P.A., 2013: Studies in Stoicism, herausgegeben von M. Griffin / A. Samuels, Oxford
Gourinat, J.-B., 2014: Comment se détermine le *kathekon?*, in: Philosophie antique 14, 13–39
Inwood, B., 1985: Ethics and Human Action in Early Stoicism, Oxford
Inwood, B. / Donini, P., 1999: Stoic Ethics, in: K. Algra, / J. Barnes / J. Mansfeld / M. Schofield (Hg.), The Cambridge History of Hellenistic Philosophy, Cambridge, 675–738
Kilb, G., 1971: Ethische Grundbegriffe der alten Stoa und ihre Übertragung durch Cicero, in: K. Büchner (Hg.), Das neue Cicerobild, Darmstadt, 38–64
Klein, J., 2015: Making Sense of the Stoic Indifferents, in: Oxford Studies in Ancient Philosophy 49, 227–281
Lorenz, M., 2020: Von Pflanzen und Pflichten: Zum naturalistischen Ursprung des stoischen *kathēkon*, Basel
Reydams-Schils, G., 2005: The Roman Stoics. Self, Responsibility, and Affection, Chicago
Visnjic, J., 2021: The Invention of Duty: Stoicism as Deontology, Leiden / Boston
Wiemer, H.-U., 2018: A Stoic Ethic for Roman Aristocrats? Panaitios' Doctrine of Behavior, its Context and its Adressees, in: H. Börm / N. Luraghi (Hg.), The Polis in the Hellenistic World, Stuttgart, 229–258

4 Literatur zu *De officiis*

4.1 Kommentare und Sammelbände

Dyck, A.R., 1996: A Commentary on Cicero, *De Officiis*, Ann Arbor
Woolf, R. (Hg.), 2023: Cicero's *De officiis*. A Critical Guide, Cambridge

4.2 Abhandlungen

Annas, J., 1989: Cicero on Stoic Moral Philosophy and Private Property, in: M. Griffin / J. Barnes (Hg.), Philosophia Togata. Essays on Philosophy and Roman Society, Oxford, 151–173
Atkins, E.M., 1990: 'Domina et Regina Virtutum': Justice and Societas in *De officiis*, in: Phronesis 35, 258–289
Gärtner, H.A., 1974: Cicero und Panaitios. Beobachtungen zu Ciceros De officiis, Heidelberg
Gigon, O., 1969: Bemerkungen zu Ciceros De officiis, in: P. Steinmetz (Hg.), Politeia und Res Publica. Beiträge zum Verständnis von Politik, Recht und Staat in der Antike, Wiesbaden, 267–278
Gill, C., 1988: Personhood and Personality: The Four-*Personae* Theory in Cicero, *de Officiis* I, in: Oxford Studies in Ancient Philosophy 6, 169–199
Grimal, P., 1989: Le *De officiis* de Cicéron, in: Vita Latina 115, 2–9
Heilmann, W., 1982: Ethische Reflexion und römische Lebenswirklichkeit in Ciceros Schrift De Officiis. Ein literatursoziologischer Versuch, Wiesbaden
Kries, D., 2003: On the Intention of Cicero's *De officiis*, in: The Review of Politics 65,4, 375–393
Langlands, R., 2011: Roman *Exempla* and Situations Ethics: Valerius Maximus and Cicero *de Officiis*, in: The Journal of Roman Studies 101, 100–122
Lefèvre, E., 2001: Panaitios' und Ciceros Pflichtenlehre. Vom philosophischen Traktat zum politischen Lehrbuch, Stuttgart
Lévy, C., 1989: Le *De officiis* dans l'œuvre philosophique de Cicéron, in: Vita Latina 116, 11–16
Long, A.A., 1995: Cicero's Politics in *De officiis*, in: A. Laks / M. Schofield (Hg.), Justice and Generosity. Studies in Hellenistic Social and Political Philosophy. Proceedings of the Sixth Symposium Hellenisticum, Cambridge, 213–240
Luciani, S., 2013: *Tempora* et philosophie dans le *De officiis* de Cicéron, in: Vita Latina 187/188, 39–59
Machek, D., 2016: Using Our Selves: An Interpretation of the Stoic Four-*personae* Theory in Cicero's *De Officiis* I, in: Apeiron 49.2, 163–191
Nussbaum, M., 2004: Duties of Justice, Duties of Material Aid. Cicero's Problematic Legacy, in: S.K. Strange / J. Zupko (Hg.), Stoicism. Traditions and Transformations, Cambridge, 214–249
Pohlenz, M., 1934: Antikes Führertum. Ciceros *De officiis* und das Lebensideal des Panaitios, Leipzig
Ricken, F., 2010: Cicero, *De officiis*, in: H. Huber (Hg.), Klassische Werke zur philosophischen Ethik. Studienbuch für Philosophie- und Ethiklehrer, Freiburg / München, 101–135
Striker, G., 2022: Panaetius *Peri tou kathēkontos* in Cicero's *De Officiis*, in: dies., From Aristotle to Cicero: Essays in Ancient Philosophy, Oxford, 222–244
Thurmair, M., 1973: Das *decorum* als zentraler Begriff in Cicero Schrift *De officiis*, in: E. Hora / E. Keßler (Hg.), Studia Humanitatis. Ernesto Grassi zum 70. Geburtstag, München, 63–78
Veillard, C., 2014: Comment définir son devoir? Les enseignements du plan suivi par Panétius dans son *Peri kathekontos*, in: Philosophie antique 14, 71–109
Woolf, R., 2007: Particularism, Promises and Persons in Cicero's *De Officiis*, in: Oxford Studies in Ancient Philosophy 33, 317–346

Hinweise zu den Autorinnen und Autoren

Jed Atkins, Prof. Dr., E. Blake Byrne Associate Professor of Classical Studies and Associate Professor of Political Science and Philosophy an der *Duke University*. Leitender Direktor des *Transformative Ideas Program for Sophomores* sowie des *Civil Discourse Project* am *Kenan Institute of Ethics*. Wichtigste Veröffentlichungen: Cicero on Politics and the Limits of Reason (2013); Roman Political Thought (2018); The Cambridge Companion to Cicero's Philosophy (2022, hg. mit Th. Bénatouïl).

Marco Bleistein, Dr. phil., promoviert im Fach Latein an der Graduiertenschule für die Geisteswissenschaften der Universität Würzburg. *Wichtigste Veröffentlichungen:* Alia ex alia nexa. Untersuchungen zur Struktur von Ciceros Philosophieren (2022). Weitere Artikel zu Ciceros Proömien der *Tusculanae disputationes* und zur Gerechtigkeit in Ciceros De republica.

Philipp Brüllmann, Prof. Dr., Professor für antike Philosophie an der Ruprecht-Karls-Universität Heidelberg. *Wichtigste Veröffentlichungen:* Die Theorie des Guten in Aristoteles' Nikomachischer Ethik (2012); Grounding Ethics in Nature: A Study of Stoic Naturalism (Habilitationsschrift 2015). Zahlreiche Aufsätze zur antiken Ethik und politischen Philosophie sowie zur Ethik der Gegenwart. Darunter: Die Einrichtung des besten Staates. De re publica, Buch IV (2017), Elternliebe und Gerechtigkeit. Anmerkungen zur sozialen *oikeiôsis* (2019), Nature and Psychology in Cicero's Republic (2021).

Dorothea Frede, Prof. Dr., Professorin (em.) für Philosophie, Universität Hamburg. *Wichtigste Veröffentlichungen:* Aristoteles und die Seeschlacht (1970); Plato: Philebus, transl. with introduction & notes (1993); Platon: Philebos, Übersetzung mit Kommentar (1997); Platon, Phaidon: Der Traum von der Unsterblichkeit der Seele (1998). Aristoteles: Nikomachische Ethik, Übersetzung und Kommentar (Berlin 2020).

Christoph Horn, Prof. Dr., Professor für Praktische Philosophie und Philosophie der Antike an der Rheinischen Friedrich-Wilhelms-Universität Bonn. *Wichtigste Veröffentlichungen:* Plotin über Sein, Zahl und Einheit (Diss. 1995); Nichtideale Normativität (2014). Herausgeberschaften: Augustinus, De civitate dei (1997); Wörterbuch der antiken Philosophie (2002, mit Ch. Rapp); Philosophie der Gerechtigkeit. Texte von der Antike bis zur Gegenwart (2002, mit N. Scarano); Politischer Aristotelismus. Die Rezeption der aristotelischen ‚Politik' von der Antike bis zum 19. Jahrhundert (2008, mit A. Neschke); Platon, Symposion (2011); Neoplatonism and the Philosophy of Nature (2012 mit J. Wilberding); Platon, Nomoi/Gesetze (2013); Aristotle's Metaphysics Lambda. New Essays (2016); Grundriss der Geschichte der Philosophie (Ueberweg): Die Philosophie der Antike. Philosophie der Kaiserzeit und der Spätantike, Bde. 5.1–3 (2018, mit Ch. Riedweg und D. Wyrwa).

Rebecca Langlands, Prof. Dr., Professorin für Klassische Philologie an der University of Exeter. *Wichtigste Veröffentlichungen:* Exemplary Ethics in Ancient Rome (2018) sowie zahlreiche Artikel zu *exempla* und Exemplarität im antiken Denken, u. a. in Bezug auf Ciceros *De officiis* und *Tusculanae disputationes*.

David Machek, PD Dr., Wissenschaftlicher Mitarbeiter an der Universität Bern (Schweizerischer Nationalfonds – *Ambizione*). *Wichtigste Veröffentlichungen:* The Life Worth Living in Ancient Greek and Roman Philosophy (2023). Zahlreiche Artikel zur antiken Ethik und Moralpsychologie (v. a. Aristoteles und Stoiker), sowie zur altchinesischen Philosophie (v. a. Daoismus).

Jörn Müller, Prof. Dr., Professor für antike und mittelalterliche Philosophie an der Julius-Maximilians-Universität Würzburg. *Wichtigste Veröffentlichungen:* Natürliche Moral und philosophische Ethik bei Albertus Magnus (Diss. 2001), Willensschwäche in Antike und Mittelalter. Eine Problemgeschichte von Sokrates bis Johannes Duns Scotus (Habil. 2009). *Herausgeberschaften:* Platon: Phaidon (2011, Klassiker Auslegen 44), Aquinas and the *Nicomachean Ethics* (2013), Cicero ethicus. Die *Tusculanae disputationes* im Vergleich mit *De finibus bonorum et malorum* (2020). Zahlreiche Aufsätze zur praktischen Philosophie in Antike und Mittelalter.

Stefan Röttig, Dr., wissenschaftlicher Mitarbeiter im DFG-Projekt: „Ciceros *Tusculanae disputationes* und sein Projekt einer römischen Philosophie", Julius-Maximilians-Universität Würzburg. *Wichtigste Veröffentlichungen:* Affekt und Wille. Senecas Ethik und ihre handlungspsychologische Fundierung (Diss. 2022). Verschiedene Artikel zur Moralphilosophie der Stoa.

Tue Emil Öhler Søvsø, Wissenschaftlicher Mitarbeiter am Philosophischen Seminar der Ruprecht-Karls-Universität Heidelberg. *Wichtigste Veröffentlichungen:* Marcus Tullius Cicero: Forpligtelser (2022, Übersetzung ins Dänische); „The Craftsman of Impulse: Chrysippus on Expertise and Moral Development", in T. Angier & L. Raphals (Hg.), Skill in Ancient Western and Chinese Ethics (2021).

Georgia Tsouni, Prof. Dr., Assistenzprofessorin für klassische Philologie an der Universität Kreta. *Wichtigste Veröffentlichungen:* Antiochus and Peripatetic Ethics (2019) sowie eine neue kritische Edition der *Epitome der peripatetischen Ethik* aus dem *Anthologium* von Johannes Stobaios in: B. Fortenbaugh (Hg.), Arius Didymus on Peripatetic Ethics, Household Management, and Politics. Text, Translation, and Discussion (2017). Zahlreiche Artikel zu Aristoteles, zur hellenistischen Akademie, zu den Stoikern und zu Cicero.

Jula Wildberger, Prof. Dr., Professor of Classics and Comparative Literature an der American University of Paris. *Wichtigste Veröffentlichungen:* Seneca und die Stoa: Der Platz des Menschen in der Welt (2006); Seneca Philosophus (2014, hg. mit. M. L. Colish); The Stoics and the State: Theory – Practice – Context (2018). Zu Cicero siehe auch: „Happiness despite Mortality: Epicurus' Preparation against Death and Pain in Cic. Tusc. 5.88 f." in: Cicero ethicus. Die *Tusculanae disputationes* im Vergleich mit *De finibus bonorum et malorum* (2020, hg. v. G.M. Müller & J. Müller).

Sachregister

aequitas s. Gleichheit
Akademie, akademisch (*academic*)   4, 11 f., 24, 84, 89
amicitia s. Freundschaft
Aneignung (*oikeiōsis*)   20, 25, 29, 61, 84, 92, 116, 167, 198, 228
Anschein (*species*)   59, 67, 102, 162, 170, 173, 176, 181 f., 183, 185 f., 188–192
aphormē s. Impuls, Ausgangs- / Anfangsimpuls
Axiologie, axiologisch   9, 91 f., 111, 118 f., 222, 224

being (→ *seeming*) s. Sein
Beispiel (*exemplum, example*)   6, 14, 21 f., 37, 99, 101 f., 104, 116, 179, 181–184, 187–189, 192–195, 217, 220, 223, 231
beneficia / beneficentia s. Wohltat / Wohltätigkeit

cardinal virtue s. Kardinaltugend
Christentum, christlich   215, 219–223, 230
communitas, community s. Gemeinschaft
cosmopolis, cosmopolitism, cosmopolitan s. Kosmopolis, Kosmopolitismus
courage s. Mut / Tapferkeit

Deontologie, deontologisch   16, 77, 120, 216, 224, 230
duties, conflict of s. Pflichten, Konflikt der
duty s. Pflicht

Ehre (*honos, honour*)   3, 79, 91, 94, 99 f., 115, 131 f., 137, 150, 201, 203 f., 217
Ehrenhaftes / moralisch Gutes (*honestum, kalon, honourable*)   5, 7–9, 11, 23, 28, 38–46, 51, 54, 56–58, 61–63, 65–68, 71, 73, 76, 80 f., 84 f., 89, 91–93, 96–98, 100–102, 108, 113, 117, 123, 126, 130 f., 133, 138–140, 155, 161, 182–188, 190, 192, 200 f., 216–218, 222
Eigentum (*property*)   43, 47, 73, 84, 134, 147, 149, 152, 154, 197 f., 206–209
Eigentumsrechte (*property rights*)   74, 134, 206 f.

Epikureismus, epikureisch   27, 39–42, 45, 48, 89, 92
Epistemologie, epistemisch (*epistēmē*)   4, 35–37, 48, 65, 83, 118, 177, 180, 192, 195
equality s. Gleichheit
ergon s. Funktion
Eudaimonismus   16, 60, 65 f., 107–110, 154, 227–230
Eutopie (*eutopia*)   197, 200 f., 207
Exemplarität (*exemplarity*)   90, 104, 106, 193
exemplum, example s. Beispiel

fides s. Vertrauen
fortitudo s. Mut / Tapferkeit
fortuna, fortune s. Glück / Zufall
freedom s. Freiheit
Freigebigkeit / Großzügigkeit (*liberalitas*)   6, 8, 28, 30, 73, 75, 85 f., 129 f., 143, 184, 207, 210
Freiheit (*licentia, freedom / liberty*)   4, 22, 24, 34, 39, 197, 201 f., 204–206
Freundschaft (*amicitia, friendship*)   9, 13, 28, 42, 76 f., 82, 91, 127, 131 f., 146, 155, 158, 183, 185 f., 189
friendship s. Freundschaft
Führerschaft, politische (*political leadership*)   100, 202, 206
Funktion (*ergon*)   67, 110–112, 117

Gemeingut (*common resource*)   39, 43, 74, 198, 210
Gemeinschaft (*communitas, community*)   8, 16, 26, 29 f., 37, 43, 47 f., 52, 54 f., 59, 63, 65, 75–78, 81, 84–87, 93 f., 126, 133 f., 136, 138 f., 143–146, 148–150, 153–158, 175, 180, 185, 195, 197, 202, 206, 210, 218, 229, 231
Gemeinwohl (*common good*)   3, 33, 43, 46–48, 95, 99, 127, 137, 158, 199, 202
Gerechtigkeit (*iustitia, justice*)   4, 6–8, 28–31, 42 f., 45–47, 55, 59, 61, 66–68, 71–75, 77–81, 84–86, 89, 91–93, 95, 98, 100 f., 125 f., 129 f., 138, 143–145, 147, 149 f., 154–157, 165, 171 f., 174, 183, 189, 197, 199–205, 207–212, 221

Gesellschaft, gesellschaftlich (*societas, society*) 3, 19, 23, 25, 27–31, 46, 48, 56, 73, 78, 84 f., 93, 96, 103, 105, 138, 144, 155, 175, 185, 190, 198, 202 f., 207, 209
Gleichheit (*aequitas, equality*) 204–206
gloria, glory s. Ruhm
Glück / Glückseligkeit (*eudaimonia, vita beata, happiness*), glücklich 15 f., 27, 39, 42, 108–112, 116–118, 120, 122, 127, 143 f., 154–158, 200 f., 216 f., 223, 228 f.
Glück / Zufall (*fortuna, fortune*) 100, 115, 129, 149, 203, 228 f.
good, common s. Gemeinwohl
good, highest s. Gut, höchstes / bestes
Gott, göttlich (*God*) 27, 48, 53–55, 64, 82, 86, 111 f., 115 f., 220, 224
Gut, Güter (*goods*) 8 f., 16, 26, 39 f., 58 f., 61, 67, 73, 75–77, 82–84, 91 f., 97, 124, 127–130, 134–136, 201, 209, 217, 221–223
Gut, höchstes / bestes (*finis bonorum, highest good*) 27 f., 39–41, 90, 121, 143, 155, 200, 217, 228 f.

Handlung, richtige (*katorthōma*) 27, 36, 59 f., 83, 108, 168, 216, 223, 226 f.
happiness, happy s. Glück / Glückseligkeit, glücklich
Hochgesinntheit (*magnitudo animi*) 6, 59, 71, 73, 89 f., 93, 96–105, 129, 183 f., 205
honestum s. Ehrenhaftes; Gutes, moralisch (*kalon*)
honos, honour s. Ehre
honourable s. Ehrenhaftes / moralisch Gutes
hormē s. Impuls, Handlungs-

Impuls, Anfangs- / Ausgangsimpuls (*aphormē*) 63–68
Impuls, Handlungs- (*hormē*) 52, 173
Individuum, individuell (*individual*) 3, 23, 25, 27, 29 f., 37, 43–45, 54, 71, 76–79, 81–83, 85, 90, 94 f., 98–100, 103 f., 107, 114–121, 143 f., 156–158, 175, 185, 197, 199 f., 202 f., 205 f., 210–212, 218
iniuria, injustice s. Ungerechtigkeit / Unrecht
iustitia s. Gerechtigkeit

just war s. Krieg, gerechter
justice s. Gerechtigkeit

kalon s. Ehrenhaftes / moralisch Gutes (*honestum, kalon*)
Kardinaltugend (*cardinal virtue*) 6, 13, 58, 65 f., 79, 89, 98, 105, 125, 132, 200
kathēkon s. Pflichten, mittlere
katorthōma s. Handlung, richtige
Klugheit / Weisheit (*phronēsis / sophia, prudentia / sapientia, wisdom*) 6 f., 15, 23, 26 f., 35–38, 42, 45, 55, 62, 71, 73, 80 f., 89, 93, 123, 125, 129 f., 135, 154 f., 158, 172, 176, 179–181, 183 f., 186, 188 f., 191–194, 200, 202
Kooperation 95, 128–130, 133, 136, 138, 175
Kosmopolis, Kosmopolitismus, kosmopolitisch (*cosmopolis, cosmopolitanism, cosmopolitan*) 48, 75, 175, 197–199, 210–212
Krieg, gerechter (*just war*) 7, 197, 201, 204, 207–210, 212
Krieg (*war*) 1, 3, 7, 10, 74, 79 f., 96, 98 f., 128, 134, 137, 203 f., 208 f.

Leben, aktives (*vita activa*) 3, 93, 103, 139
Leben, kontemplatives (*vita contemplativa*) 8, 31, 93, 126

magnitudo animi s. Hochgesinntheit
Mann, guter (*vir bonus*) 37, 76, 85, 148, 163 f., 170, 185, 218
Mäßigkeit / Maß (*temperantia / modestia / moderatio, moderation / temperance*) 59, 65, 71, 73, 80 f., 89, 93, 108, 132, 147, 155, 183, 200
moderation s. Mäßigkeit / Maß
Muße / Arbeit (*otium / negotium*) 14, 23, 25, 27, 139, 154
Mut / Tapferkeit (*fortitudo, courage*) 6, 65 f., 71, 73, 84 f., 89, 97–100, 117, 125, 129, 155, 183, 189, 193, 200, 202

Natur, menschliche (*human nature*) 51, 54, 56, 59, 63, 66 f., 75, 92 f., 107, 116, 135 f., 167 f., 174 f., 199, 203, 229
Naturalismus (*naturalism*) 120, 197, 199 f., 202, 211, 230
Naturalismus, politischer (*political naturalism*) 197, 199 f., 202, 211

Naturrecht, naturrechtlich (*natural law*) 46, 72, 77, 79, 84, 86, 197, 199 f., 205, 210, 227
necessity s. Nutzen / das Nützliche
Norm, Normativismus, normativ 3 f., 52, 77, 80, 82–87, 89, 92, 98, 100, 104 f., 107, 110, 116 f., 120 f., 135, 157, 199, 203, 208
Nutzen / das Nützliche, nützlich (*ōpheleia / sympheron, utilitas / utile, benefit / utility, beneficial / useful*) 3, 7–9, 11, 26, 30, 36–39, 41 f., 44–48, 57–59, 71, 76, 78 f., 91 f., 94 f., 98–102, 117 f., 122–124, 126–130, 132 f., 138–140, 143 f., 148, 150, 152 f., 156 f., 161–173, 175 f., 179, 181–184, 190–194, 197, 199 f., 202 f., 208, 217 f., 221, 224 f.

officium, officia s. Pflicht / passim
oikeiōsis s. Aneignung
ōpheleia s. Nutzen / das Nützliche, nützlich
otium / negotium s. Muße / Arbeit

Peripatetiker, peripatetisch (*peripatetic*) 25, 39–42, 72, 77, 79, 84, 125 f., 136, 147, 168, 200 f.
Peripatos 12, 41, 89, 126
persona s. Rolle
Pflicht, mittlere / unvollkommene (*kathēkon, officium imperfectum / officium medium, middle duty*) 5 f., 9, 14, 36 f., 52–54, 57, 59–62, 74, 80, 83, 108, 123, 139, 161, 168 f., 179, 191, 194, 215–218, 220, 222–224, 227–230
Pflicht (*officium, duty*) passim
Pflicht, vollkommene (*officium perfectum, perfect duty*) 6, 37, 61, 80, 83, 179, 186, 216 f., 220, 222–224, 227, 230
Pflichten, Konflikt der (*conflict of duties*) 8 f., 11, 38 f., 44–47, 58, 76, 81, 117, 161–165, 168, 172, 176, 182, 184, 201, 218 f.
pflichtgemäß 23–28, 89, 110, 116 f., 226 f., 229
Philosophieren, aktives 19, 25–28, 30 f.
phronēsis s. Klugheit / Weisheit
Popularphilosophie 224, 226, 228
praeceptum s. Vorschrift
Praxis, praktisch (*practice, practical*) 13, 15 f., 21, 23, 30, 33, 36, 42, 47 f., 56, 67, 81, 93, 95, 172, 179 f., 190, 194, 210, 217, 230
Probabilismus 4, 11, 23–25, 31, 34, 36, 39 f., 46
Proömium 2, 5, 8 f., 14, 19–22, 24–27, 31, 94, 96
property s. Eigentum

property rights s. Eigentumsrechte
prudentia s. Klugheit / Weisheit

Recht (*right*) 28 f., 43 f., 52, 63, 74, 76 f., 86, 115, 128, 134, 136–138, 147, 172, 197 f., 202–206, 208, 211 f., 224
Republik (*republic*) 3, 14, 22, 30, 71 f., 90, 104, 134, 136 f., 139, 218
resource, common s. Gemeingut
Rhetorik, rhetorisch (*rhetoric, rhetorical*) 19, 21–25, 31, 35, 57, 96, 101, 132, 180
Rolle (*persona*) 3, 7, 35, 52, 64, 82, 90, 93 f., 103, 107–115, 117–120, 122, 155, 182, 185, 200, 202–204, 218, 222, 230
Ruf (*reputation*) 124, 129, 131, 133, 135, 137 f., 186, 203, 209, 226
Ruhm (*gloria, glory*) 3, 8, 43, 71, 79, 86, 91 f., 94, 99–101, 104, 131–133, 135, 137, 139 f., 143–145, 147 f., 150–154, 158, 164, 166

sapientia s. Klugheit / Weisheit
Schauspiel(er) 107–115
Schein / Scheinen (→ Sein) (*seeming → being*) 11, 102, 109, 131, 179, 181 f., 184–188, 190 f., 193 f.
Schuldenerlass 134 f., 147
Sein (→ Schein) (*being → seeming*) 109, 179, 185–187, 194
Situativität (*situational sensibility*) 43, 52, 56 f., 77, 82, 102, 126, 139, 156, 182, 188 f., 193, 199 f., 203, 216–218
Skeptizismus, akademischer (*Academic Scepticism*) 5, 33–35, 38, 42, 47, 53, 72, 84, 171, 177, 179 f.
Skeptizismus, radikaler (*radical scepticism*) 33, 35, 41, 46, 48
Skeptizismus, Skeptiker (*scepticism, sceptic*) 4, 11, 15, 23, 36, 43, 46, 84, 98, 113, 180, 189, 192, 225
societas s. Gesellschaft
society s. Gesellschaft
sophia s. Klugheit / Weisheit
Soziabilität (*sociability*) 129, 198 f., 202, 204–207, 209, 211
species s. Anschein
Stoa, Stoiker, stoisch (*Stoic*) 4–6, 9–13, 15, 25, 29 f., 33–48, 51–64, 67, 71, 78–80, 82–84,

89f., 92f., 97f., 107–125, 128, 131, 136, 138f., 145, 156–158, 162–177, 179f., 187, 189f., 194, 198, 200–202, 209, 215–217, 219, 221, 223f., 227f., 230
sympheron s. Nutzen / das Nützliche, nützlich

Theologie, theologisch (*theology, theological*) 29, 48, 54, 199, 224
Tugend, Instrumentalisierung der 79, 91, 129, 135, 138, 140
Tugend, römische (*roman virtue*) 12, 26, 37, 40, 90, 96, 101, 104, 139, 184, 204
Tyrann(ei) (*tyranny, tyrant*) 4, 9, 33, 100, 134, 146, 197, 204, 207f.

Unehrenhaftes (*dishonour, dishonourable*) 44, 58, 65, 80, 182f., 190f., 198, 209
Ungerechtigkeit / Unrecht (*iniuria, injustice*) 16, 28, 45, 73f., 77, 91, 100, 117, 134, 145–148, 153, 165, 171–173, 182, 192, 203, 207–209, 221
Universalismus 3, 14, 27, 29–31, 72f., 76, 82, 84, 86f., 90, 93, 103, 105, 120, 122, 172
Urteil, freies 4, 11, 25, 28, 31

Vernunft, vernünftig (*logos, ratio, rationality / reason*) 15f., 28–30, 35–37, 53, 57, 59f., 63–65, 84, 92f., 98, 109–112, 114f., 121f., 154, 164, 167, 175, 179, 199–202, 211, 220, 226, 228

Vertrauen / Verlässlichkeit (*fides, trust*) 8, 30, 74, 78, 85, 96, 101, 130, 132, 138f., 147, 150–153, 157, 197, 202–206
Vier-Personen-Lehre (*four-person theory*) 3, 82f., 107–109, 113, 120, 202
Vorschrift (*praeceptum, precept*) 15, 21, 24, 28, 33f., 56, 58, 99, 126, 130, 150, 155, 168, 199

Wahrheit (*veritas, truth*) 12, 23–25, 30, 35f., 46, 52, 77, 86, 93, 95, 107, 154, 179, 181f., 186, 189, 192
war s. Krieg
Weiser (*sophos, sapiens, sage*) 9, 14, 35–38, 40, 44, 51, 53, 60–64, 72, 75, 80–82, 84, 93, 112, 125, 136, 166–168, 171, 173f., 180, 187, 190, 217f., 223
wisdom s. Klugheit / Weisheit
Wohltat, Wohltätigkeit (*beneficia, beneficentia*) 6, 8, 29f., 67, 73, 75f., 84, 124, 128f., 132f., 143–157, 211

Ziel (*telos*) 7–9, 15, 40f., 53f., 64, 97, 99, 111f., 114, 116, 120, 122, 124, 128, 130–133, 136, 143, 165, 167, 225, 228
Zukommende, das s. Pflicht
Zweck / Zweckdiendlichkeit / zweckmäßig 3, 11, 25, 82f., 109, 112, 116, 123f., 126f., 129, 132f., 138, 140, 226f.

Personenregister

Abraham (biblische Gestalt)   220
Acilius, Gaius   192
Agamemnon   111
Alesse, F.   56, 58, 63–66
Alexander der Große   125, 131, 152
Alexander von Aphrodisias   55 f.
Alkibiades   38
Allison, H. E.   226
Alves, J.   227
Ambrosius von Mailand   215 f., 219–224, 226 f., 229–231
Amerinus, Sextus Roscius   153
Annas, J.   15, 44 f., 74, 134, 163, 170
Antiochos von Askalon   41, 201
Antipater von Tarsos   43–45, 47, 74, 82, 135, 169–177, 189
Antonius, Marcus   1, 4, 13, 139 f., 193
Aratos von Sikyon   134, 150, 207 f.
Aristides, Aelius   189
Ariston von Chios   111, 115
Aristoteles   2, 15 f., 22, 40, 52, 55, 78, 110–112, 116, 124–126, 128 f., 136, 147, 197, 215
Arkesilaos   35 f.
Athenodoros von Tarsos   11
Atkins, E. M.   1, 3 f., 12, 28, 35, 39, 72, 78 f., 90, 95, 105, 143 f., 151, 162, 176, 179, 194, 203
Atkins, J. W.   7, 30, 84, 197–200, 202, 204–206, 208–211, 222
Atticus, Titus Pomponius   20, 51, 123, 126, 131
Augustinus, Aurelius   219
Aurelius, Marcus   54, 60

Balbus   55
Balmaceda, C.   95–97, 105
Baraz, Y.   71
Barlow, J. J.   206
Barnes, J.   208
Barney, R.   118
Basilus, Lucius Minucius   191
Bees, R.   30
Bleistein, M.   5, 19, 21, 26
Brecht, B.   163
Brennan, T.   35 f., 53, 118, 163, 165, 217

Brittain, C.   33, 35, 41
Brouwer, R.   14, 169
Brüllmann, P.   6, 9, 14, 16, 72, 87, 108, 163, 169, 177, 187, 195, 202, 215
Brunt, P. A.   11 f., 51
Brutus, Marcus Iunius   182

Caesar, Gaius Iulius   1, 4, 10, 14, 22, 27 f., 31, 33, 43, 48, 71, 99, 102, 104, 131 f., 135, 137, 151, 179, 183 f., 193 f., 204 f.
Canius, Gaius   45, 184
Carneades   s. Karneades von Kyrene
Catilina, Lucius Sergius   135
Cato, Marcus Porcius d. Ä. („Censorius")   27 f., 38, 116–118, 189, 193, 217
Cato, Marcus Porcius d. J. („Uticensis")   60–62, 64, 67, 101–103, 120, 189
Catulus, Quintus Lutatius   35
Čelkytė, A.   114
Chalcidius   169
Chrysippos von Soloi   43, 51–56, 60 f., 63 f., 113, 124, 128, 165, 171, 174 f., 177
Chrysogonus, Lucius Cornelius   153
Cicero, Marcus Tullius   passim
Cicero, Marcus Tullius d. J.   2–4, 21, 25–27, 33, 40, 71, 73, 78, 130, 132, 139 f., 168, 172, 180, 193, 200, 217, 220
Clemens von Alexandria   60, 64, 116, 162, 167
Clitomachus s. Kleitomachos (Akademischer Philosoph)
Collatinus, Lucius Tarquinius   182
Cotta, Gaius Aurelius   48
Crassus, Marcus Licinius   191
Cratippus s. Kratippos von Pergamon

David (biblische Gestalt)   220
Davidson, I. J.   219 f., 224
Davis, L. S.   181
De Lacy, P.   110 f.
Dicaearchus   s. Dikaiarchos
Dikaiarchos   126, 128, 209
Diogenes Laertios   37, 52–54, 57 f., 60 f., 63, 65 f., 97, 111–113, 115, 118, 123–125, 169

Diogenes von Babylon 43–45, 47, 66, 74, 82, 169–174, 177, 189
Domini, P. 15
Dyck, A. R. 1 f., 5, 9 f., 14, 19, 34, 51, 57, 84, 87, 110, 125, 133, 211, 215

Eisenhut, W. 89, 97
Ennius, Quintus 76, 204, 210
Epiktet 54, 56, 107
Epikur 28, 42, 136

Fabricius Luscinus, Gaius 182, 189
Feuvrier-Prévotat, C. 143
Fox, M. 30
Frede, D. 8, 58, 107, 123, 150, 154, 168, 218
Friedrich der Große 215, 225

Galluzzo, G. 187, 195
Garnsey, P. 207
Gärtner, H. A. 83
Garve, C. 215, 224–229
Gauthier, R.-A. 93, 96
Gawlick, G. 4, 23
Gigon, O. 147
Gildenhard, I. 20, 25
Gill, C. 109 f., 188 f.
Görler, W. 4, 23, 35
Gourinat, J.-B. 52–54, 57
Gracchus, Gaius Sempronius 134
Grachchus, Tiberius Sempronius 28, 134
Gratidianus, Marcus Marius 182, 203
Graver, M. 131, 169
Griffin, M. T. 1, 3, 12, 35, 39, 90, 105, 133, 162, 179, 194
Grimal, P. 14
Gunermann, H. 11, 20, 22, 73, 148, 217, 227
Gyges (mythische Gestalt) 41, 220

Haddock, A. 195
Hamann, J. G. 225
Hannibal 192
Havlicek, A. 76
Hawley, M. C. 208
Heilmann, W. 104
Hekaton von Rhodos 11, 44 f., 52, 171–173, 177, 202
Herder, J. G. 225

Herodot 52
Hierokles 56
Hiob (biblische Gestalt) 220
Hippolytos (mythische Gestalt) 74
Hobbes, T. 78, 206
Horn, C. 6, 15, 28, 71, 77, 79, 86, 90, 145, 169, 175, 229
Hortensius, Quintus Hortalus 191

Inwood, B. 15, 118

Jesus Christus 222 f.
Johnson, B. 107, 109 f.
Josef (biblische Gestalt) 220
Junghanß, A. 143, 146, 156

Kant, I. 6, 123, 215 f., 219, 224–231
Karneades von Kyrene 22, 35 f., 41–43, 45 f., 171–173, 184
Kästner, E. 93
Keller, A. 7
Kersting, W. 227
Kleanthes von Assos 52
Klein, J. 118, 167
Kleitomachos (Akademischer Philosoph) 35
Knoche, U. 96 f., 99, 101, 105, 132, 151
Koch, B. 20, 30
Kraft, B. 225
Kratippos von Pergamon 21, 40
Kries, D. 1, 143
Kühn, M. 226

Labeo, Quintus Fabius 74
Laelius, Gaius 13, 38, 189, 217
Laktanz 45, 215
Langlands, R. 6, 14, 48, 102, 172–174, 184, 187–189, 193, 218, 223, 231
Lefèvre, E. 3, 9, 12, 19 f., 51, 64, 78, 83, 87, 89, 133
Leonhardt, J. 24
Levi, M. 203
Lévy, C. 1
Locke, J. 205, 207
Long, A. A. 24, 118, 133 f., 139 f., 143, 147, 151
Lorenz, M. 53
Luciani, S. 14
Lucullus, Lucius Licinius 35 f., 38, 41, 46 f., 84

Machek, D.   6f., 16, 83, 107, 110, 119, 155, 202, 222
MacKendrick, P. L.   1, 4, 13
Mamercus   148
Mančal, J.   25
Marius, Gaius   182, 203
McDowell, J.   15
Melches Gilbert, C.   225
Merklin, H.   108
Mertens, K.   106
Messer, M.   163f.
Metellus, Quintus Caecilius   203
Metrodoros von Stratonikeia   35
Mommsen, T.   11
Montesquieu, Charles-Louis de   215
Müller, J.   1, 5f., 12, 14, 27, 41, 58, 72, 87, 89, 104, 106, 133, 177, 184, 187, 195, 221, 224

Neschke-Hentschke, A. B.   77
Neurath, O.   157
Newton, B. P.   94
Nicgorski, W.   3, 92
Niederhuber, J. E.   220f.
Nussbaum, M.   14, 144, 197, 210f.

Odysseus (mythische Gestalt)   79f., 101

Panaitios von Rhodos   4, 10–12, 19, 25, 34, 37f., 44, 46, 48, 51–59, 61–68, 71f., 74, 81, 83, 91, 98, 107, 110f., 115f., 120f., 125f., 128, 130f., 135–139, 161–163, 166–168, 170f., 177, 179, 201, 216, 230
Peetz, S.   24
Petrarca, Francesco   215
Philipp II. von Makedonien   152
Philus, Lucius Furius   42, 45, 208
Piso, Gaius Calpurnius   40, 201
Platon   2, 6, 16, 22, 45, 52, 72, 77–79, 86, 92, 99, 110–112, 121, 124, 126, 129, 131, 136, 220
Plutarch   45, 56, 111, 166
Pohlenz, M.   12, 125
Polybios   96, 192
Poseidonios   11, 52, 111, 125, 161
Pyrrhus von Epirus   75, 182
Pythius   45

Reckermann, A.   25, 30

Regulus, M. Atilius   10, 48, 75, 101f., 181–184, 192f., 231
Reinhardt, T.   35
Remus (mythische Gestalt)   182
Reydams-Schils, G.   72, 82, 107
Roller, M.   116
Romulus (mythische Gestalt)   181–184
Rosenbach, M.   156
Roskam, G.   120
Roth, U.   224
Röttig, S.   8, 16, 29, 75, 108, 143, 155, 175, 211, 229
Rowe, C.   136
Ruch, M.   20
Rufus, Gaius Musonius   56
Ryan, G. E.   30

Sallust   87
Santozki, U.   226f.
Sauer, J.   14
Scaevola, Quintus Mucius   47
Schmekel, A.   66
Schofield, M.   2f., 13, 28, 44f., 64, 90, 96, 101, 103, 128, 130, 133, 136, 151, 170f., 176, 199, 211
Schönecker, D.   225
Scipio, Publius Cornelius d. Ä. („Africanus")   27, 193
Sedley, D. N.   118
Sen, A.   209
Seneca, Lucius Annaeus   52, 54, 56, 116, 144, 154–158
Sextus Empiricus   35f., 56, 58, 109, 113
Sokrates   82, 101, 109, 120, 162
Søvsø, T. E. Ö.   9, 33, 45, 125, 161, 168, 195, 218
Stadler, H.   20
Steidle, W.   220
Steinmann, K.   111
Steinmetz, P.   125
Stiening, G.   224
Stobaios   36, 52f., 58, 60–62, 66, 112f., 120f.
Stoker, L.   203
Strasburger, H.   4, 99
Striker, G.   64, 83, 125
Sulla, Lucius Cornelius   75, 136, 153
Summa, M.   106
Süß, W.   1, 5

Tacitus, Publius Cornelius 205
Theoprast 126
Thersites (mythische Gestalt) 111
Theseus (mythische Gestalt) 74
Thomas von Aquin 215
Thorsrud, H. 35
Tsouni, G. 4, 24, 33, 38, 53, 169, 171 f., 176 f., 179 f., 184, 189

Ueding, G. 224

van der Blom, H. 12
van der Zande, J. 225
Veillard, C. 51, 58, 62, 64, 66 f.
Vimercati, E. 54
Visnjic, J. 52, 67
Vogt, K. M. 53, 55, 177

Wachsmuth, C. 52 f., 61 f.
Walsh, P. G. 14, 215

White, G. 187, 193
Wiemer, H.-U. 125, 138
Wilamowitz-Moellendorf, U. 125
Wildberger, J. 5 f., 20, 29, 36, 51, 54, 72, 87, 162, 164, 177, 195, 216, 224
Wilde, O. 107
Winterling, A. 157
Wolkenhauer, J. 157
Wood, N. 28, 78, 207
Woolf, R. 1, 6, 12 f., 33, 43, 72, 77, 82, 84, 90, 93, 105, 200 f.
Wynne, J. P. F. 33, 35, 48

Xenokrates 126
Xenophon 52

Zenon von Kition 40, 52 f., 112, 124, 128
Zielinski, T. 16
Zweig, Stefan 1

www.ingramcontent.com/pod-product-compliance
Lightning Source LLC
Chambersburg PA
CBHW071816230426
43670CB00013B/2469